国家出版基金项目
NATIONAL PUBLICATION FOUNDATION

马克思主义经典著作基本观点研究丛书

MAKESI ZHUYI JINGDIAN ZHUZUO JIBEN GUANDIAN YANJIU CONGSHU

丛书主编：俞可平等

马克思主义经典作家关于宗教的基本观点研究

卓新平 | 主编

人民出版社

编者引言

　　本书是中共中央马克思恩格斯列宁斯大林著作编译局负责组织的马克思主义经典著作基本观点研究课题组子课题成果之一，作者专门负责其中"马克思主义经典作家论宗教"的子课题研究，由此完成了这部题为《马克思主义经典作家关于宗教的基本观点研究》的专著。

　　马克思主义经典作家关于宗教的基本观点，是马克思主义理论的有机构成，并发展为马克思主义宗教观的学说体系。其涵括主要为马克思、恩格斯和列宁对于宗教问题的基本理解，对有神论与无神论基本构思及其关系的理论阐述，以及对宗教信仰反映其社会存在的深刻分析等。为此，全书分为四章，一为马克思主义经典作家宗教观的发展，二为马克思主义经典作家关于宗教的基本观点，三为中外学者关于马克思主义宗教观的主要争论，四为对马克思主义宗教观的"四个分清"研究。

　　本书引文基于中共中央马克思恩格斯列宁斯大林著作编译局根据德国等相关国家的学者依照马克思、恩格斯原始手稿来重新编辑出版的《马克思恩格斯全集》，即依据历史考证版（MEGA2）全新版本所重新组织翻译的《马克思恩格斯全集》中译本，以及新版的十卷本《马克思恩格斯文集》《列宁专题文集》等。与此同时，本研究亦参考和运用了以往的翻译及研究成果，对新、老版本加以仔细的比较和科学的选用。具体而言，本研究在引用马克思主义经典作品时采取了如下原则：在引用马克思、恩格斯的作品时，首先是以中共中央马克思恩格斯列宁斯大林著作编译局编译、人民出版社 2009 年 12 月出版的十卷本《马克思恩格斯文集》为主；其次是对于在这一文集中尚找不到的作品，则采用编译局自 1995 年以来由人民出版社陆续出版、尚未完成的中文第二版《马克思恩格斯全集》各卷；最后才是引用编译局自 1956 年至 1985 年由人民出版社完成出版的第一版《马克思恩格斯全集》中在上述文集和全集尚未收录出版的作品。在引用列宁的著作时，也是首先选用由中共中央马克思恩格斯列宁斯大林著作编译局编译、人民出版社 2009 年 12 月出版的《列宁专题文集》各卷，然后才是在编译局自 1984 年至 1990 年由人民出版社完成出版的中文第二版《列宁全集》中选用上述文集未登的相关作品。此外，本研究还找寻并选用了上述文献中没有出现的马克思主义经典作家的一些相关著作。

目　录
CONTENTS

第 一 章

马克思主义经典作家宗教观的发展

第一节 马克思宗教观的形成及发展

一、马克思家庭的宗教文化传统

了解马克思主义宗教观，首先应该是对马克思本人宗教思想、宗教理解及宗教理论的认识和分析。只有深入、系统地梳理、研究马克思对宗教认识及其态度的发展变化，分析其深层原因，才可能真正准确地了解并把握马克思的宗教观。为此，有必要按照历史发展的连线对马克思关于宗教的看法及其社会关联加以描述和分析。马克思出生于德国特里尔的一个犹太人家庭，其民族及其信仰熏陶自然会有着犹太教背景和犹太文化传统。不过，在历史上不少犹太人在迁徙欧洲后因为统治者的强迫、社会的压力以及文化适应和从业就职等需要而不得不转宗基督教。马克思的家庭在德国同样也经历了这一复杂变化，其成员先后经历了从犹太教信仰传统向基督教信仰的转变。因此，马克思本人从小就受到犹太教和基督教的影响，对于这两种宗教有着特别的关注。这些因素后来在马克思的著述中也直接或间接地反映出来。所以，在探究马克思的思想底蕴及文化传承时，我们应该关注到这些方面的宗教文化影响，以及马克思的思想变化中对这些影响的回应。

（一）犹太教文化影响

在世界民族史中，犹太人是非常精明睿智的民族，也是经历磨难及灾祸最多的民族之一。犹太人的宗教文化历史也同样非常深厚、悠久，犹太教是世界上流传最久的绝对一神教信仰。这一宗教有着非常多的精神想象和思想观念，迄今仍对人类产生着广泛而深刻的影响。这种宗教文化传承给马克思留下了生动的印象，比如，在犹太人的文化影响中，其宗教传统的绝对一神观念、末日审判预言、千年王国期盼、拯救和解放思想的存在，以及犹太民族文化共同体和原始社团共在等社会生存模式，都可以在马克思的思维方式和语言表述中有所体悟。所以说，马克思主义并不是纯而又纯地由马克思一个人那儿产生出来的，而是吸纳了他所在的历史文化环境和思想传承，经历了复杂的筛选和淘汰，有着鲜活的扬弃之过程，也就是说，是通过以马克思为代表的马克思主义经典作家在其社会实践和革命运动中通过提炼和改造而产生出来的。由于马克思主义理论体系有如此复杂、曲折的传承和演变，与欧亚文明历史有着各种交织和关联，所以，我们研究马克思主义即共产主义理论体系，如果彻底离开了犹太教和欧洲社会的文化影响，脱离相关的思维模式及语言框架，是不可能做到透彻研究和科学说明的。

（二）欧洲宗教处境对马克思全家的信仰影响

犹太民族在欧洲的经历跌宕起伏、命运多舛，出生在德国的马克思一家在当时欧洲排犹反犹的社会环境中亦深感这种生存的压力，其家人不得不先后改信当地流行的基督教新教路德宗。马克思的父亲亨利希·马克思（Heinrich Marx）早在1817年就已经改宗基督教，放弃了其民族传统的犹太教，"他'转而皈依'基督教却纯粹是为了能够继续从事他的职业"①。当时马克思还没有出生，其母亲则因为尊重自己父亲的信仰而仍为犹太教徒，在等老人过世后也于1825年改宗基督教②。而马克思本人则于1824年即六岁时受洗成为基督徒，1834年还行了基督教的坚振礼。从马克思的家庭宗教背景和生平来看，基督教对于马克思思想的形成还是有一定程度的影响的。

---

① ［英］戴维·麦克莱伦：《马克思传》，王珍译，中国人民大学出版社2006年版，第5页。

② ［英］戴维·麦克莱伦：《马克思传》，王珍译，中国人民大学出版社2006年版，第6页。

马克思在 1835 年从中学毕业时曾写有题为《根据〈约翰福音〉第 15 章第 1 至 14 节论信徒同基督结合为一体，这种结合的原因和实质，它的绝对必要性和作用》的宗教作文，提到"连古代最伟大的哲人、神圣的柏拉图，也在不止一处表示了对一种更高的存在物的深切渴望，以为这种存在物的出现可以实现那尚未得到满足的对真理和光明的追求"。其中还把耶稣基督称为"人类的伟大导师"，认为"各民族的历史就这样教导我们，同基督结合为一体是必要的"①。在这种信仰的表达中，青年马克思在此文中还进而表白说："我们的心、理性、历史、基督的道都响亮而令人信服地告诉我们，同基督结合为一体是绝对必要的，离开基督，我们就不能够达到自己的目的，离开基督，我们就会被上帝所抛弃，只有基督才能够拯救我们。"②"因此，在同基督的结合中，我们首先是用爱的眼神注视上帝，感到对他有一种最热忱的感激之情，心悦诚服地拜倒在他的面前。"③ 他认为具有这种信仰与没有信仰的体验是完全不同的，基督教信仰可以使人的境界提高，得到升华。"同基督结合为一体可使人内心变得高尚，在苦难中得到安慰，有镇定的信心和一颗不是出于爱好虚荣，也不是出于渴求名望，而只是为了基督而向博爱和一切高尚而伟大的事物敞开的心。可见，同基督结合为一体会使人得到一种快乐，这种快乐是伊壁鸠鲁主义者在其肤浅的哲学中，比较深刻的思想家在知识的极其隐秘的深处企图获得而又无法获得的，这种快乐只有同基督并且通过基督同上帝结合在一起的天真无邪的童心，才能体会得到，这种快乐会使生活变得更加美好和崇高。"④ 此时马克思对伊壁鸠鲁的哲学既不欣赏，也无深入的了解。而在 1835 年马克思的另一篇作文《青年在选择职业时的考虑》中，他也以肯定的口吻说道："宗教本身也教诲我们，人人敬仰的典范，

---

① 《马克思恩格斯全集》第 1 卷，人民出版社 1995 年版，第 450 页。
② 《马克思恩格斯全集》第 1 卷，人民出版社 1995 年版，第 451 页。
③ 《马克思恩格斯全集》第 1 卷，人民出版社 1995 年版，第 452 页。
④ 《马克思恩格斯全集》第 1 卷，人民出版社 1995 年版，第 453—454 页。

就曾为人类而牺牲自己——有谁敢否定这类教诲呢?"①

不过，青少年时期的马克思也已经开始对信仰问题展开独立思考，有着一些大胆的质疑，如在这篇论文中就表达了其开放性思想："任何一个民族，即使它达到了最高度的文明，即使它孕育出了一些最伟大的人物，即使它的技艺达到了全面鼎盛的程度，即使各门科学解决了最困难的问题，它也不能解脱迷信的枷锁；无论关于自己，还是关于神，它都没有形成有价值的、真正的概念。"②这说明马克思开始探讨、思索真理问题，但尚未获得一条清晰的思想线索，也缺乏一种确定或确信。

在当时马克思的眼中，基督教从整体来看显然是具有积极意义的，而并不是完全的、彻底的被否定的东西。这种印象在马克思后来的认知中至少也得到部分保留，所以他强调，尽管教会做了很多不好的事情，但是毕竟它保存了西方的文化，提倡一种爱的信仰。从这个意义上来说，马克思对基督教的看法应该是一分为二的，他是从一种内在性的批判出发来展开对基督教的批判的，其根本反对的是异化为社会上的反动力量的那种国家教会或政治性教会，而至少对与"共产国际"相似的早期基督教抱有好感或同情的态度。马克思此后于 1870 年甚至在与自己的家人或朋友开玩笑时还称自己为"好基督徒"。③尽管马克思在形成自己的独立思想后对基督教有着非常尖锐的批评，却也并非对之全然、绝对的否定。其实，古今基督教会内也有不少神学家、革新家同样尖锐地批评过基督教，他们甚至对基督教的神明观提出异议或批评，但这并不能说明他们此时已是无神论者。因此，我们要回到历史的本原，认识马克思本身的宗教经历，这样就可能会对马克思的宗教观有一个比较客观、更加清楚的了解。

---

① 《马克思恩格斯全集》第 1 卷，人民出版社 1995 年版，第 459 页。
② 《马克思恩格斯全集》第 1 卷，人民出版社 1995 年版，第 449 页。
③ *Marx-Engels Works*, London: Lawrence and Wish art 32:663.

二、马克思大学时期受古希腊唯物论影响而发生的思想转变

马克思的整体思想包括其宗教思想的重大转变主要是在他大学求学期间，尤其是在他写博士论文期间。他此时在德国学术氛围的熏染下接触到青年黑格尔派，有了对黑格尔哲学和欧洲启蒙思潮的重新认识，并在选择博士论文题目和撰写论文中逐步深入古希腊哲学，从而开始受到古希腊唯物论的影响，特别是受到德谟克利特和伊壁鸠鲁思想的影响。这些新视域使他重新审视其青少年时尚不成熟的想法，逐步从有神论思想往无神论立场转变。马克思的博士论文就是写《德谟克利特的自然哲学和伊壁鸠鲁的自然哲学的差别》，这使他对欧洲唯物主义起源及其无神论传统有了直接的体认。他重点研究了伊壁鸠鲁的思想，称他为"最伟大的希腊启蒙哲学家"。正是从这个时候起，他开始深入反省自己对宗教的认知，并开始从唯物主义的角度重新审视宗教，并且更为广泛地观察整个社会。但是，这还不能说马克思就此完全抛弃了以往的一些思想特点和文化传承，从其思想情感和文字表述的语气来看，他还是在有些方面对以往的认知加以了相应的保留，有其内在精神的延续性保存，这在其此后的著述中也经常不断地闪现出来。这里，我们可对《德谟克利特的自然哲学和伊壁鸠鲁的自然哲学的差别》之论文所反映的马克思的思想变化及发展加以具体分析。

（一）承认哲学独立思想的优先性

马克思对哲学思维优先的认知，表现在他对伊壁鸠鲁的重新评价上。在其博士论文中，马克思并不满足欧洲近代启蒙哲学家对伊壁鸠鲁的认知，他指出："伽桑狄虽然把伊壁鸠鲁从教父们和整个中世纪即实现了非理性的时代所加给他的禁锢中解救了出来"，却不满意"他竭力要使他的天主教的良心同他的异端知识相适应"，认为"使伊壁鸠鲁同教会相适应，这当然是白费气力"[1]。在哲学摆脱中世纪神学的纠缠在近代脱颖而出的进程中，马克思

---

[1] 《马克思恩格斯全集》第 1 卷，人民出版社 1995 年版，第 10 页。

坚决反对"把哲学带上宗教法庭的立场"，认为这是错误、荒唐的。① 为此，马克思对伊壁鸠鲁的观点表示认同，并根据其对古希腊神话中普罗米修斯给人类带来智慧的火种之理解而视其为"哲学历书上最高尚的圣者和殉道者"，马克思在其博士论文的《序言》中就开宗明义地表示，"只要哲学还有一滴血在自己那颗要征服世界的、绝对自由的心脏里跳动着，它就将永远用伊壁鸠鲁的话向它的反对者宣称：'渎神的并不是那抛弃众人所崇拜的众神的人，而是把众人的意见强加于众神的人。'""哲学并不隐瞒这一点。普罗米修斯的自白'总而言之，我痛恨所有的神'就是哲学自己的自白，是哲学自己的格言，表示它反对不承认人的自我意识是最高神性的一切天上的和地上的神。不应该有任何神同人的自我意识相并列。"② 很明显，此时马克思的理性哲学观和无神论思想已经始见端倪，已在用理性、人性来与迷信、神性相抗衡。

（二）以自然观、人性观、理性观来解释神的存在

在比较德谟克利特的自然哲学和伊壁鸠鲁的自然哲学时，马克思触及思想与存在、偶然与必然、主体与客体、原因与结果等基本哲学问题，由此亦引申出神是否存在以及究竟应如何来理解神的问题。在此，马克思更多的是以引证伊壁鸠鲁等人的观点来间接说明该问题，但偶尔也直接阐明自己的见解。综合而言，马克思从自然观、人性观和理性观这三个层面论及其对神的理解以及对神是否存在、如何或为何存在的解释。

首先，马克思认为神明问题与人的自然观有关联，尤其涉及人对天体存在及其性质的理解。在分析德谟克利特和伊壁鸠鲁对天象的解释时，马克思说："对于天体的崇敬，是所有希腊哲学家遵从的一种崇拜。天体系统是现实理性的最初的、朴素的和为自然所规定的存在。"在古希腊哲学传统中，

---

① 《马克思恩格斯全集》第 1 卷，人民出版社 1995 年版，第 11 页。

② 《马克思恩格斯全集》第 1 卷，人民出版社 1995 年版，第 12 页。

"毕达哥拉斯派、柏拉图、亚里士多德对天体所抱的宗教态度更是人所共知的。"① 在此，马克思以亚里士多德为例分析了这种天体崇拜的具体意义。按照亚里士多德的思路："人人都有一个关于神的观念并把最高的处所划给神性的东西；无论异邦人还是希腊人，总之，凡是相信神的存在的人，莫不如此，他们显然把不死的东西和不死的东西联系起来了……因此，如果有神性的东西存在——就像它确实存在那样，那么我们关于天体的实体的论断也是正确的。"② 基于这种思考，"古代人把天和最高的地方划给神，因为唯有天是不死的。而现在的学说也证明，天是不可毁灭的、没有起始的、不遭受生灭世界的一切灾祸的。这样一来，我们的概念就同时符合关于神的预言。至于说天只有一个，这是显然的。认为天体即是众神，而神性的东西包围着整个自然界的看法，是从祖先和古代人那里流传下来并以神话的形式在后人中间保存下来的。其余的东西则是为了引起群众的信仰，当作有利于法律和生活的东西而被披上神话的外衣添加进去的。……如果有人抛开其余的东西，只坚持原初的东西，即认为原初的实体是众神这一信仰，那么他必定会认为这是神的启示"③。基于这一认识，天在古希腊信仰传统中具有自然本原或本体的意义，天道不变、天归于一，恰如色诺芬尼望着天空所言："一就是神。"④ 但这种认识本身在古希腊时代及其思想文化传承中就有着颠覆性的反证。天在这种认知中并不是神明的寓所或不变的永存，而是自然物理现象。马克思指出，"阿那克萨哥拉是第一个从物理学上解释天空的人"，其生存意义就是"为了观察太阳、月亮和天空"⑤。由此遂形成了对天体作物理学解释而不是将之视为神明的自然观，其典型代表即伊壁鸠鲁。在伊壁鸠鲁看来，"人的心灵的最大迷乱起源于人们把天体看作是有福祉的和不可毁灭的，他们具

---

① 《马克思恩格斯全集》第 1 卷，人民出版社 1995 年版，第 55 页。
② 《马克思恩格斯全集》第 1 卷，人民出版社 1995 年版，第 55 页。
③ 《马克思恩格斯全集》第 1 卷，人民出版社 1995 年版，第 56 页。
④ 《马克思恩格斯全集》第 1 卷，人民出版社 1995 年版，第 55 页。
⑤ 《马克思恩格斯全集》第 1 卷，人民出版社 1995 年版。

有同这些天体相对立的愿望和行为，而且他们还由于神话而产生怀疑"。实际上，"运动、位置、亏蚀、升起、降落以及诸如此类现象的发生，不是因为有一个享有一切福祉和不可毁灭的存在物在支配它们、安排它们——或已经安排好它们"①。"关于星辰的升起和降落、星辰的位置和亏蚀的理论本身，并不包含有关幸福的特殊根据；不过，恐惧却支配着那些看见这些现象但不认识它们的性质及其主要原因的人。"② 人们对之可以加以任何解释，"只是神话必须加以排除。但是，只有当人们通过追寻现象，从现象出发进而推断出不可见的东西时，神话才会被排除"③。这里，伊壁鸠鲁以其所理解的原子论对之加以了根本性解释，认为"天体就是成为现实的原子"，从而彻底完成了对天体的去神明化、非神秘化。"在这里伊壁鸠鲁必定会看见他的原则的最高存在，看见他的体系的最高峰和终结点。他声称，他假定有原子存在，是为了给自然奠定不朽的基础。"④ 从伊壁鸠鲁的原子唯物论，也就势必能推导出其自然唯物主义、朴素唯物主义的无神论。马克思对此评价说："在关于天象的理论中表现了伊壁鸠鲁自然哲学的灵魂。"⑤"这正是他的体系所达到的最深刻的认识，最透彻的结论。"⑥

其次，马克思认为神明问题与人的人性观有关联，在此，人的思想与存在、人的主体与自然客体以及与人之命运相关联的必然性和偶然性，就成为人思考或想象神明的缘由。马克思比较了习惯使用必然性的德谟克利特和倾向于偶然性的伊壁鸠鲁，并借用伊壁鸠鲁的话来谈人们对神明的感觉："伊壁鸠鲁说，'被某些人当作万物主宰的必然性，并不存在，无宁说有些事物是偶然的，另一些事物则取决于我们的任意性。必然性是不容劝说的，相反，偶然是不稳定的。所以，宁可听信关于神灵的神话，也比当物理学家所

---

① 《马克思恩格斯全集》第 1 卷，人民出版社 1995 年版，第 56 页。
② 《马克思恩格斯全集》第 1 卷，人民出版社 1995 年版，第 57—58 页。
③ 《马克思恩格斯全集》第 1 卷，人民出版社 1995 年版，第 58 页。
④ 《马克思恩格斯全集》第 1 卷，人民出版社 1995 年版，第 60 页。
⑤ 《马克思恩格斯全集》第 1 卷，人民出版社 1995 年版，第 62 页。
⑥ 《马克思恩格斯全集》第 1 卷，人民出版社 1995 年版，第 61 页。

说的命运的奴隶要好些，因为神话还留下一点希望，即由于敬神将会得到神的保佑，而命运却是铁面无情的必然性。应该承认偶然，而不是像众人所认为的那样承认神。'""在必然性中生活，是不幸的事，但是在必然性中生活，并不是一种必然性。……因此，我们感谢上帝，因为在生活中谁也不会被束缚住。控制住必然性本身倒是许可的。"① 人对神灵的猜测和敬畏，与人对和自己相关联的命运之必然或偶然的思考有关，在伊壁鸠鲁的思想中即反映出人的主体性认知，与人的主观感觉有着直接联系。在德谟克利特那里，当偶然脱离人的主体关照而作为一般的东西时，则与必然性区别不大。马克思说："德谟克利特把偶然当作一般的东西和神性的东西的主宰，并断言这里一切都由于偶然而发生，同时他又把偶然从人的生活和经验的自然中排除掉，并斥责它的宣扬者愚蠢无知。"而"在一般的东西和神性的东西开始的地方，德谟克利特的必然性概念同偶然便没有差别了"②。伊壁鸠鲁则不同，他把偶然视为"一种只具有可能性价值的现实性"，这种抽象的可能性作为实在的可能性的反面就像幻想那样没有限制，其涉及的是"作出说明的主体"。③ 因此，伊壁鸠鲁的解释方法的目的"在于求得自我意识的心灵的宁静，而不在于对自然的认识本身"④。按此目的，"善就是逃避恶，而快乐就是脱离痛苦"，"因此众神也避开世界，对世界漠不关心，并且居住在世界之外"。这些神"处于幸福的宁静之中，不听任何祈求"⑤，不过，马克思进而指明，"这些神并不是伊壁鸠鲁的虚构。它们曾经存在过。这是希腊艺术塑造的众神"。"理论上的宁静正是希腊众神性格上的主要因素。"⑥ 在这种人的精神需求中，人的主观诉求亦与对天体的崇拜结合起来，天体作为不死的存在成为人的精神寄托。"对于天体的崇拜，是所有希腊哲学家遵从的一种崇

---

① 《马克思恩格斯全集》第 1 卷，人民出版社 1995 年版，第 25—26 页。
② 《马克思恩格斯全集》第 1 卷，人民出版社 1995 年版，第 26、27 页。
③ 《马克思恩格斯全集》第 1 卷，人民出版社 1995 年版，第 27—28 页。
④ 《马克思恩格斯全集》第 1 卷，人民出版社 1995 年版，第 28—29 页。
⑤ 《马克思恩格斯全集》第 1 卷，人民出版社 1995 年版，第 35 页。
⑥ 《马克思恩格斯全集》第 1 卷，人民出版社 1995 年版，第 36 页。

拜。""希腊人的自我意识在精神领域内也占有同样的地位。它是精神的太阳系。因此，希腊哲学家在天体中崇拜的是他们自己的精神。"①

除了哲学家这种对自己的精神之人性化崇拜之外，马克思还论及普通民众在宗教崇拜中所体现的对个人命运的眷顾，其信仰也是人性对命运抗争的一种表现。"宁可听信关于神灵的神话，也比当物理学家所说的命运的奴隶要好些，因为神话还留下一点希望，即由于敬神将会得到神的保佑，而命运却是铁面无情的必然性。"②宗教的这种精神安慰功能因而也就体现出了人性的一些基本诉求。对命运的无知、恐惧和无法预测，使人们只得以虚幻的神灵来作为其精神寄托，尽管这种神灵是虚幻的，而人们精神寄托的需求却是实在的，由此导致二者复杂且微妙的联结与共构。马克思在分析这种关联时点评了亚里士多德和霍尔巴赫的见解。亚里士多德在此对这种联结有着正面的比较，在亚里士多德看来，"人人都有一个关于神的观念并把最高的处所划给神性的东西；无论异邦人还是希腊人，总之，凡是相信神的存在的人，莫不如此，他们显然把不死的东西和不死的东西联系起来了；因为不这样也是不可能的。因此，如果有神性的东西存在——就像它确实存在那样，那么我们关于天体的实体的论断也是正确的"③。这种肯定式表达对人性有着积极和正面的评价，其信仰亦有着开明及乐观的意趣。"认为天体即是众神，而神性的东西包围着整个自然界的看法，是从祖先和古代人那里流传下来并以神话的形式在后人中间保存下来的。其余的东西则是为了引起群众的信仰，当作有利于法律和生活的东西而被披上神话的外衣添加进去的。因为群众把众神说成近似于人，近似于一些别的生物，从而虚构出许多与此有关和类似的东西。如果有人抛开其余的东西，只坚持原初的东西，即认为原初的实体是众神这一信仰，那么他必定会认为这是神的启示。"④对此，马克思认为伊

① 《马克思恩格斯全集》第 1 卷，人民出版社 1995 年版，第 55 页。
② 《马克思恩格斯全集》第 1 卷，人民出版社 1995 年版，第 26 页。
③ 《马克思恩格斯全集》第 1 卷，人民出版社 1995 年版，第 55 页。
④ 《马克思恩格斯全集》第 1 卷，人民出版社 1995 年版，第 56 页。

壁鸠鲁则看到了问题的另一面，即对之有着负面的审视，而不是像亚里士多德从正面所认为的那么顺理成章，因此从中所带来的幸福感及轻松的心情是不存在的。在伊壁鸠鲁看来，"人的心灵的最大迷乱起源于人们把天体看作是有福祉的和不可毁灭的，他们具有同这些天体相对立的愿望和行为，而且他们还由于神话而产生怀疑。至于说到天象，应当认为，运动、位置、亏蚀、升起、降落以及诸如此类现象的发生，不是因为有一个享有一切福祉和不可毁灭的存在物在支配它们、安排它们——或已经安排好它们。因为行动与福祉不相一致，行动的发生大半与软弱、恐惧和需要有关。同样也不应当认为，有一些享有福祉的类似火的物体，能够任意地作出这些运动。如果人们不同意这种看法，那么这种矛盾本身就会引起心灵的最大迷乱"①。对于天体及其意义，人们并没有那种想当然的自信，反而暴露出人的恐惧和虚弱。"伊壁鸠鲁则责备那些认为人需要天的人；并且他认为支撑着天的那个阿特拉斯本身就是人的愚昧和迷信造成的。愚昧和迷信也就是狄坦神族。"② 正是在这种与伊壁鸠鲁思想的关联上，马克思列举了不同于亚里士多德而与伊壁鸠鲁较为接近的近代欧洲思想家霍尔巴赫的观点。霍尔巴赫不是从乐观而是从悲观、不是从积极而是从消极意义上论及人与神的关系，并且将神视为"恐惧和彼岸的存在物"。在霍尔巴赫那里，"关于这些无比强大的力量的观念永远是同恐惧的观念结合在一起的；这些力量的名字总是使人们回想起他们自己的灾难或者他们祖先的灾难。我们现在还害怕，因为数千年来我们的先辈就感到害怕。神的观念在我们心中总是引起令人压抑的念头……就是现在，每当我们听到有人提到神的名字时，恐惧和忧郁的想法就涌上心头"③。显然，马克思在此已经关注到恐惧创造神的思想，而这种与恐惧相关联的神虽是人性之需，却也是人性之害，其推论和断定本身也是违背人的理性的。按照霍尔巴赫之言，"如果把道德建筑在一个行为变化不定的神的并不真正

① 《马克思恩格斯全集》第 1 卷，人民出版社 1995 年版，第 56—57 页。
② 《马克思恩格斯全集》第 1 卷，人民出版社 1995 年版，第 57 页。
③ 《马克思恩格斯全集》第 1 卷，人民出版社 1995 年版，第 98 页。

合乎道德的品格之上，那么人无论在他对于神的义务方面，在他自己对自己
的义务方面，还是在他对别人的义务方面，都始终不可能知道他该遵循什
么。因此，最有害的事莫过于劝人相信存在着一种超自然的存在物，在这种
存在物面前，理性必须默不作声，为了成为一个幸福的人，你就必须为这个
存在物牺牲尘世上的一切"①。这样，也就涉及如何以理性观来对神做出解释
的问题了。

　　在最后以理性来论述神是否存在这一层面上，马克思首先谈到了传统观
念对神的认识和证明等问题。在对神的认识上，马克思列举了站在伊壁鸠鲁
对立面的普卢塔克的一些观点。普卢塔克写过《论信从伊壁鸠鲁不可能有幸
福的生活》等著作，在他看来，"关于快乐〈伊壁鸠鲁〉也许说过：……他
们的学说以某种方式消除恐惧和迷信，但是，它不会给人以欢乐和神赐的愉
快"。伊壁鸠鲁以这种理性的冷静来消除恐惧，却失去了信神本来可以带来
的心之宁静和情之愉悦。而普卢塔克则在此论及信神的好处："他们〔对神〕
感到畏惧，把他当作对好人仁慈、对坏人严厉的主宰，由于怀有这唯一的畏
惧心理，他们不需要许多使他们不去做坏事的拯救者；他们仿佛使恶在自己
身上逐渐消亡，因此，同那些正在作恶并敢于作恶，而事后又立即感到害怕
和懊悔的人相比，他们较少感到不安。""相反，当它〈即灵魂〉最虔诚地相
信并想象到神的降临时，它就会最容易驱散悲伤、恐惧和忧虑，并且沉醉于
快乐，直到狂喜、戏谑和欢笑，在爱里面……""因为在节日里使人兴高采
烈的，不是丰盛的酒，也不是烤肉的香味，而是企盼神能赐惠降临并仁慈地
接受礼拜的虔诚愿望和信念。""他们〔即优秀的虔诚的人们〕一想到神就感
到多么大的真诚的喜悦呀，因为对他们来说，神是一切善的倡导者，是一切
美好事物的父亲，神既不会做任何坏事，也不会容忍任何坏事！因为神是善
良的，而善良者在任何情况下都既没有忌妒，没有恐惧，也没有愤怒，没有
仇恨……因此，神不会集愤怒与仁慈于一身，而由于神按其本性来说就是仁

---

① 《马克思恩格斯全集》第 1 卷，人民出版社 1995 年版，第 98 页。

慈的和乐于助人的，所以愤怒和害人是同它的本性不相容的。"① 但这种信仰的表述在马克思看来只是一种情感的表达而缺乏理性的依据，尽管有各种"关于神的存在的证明"，然而信神者在其理性论证上也显得软弱无力。在情感上对神之存在的确信却很难经得起理性逻辑的推敲，以神为前设或依据的理性证明会陷入僵局，出现康德所言的"二律背反"窘境。马克思认为，在西方思想史上，"关于神的存在的证明"早就是"一个几乎已经声名狼藉的题目"。② 从柏拉图、亚里士多德开始对神的存在加以理性、逻辑意义上的证明，到欧洲中世纪在安瑟伦、阿奎那的经院哲学中达到高峰，此后近代思想家笛卡尔、康德、黑格尔等人不断延续这一论题，却都没有从根本上摆脱其理论困境。在此，马克思对谢林、黑格尔的相关论述进行了分析。在谢林那里，"软弱的理性不是那个不认识客观的神的理性，而是那个想要认识神的理性"。"我们假定被规定为客体的神是我们知识的现实基础，那么，在这种情况下，既然神是客体，神本身就进入我们的知识范围之内，因而对于我们来说就不可能是这整个范围所赖以建立的最后根据了。"③ 以理性来证明神的存在其实本身就是一个悖论，这种信仰已经超出了理性的原则及其论证的框架、范畴，对之加以理论论证反而显得勉强甚至荒唐。谢林的上述论说实际上是"向优秀的人类宣布精神自由并且不能再容忍人类为失去身上的枷锁而悲泣的时候已经到来了"④，因此不应该再回到过去。马克思进而指出，在黑格尔那里，"黑格尔曾经把这一神学的证明完全弄颠倒了，也就是说，他推翻了这一证明，以便替它作辩护"。黑格尔曾对由世界的存在推论到神的存在如此解释说，"因为偶然的东西不存在，所以神或绝对者存在"；马克思对此反驳说："但是，神学的证明恰恰相反：'因为偶然的东西有真实的存在，所以神存在，'神是偶然世界的保证。不言而喻，这样一来，相反的命题也

---

① 《马克思恩格斯全集》第 1 卷，人民出版社 1995 年版，第 98—99 页。
② 《马克思恩格斯全集》第 1 卷，人民出版社 1995 年版，第 100 页。
③ 《马克思恩格斯全集》第 1 卷，人民出版社 1995 年版，第 99、100 页。
④ 《马克思恩格斯全集》第 1 卷，人民出版社 1995 年版，第 100 页。

被设定了。"① 为此，马克思讽刺"对神的存在的证明不外是空洞的同义反复"，并对基督教界曾流行的神之存在的本体论证明加以具体剖析说，"本体论的证明无非是：'我现实地（实在地）想象的东西，对于我来说就是现实的表象'，这东西作用于我，就这种意义上说，一切神，无论异教的还是基督教的神，都曾具有一种实在的存在，古代的摩洛赫不是曾经主宰一切吗？德尔斐的阿波罗不曾经是希腊人生活中的一种现实的力量吗？在这里康德的批判也毫无意义"②。在马克思看来，这种想象乃是想入非非，无疑为白日做梦，其以虚代实、以无称有，实显滑稽。"如果有人想象自己有一百个塔勒，如果这个表象对他来说不是任意的、主观的，如果他相信这个表象，那么对他来说这一百个想象出来的塔勒就与一百个现实的塔勒具有同等价值。譬如，他就会根据他的想象去借债，这个想象就会起这样的作用，正像整个人类曾经欠他们的神的债一样。……现实的塔勒与想象中的众神具有同样的存在。难道一个现实的塔勒除了存在于人们的表象中，哪怕是人们的普遍的或者无宁说是共同的表象中之外，还存在于别的什么地方吗？要是你把纸币带到一个不知道纸的这种用途的国家里去，那每个人都会嘲笑你的主观表象。要是你把你所信仰的神带到信仰另一些神的国家去，人们就会向你证明，你是受到幻想和抽象概念的支配。这是公正的。如果有人把温德人的某个神带给古代希腊人，那他就会发现这个神不存在的证明。因为对希腊人来说，它是不存在的。一个特定的国家对于外来的特定的神来说，就同理性的国家对于一般的神来说一样，是神停止其存在的地方。"③ 这种对神的存在从客观上加以外在诉求的理性证明显然只会以失败告终，想象可以任意驰骋，在理性面前却须止步。那么这种证明有无意义呢？又说明什么呢？马克思对此并没有简单地否定，而是深入思考，从外在之求转为内在之探，从主观上回眸人的思想之在，勾勒出这种证明的奥秘之真正所在。马克思为此透彻地揭示

① 《马克思恩格斯全集》第 1 卷，人民出版社 1995 年版，第 100 页。
② 《马克思恩格斯全集》第 1 卷，人民出版社 1995 年版，第 100 页。
③ 《马克思恩格斯全集》第 1 卷，人民出版社 1995 年版，第 100—101 页。

道："对神的存在的证明不外是对人的本质的自我意识存在的证明，对自我意识存在的逻辑说明。例如，本体论的证明。当我们思索存在的时候，什么存在是直接的呢？自我意识。"① 我思不能证明神存在，但我思却能说明我存在，这里，马克思将本体论的证明解释为主体论的说明，而实际上也回应了苏格拉底"我知我无知"、奥古斯丁"我疑故我在"和笛卡尔"我思故我在"的主体意识论。综合上述分析，马克思得出了如下结论："对神的存在的一切证明都是对神不存在的证明，都是对一切关于神的观念的驳斥。现实的证明必须倒过来说：'因为自然安排得不好，所以神才存在。''因为非理性的世界存在，所以神才存在。''因为思想不存在，所以神才存在。'但这岂不是说：谁觉得世界是非理性的，因而谁本身也是非理性的，对他来说神就存在。换句话说，非理性就是神的存在。"② 神不存在于可以用理性证明的客观世界，却非理性地存在于人的主观意识之中。这样，关于神之存在的话语就被从理性思维的实在范畴中排斥出去，而只能以想象、梦幻、情感的形式来加以主观、虚拟的表达。

在对伊壁鸠鲁的研究中，马克思系统地学习了欧洲思想发展变迁的历史，对一些重要思想家关于宗教、神灵的论述加以深刻思考和冷静分析，由此开始逐渐形成自己的思想体系，出现从唯心到唯物、从有神到无神之观念的转变。在这一过程中，马克思对伊壁鸠鲁评价颇高，宣布"伊壁鸠鲁是最伟大的希腊启蒙思想家，他是无愧于卢克莱修的称颂的：人们眼看尘世的生灵含垢忍辱，在宗教的重压下备受煎熬，而宗教却在天际昂然露出头来，凶相毕露地威逼着人类，这时，有一个希腊人敢于率先抬起凡人的目光面对强暴，奋力抗争，无论是神的传说，还是天上的闪电和滚滚雷鸣，什么都不能使他畏惧……如今仿佛得到报应，宗教已被彻底战胜，跪倒在我们脚下，而我们，我们则被胜利高举入云。"③ 但这一时期马克思主要是从思想层面较为

---

① 《马克思恩格斯全集》第1卷，人民出版社1995年版，第101页。
② 《马克思恩格斯全集》第1卷，人民出版社1995年版，第101—102页。
③ 《马克思恩格斯全集》第1卷，人民出版社1995年版，第63页。

抽象地展开对宗教的剖析和研究，尚未深入思考宗教的社会关联及与政治经济历史发展的关系。

三、马克思唯物宗教观的形成

在进入社会政治领域，开始其阶级分析之后，马克思逐渐形成其唯物宗教观，并有一些基本的理论表述。不过，马克思的主要精力是在哲学、政治经济学以及社会主义和共产主义理论体系的构建，故而没有专门深入、系统论述宗教的著作。在这种转变和定型中，马克思最初也受到黑格尔和费尔巴哈等人的思想影响，如对黑格尔辩证法的扬弃，对费尔巴哈人本主义唯物论的改造等。经过这一吸收与创新的过程，马克思形成了其思想体系最为基本而且也最为根本的辩证唯物主义和历史唯物主义的立场、观点、方法，并且影响和决定了其对宗教探究的基本思路和基本观点。

马克思关于宗教的思想阐述比较零散，在其早期形成历史唯物主义、辩证唯物主义思想，并以之来研究宗教的著述中，有四部著作非常重要，由此可使我们体认马克思主义宗教观的基本思路、研究方法和理论特色。这些著作标志着马克思唯物宗教观的形成和走向成熟。这四部著作即马克思 1843 年完成、1844 年初发表的《〈黑格尔法哲学批判〉导言》和《论犹太人问题》，1844 年撰写的《1844 年经济学哲学手稿》，以及 1845 年撰写的《关于费尔巴哈的提纲》。

《〈黑格尔法哲学批判〉导言》一文非常系统地论述了马克思从历史唯物主义和辩证唯物主义角度对宗教的认知及分析，其中一些关键思想后来被列宁看作是马克思主义宗教观的"基石"。至于列宁的理解是否准确，以及如何看待其理解的历史背景和时代呼应，我们还可以研究。在中国，人们对这篇文章也有不同的看法：有人认为这是马克思历史唯物主义宗教观的代表作，在马克思主义宗教观的奠立上具有里程碑的意义；也有人认为，其文中思想和语言表述仍然停留在青年黑格尔的思想水平上，尤其是行文特点所突出的也是青年黑格尔派比较典型的表示方式。但总体来看，马克思在《〈黑格尔法哲学批判〉导言》中基本上把其对宗教的认知说清楚了，其基本观点也都得到恰当的阐述，这里面就包含有马克思的很多非常重要的想法。与之前的重点不同，马克思在此非常鲜明地论及宗教与社会的关系问题，特别指出宗教是对社会现状的反映，宗教批判只是对其他批判如社会批判、政治批判的先导而已；而且，马克思还谈到宗教只不过是现实社会生活中的人们对社会不公、压迫的一种叹息或者抗议，而一旦这种关注转向社会、政治和法的批判，对宗教的批判则已经结束。马克思也非常强调当时在德国这种批判转向之必要和适时，只是在这样一种前后关联的语气中，马克思才谈到了"宗教是人民的鸦片"。实际上，这种把宗教比作鸦片的说法在当时欧洲已经非常流行，不少启蒙学者、思想家甚至教会人员都有这样的说法，因此这并不是马克思的首先发明。可以说，《〈黑格尔法哲学批判〉导言》代表着马克思主义宗教观的正式亮相，具有开拓和开创意义。

第二篇著述是《论犹太人问题》，基本上是与《〈黑格尔法哲学批判〉导言》同时撰写和发表的。在这篇文章中，马克思同样阐述并强调了其观察、研究宗教的基本原则和方法，即从现实社会生活中、在其相关人群的社会存在中寻找宗教存在的奥秘，梳理出宗教起源、发展、变化的历史轨迹。这是其历史唯物主义的基本立场和研究原则，即从社会存在中寻找社会意识的奥秘，而不是相反。其特点是以犹太人为个案来展开专题研究，说清楚犹太民族与犹太宗教的关系问题，关键在于对犹太民族社会存在的透彻了解。由于马克思本人就是犹太人，所以相关这一问题的探讨对其而言乃驾轻就熟，非常顺畅。

第三篇著述则是《1844年经济学哲学手稿》，这部著作在当时没有完全写好，故而也未公开发表。在这部手稿中，马克思的思想进一步深化和成熟，尤其是提出了宗教与异化的关系问题。西方马克思主义者卢卡奇在其1923年出版的《历史和阶级意识》一书中提出了异化意义上的物性化概念，在当时曾引起轰动。其实，这一关涉异化的思想在马克思的此文中已经非常清楚地表述出来。但马克思的这篇文章直至 1932 年才得以公开发表，其思想火花遮蔽了快一个世纪才被人发现。此后，从"异化"来审视宗教存在成为其重要的视角。

第四篇著述是《关于费尔巴哈的提纲》，虽然完成于 1845 年，却迟至 1888 年才得以出版发表。其内容反映了马克思跳出费尔巴哈抽象人本主义宗教理论的局限，更多从社会意义上论及宗教的重要阐述。马克思在对费尔巴哈思想加以批判性继承之后，以具体的社会分析取代其空洞的人本主义分析，在此完成了哲学上的飞跃性突破，即将以往的解释性哲学升华为实践性哲学，使哲学成为社会实践、行动的指南。

我们在认识马克思主义宗教观的创立和其方法论的形成时，对这四篇著作的理解至关重要，从中可以梳理出马克思主义对宗教问题的基本认知、体会到其理论不断提高和深化的动态进程。随着马克思主义宗教观的奠立，马克思又与恩格斯合作，进而对其宗教理论展开了更为全面、更加深入的研究。其中相关经典文献包括马克思的《〈政治经济学批判〉序言》《经济学手稿（1857—1858 年）》《资本论》，以及马克思与恩格斯合著的《神圣家族》《德意志意识形态》等。

四、马克思宗教观的主要表述

马克思的宗教观体现在其相关论著之中，包括他与恩格斯合作撰写的关于宗教问题的著作。从这些著作中，我们可以梳理出马克思论述宗教的理论前提、发展思路、基本观点和主要方法。马克思谈宗教绝不是凭空而论，都有对这些宗教存在的具体社会历史处境之分析、研究，由此而结合社会现实、历史条件来论说、界定宗教。所以，我们不能抽象地、本本主义地谈论马克思的宗教观，而必须深入了解马克思所生活的历史时代、所存在的社会背景、所受到的思想文化影响以及所接受的学术知识体系，依此才可能真正体悟、领会并把握马克思所言之宗教，以及他为何而言宗教。我们对马克思宗教观的理解必须理论联系实际，必须实事求是，必须具体问题具体分析，将马克思关于宗教的评价放入其生存的社会处境、历史条件之中去考察、判断，对之做出精准的认知、客观的描述和科学的评价，发现并运用马克思研究宗教所坚持的基本方法和持守的基本原则。在马克思对宗教的剖析中，鲜明地展示了其历史唯物主义、辩证唯物主义的立场，呈现出其实事求是的观点和具体问题具体分析的方法。因此，脱离这种社会根基和关联，是不可能根本理解并准确把握马克思的宗教观的。

（一）马克思《〈黑格尔法哲学批判〉导言》中的宗教观

马克思在其思想成熟之前曾受到黑格尔哲学的影响，当时较为活跃的青年黑格尔派是马克思关注的重点之一，故此马克思非常熟悉青年黑格尔派的思维特色和写作风格。《〈黑格尔法哲学批判〉导言》（以下简称《导言》）一文基于马克思在 1843 年 3 月至 9 月所撰写的《黑格尔法哲学批判》。此后马克思在 1843 年 10 月至 12 月之间进而完成了这篇《导言》，并很快就在 1844 年 2 月出版的《德法年鉴》上发表。不可否认，这篇文章在行文上和构思上仍然有着青年黑格尔派思维逻辑和表述方法上的蛛丝马迹，但其核心思想、基本观念却代表着马克思本人的思想已经从唯心主义向唯物主义、从革命民主主义向共产主义的质的转变。鉴于其思想过渡时期的时代特点，国内学术界对这篇文章中关于宗教的论述持有两种不太相同的意见。一种意见承认这种质的转变，认为《导言》是"马克思主义宗教学的奠基之作"① 或至少"具有奠基性的地位"②，将之视为马克思主义宗教观成熟的标志，认为其中已经具有了马克思关于宗教的基本观点，因而《导言》在其宗教理论的整个思想体系中都意义重大、地位独特。但是另一种意见却强调马克思以往思想痕迹的留存，认为《导言》并非"历史唯物主义宗教观的奠基之作"，其

① 牛苏林：《马克思恩格斯的宗教理解》，河南人民出版社 2002 年版，第 134—135 页。
② 吕大吉：《西方宗教学说史》，中国人民大学出版社 1994 年版，第 550 页。

中仍有青年黑格尔派和费尔巴哈人本主义的言述烙印，觉得其基本构思和逻辑秩序还"没有完全摆脱唯心主义宗教观的纠缠"①。但从《导言》的基本观点和思想方法来看，应该说已经充分体现出了马克思主义历史唯物主义、辩证唯物主义的思想风格，而且这种观点及方法也在文中得到非常熟练的运用。可以说，这篇《导言》完全能够代表马克思主义宗教观的奠立，通篇展示出的思路、文风已经与青年黑格尔主义、费尔巴哈人本主义的宗教观及其思想风格迥异。

马克思在《导言》中有关宗教之谈及其由此而深入展开的社会研究，都是基于 19 世纪德国的社会情况。当时较为敏锐的进步思想家和社会批判者已经全面谈论了其社会的宗教问题，而且已经触及宗教与社会政治经济的复杂联系。因此，这时的马克思得以在《导言》中公开指出，"就德国来说，对宗教的批判基本上已经结束，而对宗教的批判是其他一切批判的前提"②。当时德国社会流行"批判"之说，其实质是一种"评断"方法或评断学理论体系，以德国杜宾根大学为代表，故称"杜宾根学派"，其理论及方法主要用于基督教《圣经》评断，多少亦体现出青年黑格尔学派的气质。与此同时，费尔巴哈从人本主义角度对宗教展开的批判却遭到了非议，这不仅引起了马克思的同情，也启迪他将这种抽象、空洞的人本主义宗教批判与社会政治及法律批判相关联，从而使这种批判产生实质性的变化。正因为这种时代背景和思想环境，马克思才将宗教批判视为其他一切批判的前提。一旦他奠立其历史唯物主义和辩证唯物主义的思想体系，其批判指向也发生了重大变化，即把宗教批判直接转为对产生宗教的那个社会的批判，这实际上代表着其批判已从抽象转为具体，有了实实在在的社会内容。既然已经完成这一重大转变，故而马克思宣称，此时在德国对宗教的批判已经基本结束。

《导言》反映出马克思与费尔巴哈的思想对话和交锋，尤其是突出表明

---

① 陈荣富：《马克思主义宗教观研究》，四川人民出版社 2008 年版，第 118—119 页。

② 《马克思恩格斯文集》第 1 卷，人民出版社 2009 年版，第 3 页。

了马克思对费尔巴哈思想的扬弃和超越。马克思肯定了费尔巴哈的唯物主义立论，对他从人本主义意义上展开的宗教批判有着透彻分析，并指出这种批判的根本缺陷和理论弱点。费尔巴哈把"神"从天国拉回到人间，认为是人创造了宗教，"神"不过是人的投影而已、是人的本质的异化。但是，马克思敏锐地抓住了费尔巴哈立论的根本问题，犀利地指出他对人的认识存在着局限性，是一种非常空洞的人论。马克思承认费尔巴哈在宗教中关注到了人的问题，赞赏他在"天国的幻想"和所谓"神祇"中看到了人自身的反映，认为这种从天上回到人间的转向具有重要意义，肯定他在宗教中领悟出人的异化问题。不过，马克思强调费尔巴哈对人的理解只是一种抽象的理解，而基于这种抽象理解来批判宗教则意义不大。费尔巴哈揭示出宗教中人的意义，但对人的认识却不透彻、不够深入，只是看到人的抽象意义，或者说只是从抽象层面来观察人、理解人，结果没有悟透人的本真和本质所在。为此，马克思对费尔巴哈的观点加以纠正，使这种人论得以补充完善。马克思评价说："反宗教的批判的根据是：人创造了宗教，而不是宗教创造人。就是说，宗教是还没有获得自身或已经再度丧失自身的人的自我意识和自我感觉。"但人并非纯粹自我之人，人也不可能抽象存在，费尔巴哈人本主义的人论出现了偏差，没有看到人的本质存在，即人不是一种抽象存在，而乃实实在在的社会存在。马克思宣称，揭示出人的这种社会存在至关重要，指出"人不是抽象的蛰居于世界之外的存在物。人就是人的世界，就是国家，社会。这个国家、这个社会产生了宗教，一种颠倒的世界意识，因为它们就是颠倒的世界。宗教是这个世界的总理论，是它的包罗万象的纲要，它的狂热，它的道德约束，它的庄严补充，它借以求得慰藉和辩护的总根据。宗教是人的本质在幻想中的实现，因为人的本质不具有真正的现实性。因此，反宗教的斗争间接地就是反对以宗教为精神抚慰的那个世界的斗争"①。这样，马克思就扬弃了费尔巴哈抽象之人的说法，创立了自己的社会之人的理论。

----

① 《马克思恩格斯文集》第 1 卷，人民出版社 2009 年版，第 3 页。

通过对宗教存在加以社会分析，马克思突出了宗教存在与社会有着密切关联的思想，认为不能脱离社会看宗教，只能结合社会、基于社会来分析、评价宗教。在当时的社会处境中，宗教是与社会现实相关的安慰或抗议。为此，马克思在《导言》中指出："宗教里的苦难既是现实的苦难的表现，又是对这种现实的苦难的抗议。宗教是被压迫生灵的叹息，是无情世界的情感，正像它是无精神活力的制度的精神一样。宗教是人民的鸦片。"① 所谓"宗教鸦片论"，所依据的出处就是这段话语。但值得注意的是，马克思在此并没有抽象地把宗教比作鸦片，而是直接与社会现实相关联之言。宗教本身并无实在独存的天国，而只能置身于人世社会。宗教所展示、所反映的，都与社会现实直接相关，都关涉其存在的现实处境。马克思不仅把宗教还原到人的存在，而且还原到极为具体的人的社会存在，这是马克思主义与费尔巴哈人本主义本质不同之处。在结合宗教存在的社会现实来谈宗教时，马克思在《导言》表述的字里行间都充满着对宗教的同情理解和对现实的社会批判。马克思理论的实质并不是批判宗教，其批判宗教的真正目的是批判产生宗教的社会及其政治、经济、法律制度。所以说，马克思《导言》的立意不是要抽象地批判宗教，而是要实际地批判与之关联的社会，其实质因而是社会批判而不是宗教批判。马克思说："废除作为人民的虚幻幸福的宗教，就是要求人民的现实幸福。要求抛弃关于人民处境的幻觉，就是要求抛弃那需要幻觉的处境。因此，对宗教的批判就是对苦难尘世——宗教是它的神圣光环——的批判的胚芽。"② 显然，马克思在此是借宗教来说社会，其对宗教问题关注的实质是对社会政治问题的真正关注。马克思不希望因为对虚幻的宗教彼岸世界之批判而妨碍、阻拦了对现实的社会此岸世界之批判，其立意就是要对尘世世界、此岸今生的社会、经济、法律、政治等展开批判。"因此，真理的彼岸世界消逝以后，历史的任务就是确立此岸世界的真理。人的自我

---

① 《马克思恩格斯文集》第 1 卷，人民出版社 2009 年版，第 4 页。
② 《马克思恩格斯文集》第 1 卷，人民出版社 2009 年版，第 4 页。

异化的神圣形象被揭穿以后，揭露具有非神圣形象的自我异化，就成了为历史服务的哲学的迫切任务。于是，对天国的批判变成对尘世的批判，对宗教的批判变成对法的批判，对神学的批判变成对政治的批判。"①

不难看出，马克思在此对宗教绝非抽象、泛指的谈论，而是具体论及19世纪西方资本主义社会的宗教现象，并且专门与当时德国的世情相结合。即使在这种历史条件和社会处境中，马克思也呼吁要实现一种转向或过渡，即把批判天国变为批判尘世、把批判宗教变为批判法律、把批判神学变为批判政治。马克思给自己设立的历史使命正是号召被剥削、被压迫的人们起来反抗并推翻这一剥削社会，这也是其揭示宗教、分析宗教的真正目的之所在。但当前中国有少数人却套用马克思当时对宗教的批判来大加发挥，对今天中国宗教的存在亦贬损否定、横加批判；而基于马克思宗教批判的这种社会关联，这些人之所指却是我们中国当今的社会存在。对我们这种已经发生根本性巨变的社会中的宗教大加批判，如果不是陷入马克思早已批评、否定过的抽象批判之中，就是一种故意，其实质是对我们今天现实社会的不满、对中国当下社会政治发展的否定和批判，因为其宗教批判的逻辑关联只能是我们今天的法律和政治。

既然在德国对宗教的批判基本上已经结束，马克思遂开始了对德国国家哲学、法哲学、对德国制度的批判。很明显，这种旗帜鲜明的社会批判、政治批判才是马克思的真正目的和兴趣之所在。马克思说，"德国的法哲学和国家哲学是唯一与正式的当代现实保持在同等水平上 [al pari] 的德国历史。因此，德国人民必须把自己这种梦想的历史一并归入自己的现存制度，不仅批判这种现存制度，而且同时还要批判这种制度的抽象继续"②。马克思透过宗教而看到其存在的社会现实，并对之展开极为现实、极其实在的社会批判。从德国哲学及法学发展的历史来看，可以说近代德国的国家哲学和法哲

---

① 《马克思恩格斯文集》第 1 卷，人民出版社 2009 年版，第 4 页。
② 《马克思恩格斯文集》第 1 卷，人民出版社 2009 年版，第 9 页。

学都在黑格尔那儿"得到了最系统、最丰富和最终的表述",所以,马克思要开展对黑格尔的这种哲学的批判,并明确指出"对这种哲学的批判既是对现代国家以及同它相联系的现实所作的批判性分析,又是对迄今为止的德国政治意识和法意识的整个形式的坚决否定"①。黑格尔的哲学体系曾成为德国近代主流思想和核心价值,反映出当时资本主义社会的需求,因此马克思从对其哲学的批判而扩展到对整个资本主义社会的批判。在德国古典哲学中,费尔巴哈的哲学则因其唯物主义及无神论性质而被边缘化,却受到马克思的高度重视。不过,马克思在发现费尔巴哈人本论之不足以后更强调要对人的本质加以深入、透彻的剖析。费尔巴哈的无神论结论指向要废除宗教,而马克思的历史唯物论结论则指向对产生这种宗教的社会及其社会关系必须加以推翻。"德国理论的彻底性的明证,亦即它的实践能力的明证,就在于德国理论是从坚决积极废除宗教出发的。对宗教的批判最后归结为人是人的最高本质这样一个学说,从而也归结为这样的绝对命令:必须推翻使人成为被侮辱、被奴役、被遗弃和被蔑视的东西的一切关系。"②显然,费尔巴哈只是认识到信仰宗教之人,而马克思则深入到产生宗教的人之社会。

马克思论述宗教基于其对德国社会的观察和分析,有着非常实在、具体的社会依据。从德国历史来看,曾经产生过多种变革、多次革命,尤其是德国宗教改革和德国农民战争在世界历史上都有着重大影响。马克思冷静地分析了这些变革或革命的起因及其指导性的理论,认为它们过于侧重理论性的思考及发挥,而在实践上却准备不足,缺少正确理论与这种实践的有机结合,其结果在实践中往往会因不恰当的理论之误导而走入歧途,遭遇失败。如在分析 16 世纪德国宗教改革时,马克思就一针见血地指出:"德国的革命的过去就是理论性的,这就是宗教改革。正像当时的革命是从僧侣的头脑开始一样,现在的革命则从哲学家的头脑开始。"但这时的哲学家仍然停留在

---

① 《马克思恩格斯文集》第 1 卷,人民出版社 2009 年版,第 10 页。
② 《马克思恩格斯文集》第 1 卷,人民出版社 2009 年版,第 11 页。

纯理论层面，对现实缺乏具有实践意义的审视和指导，这种空洞的理论在实践中基本上行不通，结果给德国近代发展留下了深刻的历史教训，付出了惨重的代价。在具体评价德国宗教改革时，马克思指出路德改革的不彻底性和妥协性，在承认其改革带来了历史进展和社会革新之成就的同时，明确说明这种改革并没有摆脱人的异化，而且还给人带来了新的异化，导致人们在其异化中的徘徊、挣扎。"路德战胜了虔信造成的奴役制，是因为他用信念造成的奴役制代替了它。他破除了对权威的信仰，是因为他恢复了信仰的权威。他把僧侣变成了世俗人，是因为他把世俗人变成了僧侣。他把人从外在的宗教笃诚解放出来，是因为他把宗教笃诚变成了人的内在世界。他把肉体从锁链中解放出来，是因为他给人的心灵套上了锁链。"①

由此看来，革命实践需要正确理论的指导，而这种理论不能是空洞的、抽象的、不切实际的，但这正是上述宗教理论的局限性。马克思认为，德国宗教改革产生了新教，即以宗教革新的方式来解决社会问题，它虽然正确提出了问题，却没能正确解决问题，只是使社会革新成为宗教转型的流变。正是在此意义上，马克思非常感慨并十分惋惜地指出："当时，农民战争，这个德国历史上最彻底的事件，因碰到神学而失败了。"而神学并不能真正解决社会问题，其结果是到了马克思所处的时代，"神学本身遭到失败"②，其失败还给德国带来了滞后发展的严重后果，使此后几百年间德国的发展处于一蹶不振的低谷。从对唯心理论给社会实践带来的伤害及挫败来分析，马克思进而反对近代以来各种资产阶级革命所具有的局限性、私利性和不彻底性，认为这种革命其实只是为了少数人的利益，不是彻底革命而是局部改良，其实质"就是市民社会的一部分解放自己，取得普遍统治，就是一定的阶级从自己的特殊地位出发，从事社会的普遍解放"。而在马克思的时代，德国所真正需要的已经是"彻底的革命、普遍的人的解放"③。但这一使命只可能由

---

① 《马克思恩格斯文集》第1卷，人民出版社2009年版，第12页。
② 《马克思恩格斯文集》第1卷，人民出版社2009年版，第12页。
③ 《马克思恩格斯文集》第1卷，人民出版社2009年版，第14页。

新生的无产阶级才能完成，这是无产阶级的结构本身所决定的。"无产阶级宣告迄今为止的世界制度的解体，只不过是揭示自己本身的存在的秘密，因为它就是这个世界制度的实际解体。"①马克思认为真正彻底的革命来自在当时产生并存在于资本主义社会底层的无产阶级，但这并非抽象、空洞理论所驱使的革命，而是需要具有实践指导意义的理论，其使命则需掌握了正确理论的无产阶级来承担。"这个解放的头脑是哲学，它的心脏是无产阶级。"②

马克思的这篇《导言》宣布了马克思主义历史唯物主义和辩证唯物主义思想方法在宗教领域的运用，阐述了马克思关于宗教的基本思想和鲜明观点。其特点就是要透彻分析社会存在与社会意识的关系问题，强调社会存在决定社会意识这一规律及其逻辑顺序，由此来解答宗教现象与其相关社会的关系。马克思在《导言》中明确指出，宗教是相关社会的产物，依附于这一社会才可能存在与发展，宗教现象反映的是其社会的存在之状，我们必须在其社会存在中认识宗教的本质、评价宗教的作用。

（二）马克思《论犹太人问题》中的宗教观

《论犹太人问题》写于 1843 年 10 月至 12 月之间，于 1844 年 2 月发表在《德法年鉴》上，与《〈黑格尔法哲学批判〉导言》同时发表。这一论著在深层次上反映出马克思的犹太民族意识认知及其反思和反省，并进而在社会存在中来看民族群体的宗教信仰及思想文化问题。当然，马克思撰写这部著作的直接目的，则是批判青年黑格尔派主要代表布鲁诺·鲍威尔的著作《犹太人问题》和《现代犹太人和基督徒获得自由的能力》。鲍威尔限于以往的世界观而抽象、空洞地看待民族、宗教问题，认为犹太人的解放就是纯粹宗教问题，而与社会政治问题本无关系。对此，马克思批评说，对宗教的审视必须深入而不能浮于表面，在宗教与政治的关系上则必须理顺，要看清

① 《马克思恩格斯文集》第 1 卷，人民出版社 2009 年版，第 17 页。
② 《马克思恩格斯文集》第 1 卷，人民出版社 2009 年版，第 18 页。

宗教只是政治压迫的表现，故而绝不可把宗教作为政治压迫的原因，二者的关系不能颠倒。针对青年黑格尔派所触及的宗教狭隘性问题，马克思基于其对当时市民社会与宗教关系的分析比较而强调首先要消除政治压迫，只有这样才可能克服宗教的狭隘性。这一论著在马克思的思想转型中也具有里程碑意义，因此列宁曾说，马克思的《论犹太人问题》和《〈黑格尔法哲学批判〉导言》代表着马克思转向唯物主义和共产主义的"彻底完成"①。马克思以这些著述告别了其青年时期的摸索，旗帜鲜明地走向历史唯物主义和辩证唯物主义的发展。

1. 马克思论鲍威尔的《犹太人问题》

犹太民族在其漫长的历史变迁中进入欧洲基督教国家，因为民族、宗教的原由长期而受到欧洲各国统治者及相关社会的欺压。所以，犹太人问题是当时欧洲思想界、学术界极为关注的问题，有着不同观点的交流和交锋。鲍威尔作为青年黑格尔派的代表人物，对以往犹太人解放问题及其解决方案提出质疑，其关注焦点在于犹太人在一个基督教国家中的生存和如何做到自我解放。鲍威尔只是从宗教层面来考虑这一问题，而未关注到更大的社会层面。马克思对鲍威尔的观点进行了深刻分析，高瞻远瞩地指出"基督教国家，按其本质来看，是不会解放犹太人的；但是，鲍威尔补充说，犹太人按其本质来看，也不会得到解放。只要国家还是基督教国家，犹太人还是犹太人，这两者中的一方就不可能解放另一方，另一方也不可能得到解放"②。"德国的犹太人首先碰到的问题是没有得到政治解放和国家具有鲜明的基督教性质。但是，在鲍威尔看来，犹太人问题是一个不以德国的特殊状况为转移的、具有普遍意义的问题。这就是宗教对国家的关系问题、宗教束缚和政治解放的矛盾问题。他认为从宗教中解放出来，这是一个条件，无论对于想

---

① 参见《马克思恩格斯文集》第 1 卷，人民出版社 2009 年版，第 767—768 页。
② 《马克思恩格斯文集》第 1 卷，人民出版社 2009 年版，第 22 页。

要得到政治解放的犹太人，还是对于应该解放别人从而使自己得到解放的国家，都是一样。"① 显然，鲍威尔将此简单地化为纯粹的宗教问题，从宗教平等的角度提出其解决方法，就是要求犹太人放弃其传统所尊崇的犹太教、而其他人也放弃其以往所信奉的宗教，这样大家都是地位平等的公民，从而可以作为公民来获得自己的解放。鲍威尔的理由是，宗教如果能在政治意义上被废除掉，那么就是宗教的完全废除，而国家本来就不应该以宗教为前提。鲍威尔在此还进而论述了与之关联的解放者、得到解放者等，却没能清楚说明究竟是哪一种解放以及其解放的条件应有哪些。这里涉及的解放实际上有着多个层面、多种意义的解放，故需理清其关系及关联。针对鲍威尔的见解，马克思表明了自己的立场："我们认为，鲍威尔的错误在于：他批判的只是'基督教国家'，而不是'国家本身'，他没有探讨政治解放对人的解放的关系，因此，他提供的条件只能表明他毫无批判地把政治解放和普遍的人的解放混为一谈。"② 在对宗教的看法上，究竟是将之视为纯宗教问题或纯神学理论问题，还是视其为整个社会问题的有机构建或内在组成，这正是马克思与以往的纯理论思想家之区别。鲍威尔囿于其知识结构和传统观念而没有从纯宗教问题中转出去，故而只是从废除宗教的意义上来看政治解放，对解放问题持有过于狭隘的见解。在此，他把犹太人问题视为纯粹神学的问题，希望能在神学范畴之内来解决。但这种观点在马克思看来仍然是神学范围的内涵式理解，为此马克思评价说："犹太人同承认基督教为自己基础的国家处于宗教对立之中。这个国家是职业神学家。在这里，批判是对神学的批判，是双刃的批判——既是对基督教神学的批判，又是对犹太教神学的批判。不管我们在神学中批判起来可以多么游刃有余，我们毕竟是在神学中移动。"③ 实际上，宗教与国家的关系更为复杂，而且这种政教关系也不是只有宗教一个方面，宗教其实在国家政体中也不是最为关键的部分，所以从宗教

---

① 《马克思恩格斯文集》第 1 卷，人民出版社 2009 年版，第 23 页。
② 《马克思恩格斯文集》第 1 卷，人民出版社 2009 年版，第 25—26 页。
③ 《马克思恩格斯文集》第 1 卷，人民出版社 2009 年版，第 26 页。

到宗教不可能解决根本问题。马克思回应说，按其本质，国家的意义更多是社会政治方面的，而宗教只是对这个社会某一方面的反映。"一旦国家不再从神学的角度对待宗教，一旦国家是作为国家即从政治的角度来对待宗教，对这种关系的批判就不再是对神学的批判了。这样，批判就成了对政治国家的批判。在问题不再是神学问题的地方，鲍威尔的批判就不再是批判的批判了。"① 一旦离开神学领域，鲍威尔的解决方案就会失效，故而并非根本之计。

我们不应该就宗教论宗教，而必须看到宗教与社会的复杂互动。宗教的存在不是孤立的，而是与国家、社会的存在相呼应、有关联。宗教自其诞生以来就没有纯为自身的独立存在，而是在相关的社会中存在，并且非常曲折、复杂地反映着其存在的社会。这种与社会的复杂交织铸就了宗教的长期性，甚至经过政治解放的国家也并不一定就能使宗教消亡。同理，宗教留存的局限、其发展上的缺陷，也都不是纯粹宗教本身内部的问题，而有其社会背景及原因，也反映出其社会、国家本身就存在着局限及缺陷。在这一论述中，马克思以唯物史观为准绳，坚持社会存在决定社会意识这一基本认知原则，强调宗教只是对其存在社会的直接反映，其存在及发展都受到其社会的影响和制约。马克思的思想与以往观念的不同之处，就在于马克思主义从不脱离社会来谈宗教，在宗教与社会的关系中始终坚持社会是根本性的，而宗教不过是其社会的反映而已。坚持从宗教与社会的密切关联来谈宗教，不脱离社会来空谈宗教、不抽象评价宗教，这是马克思主义始终坚持理解和处理宗教问题的一个基本点。在关于宗教问题的复杂争论中，只要以此为标准就能分清是非，发现对错。在当代中国坚持对马克思主义宗教观的理解和运用，更不能忘记这个基本点。任何脱离社会而空谈宗教的本质、意义或功能的见解，都是违背马克思主义的，都是从马克思主义那儿倒退到过去的传统观念中，都是从历史唯物主义倒退到传统的唯心主义。所以说，宗教与社会

---

① 《马克思恩格斯文集》第 1 卷，人民出版社 2009 年版，第 26 页。

相关联的观点、宗教意识是其社会存在的反映的观点、社会存在决定宗教意识形态属性的观点，是马克思主义看待宗教问题的镜子和圭臬。

马克思预见到宗教存在的长期性，认为即使在实现了政治解放的国度，宗教仍然会有效存在。在这篇论述中，马克思以犹太教为个案来分析这种政教关系，并且阐述了下述见解："甚至在政治解放已经完成了的国家，宗教不仅仅存在，而且是生气勃勃的、富有生命力的存在，那么这就证明，宗教的定在和国家的完成是不矛盾的。但是，因为宗教的定在是一种缺陷的定在，那么这种缺陷的根源就只能到国家自身的本质中去寻找。在我们看来，宗教已经不是世俗局限性的原因，而只是它的现象。因此，我们用自由公民的世俗束缚来说明他们的宗教束缚。我们并不宣称：他们必须消除他们的宗教局限性，才能消除他们的世俗限制。我们宣称：他们一旦消除了世俗限制，就能消除他们的宗教局限性。我们不把世俗问题化为神学问题。我们要把神学问题化为世俗问题。"[1] 把神学问题化为世俗问题，从实际社会存在来寻找宗教的奥秘，以其社会关联来分析宗教，正确、稳妥地处理好宗教问题，这是我们从马克思主义对宗教进行社会分析之中得出的基本结论。马克思的唯物主义理论在此亦结合了其发展的历史观，由此而对宗教有历史唯物主义的基本认知。马克思指出："相当长的时期以来，人们一直用迷信来说明历史，而我们现在是用历史来说明迷信。在我们看来，政治解放对宗教的关系问题已经成了政治解放对人的解放的关系问题。我们撇开政治国家在宗教上的软弱无能，而去批判政治国家的世俗结构，这样也就批判了它在宗教上的软弱无能。"[2] 政治解放主要基于世俗社会而言，对宗教的关系也必须从这一大局来考虑，对人的解放有着更大的涵括，摆脱了宗教的政治解放只是其中的一个方面，最为根本的还是社会的变革。人的社会处境的改善、政教关系的处理，都以这种社会变动、发展为基准。当然，马克思此文所触及的

---

[1]《马克思恩格斯文集》第 1 卷，人民出版社 2009 年版，第 27 页。

[2]《马克思恩格斯文集》第 1 卷，人民出版社 2009 年版，第 27 页。

政治解放有其时代局限性，并不能看作是人的彻底解放，而在这种情况下人对宗教的政治超越也会有其不足，其可能性仍需在其社会存在中去寻觅。

人的解放是马克思所关心的，其社会解放及精神解放需经历复杂而漫长的历史过程。甚至国家和个人从宗教中得以解放的情况也不一样，政教分离、无神论的存在，都不可能从根本上解决宗教问题，其最终解决的根底和秘密仍然是在于社会存在及发展。一方面，"在绝大多数人还信奉宗教的情况下，国家也是可以从宗教中解放出来的，绝大多数人并不因为自己是私下信奉宗教就不再是宗教信徒"①。政教分离可以使宗教在政治层面与国家没有关系，完全可以出现没有国教的世俗发展。不过，在一个政教分离、不再有国教的国度中，并不能排除其国民信奉宗教，把宗教视为私人事务的公民仍旧是宗教信徒。这与政治结构的改变并无本质关联，政体的发展并不意味着宗教问题的自然解决。另一方面，国家的无神论性质并不代表其国民就必然是无神论者。马克思认为宗教与无神论在这种国家政体中犹如一个硬币的两面而共同存在。这种国家与个人在宗教信仰问题上的关系，也包括在国家中介下宗教与无神论的关系问题。"人即使已经通过国家的中介作用宣布自己是无神论者，就是说，他宣布国家是无神论者，这时他总还是受到宗教的束缚，这正是因为他仅仅以间接的方法承认自己，仅仅通过中介承认自己。宗教正是以间接的方法承认人。"② 在国家政体中，宗教不可能阻止无神论的出现，而无神论本身也不可能削弱宗教，二者之间有张力，却可在国家政体内共存。宗教问题的未来或其彻底解决，仍是依赖于社会的发展及社会状况的改变。

这进而说明，在宗教不再是国教的国家并不意味着宗教问题的解决，甚至在已经从宗教中得到政治解放的国家也没有根本解决宗教问题。在国家层面不再受宗教束缚的解放，意指国家本身即国家政体结构不再受宗教的束缚

---

① 《马克思恩格斯文集》第一卷，人民出版社 2009 年版，第 28 页。
② 《马克思恩格斯文集》第一卷，人民出版社 2009 年版，第 29 页。

或制约，也就是说宗教不能再以国家形式、国家意识或国家精神来表现自己，其宗教象征也不再可以代表国家。至于在社会各阶层，在民众的普遍存在中，宗教现象却仍然会极为普遍和非常复杂。马克思对于人在政治上从宗教中得到解放的意义有着非常现实、非常冷静的审视："人把宗教从公法领域驱逐到私法领域中去，这样人就在政治上从宗教中解放出来。宗教不再是国家的精神……宗教成了市民社会的、利己主义领域的、一切人反对一切人的战争的精神。它已经不再是共同性的本质，而是差别的本质。它成了人同自己的共同体、同自身并同他人分离的表现……人分为公人和私人，宗教从国家向市民社会的转移，这不是政治解放的一个阶段，这是它的完成；因此，政治解放并没有消除人的实际的宗教笃诚，也不力求消除这种宗教笃诚。"① 确切而言，对宗教的政治解放只是意味着宗教脱离了作为代表社会共同性的国家，标志着宗教从公共领域转向私人领域，宗教从此乃私人的事务而与国家无关。这就是关于宗教之政治解放得以"完成"的全部意义，并没有宗教从此就会在社会消失的任何预示。马克思根据历史的经验教训而分析了以往政治革命中人们对宗教的态度，以及宗教因此而可能遭遇到的命运。马克思清醒地认识到，任何政治革命也不可能在短时间内真正消灭宗教，而且这种以极左的方式来打压宗教的代价也太大，往往会得不偿失，出现难以预料甚至很难接受的结果。相反，在政治革命、社会剧变发生之后，宗教一般也会在遭到打压后重新抬头，逐渐得以恢复。所以，马克思在此有着意味深长的提醒："当然，在政治国家作为政治国家通过暴力从市民社会内部产生的时期，在人的自我解放力求以政治自我解放的形式进行的时期，国家是能够而且必定会做到废除宗教、根除宗教的。但是，这只有通过废除私有财产、限定财产最高额、没收财产、实行累进税，通过消灭生命、通过断头台，才能做到。……因此，正像战争以和平告终一样，政治剧必然要以宗

---

① 《马克思恩格斯文集》第 1 卷，人民出版社 2009 年版，第 32 页。

教、私有财产和市民社会一切要素的恢复而告终。"① 马克思的这些论证，实际上在法国大革命的整个过程及其后果中得到了印证。法国大革命曾经废除了天主教，并尝试以人为的革命宗教来取代，其结果是革命宗教很快就消失了，而天主教却逐渐得到了恢复，迄今仍然是法国大多数人的信仰。

不过，对社会世俗化过程所取得的发展和进步，马克思仍然给予了充分肯定。马克思对以往曾有的宗教国家、特别是以基督教为国教的那些基督教国家明显也持有批判态度。马克思说："的确，那种把基督教当做自己的基础、国教，因而对其他宗教抱排斥态度的所谓基督教国家，并不就是完成了的基督教国家，相反，无神论国家、民主制国家，即把宗教归为市民社会的其他要素的国家，才是这样的国家。那种仍旧持神学家观点、仍旧正式声明自己信奉基督教、仍旧不敢宣布自己成为国家的国家，在其作为国家这一现实性中，还没有做到以世俗的、人的形式来反映人的基础，而基督教是这种基础的过分的表现。所谓基督教国家只不过是非国家，因为通过现实的人的创作所实现的，并不是作为宗教的基督教，而只是基督教的人的背景。"② 这类基督教国家以其国教性而排斥其他宗教、打压其存在，表现出宗教的偏见和不包容，反而脱离了社会的进步发展，使之成为"不宽容""不公平""不完善"的象征。马克思认为历史的辩证发展与国教祈求达到的目的恰恰相反，基督教国家尽管通过宗教否定了国家，仍然不可能通过国家的这种形式来实现基督教，其实质是保持着以宗教的方式来对待宗教之传统，其审视宗教是以"非现实性""人的实质的虚构形象"来进行，那么结果也自然会使基督教国家表现为"不完善的国家"，国教形式不过是对其"不完善性"的"补充和神圣化"而已。马克思指出，上述基督教国家之举其实是没能认清国家的本质，因而也不可能会解决国家带有根本性的社会经济问题。宗教与政治的关系在这种纠结中都出现了嬗变，导致宗教成了"不完善的政治"，同

---

① 《马克思恩格斯文集》第 1 卷，人民出版社 2009 年版，第 33 页。
② 《马克思恩格斯文集》第 1 卷，人民出版社 2009 年版，第 33 页。

样也在相关宗教中显露出其政治的"不完善性"。在这种历史发展阶段，宗教与国家政治都很不成熟，没有深度，而表现得肤浅。与现代民主国家相比较，马克思认为"民主制国家，真正的国家则不需要宗教从政治上充实自己。确切地说，它可以撇开宗教，因为它已经用世俗方式实现了宗教的人的基础。而所谓基督教国家则相反，既从政治的角度对待宗教，又从宗教的角度对待政治"①。政教相混曾是欧洲历史上的真实存在，其弊端也让人一目了然。马克思根据对这种史实的分析旨在说明，无论是从纯政治的意义来看待宗教还是以纯宗教的视域来对待政治，其实都是政教关系的异化，即宗教国家对政教关系的理解，实质上都是脱离社会现实的虚幻性宗教审视。反观历史，在这种基督教国家中，政治的被宗教化使国家失去了真实的意义，会导致国家结构的解体；而国家本身要想坚持其政治表述，则会被宗教势力指责为"亵渎行为"。于是，它只能非常尴尬地、笨拙地使用"神圣的""圣经的字句来反驳把基督教奉为自己的最高规范、把圣经奉为自己的宪章的国家"，其结果是，"这个国家，就像它所依靠的庸碌无用之辈一样，陷入了痛苦的、从宗教意识的观点来看是不可克服的矛盾；有人要它注意福音书中的一些箴言，这些箴言，国家'不仅不遵循而且也不可能遵循，如果国家不想使自己作为国家完全解体的话'"②。中世纪与近代之间的欧洲基督教国家就经历了这种内在的、无法摆脱的矛盾，通常在国家的世俗目的与宗教意识的真诚性之间会出现混淆甚至发生冲突，这种国家本身也弄不清自己究竟"是幻想还是实在"，因为宗教在此有着两重性功能，它既作为国家世俗目的的"掩盖物"而出现，又会自然地把其自身作为"世界的目的"来看待。其结果是，"面对着这种主张世俗权力机关是自己的仆从的教会，国家是无能为力的，声称自己是宗教精神的支配者的世俗权力机关也是无能为力的"③。

　　值得注意的是，马克思在此已经谈到了社会的异化，但不是在所谓抽象

① 《马克思恩格斯文集》第 1 卷，人民出版社 2009 年版，第 34 页。
② 《马克思恩格斯文集》第 1 卷，人民出版社 2009 年版，第 35 页。
③ 《马克思恩格斯文集》第 1 卷，人民出版社 2009 年版，第 36 页。

层面上的人之意义上而言的。"在所谓基督教国家中，实际上起作用的是异化，而不是人。"① 不过，这里所言"异化"仍然较为抽象，还没有后来其政治经济学所推断的"异化"之意蕴。在看到宗教所反映的异化时，马克思亦注意到宗教与"世俗化"的关系，但他认为宗教精神无论在宗教国家还是民主制国家都不可能出现真正意义上的世俗化。所谓"世俗化"乃与宗教的本真大有区别，尽管宗教表述本身有着广泛范围，它活跃在非世俗的社会，但同样也能在世俗的社会中得以充分体现。宗教的实质是一种"非世俗的意识"，因与世俗相对而本质有别。社会的世俗化并不必然解决宗教的"非世俗性"问题，并不带来宗教的"还俗"或"祛魅"；相反，在社会实现"世俗"化的情况下，宗教的"非世俗性"可能会更为强烈，更有其"复魅"的意趣。因此，应该把握宗教的这种精神特性，看到宗教在其表达形式上的独特性，从而在审视其政治关联时把解决问题的基点放在其社会层面，重点在于解决社会问题，而不是人为地去消灭宗教。马克思说："宗教精神并没有真正世俗化"，"宗教精神也不可能真正世俗化，因为宗教精神本身除了是人的精神某一发展阶段的非世俗形式外还能是什么呢？只有当人的精神的这一发展阶段——宗教精神是这一阶段的宗教表现——以其世俗形式出现并确立的时候，宗教精神才能实现。在民主制国家就有这种情形。这种国家的基础不是基督教，而是基督教的人的基础。宗教仍然是这种国家的成员的理想的、非世俗的意识，因为宗教是在这种国家中实现的人的发展阶段的理想形式"②。在此，马克思对宗教问题划分出了两条界线，一是宗教表达形式的精神性，二是解决宗教问题的社会性。其思维特征虽与其社会存在相关，却表现为不同范畴。所以，我们有必要尊重宗教存在的精神形式，把精力放在解决宗教问题的社会层面。

在这里，马克思还注意到人之社会存在的两重性，他用了"二元性"或

① 《马克思恩格斯文集》第 1 卷，人民出版社 2009 年版，第 36 页。
② 《马克思恩格斯文集》第 1 卷，人民出版社 2009 年版，第 36 页。

双重性等表达，以描述人在其精神生活与物质生活、个人与社会、信仰与政治等方面的张力和分裂。他为此指出："政治国家的成员信奉宗教，是由于个人生活和类生活之间、市民社会生活和政治生活之间的二元性；他们信奉宗教是由于人把处于自己的现实个性彼岸的国家生活当做他的真实生活；他们信奉宗教是由于宗教在这里是市民社会的精神，是人与人分离和疏远的表现。"在人的现实存在中，社会的异化使"人还不是现实的类存在物"，而是"由于我们整个社会组织而堕落了的人、丧失了自身的人、外化了的人，是受非人的关系和自然力控制的人"①。这种丧失、隳沉、外化，使宗教的精神诉求成为必要和补偿。这种精神意义上"真正彼岸的生活"甚至在解决社会政治的异化之后，在某种程度上也会依然存在。马克思在这里提醒我们，尽管宗教意识与其社会存在有着密切关联，但宗教的精神表现形式却有其独立性或某种意义的超脱性。这种宗教精神领域的存在，其"任意""幻想"的空间，我们切不可根本忽视或简单否定。马克思在谈到这种宗教特性时说道："在完成了的民主制中，宗教意识和神学意识本身之所以自认为更富有宗教意义、神学意义，这是因为从表面上看来，它没有政治意义、没有世俗目的，而只是关系到厌世情绪，只是理智有局限性的表现，只是任意和幻想的产物，这是因为它是真正彼岸的生活。"②在此，则没有必要将宗教与政治交织在一起，避免其本可分开的纠缠。所以说，在世俗国家中，"摆脱了宗教的政治解放"仍然会"让宗教持续存在，虽然不是享有特权的宗教"③。"国家从宗教中解放出来并不等于现实的人从宗教中解放出来。"④摆脱了宗教权威存在的世俗社会，当然应该保持其政教分离之态，但同样也应该容忍、善待其公民私人的宗教信仰，而不要人为地、牵强地将其宗教信仰与政治取向挂上钩来。应尽量避免宗教的矛盾冲突，即使出现这些矛盾时也应实事求

---

① 《马克思恩格斯文集》第 1 卷，人民出版社 2009 年版，第 36—37 页。
② 《马克思恩格斯文集》第 1 卷，人民出版社 2009 年版，第 37 页。
③ 《马克思恩格斯文集》第 1 卷，人民出版社 2009 年版，第 37 页。
④ 《马克思恩格斯文集》第 1 卷，人民出版社 2009 年版，第 38 页。

是，不要在宗教问题上过度地偏向政治，更不能使之变成政治批判上的上纲上线，从而扩大矛盾、激化矛盾。其正确态度及恰当处置，就是要看到"任何一种特殊宗教的信徒同自己的公民身份的矛盾，只是政治国家和市民社会之间的普遍世俗矛盾的一部分"①，这种审视及态度则可化解矛盾，使宗教问题在从世俗问题的处理上得到妥善解决，并可避免将之在政治化上过度夸大。

马克思在这篇论述中否定了鲍威尔的基本见解，不同意其政治解放以宗教解放为前提的说法："我们不像鲍威尔那样对犹太人说，你们不从犹太教彻底解放出来，就不能在政治上得到解放。"相反，犹太人"不用完全地、毫无异议地放弃犹太教就可以在政治上得到解放"；也就是说，宗教信仰者在这种政治处境中完全不必放弃其宗教信仰，而仍可以与社会大众在政治上保持一致，并得到其政治意义上的解放。马克思还冷静地告诉人们，这种"政治解放本身并不就是人的解放"②，人的解放则更加意味深长。

马克思在这篇论述中还对"人权"与"信仰的特权"等问题做出了相应的解释，特别指出"信仰的特权是普遍的人权"，从而把保护人们的信仰自由放到了保护人权的高度。马克思说："这种人权一部分是政治权利，只是与别人共同行使的权利。这种权利的内容就是参加共同体，确切地说，就是参加政治共同体，参加国家。这些权利属于政治自由的范畴，属于公民权利的范畴；而公民权利，如上所述，决不以毫无异议地和实际地废除宗教为前提"；"信仰自由就属于这些权利之列，即履行任何一种礼拜的权利。信仰的特权或者被明确承认为一种人权，或者被明确承认为人权之一——自由——的结果"③。"在人权这一概念中并没有宗教和人权互不相容的含义。相反，信奉宗教，用任何方式信奉宗教、履行自己特殊宗教的礼拜的权利，都

---

① 《马克思恩格斯文集》第 1 卷，人民出版社 2009 年版，第 37 页。
② 《马克思恩格斯文集》第 1 卷，人民出版社 2009 年版，第 38 页。
③ 《马克思恩格斯文集》第 1 卷，人民出版社 2009 年版，第 39 页。

被明确列入人权，信仰的特权是普遍的人权。"① 这无疑是对那些贬损宗教信仰者，蔑视或否定人们的宗教信仰之举提出了批评和反对意见。按照马克思的见解，我们没有必要将宗教信仰与政治追求完全对立，而应认识到在我们的社会政治层面的解放，并不是使人摆脱宗教；相反，在这种政治解放的氛围中，"人没有摆脱宗教，他取得了信仰宗教的自由"②。我们的宗教信仰自由政策，在马克思的这一理论中得到了经典解释。

2. 马克思论鲍威尔的《现代犹太人和基督徒获得自由的能力》

围绕着犹太人及基督徒的自由与解放问题，马克思在这里进一步剖析了鲍威尔的观点，表达了对其所论犹太教与基督教关系之不同见解，并从历史唯物主义的视角对之加以批评。在马克思看来，鲍威尔"在这里把犹太人的解放问题变成了纯粹的宗教问题"③，显然这种观察视角就有偏差，鲍威尔以此来探究犹太人问题，其在犹太教中所能找到的结果仅仅是"宗教意义"，于是他把宗教视为犹太人的"全部本质"，夸大了宗教的作用，同时也把犹太人的宗教抽象化了。这种纯宗教审视的局限，使鲍威尔只能把犹太人的解放理解为"哲学兼神学的行动"④。这样，鲍威尔就把犹太人的问题化为纯宗教问题了。

这种从宗教来观察犹太人的路径，势必走向神学之思，但犹太人问题并不是纯神学理论所能解决的。马克思在此指出了鲍威尔的错误，认为其正确解决则必须换一种思路，有更开阔的视野，抓住其关键问题。马克思说："我们现在试着突破对问题的神学提法。在我们看来，犹太人获得解放的能力问题，变成了必须克服什么样的特殊社会要素才能废除犹太教的问题。因为现代犹太人获得解放的能力就是犹太教和现代世界解放的关系。这种关系

---

① 《马克思恩格斯文集》第 1 卷，人民出版社 2009 年版，第 40 页。
② 《马克思恩格斯文集》第 1 卷，人民出版社 2009 年版，第 45 页。
③ 《马克思恩格斯文集》第 1 卷，人民出版社 2009 年版，第 47 页。
④ 《马克思恩格斯文集》第 1 卷，人民出版社 2009 年版，第 48 页。

是由于犹太教在现代被奴役的世界中的特殊地位而必然产生的。"这种突破即从神学领域回到世俗社会，不是把重点放在犹太人的宗教存在，而是强调其社会存在。马克思认为不应该像鲍威尔那样"考察安息日的犹太人"，而应该把精力放在考察"日常的犹太人"，即考察"现实的世俗犹太人"，这才是能真正发现问题、解决问题的场景。于是，马克思提出了他的经典表述："我们不是到犹太人的宗教里去寻找犹太人的秘密，而是到现实的犹太人里去寻找他的宗教的秘密。"① 马克思把现实社会存在作为找寻宗教奥秘之地，并以这种社会存在作为探索宗教起源、发展和演变的依据。马克思强调宗教的根源在于其社会现实存在，而宗教的发展则不离社会历史的进程。"犹太精神不是违反历史，而是通过历史保持下来的。"② 这样，人们对如何观察犹太人问题就有了豁然开朗之感。也就是说，对犹太人的观察研究不能脱离犹太人的社会、历史。

马克思非常熟悉犹太人的宗教信仰，但对之则有客观、冷静的观察和分析。犹太精神给人的印象是突出强调其绝对一神的信仰，而马克思根据其历史唯物主义方法的审视则说明这种绝对一神教其实也并非绝对的，指出"犹太人的一神教，在其现实性上是许多需要的多神教"③；而且，马克思还对犹太精神中的"商人"性质加以揭示和批评，认为"犹太精神随着市民社会的完成而达到自己的顶点"④，已经走到了尽头。这种抽象的、局限于犹太教信仰的"犹太精神不可能创造任何新的世界"，"犹太精神不可能作为宗教继续发展，即不可能在理论上继续发展，因为实际需要的世界观，按其本性来说是狭隘的，很快就会穷尽"。宗教世界观不能靠纯理论来解释，理论来源于实践，其反映的社会生活有其实践性，并且还须通过实践的检验。马克思在此指出："实际需要的宗教，按其本质来说不可能在理论上完成，而是只能

---

① 《马克思恩格斯文集》第 1 卷，人民出版社 2009 年版，第 49 页。
② 《马克思恩格斯文集》第 1 卷，人民出版社 2009 年版，第 51 页。
③ 《马克思恩格斯文集》第 1 卷，人民出版社 2009 年版，第 52 页。
④ 《马克思恩格斯文集》第 1 卷，人民出版社 2009 年版，第 54 页。

在实践中完成，因为实践才是它的真理。"① 这里，我们已经可以看出马克思关于实践是检验真理的唯一标准的闪亮思想之雏形。

　　基于对犹太文化的批判精神，马克思还直言不讳地批评犹太精神的"经验本质"即"经商牟利"，指责这种旨趣导致了犹太宗教的世俗化嬗变。于是，"金钱是以色列人的妒忌之神"，"金钱贬低了人所崇奉的一切神，并把一切神都变成商品"，曾经纯洁的宗教精神经过世俗社会的熏染而已经变色、变味、变质，"犹太人的神世俗化了，它成了世界的神。票据是犹太人的现实的神"②。马克思的这一对犹太精神及其宗教传统之变异的批评是非常深刻、也是极为独特的。作为犹太人，马克思对本民族的自我批判是需要勇气的，而这种大气和自省同样也非常令我们钦佩。我们中华民族也有悠久的文化传统，形成了令我们自豪的中华民族精神，而马克思的这种精神豁达和站位高度，也启迪我们应对本民族的精神传统加以反思。马克思对犹太商品社会的分析批判，实际上为其在后来《资本论》等相关论著中对商品、金钱拜物教的分析批判埋下了伏笔。马克思从对犹太人经商牟利、金融运作的分析批判开始，最后则揭露了金钱对整个世界固有价值的剥夺，指出"金钱是人的劳动和人的存在的同人相异化的本质；这种异己的本质统治了人，而人则向它顶礼膜拜"③。在这些论述中，马克思将其"异化"理论更加深化，并有了结合经济社会、朝向政治经济学的具体思考。

　　基督教与犹太教的历史渊源及信仰关联，也是马克思在此所关注的。马克思对犹太教、基督教都十分了解，这两大宗教都是他在社会学和政治经济学意义上研讨的重点。对于基督教而言，其信仰之根在犹太教，但因其社会接触的不同和历史路径之异，又形成了与犹太教的巨大区别。马克思指出，"基督教起源于犹太教，又还原为犹太教。"基督教在与近代资本主义发展及其商品生产和交易的关系上，其思想观念与犹太教的社会经济观有许多相

① 《马克思恩格斯文集》第 1 卷，人民出版社 2009 年版，第 53 页。
② 《马克思恩格斯文集》第 1 卷，人民出版社 2009 年版，第 52 页。
③ 《马克思恩格斯文集》第 1 卷，人民出版社 2009 年版，第 52 页。

似之处，故而才会出现这种时代不同的"还原"。针对这种实际追求与精神理想的脱节，马克思将两教联系起来分析评说："基督徒起初是理论化的犹太人，因此，犹太人是实际的基督徒，而实际的基督徒又成了犹太人。""基督教只是表面上制服了实在的犹太教。基督教太高尚了，太唯灵论了，因此要消除实际需要的粗陋性，只有使它升天了。"①"基督教是犹太教的思想升华，犹太教是基督教的鄙俗的功利应用。但这种应用只有在基督教作为完善的宗教从理论上完成了人从自身、从自然界的自我异化之后，才能成为普遍的。"②马克思的评论虽然颇有讽刺口吻，却也鞭辟入里、入木三分。马克思再次谈到了异化问题，指明了犹太教、基督教所经历的"自我异化"，即通过"让渡"而实现的所谓"外化"和"异己"都与经济社会相关。马克思说："只有这样，犹太教才能实现普遍的统治，才能把外化了的人、外化了的自然界，变成可让渡的、可出售的、屈从于利己需要的、听任买卖的对象。""让渡是外化的实践。正像一个受宗教束缚的人，只有使自己的本质成为异己的幻想的本质，才能把这种本质对象化，同样，在利己的需要的统治下，人只有使自己的产品和自己的活动处于异己本质的支配之下，使其具有异己本质——金钱——的作用，才能实际进行活动，才能实际生产出物品。"③商品生产和经济活动与近代市民社会的形成基本上是同步的，犹太教的社会经济观已经有了呼应市民社会的迹象，而在近代西方资本主义诞生和发展进程中则被基督教尤其是其经过改革后的新教所充分展现。这里，马克思也非常敏锐地察觉到其从民族宗教到世界宗教转型过程中的社会经济结构之外化而实现的重构，对基督教之世界宗教性质从社会学、经济学角度加以了精准说明。

在这种分析中，马克思坚持了其社会存在第一性的原则，认为犹太人的真正本质是在市民社会中得到了其普遍实现，但这种实现只能以一种世俗化

---

① 《马克思恩格斯文集》第 1 卷，人民出版社 2009 年版，第 54 页。
② 《马克思恩格斯文集》第 1 卷，人民出版社 2009 年版，第 54 页。
③ 《马克思恩格斯文集》第 1 卷，人民出版社 2009 年版，第 54 页。

的形式才会达到。犹太精神体现出对市民社会的向往，而"市民社会只有在基督教世界才能完成。基督教把一切民族的、自然的、伦理的、理论的关系变成对人来说是外在的东西，因此只有在基督教的统治下，市民社会才能完全从国家生活分离出来，扯断人的一切类联系，代之以利己主义和自私自利的需要，使人的世界分解为原子式的相互敌对的个人的世界"①。个人意识的凸显乃市民社会的一大特点，它增强了资本主义社会中的竞争，这使人不可能真正获得解脱或解放，而是导致人的本质之异化。为此，马克思还对基督教和犹太教的利己主义进行了具体比较，认为"基督徒的天堂幸福的利己主义，通过自己完成了的实践，必然要变成犹太人的肉体的利己主义，天国的需要必然要变成尘世的需要，主观主义必然要变成自私自利。我们不是用犹太人的宗教来说明犹太人的顽强性，而是相反，用犹太人的宗教的人的基础、实际需要、利己主义来说明这种顽强性"②。存在决定意识，犹太人、基督徒的真实社会存在使其抽象的理想、理念只能有一种颠倒、歪曲的展现。虽然其看似远离社会、高高在上，却仍需从其曲折地反映的社会存在上才能得以说明。这里，马克思与过去从宗教看宗教的传统审视不同，换了一种真实、正确的角度，从而把以往人们颠倒的视角又完全摆正过来。这就是从人的社会经济基础、人的社会存在来非常现实、客观地看待人的宗教信仰，此即历史唯物主义认识和评价宗教的基本原则和须遵守的准则；当然，马克思也充分注意到宗教精神超越其社会存在的种种表现及特点，找出其超然与实存、幻想与现实、抽象与具体之间的复杂连线，从而既历史、又辩证地正确看待宗教的延续及发展，揭示出宗教存在的社会真实及规律。

（三）马克思《1844年经济学哲学手稿》中的宗教观

马克思于1844年4月至8月之间写了《1844年经济学哲学手稿》，但

---

① 《马克思恩格斯文集》第1卷，人民出版社2009年版，第54页。
② 《马克思恩格斯文集》第1卷，人民出版社2009年版，第54—55页。

没有真正写完，其公开发表亦迟至 1932 年。这部手稿中的部分内容涉及宗教问题，尤其是关于宗教与异化的关系问题之思考极为深刻，引起了后世的普遍关注。马克思在此仍然以社会批判的立场来批驳、摒弃以往欧洲思想界风行的神学批判。在此稿 ".序言"中，马克思论及对黑格尔辩证法及其整个哲学体系的剖析，指出其分析超出了以往神学家从神学范畴内对黑格尔的相关批判。在马克思看来，当时神学家们所从事的这类批判都带有"一种必然的不彻底性"，"因为即使是批判的神学家，毕竟还是神学家"，这些神学家摆脱不了其神学藩篱，也不得不屈从某种宗教或哲学权威，就是对这种权威的质疑，也往往只能是采取"消极的、无意识的、诡辩的方式"来表达①。马克思还指出，这些神学家虽对其内部的权威毕恭毕敬、不敢造次，却对倡导唯物主义思想的费尔巴哈横加指责，贬损其理论创新及发展，特别是"以隐晦的、阴险的、怀疑的方式"来反对费尔巴哈对黑格尔辩证法的批判。这种对待黑格尔和费尔巴哈各不相同的鲜明态度，说明其世界观、社会立场之所在。正是这些原因使马克思对当时的神学批判基本上持否定态度，认为其已经走到尽头而不可能再有任何新的发展。马克思分析说，"神学的批判——尽管在运动之初曾是一个真正的进步因素——归根结底不外是旧哲学的、特别是黑格尔的超验性被歪曲为神学漫画的顶点和结果"。在欧洲思想传统中，这种神学与哲学有着内在关联，而近代神学不过是传统哲学的蜕变而已，"历史现在仍然指派神学这个历来的哲学的溃烂区本身来显示哲学的消极解体，即哲学的腐烂过程"②。在其历史窠臼之中，神学批判很难走出新路。

这部手稿的一个重大突破，就是马克思在其中专门谈及"异化"问题，并且对宗教异化进行了透彻而精彩的分析。马克思指出："人同自身以及同自然界的任何自我异化，都表现在他使自身、使自然界跟另一些与他不同的人所发生的关系上。因此，宗教的自我异化也必然表现在世俗人对僧侣或

---

① 参见《马克思恩格斯文集》第 1 卷，人民出版社 2009 年版，第 112 页。

② 《马克思恩格斯文集》第 1 卷，人民出版社 2009 年版，第 113 页。

者世俗人对耶稣基督——因为这里涉及精神世界——等等的关系上。在实践的、现实的世界中，自我异化只有通过对他人的实践的、现实的关系才能表现出来。异化借以实现的手段本身就是实践的。"① 异化不是空洞的、抽象的，而是蕴含着复杂的现实内容。异化现象看似有着虚玄的形式，马克思却在其中看到了所谓异化与现实社会的复杂关系，而且，马克思进而认为异化与人的实践有着密切关联。所以说，不能把异化中的嬗变看作绝对虚幻的，而必须认识到它折射出社会的现实性，异化即这种现实性非真实的"外化的实现"。异化现象有着虚化的形式，但异化的根源却是实在的。也就是说，我们仍应该在社会现实中来寻找那种看似虚幻的异化现象之根源。

《1844 年经济学哲学手稿》还对私有财产的性质进行了分析，指出了私有制的内化过程及其特色。在这种分析中，马克思将之与欧洲基督教信仰从外化至内化的过程相比较，并且借用了其在《〈黑格尔法哲学批判〉导言》中对路德神学思想剖析和批判的表述："正像路德把信仰看成是宗教的外部世界的本质，因而起来反对天主教异教一样，正像他把宗教笃诚变成人的内在本质，从而扬弃了外在的宗教笃诚一样，正像他把僧侣移入世俗人心中，因而否定了在世俗人之外存在的僧侣一样，由于私有财产体现在人本身中，人本身被认为是私有财产的本质，从而人本身被设定为私有财产的规定，就像在路德那里被设定为宗教的规定一样。"② 这里，私有财产的异化与人的异化相关联，其外化或内化都有相应的逻辑关系，此处所言的内化结果是使人本身成为私有财产这种紧张的本质，原本看似外在的张力，现在却内化为自我的矛盾，而其性质则是彻底否认了人本身。欧洲社会发展及转型与基督教的发展及转型几乎同步，而且这种社会转型还往往采用了宗教改革的形式。马克思宣称，欧洲社会制度经历了从封建社会到资本主义社会的发展，其中即突出体现了这种私有化的转移及发展；其轨迹及特点则可以通过西欧宗教

---

① 《马克思恩格斯文集》第 1 卷，人民出版社 2009 年版，第 165 页。

② 《马克思恩格斯文集》第 1 卷，人民出版社 2009 年版，第 178—179 页。

的发展来说明，尤其在其从中世纪天主教的宗教外在权威转向近代基督新教的内向性虔诚的发展中，可以得到这种曲折转化的印证，获取其历史的线性勾勒。马克思在此强调的是要从社会生产中来寻找私有财产的秘密，财产的异化反映出人的异化，特别是人的社会存在之异化。马克思认为"这种物质的、直接感性的私有财产，是异化了的人的生命的物质的、感性的表现。私有财产的运动——生产和消费——是迄今为止全部生产的运动的感性展现，就是说，是人的实现或人的现实。宗教、家庭、国家、法、道德、科学、艺术等等，都不过是生产的一些特殊的方式，并且受生产的普遍规律的支配。因此，对私有财产的积极的扬弃，作为对人的生命的占有，是对一切异化的积极的扬弃，从而是人从宗教、家庭、国家等等向自己的合乎人性的存在即社会的存在的复归"①。在人的社会存在这一大框架结构中，可以将人的异化现象说清楚。不过，马克思在此从宗教的意识领域特征层面也看到了宗教与经济的不同之处，对宗教在心理学上的意义亦有推测和揣摩。从其外在社会生活与内在意识活动的比较而言，马克思认为"宗教的异化本身只是发生在意识领域、人的内心领域，而经济的异化是现实生活的异化"②；现实生活的异化反映在人的思想上则是宗教意识所代表的异化。而内观人心，这种宗教作为人的本质力量的现实性、作为人的类活动之表征，则已经向人们展示出一种心理学的视域。不过，当时的人们对宗教的心理学理解还很肤浅，且尚未弄清其与人的本质之复杂关联。"对这种心理学人们至今还没有从它同人的本质的联系，而总是仅仅从外在的有用性这种关系来理解，因为在异化范围内活动的人们仅仅把人的普遍存在，宗教，或者具有抽象普遍本质的历史，如政治、艺术和文学等等，理解为人的本质力量的现实性和人的类活动。"③在这部手稿的构思中，可以说马克思不仅强调了宗教所反映的社会本质，同时也天才地察觉、领悟到宗教内涵所体现出的心理、精神本质。这

---

① 《马克思恩格斯文集》第 1 卷，人民出版社 2009 年版，第 186 页。
② 《马克思恩格斯文集》第 1 卷，人民出版社 2009 年版，第 186 页。
③ 《马克思恩格斯文集》第 1 卷，人民出版社 2009 年版，第 192 页。

样，马克思既坚持对人的社会本质之把握和界说，同时也在考虑宗教作为人之自然的自然本性之存在。

马克思对无神论的关注和理解，也在这一手稿中得到较为透彻的说明。马克思分析了无神论以及无神论与共产主义的关系，阐述了无神论及共产主义思想的产生及发展，指出其经历了由原初的抽象、模糊观念逐渐得以具体、清晰表达的过程，而其思想概念本身亦由此得以扬弃或升华。针对欧文对宗教的批判思考，马克思专门谈到了无神论与共产主义的关联及其区别，指出"共产主义是径直从无神论开始的，而无神论最初还根本不是共产主义；那种无神论主要还是一个抽象。——因此，无神论的博爱最初还只是哲学的、抽象的博爱，而共产主义的博爱则径直是现实的和直接追求实效的"①。这里显然有着从抽象的无神论观念到现实的共产主义追求之发展演变。无神论是针对有神论的批判，其理论领域都关涉"虚"之层面，有神论作为虚幻观念，其虚幻性自然是无神论所批判的关键和重点。而共产主义则很快就转向"实"的社会，立足于对人们"现实"诉求的思考。所以说，无神论在学科层面涉及的是神学、哲学，而共产主义则更多面向社会学、政治学和经济学。随着人的自然发展之不断成熟，以及对人和自然界的"实在性"有越来越多的认识与把握，马克思认为可以扬弃对"非实在性的承认的问题"，从而也就可以扬弃"否定这种非实在性"的无神论。由此，精神批判转至社会批判，神学领域转至政治领域，社会建设、经济建设也显得比学说建设、理论建设占有更重要、更迫切的地位。马克思在此指出："但是，因为对社会主义的人来说，整个所谓世界历史不外是人通过人的劳动而诞生的过程，是自然界对人来说的生成过程，所以关于他通过自身而诞生、关于他的形成过程，他有直观的、无可辩驳的证明。因为人和自然界的实在性，即人对人来说作为自然界的存在以及自然界对人来说作为人的存在，已经成为实际的、可以通过感觉直观的，所以关于某种异己的存在物、关于凌驾于自然界和人

---

① 《马克思恩格斯文集》第 1 卷，人民出版社 2009 年版，第 186—187 页。

之上的存在物的问题，即包含着对自然界的和人的非实在性的承认的问题，实际上已经成为不可能的了。无神论，作为对这种非实在性的否定，已不再有任何意义，因为无神论是对神的否定，并且正是通过这种否定而设定人的存在；但是，社会主义作为社会主义已经不再需要这样的中介；它是从把人和自然界看做本质这种理论上和实践上的感性意识开始的。社会主义是人的不再以宗教的扬弃为中介的积极的自我意识，正像现实生活是人的不再以私有财产的扬弃即共产主义为中介的积极的现实一样。"① 这里显然体现出马克思重实在、实践和现实的立场，而理论则是为之服务的，以其需求为旨归。当然，马克思也是充分肯定无神论、共产主义所追求实现的理想内容的，并且积极鼓励这种最终体现为现实的东西的实现。所以，马克思在此也明确指出："正像无神论作为神的扬弃就是理论的人道主义的生成，而共产主义作为私有财产的扬弃就是要求归还真正人的生命即人的财产，就是实践的人道主义的生成一样；或者说，无神论是以扬弃宗教作为自己的中介的人道主义，共产主义则是以扬弃私有财产作为自己的中介的人道主义。只有通过对这种中介的扬弃——但这种中介是一个必要的前提——积极地从自身开始的即积极的人道主义才能产生。"② 理论要走向实践，理想要成为现实，这是马克思所全力追求的，而其真正实现则正是通过这种作为其必要前提之中介的扬弃。"然而，无神论、共产主义决不是人所创造的对象世界的消逝、舍弃和丧失，决不是人的采取对象形式的本质力量的消逝、舍弃和丧失，决不是返回到非自然的、不发达的简单状态去的贫困。恰恰相反，无神论、共产主义才是人的本质的现实的生成，是人的本质对人来说的真正的实现，或者说，是人的本质作为某种现实的东西的实现。"③ 马克思的这些论述充满了辩证的意义，需要我们细细品味、认真研究。这里对无神论的意义及其作用的评价显然要远远高出传统无神论包括战斗无神论的认知，而且体现出其极为

① 《马克思恩格斯文集》第 1 卷，人民出版社 2009 年版，第 196—197 页。
② 《马克思恩格斯文集》第 1 卷，人民出版社 2009 年版，第 216 页。
③ 《马克思恩格斯文集》第 1 卷，人民出版社 2009 年版，第 216—217 页。

密切的现实关怀和关联。马克思在此也指出了社会主义、共产主义与无神论的不同及相关之处，强调了无神论、共产主义实际上所要达到的真实目标。关于无神论的理解及其研究，马克思在这里给了我们高屋建瓴的指导和精辟独到的阐释。

在讨论"异化"问题时，马克思比较了费尔巴哈和黑格尔的思想，并且肯定了费尔巴哈对黑格尔辩证法的批判。当然，对于"异化"，黑格尔、费尔巴哈、马克思各有不同理解。马克思赞成费尔巴哈在哲学和宗教层面对黑格尔的剖析及批评，指出费尔巴哈证明了黑格尔的哲学"不过是变成思想的并且通过思维加以阐明的宗教，不过是人的本质的异化的另一种形式和存在方式"，并宣称这种"异化"哲学"同样应当受到谴责"；费尔巴哈批评黑格尔的唯心主义辩证法是"从异化出发"，"从绝对的和不变的抽象出发"，因而是空洞、抽象的思辨，其实质就是"从宗教和神学出发"；至于黑格尔的"否定之否定"这种辩证方法，也只不过是以哲学"对宗教和神学的扬弃"为始点，而在其空对空的论辩中却又回到了对"宗教和神学的恢复"。马克思为此评价说："由此可见，费尔巴哈把否定的否定仅仅看做哲学同自身的矛盾，看做在否定神学（超验性等等）之后又肯定神学的哲学，即同自身相对立而肯定神学的哲学。"①

顺着对费尔巴哈的理解，马克思进而对黑格尔的哲学也进行了具体分析，并论及其对"异化"的理解和评估，其中则涉及宗教与异化的关联问题。马克思说："宗教、财富等等不过是人的对象化的异化了的现实，是客体化了的人的本质力量的异化了的现实；因此，宗教、财富等等不过是通向真正人的现实的道路，——这种对人的本质力量的占有或对这一过程的理解，在黑格尔那里是这样表现的：感性、宗教、国家权力等等是精神的本质，因为只有精神才是人的真正的本质，而精神的真正的形式则是思维着的精神，逻辑的、思辨的精神。自然界的人性和历史所创造的自然界——人的产品——

① 《马克思恩格斯文集》第 1 卷，人民出版社 2009 年版，第 200 页。

的人性，就表现在它们是抽象精神的产品，因此，在这个限度内，它们是精神的环节即思想本质。"① 虽然黑格尔有着自成体系的理论框架，有其正、反、合"三段论"的逻辑结构，但在马克思看来，这种外表的华丽、有序，却仍掩盖不了其空虚、唯心之实，所以说黑格尔对精神现象的论证实质上不过是"虚假的实证主义"而已。"因此，在扬弃例如宗教之后，在承认宗教是自我外化的产物之后，他仍然在作为宗教的宗教中找到自身的确证。黑格尔的虚假的实证主义或他那只是虚有其表的批判主义的根源就在于此，这也就是费尔巴哈所说的宗教或神学的设定、否定和恢复。"② 黑格尔竭力要完成其思辨哲学的建构，并试图将哲学与宗教有所区分，甚至在表面上赋予哲学更高的层次和地位，实际上却并没有脱离宗教的窠臼和基督教神学的模式，其体系仍然保留着中世纪以来曾达鼎盛的宗教哲学之印痕。马克思认为，黑格尔所强调的仍然是抽象的思想性，这与其追寻绝对精神是一脉相承的；然而其追求所显露的抽象、绝对，实际上所反映的不过是一种"假本质"而已。"在黑格尔那里，否定的否定不是通过否定假本质来确证真本质，而是通过否定假本质来确证假本质或同自身相异化的本质。"③ 在这种唯心主义的游戏圈子和抽象思辨的逻辑里，黑格尔已经将自我封闭在社会之外，故此不可能真正揭示宗教的本质，而正确理解宗教之路也被其堵死。马克思对之评价说："如果我知道宗教是外化的人的自我意识，那么我也就知道，在作为宗教的宗教中得到确证的不是我的自我意识，而是我的外化的自我意识。这就是说，我知道我的属于自身的、属于我的本质的自我意识，不是在宗教中，倒是在被消灭、被扬弃的宗教中得到确证的。"④ 按照唯物主义的观点，宗教不是从思想到思想的论证，这种认知进路只能是空虚之道，因而还必须关注现实社会中的宗教信徒及其信仰生活，包括相应的各种宗教实践。"如果只

---

① 《马克思恩格斯文集》第 1 卷，人民出版社 2009 年版，第 204 页。

② 《马克思恩格斯文集》第 1 卷，人民出版社 2009 年版，第 213 页。

③ 《马克思恩格斯文集》第 1 卷，人民出版社 2009 年版，第 214 页。

④ 《马克思恩格斯文集》第 1 卷，人民出版社 2009 年版，第 214 页。

有宗教哲学等等对我来说才是真正的宗教存在，那么我也就只有作为宗教哲学家才算是真正信教的，而这样一来，我就否定了现实的宗教信仰和现实的信教的人。"① 这就提醒我们，宗教研究也不是从概念到概念、从思想到思想，而必须注意到其与现实的结合，对真实的反映，以及其在社会中的实际作用。宗教研究不是凭空之谈，不是学者之间玩文字游戏、打"笔墨官司"，而是对"现实的宗教信仰和现实的信教的人"之真实审视；宗教研究要对宗教存在的客观真实起到实事求是的反映作用，起到对其存在意义及其功能科学分析的作用，而且还更应该起到对现实社会中的宗教之积极引导作用。宗教研究不能沦为空洞、务虚的玄学，而应成为求是、唯真的实学。马克思批评了黑格尔的宗教之论仅从概念到概念来空洞运转，其思想运动和逻辑推理脱离了现实，因此其精神现象学也就成了抽象辩证法，即成为唯心主义的典型表述。马克思总结说："黑格尔在哲学中扬弃的存在，并不是现实的宗教、国家、自然界，而是已经成为知识的对象的宗教本身，即教义学。"② 所以，必须揭露宗教中那种在认知上被看成人的"神性的过程"之真实本质，将之还原为"人的生命的抽象、异化"过程③，并进而看到人的社会生存本质。按照马克思的理解，消除宗教"异化"，其探究则应该归于真实，走向社会，回到人间，深入生活。理解宗教要认识到其"外化"或"异化"，但不能靠其外化和异化来作出判断或结论，而必须回归这种宗教信仰得以产生的人之社会现实、人的真实存在以及人的实践活动；准确把握宗教就理应回到其不可缺少的经济、政治条件及其历史氛围之中，做出令人信服的评断。马克思在这种宗教观上的重大贡献，亦启迪我们的宗教研究要理论联系实际，要实事求是，要从哲学思辨的审视进入社会学、政治学、经济学、人类学的调研。

---

① 《马克思恩格斯文集》第 1 卷，人民出版社 2009 年版，第 215 页。
② 《马克思恩格斯文集》第 1 卷，人民出版社 2009 年版，第 216 页。
③ 《马克思恩格斯文集》第 1 卷，人民出版社 2009 年版，第 217 页。

（四）马克思、恩格斯《神圣家族》中的宗教观

《神圣家族或对批判的批判所做的批判》是马克思与恩格斯合写的第一部著作，此书约 1844 年 9 月由两人写于巴黎，主要由马克思执笔，用了几个月的时间，恩格斯分担的少部分章节则用了大约十天时间写完，全书于 1845 年 2 月在法兰克福出版。

马克思和恩格斯于 1842 年 11 月第一次碰面，"当时马克思正在反对柏林'自由人'集团，而恩格斯当时却同'自由人'往来，是'自由人'机关报《艺文》杂志的编辑。因此，第一次会面时，两人的态度都很冷淡，没有建立亲密的关系"。恩格斯后来回忆说："1842 年 10 月以前，马克思在波恩；我在 9 月底或 10 月初从柏林归途中顺路访问了编辑部（指《莱茵报》编辑部——引者注）……11 月底我赴英国途中又一次顺路到编辑部去时，遇见了马克思，这就是我们十分冷淡的第一次会面。马克思当时正在反对鲍威尔兄弟，即反对把《莱茵报》搞成主要是神学宣传和无神论等工具，而不作为一个进行政治性争论和活动的工具……因为当时我同鲍威尔兄弟有书信来往，所以被视为他们的盟友，并且由于他们的缘故，当时对马克思抱怀疑态度。"[1] 但这种情况没有持续太久就发生了重要转变。1843 年 3 月，马克思主编的《莱茵报》被普鲁士当局查封，马克思于 1843 年 10 月来到法国巴黎，随之主编《德法年鉴》，并在该刊发表了《〈黑格尔法哲学批判〉导言》《论犹太人问题》等文章；而恩格斯也开始在此刊发表文章，其于此发表的首篇文章《政治经济学批判大纲》被马克思赞赏为"天才的大纲"，而恩格斯也为马克思深邃的思想和精彩的文笔所折服，打心眼里认为"马克思比我们所有的人都站得高些，看得远些，观察得多些，快些"[2]。这样，两位伟人因思想志向相投而走到了一起。1844 年 8 月，恩格斯到巴黎再次拜访了马克

---

① 可参见萧灼基：《恩格斯传》，中国社会科学出版社 2008 年版，第 61 页。
② 参见《马克思恩格斯文选》第 2 卷，人民出版社 1962 年版，第 384 页。

思，两人经过简短的交流就已发现彼此在政治立场及理论观点上完全一致。"这次伟大的会见，奠定了两位革命导师终生的友谊，开创了国际共产主义运动的新篇章。正如列宁所说：'古老的传说中有各种非常动人的友谊的故事。欧洲无产阶级可以说，它的科学是由两位学者和战士创造的，他们的关系超过了古人关于人类友谊的一切最动人的传说。'"① 从此以后，马克思和恩格斯保持了终生的合作及友谊，联合写出了许多指导人类发展的伟大思想篇章。

《神圣家族》不仅是马克思、恩格斯对以布鲁诺·鲍威尔等人为代表的青年黑格尔派唯心主义思想的批判，而且也是两人对费尔巴哈旧唯物主义思想的彻底清算，尤其是马克思在此透彻剖析了费尔巴哈的思想缺陷，根本跳出了其抽象人论的窠臼，从而真正走向了历史唯物主义、辩证唯物主义的科学发展。为此，恩格斯评价说："费尔巴哈没有走的一步，必定会有人走的。对抽象的人的崇拜，即费尔巴哈的新宗教的核心，必定会由关于现实的人及其历史发展的科学来代替。这个超出费尔巴哈而进一步发展费尔巴哈观点的工作，是由马克思于 1845 年在《神圣家族》中开始的。"②

马克思和恩格斯在《神圣家族》中论述了他们对宗教及无神论的看法，其出发点就是批判以布鲁诺·鲍威尔为代表的青年黑格尔派所推行的思辨唯心主义及其用"自我意识"即"精神"代替"现实的个体的人"之错误主张。《神圣家族》的立意就是对这种错误观点展开公开批判，其"序言"即挑明了立场："显而易见，这种没有肉体的精神只是在自己的臆想中才具有精神。在鲍威尔的批判中，我们所反对的正是以漫画形式再现出来的思辨。我们认为这种思辨是基督教日耳曼原则的最完备的表现，这种原则通过把'批判'本身变为某种超验的力量来作自己的最后一次尝试。"③ 为此，《神圣家族》正是对这种批判的批判所做的批判。

---

①　参见萧灼基：《恩格斯传》，中国社会科学出版社 2008 年版，第 61 页。

②　《马克思恩格斯文集》第 4 卷，人民出版社 2009 年版，第 295 页。

③　《马克思恩格斯文集》第 1 卷，人民出版社 2009 年版，第 253 页。

宗教就其观念而言涉及绝对的东西，但绝对只是与相对比较而言的，是在关系中、对比中的存在，因而不能将这种绝对加以绝对化。基于这种对立统一、互为存在的观点，《神圣家族》对埃德加·鲍威尔和蒲鲁东的理论进行了分析："对埃德加先生说来，由于蒲鲁东提出了历史上的绝对的东西，由于他坚持对公平的信仰，所以他就成了神学的对象；而批判的批判由于职业的缘故就是神学的批判，现在就可以抓住蒲鲁东，从而在'宗教观念'上大做文章了。"而宗教观念的特点就是要在两个对立面中找出一个最后成为胜利和唯一真实的东西，因此"宗教的批判的批判是把这样一种情况奉为信条：两个对立面中有一个——'批判'——最后会作为唯一的真理战胜另一个对立面——'群众'。可是蒲鲁东却把群众的公平当做绝对的东西，奉为历史上的神，从而就犯下了更不公平的过错，因为公平的批判已经非常明确地为自己保留了这个绝对的东西、这个历史上的神的地位"①。然而这两种对立的东西并非纯想象的行为，且不可能截然分开，因此必须将之作为一个整体来看待。同理，宗教中的神明既不能凭空来想象，也不可抽象来批判，而必须看到这种认知与现实的对立统一，认识到神之抽象观念乃是现实生存中人及其社会异化所折射出来的反映，其表现形式是抽象的、虚无的，但其曲折反映的内容却是具体的、真实的。

在分析蒲鲁东对国民经济学所做的批判时，马克思、恩格斯认为其做法是和鲍威尔兄弟这些德国批判家的做法基本相同的，"因为德国的批判家发现了人是证明神的存在的根据以后，就从人这个观点出发振振有词地直接反对神的存在"。但这是纯粹的、空洞的、抽象的理论批判，只是从概念到概念而缺乏实践基础，而且本身也因此是自相矛盾的。"按照布鲁诺·鲍威尔先生的观点，自我意识是一切宗教观念的基础。在他看来，自我意识是福音书的创造原则。为什么自我意识的原则所造成的结果比自我意识本身更强有力呢？人们用德国的方式回答我们说，这是因为：自我意识固然是宗教观念

---

① 《马克思恩格斯文集》第 1 卷，人民出版社 2009 年版，第 258—259 页。

的创造原则，但是它只有作为脱离自身的、自相矛盾的、外化和异化了的自我意识，才能成为这种创造原则。因此，达到了自身、理解了自身、认识了自己本质的自我意识，就是支配着它的自我外化的各种产物的力量。"① 在马克思、恩格斯看来，宗教观念不是从人的头脑中凭空产生的，不是自我意识的纯然外化或异化的产物；这是观念所反映的是人的社会异化，即"是他同他人的人的关系，是人同人的社会关系"的异化②。

　　不是从具体来分析问题，而是把具体的事物抽象化，使之成为"抽象的理智本质"，这在马克思、恩格斯看来是青年黑格尔派之思辨哲学的最根本问题。"人们可以看出，基督教认为，上帝只有一个化身，而思辨哲学则认为，有多少事物就有多少化身，比如在这里，在思辨哲学看来，每一种果实都是实体的化身，即绝对的果实的化身。所以，思辨哲学家最感兴趣的就是，把现实的、普通的果实的存在制造出来，然后以神秘的口吻说，有苹果、梨、扁桃、葡萄干。但是，我们在思辨的世界里重新找到的这些苹果、梨、扁桃和葡萄干最多不过是虚幻的苹果、虚幻的梨、虚幻的扁桃和虚幻的葡萄干，因为它们是'果品'这种抽象的理智本质的生命的各个环节，因而就是抽象的理智本质本身。……这些果实已经是具有更高的神秘意义的果实，它们是从你的脑子的以太中，而不是从物质的土地中生长出来的，它们是'果品'的化身，是绝对主体的化身。因此，当你从抽象，从'果品'这一超自然的理智本质返回到各种现实的天然的果实时，你倒使这些天然的果实具有了一种超自然的意义，使它们变成了纯粹的抽象。"③ 把事物抽象化，则会走向其虚幻化，并导致其神秘意义的产生，但这种理智本身的游戏却脱离了实际，成为毫无意义的空谈。同理，看待宗教也不能仅仅将之视为自我观念的幻影或自我意识的单纯外化，而必须看到人的自我之外的社会关联，看到人在自我意识之外的真实存在。马克思、恩格斯并不赞赏"一个人

---

①　《马克思恩格斯文集》第 1 卷，人民出版社 2009 年版，第 265—266 页。
②　《马克思恩格斯文集》第 1 卷，人民出版社 2009 年版，第 268 页。
③　《马克思恩格斯文集》第 1 卷，人民出版社 2009 年版，第 278—279 页。

用反对上帝存在的办法来反对他自己的宗教热忱",而是强调,"因为群众的这些实际的自我外化以外在的方式存在于现实世界中,所以群众必须同时以外在的方式同它们进行斗争。群众决不会把自己的自我外化的这些产物仅仅看做观念的幻影,看做自我意识的单纯的外化,同时也不想通过纯粹内在的唯灵论的活动来消灭物质的外化"①。由此观之,青年黑格尔派承袭了黑格尔的思辨哲学传统,其特点就是将现实的事物、历史的存在加以思辨化、抽象化。黑格尔把历史看作绝对精神的抽象运动,也就是说,"黑格尔的历史观以抽象的或绝对的精神为前提",而人只是其精神的承担者;所以,青年黑格尔派关于精神与人群的关系之论"事实上不过是黑格尔历史观的批判的漫画式的完成,而黑格尔的历史观又不过是关于精神和物质、上帝和世界相对立的基督教日耳曼教条的思辨表现"②。"黑格尔是在经验的、公开的历史内部让思辨的、隐秘的历史发生的",在黑格尔的思辨体系中,"人类的历史变成了抽象精神的历史,因而也就变成了同现实的人相脱离的人类彼岸精神的历史"③。

按此推理,宗教的自由不过就是一种抽象的自由、空洞的自由,"基督教关于精神自由、理论自由的教义,那是一种唯灵论的自由,那种自由即使戴着锁链也把自己想象成是自由的,那种自由在'观念'中是称心如意的"④,其抽象就使宗教等脱离了实际,并以这种抽象达到其绝对化,"正像宗教同全部世俗内容的脱离使宗教成为抽象的、绝对的宗教一样",结果是在该"谈法的地方谈情感和良心,在谈法律教义的地方谈神学教义"⑤,在要运用政治经济学时却用上了思辨哲学。但这种思维一旦面对现实存在,其"观念"的自由就显得软弱无力,其空谈亦毫无用武之地。

---

① 《马克思恩格斯文集》第1卷,人民出版社2009年版,第288页。
② 《马克思恩格斯文集》第1卷,人民出版社2009年版,第291页。
③ 《马克思恩格斯文集》第1卷,人民出版社2009年版,第292页。
④ 《马克思恩格斯文集》第1卷,人民出版社2009年版,第297页。
⑤ 《马克思恩格斯文集》第1卷,人民出版社2009年版,第300页。

从思辨哲学的性质及其特点来看，其实质乃一种精致的宗教，并没有脱离基督教日耳曼原则本身。马克思、恩格斯对之讽刺说："正如上帝把自己的意志赋予自己的创造物——人一样，批判也把自己的意志赋予自己的创造物——命运。所以创造命运的批判也像上帝一样是万能的。甚至它所'遭遇到的'来自身外的'反抗'也是它自己的创造物。""既然批判像上帝一样是万能的，那么它也像上帝一样是无所不知的，并且善于把它的万能同个人的自由、意志和天职结合起来。"[1]鲍威尔等青年黑格尔派仍然是囿于宗教本身的范围，其思辨因而只是一种神学的思辨，这势必脱离实践，脱离社会政治。这种抽象来看宗教的态度则正是马克思、恩格斯所坚决反对的。

在《神圣家族》中，马克思延续了其《论犹太人问题》对鲍威尔的批判。鲍威尔宣称其对犹太人问题的批判既不持宗教的观点，也不持政治的观点，但实际上其对犹太人问题的探讨是作为"纯粹宗教的"问题来探讨的，即"为真正神学的探讨和虚假政治的探讨"，"甚至在政治上研究的也不是政治，而是神学"[2]。《神圣家族》在此批评鲍威尔说："这位神学家将根据表面现象作出判断，把宗教问题就看成宗教问题。"但鲍威尔却根本没有意识到，"宗教的焦点问题在当前具有社会意义。关于宗教利益本身再也没有什么可谈的了。""鲍威尔先生只了解犹太教的宗教本质，但不了解这一宗教本质的世俗的现实的基础。他把宗教意识当做某种独立的本质来反对。所以，鲍威尔先生不是用现实的犹太人去说明犹太人的宗教的秘密，而是用犹太人的宗教去说明现实的犹太人。因此，鲍威尔先生对犹太人的理解仅限于犹太人是神学的直接对象或犹太人是神学家。"这种纯思辨的认知陷入抽象、空洞之中而找不到宗教的真实性之所在。马克思、恩格斯指出了鲍威尔等人在认知方向及方式上的错误，提出了与之对立的正确方向及方式："在剥掉了犹太教的宗教外壳，使它只剩下经验的、世俗的、实际的内核之后，才能够指

---

[1] 《马克思恩格斯文集》第 1 卷，人民出版社 2009 年版，第 302、303 页。
[2] 《马克思恩格斯文集》第 1 卷，人民出版社 2009 年版，第 306 页。

明那种可以消除这个内核的实际的、真正社会的方式。""现实的世俗的犹太精神，因而也连同宗教的犹太精神，是由现今的市民生活所不断地产生出来的，并且是在货币制度中最终形成的。"鲍威尔"之所以未能意识到这一点，是因为他没有认识到犹太精神是现实世界的一环，而只把它当做是他的世界即神学的一环；是因为他作为一个虔诚的、忠实于上帝的人，不是把进行工作的、从事日常劳动的犹太人，而是把在安息日里假装正经的犹太人视为现实的犹太人"①。显然，在宗教与社会的关系上，鲍威尔的认知乃本末颠倒的，他只看到了宗教场景的人，而没有看到或没有真正重视现实社会生活中的人。这样，鲍威尔就彻底否认了犹太人的社会历史存在及其现实意义。"在这位笃信基督的神学家鲍威尔先生看来，犹太教的世界历史意义已经必不可免地从基督教诞生的那一时刻起荡然无存。所以，他必然要重复那种认为犹太教是违反历史而保存下来的陈旧的正统观点；而认为犹太教只是作为神的诅咒的确证，作为基督启示的明证而存在的陈旧的神学偏见，则必然要在鲍威尔那里以批判的神学的形式屡屡出现。根据这种形式，犹太教现在和过去都只是作为在宗教上对基督教的超世俗起源的肆无忌惮的怀疑而存在，也就是作为反抗基督启示的明证而存在。"② 在鲍威尔等人的眼里，犹太教的历史存在消失了，犹太教的社会意义亦荡然无存；犹太教在此只有了反衬基督教信仰存在的消极意义，只能在这种神学的审视和批判中才得以现形。这种思路显然延续了黑格尔抽象思辨的唯心主义哲学思想，脱离了历史、脱离了现实，因而也只能是以虚幻来遮蔽真实，在神学之维中难以自拔。对此，《神圣家族》在这里继续批评说："鲍威尔先生虽然是批判的神学家或者说是神学的批判家，但却是名副其实的神学家，他并没有能够超越宗教的对立。他把犹太人对基督教世界的关系仅仅看做是犹太人的宗教对基督徒的宗教的关系。他甚至不得不在犹太人和基督徒与批判的宗教——无神论、有神论的最

---

① 《马克思恩格斯文集》第 1 卷，人民出版社 2009 年版，第 307 页。

② 《马克思恩格斯文集》第 1 卷，人民出版社 2009 年版，第 307—308 页。

后阶段、对神的否定性的承认——的对立中批判地恢复宗教对立。最后，他由于自己的神学狂热，不得不把'现代犹太人和基督徒'即现代世界'获得自由'的能力，仅仅局限于他们理解并亲自从事神学'批判'的能力。在正统的神学家看来，整个世界都应归结为'宗教和神学'……同样，在激进的批判的神学家看来，世界获得解放的能力就应归结为把'宗教和神学'作为'宗教和神学'加以批判的唯一的抽象能力。他所知道的唯一的斗争是反对自我意识的宗教局限性的斗争，然而自我意识的批判的'纯粹性'和'无限性'也同样是神学的局限性。"① 就宗教和神学本身来讨论其问题，是得不出任何正确结论的，因为其出发点和对问题的提法就不正确，顺此思路势必走向谬误。宗教本身既无根源亦无本质，绝不可能有纯粹的存在。"鲍威尔先生之所以用宗教和神学的方式来考察宗教和神学问题，就是因为他把现代的'宗教'问题看做'纯粹宗教的'问题。"②

　　与鲍威尔完全相反，《神圣家族》对这一问题给出了正确的解释说明，指出"犹太精神是通过历史、在历史中并且同历史一起保存下来和发展起来的，然而，这种发展不是用神学家的眼睛，而是只有用世俗人的眼睛才能看到，因为这种发展不是在宗教学说中，而是只有在工商业的实践中才能看到"。鲍威尔竟然把犹太人的宗教视为"一种特殊的自为地存在的本质"，以此作为其观察、审视世界之基，结果本末倒置、与正确方向背道而驰。所以，正确之途"不是用犹太人的宗教……来说明现代犹太人的生活，而是用那些在犹太人的宗教中得到幻想反映的市民社会的实际要素来说明犹太人宗教的顽强生命力"。而"犹太人解放成为人，或者说人从犹太精神中获得解放"应该"被理解为彻头彻尾渗透着犹太精神的现代世界的普遍的实践任务"，"消除犹太本质的任务实际上就是消除市民社会中的犹太精神的任务，就是消除现代生活实践中的非人性的任务，这种非人性的最高表现就是货币制

---

① 《马克思恩格斯文集》第 1 卷，人民出版社 2009 年版，第 308—309 页。
② 《马克思恩格斯文集》第 1 卷，人民出版社 2009 年版，第 309 页。

度"①。显然，问题的关键不是宗教批判，而是对这种宗教所反映的存在着剥削和压迫之社会的批判，更具体而言是对当时欧洲资本主义制度的批判。因此，至关重要的是要找出这种宗教与其赖以生存的现代社会、现代国家的现实关系，透过这种社会、国家来观察、审视并理解其宗教，将鲍威尔等人所颠倒的关系再颠倒回来。

此外，《神圣家族》还对当时欧洲犹太人与其生存的"基督教国家"或"基督教世界"的复杂关系进行了非常深刻的剖析。

首先，其实际体现的犹太精神不能离开其生存的基督教世界，"实际的犹太精神只有在完备的基督教世界里才达到完备的程度"，因为"这种实际的犹太精神正是基督教世界本身的完备的实践"②。这充分体现出马克思主义社会存在决定社会意识的基本原则，看似异样的犹太精神在欧洲基督教世界中所反映的同样是这个基督教社会的特质而不是其他社会。

其次，所谓"完备的基督教国家"不是指具有宗教特权的那种"基督教日耳曼国家"。鲍威尔是"用'基督教国家'不可能在政治上解放犹太人这一点来说明犹太人在德意志各邦的处境"，"他把特权国家、基督教日耳曼国家设想成绝对的基督教国家"。但恰恰相反，"那种没有任何宗教特权的政治上完备的现代国家，也就是完备的基督教国家；因此，完备的基督教国家不仅能够解放犹太人，而且已经解放了他们，同时按这种国家的本质来说，也必定会解放他们"③。在这里，马克思、恩格斯实际上是对政教分离及其意义进行了探讨，在其看来，"当国家摆脱了国教，而在市民社会范围内则让宗教自由行事时，国家就从宗教中解放出来了，同样，当单个的人不再把宗教当做公共事务而当做自己的私人事务来对待时，他在政治上也就从宗教中解放出来了"。能够把宗教作为私人事务来对待，而不把信奉宗教视为一种政治参与，并且也不再有国教那种政治权威，此即对宗教的政治解放；这是对

---

① 《马克思恩格斯文集》第 1 卷，人民出版社 2009 年版，第 308 页。

② 《马克思恩格斯文集》第 1 卷，人民出版社 2009 年版，第 308 页。

③ 《马克思恩格斯文集》第 1 卷，人民出版社 2009 年版，第 310 页。

宗教问题的正确处理，"法国革命对宗教采取的恐怖行动远没有驳倒这种看法，相反倒证实了这种看法"①。

最后，人们信仰宗教与否，不是他们能否参加政治、能否获得政治解放的必要前提，这种宗教信仰选择与政治参与并无直接关联。"把人划分为不信宗教的公民和信奉宗教的私人，这同政治解放毫不矛盾。"②因此，在现实政治中，不信宗教的公民和信奉宗教的私人都面对政治解放的同样问题。批判宗教、批判神学并非政治解放的必要任务，不要把政治批判与宗教批判相混，政治斗争及其政治解放也不可变为对宗教的批判。但在鲍威尔那里，"国家和宗教的对立成了议论的主旨，以致对政治解放的批判变成了对犹太人的宗教的批判"。"鲍威尔先生没有去研究现代国家对宗教的现实关系，就必然要幻想出一个批判的国家来，这样的国家其实无非就是那种在自己的幻想中狂妄地自认为体现着国家的神学批判家。每当鲍威尔先生陷入政治的时候，他总是重新把政治当做自己的信仰即批判的信仰的俘虏。只要他研究国家，他总是把它变成对付'敌人'即非批判的宗教和神学的论据。国家以批判神学的心愿的实现者身份来效力尽职。"③鲍威尔批判宗教神学却有其政治目的，他试图为国家的绝对化而牺牲宗教，希望以此能树立政治的权威。《神圣家族》指出，"当鲍威尔先生第一次摆脱了正统的非批判的神学时，在他的心目中，政治的权威就代替了宗教的权威。他对耶和华的信仰就变成了对普鲁士国家的信仰。……不仅普鲁士国家，而且——这是合乎逻辑的——普鲁士王室也被设想为绝对的"。但实际上，"这个国家的功绩就在于通过教会合并来取消宗教信条，并利用警察来迫害持不同意见的教派"④。这样，鲍威尔批判宗教的目的乃在于消灭宗教。"宗教为国家制度而牺牲，或者更确切

---

① 《马克思恩格斯文集》第 1 卷，人民出版社 2009 年版，第 310—311 页。
② 《马克思恩格斯文集》第 1 卷，人民出版社 2009 年版，第 310 页。
③ 《马克思恩格斯文集》第 1 卷，人民出版社 2009 年版，第 311 页。
④ 《马克思恩格斯文集》第 1 卷，人民出版社 2009 年版，第 311 页。

地说，国家制度仅仅是消灭'批判'的敌人即非批判的宗教和神学的工具。"①然而，这种宗教批判既不是政治解放，更不是人的解放。因此，对政治解放或人的解放必须要有客观、冷静的审视，不能把矛头对准宗教。其实，在马克思、恩格斯看来，"人权并不是使人摆脱宗教，而是使人有信仰宗教的自由"②。所以，早在马克思、恩格斯这里，宗教信仰自由已经是人权的基本内容之一了。而侵犯了宗教自由也就是侵犯了人权。"批判曾经断言，犹太人和基督徒为了使别人和自己获得普遍的人权，就必须牺牲信仰的特权（批判的神学家是用自己的唯一的固定观念来解释一切事物的）。为了反驳这种论断，《德法年鉴》最后专门指出了在一切非批判的人权宣言中写明的一项事实，即按照自己的意愿选择信仰的权利，进行任何宗教礼拜的权利，都作为普遍的人权得到了明确承认。"③按照自己的意愿选择信仰，参与宗教礼拜，被马克思、恩格斯承认为普遍的人权，这也是共产党坚持宗教信仰自由原则的理论依据和思想根底。有无宗教信仰并不妨碍人们为共同的政治目标而团结合作、共同努力。因此，政治合作与政治解放并不以有无宗教信仰为前提，这些不同信仰的人群都可以为了一个共同的政治理想而走到一起，而共产党领导的政治革命则理应团结一切可以团结的人群，自然也包括宗教信仰者。

《神圣家族》还分析了欧洲近代唯物主义和无神论的产生以及其发展演变与欧洲唯心主义和宗教神学历史发展的复杂关联，指出其奠立乃一漫长发展过程的产物，二者有着千丝万缕的联系。这一思想领域的重大突破产生在近代法国，但与德国哲学和英国思想也直接相关。"18 世纪的法国启蒙运动，特别是法国唯物主义，不仅是反对现存政治制度的斗争，同时是反对现存宗教和神学的斗争，而且还是反对 17 世纪的形而上学和反对一切形而上学，特别是反对笛卡尔、马勒伯朗士、斯宾诺莎和莱布尼茨的形而上学的公开

---

① 《马克思恩格斯文集》第 1 卷，人民出版社 2009 年版，第 312 页。
② 《马克思恩格斯文集》第 1 卷，人民出版社 2009 年版，第 312 页。
③ 《马克思恩格斯文集》第 1 卷，人民出版社 2009 年版，第 313 页。

的、旗帜鲜明的斗争。人们用哲学来对抗形而上学，正像费尔巴哈在他第一次坚决地站出来反对黑格尔时以清醒的哲学来对抗醉醺醺的思辨一样。被法国启蒙运动特别是 18 世纪的法国唯物主义所击败的 17 世纪的形而上学，在德国哲学中，特别是在 19 世纪的德国思辨哲学中，曾经历过胜利的和富有内容的复辟。在黑格尔天才地把 17 世纪的形而上学同后来的一切形而上学以及德国唯心主义结合起来并建立了一个形而上学的包罗万象的王国之后，对思辨的形而上学和一切形而上学的进攻，就像在 18 世纪那样，又同对神学的进攻再次配合起来。这种形而上学将永远屈服于现在为思辨本身的活动所完善化并和人道主义相吻合的唯物主义。费尔巴哈在理论领域体现了和人道主义相吻合的唯物主义，而法国和英国的社会主义和共产主义则在实践领域体现了这种和人道主义相吻合的唯物主义。"① 在古希腊创立哲学的时代，哲学与形而上学几乎同义，但亚里士多德的形而上学体系从一开始就追求超越物体的抽象思辨，故而逐渐发展为黑格尔的思辨哲学体系，而这种形上的超然追求亦使之有了宗教神学思辨的蕴涵，从而遭到与法国大革命相伴随的法国唯物主义的批判。但唯物主义也不是凭空产生的，其在理论上则与当时的形而上学相对应，并有着对相关形而上学理论家的吸纳与扬弃，这就典型体现在对笛卡尔理论体系的运用及批判上。笛卡尔在当时既是形而上学唯心主义体系的突出代表，同时又是出名的机械唯物主义理论家。笛卡尔代表着中古与近代欧洲哲学极为关键的分水岭，他以"我思故我在"的名言一方面宣布了主体之我的存在，另一方面则强调了思辨的意义。一方面，他是当时形而上学的代表。"17 世纪的形而上学，在法国以笛卡尔为主要代表，它从诞生之日起就遇上了唯物主义这一对抗者。代表唯物主义同笛卡尔较量的人物，是伊壁鸠鲁唯物主义的恢复者伽桑狄。法国和英国的唯物主义始终同德谟克利特和伊壁鸠鲁保持着紧密的联系。笛卡尔的形而上学所遇见的另一个

① 《马克思恩格斯文集》第 1 卷，人民出版社 2009 年版，第 327 页。

对抗者是英国的唯物主义者霍布斯。"① 从这一意义上说，笛卡尔乃当时唯心主义的典型代表。但另一方面，他却也与唯物主义有着直接关联。"法国唯物主义有两个派别：一派起源于笛卡尔，一派起源于洛克。后一派主要是法国有教养的分子，它直接导向社会主义。前一派是机械唯物主义，它汇入了真正的法国自然科学。"② 这里，法国唯物主义又直接起源于笛卡尔。"笛卡尔在其物理学中认为物质具有自主创造的力量，并把机械运动看做是物质的生命活动。……在他的物理学的范围内，物质是唯一的实体，是存在和认识的唯一根据。"③ 在笛卡尔本人的思想中就出现了裂变，有着唯物、唯心思想因素的奇特共构，并影响到其所在社会及其思想传承。"他把他的物理学和他的形而上学完全分开。""法国的机械唯物主义附和笛卡尔的物理学而同他的形而上学相对立。他的学生按职业来说都是反形而上学者，即物理学家。"④ 而当时法国唯物主义的兴起是与其社会发展密切关联的，因而并非简单地因哲学的发展而使然。这种发展是法国经济社会现状的复杂反映，"人们之所以能用 18 世纪的唯物主义理论来解释 17 世纪的形而上学的衰败，仅仅是因为人们对这种理论运动本身是用当时法国生活的实践形态来解释的。这种生活所关注的是直接的现实，是世俗的享乐和世俗的利益，是尘俗的世界。同它那反神学的、反形而上学的、唯物主义的实践相适应的，必然是反神学的、反形而上学的、唯物主义的理论。形而上学在实践上已经威信扫地。"⑤ 在此，马克思、恩格斯对唯物主义的产生及其社会关联亦有客观、冷静的分析，其对待唯物主义、唯心主义的态度都不是截然地全盘否定或全盘肯定，而是具体问题具体分析。他们对法国唯物主义的产生既给予充分肯定，也指出当时其反映的是法国"尘俗的世界"，包括其"世俗的享乐和世俗的利益"，

① 《马克思恩格斯文集》第 1 卷，人民出版社 2009 年版，第 328—329 页。
② 《马克思恩格斯文集》第 1 卷，人民出版社 2009 年版，第 327—328 页。
③ 《马克思恩格斯文集》第 1 卷，人民出版社 2009 年版，第 328 页。
④ 《马克思恩格斯文集》第 1 卷，人民出版社 2009 年版，第 328 页。
⑤ 《马克思恩格斯文集》第 1 卷，人民出版社 2009 年版，第 329 页。

从而脱离了以往形而上学所具有的那种超脱和抽象。正是在这种意义上，唯物主义在当时欧洲的语境中亦具有"物质主义"之蕴涵，并非为马克思主义所完全肯定或接受。

在《神圣家族》中，马克思、恩格斯进而对唯物主义的萌生及其发展演变与形而上学唯心主义和宗教神学的复杂联系展开了深入、透彻的剖析。随着近代欧洲自然科学的发展及其经济社会的孕育成熟，传统的形而上学及宗教神学亦发生了复杂嬗变。"17 世纪的形而上学（请大家想一想笛卡尔、莱布尼茨等人）还具有实证的、世俗的内容。它在数学、物理学以及其他一些表面看来从属于它的特定科学领域都有所发现。但是在 18 世纪初这种表面现象就已经被消除了。实证科学脱离了形而上学，给自己划定了独立的活动范围。全部形而上学的财富只剩下思想之类的东西和天国的事物，而正是在这个时候，实在的东西和尘俗的事物却开始吸引人们的全部注意力。形而上学变得枯燥乏味了。"① 科学的实用和社会的世俗化使思辨哲学显得既枯燥乏味又毫无用处，形而上学成为脱离实际、不食人间烟火的代名词。而真正突破形而上学藩篱、迎来近代哲学全新发展的分水岭，则是皮埃尔·培尔的思想体系及其理论创新。马克思、恩格斯宣称，"使 17 世纪的形而上学和一切形而上学在理论上威信扫地的人是皮埃尔·培尔"②。他的思想始于与形而上学有着关联的怀疑论，而且是以笛卡尔的形而上学为出发点。但是，"正像反对思辨神学的斗争把费尔巴哈推向反对思辨哲学的斗争，就是因为他认为思辨是神学的最后支柱，因为他不得不迫使神学家从伪科学逃回到粗野的、可恶的信仰，同样，对宗教的怀疑引起了培尔对作为这种信仰的支柱的形而上学的怀疑。因此，他批判了形而上学的整个历史发展过程"③。皮埃尔·培尔的历史意义及其贡献一方面在于其以对形而上学体系的破坏而为唯物主义的立足奠立了基础，另一方面则是其对无神论的推崇。这种思想理论

---

① 《马克思恩格斯文集》第 1 卷，人民出版社 2009 年版，第 329 页。
② 《马克思恩格斯文集》第 1 卷，人民出版社 2009 年版，第 329—330 页。
③ 《马克思恩格斯文集》第 1 卷，人民出版社 2009 年版，第 330 页。

的萌芽为法国战斗无神论乃至法国大革命的发展提供了舆论准备，营造了历史氛围。所以，《神圣家族》对皮埃尔·培尔如此评价说："皮埃尔·培尔不仅用怀疑论摧毁了形而上学，从而为在法国接受唯物主义和合乎健全理智的哲学作了准备，而且他还证明，由清一色的无神论者所组成的社会是能够存在的，无神论者能够成为可敬的人，玷辱人的尊严的不是无神论，而是迷信和偶像崇拜，通过这种证明，他宣告了不久将要开始存在的无神论社会的来临。"① 正是在上述意义上，马克思、恩格斯肯定皮埃尔·培尔"是 17 世纪意义上的最后一个形而上学者，也是 18 世纪意义上的第一个哲学家"②。在这里，马克思主义经典作家并没有否定新旧理论之间的关联以及从旧往新的过渡。思想认知和社会发展基本上是一条历史连线，只是在其关键路段会出现转折或开拓，由其里程碑式的人物实现并见证了这种历史的延续。所以，我们应该看到不同理论的本质区别，但不应该将之绝对隔开、完全分离。历史的突变和质变是建立在其渐变和量变的发展基础上的。

不过，马克思、恩格斯并不认为近代欧洲唯物论是在法国出现的，却强调英国是其诞生地，而且还是在中世纪与近代交接之间的欧洲唯心论甚至宗教神学中逐渐产生出来的。这一唯物论并非凭空而降，相反是在代表欧洲中世纪唯心主义之典范的经院哲学之中得以产生，而经院哲学恰好就是当时基督宗教神学的独特表述。《神圣家族》在此指出："唯物主义是大不列颠本土的产儿。大不列颠的经院哲学家邓斯·司各脱就曾经问过自己：'物质是否不能思维？'""为了使这种奇迹能够实现，他求助于上帝的万能，即迫使神学本身来宣讲唯物主义。此外，他还是一个唯名论者。唯名论是英国唯物主义者理论的主要成分之一，而且一般说来它是唯物主义的最初表现。"③ 而对经院哲学展开批判的弗兰西斯·培根才是"英国唯物主义和整个现代实验科学的真正始祖"，但培根还没有彻底摆脱有神论的窠臼，所以《神圣家族》

---

① 《马克思恩格斯文集》第 1 卷，人民出版社 2009 年版，第 330 页。
② 《马克思恩格斯文集》第 1 卷，人民出版社 2009 年版，第 330 页。
③ 《马克思恩格斯文集》第 1 卷，人民出版社 2009 年版，第 330—331 页。

才对之有着如此评价，即"唯物主义在它的第一个创始人培根那里，还以朴素的形式包含着全面发展的萌芽。物质带着诗意的感性光辉对整个人发出微笑。但是，那种格言警句式的学说本身却还充满了神学的不彻底性"①。从邓斯·司各脱经培根、霍布斯、洛克等人，英国唯物主义经历了从有神论到自然神论的发展，由此也使无神论得以隐蔽其内悄然发展。自然神论之神乃"世界理性"或"有智慧的意志"，这种神明被理解为创世之后就遁隐、不再过问世界存在及发展的非人格的始因，就如此后人们所言物质运动的"第一推动力"那样完成了其使命，"所以人们对神的存在就一无所知了"，于是，人们只能理解"物质是一切变化的主体"，也"只有物质的东西才是可以被感知、被认识的"，人们还进而认识到"只有我自己的存在才是确实可信的"，但又"不能把思想同思维着的物质分开"②。这样遂有了"我思故我在"的存在意识和"物质会思维"的新奇观念，而唯物主义则从唯心主义、宗教神学的束缚中破茧化蝶、脱颖而出。在此过程中，"霍布斯消除了培根唯物主义中的有神论的偏见，而柯林斯、多德威尔、考尔德、哈特莱、普利斯特列等人则消除了洛克感觉论的最后的神学藩篱"。所以，"自然神论至少对唯物主义者来说不过是一种摆脱宗教的简便易行、凑合使用的方法罢了"③。这里，马克思主义经典作家谈到了欧洲近代唯物主义的起源与宗教神学的复杂关联以及二者之间存在的辩证关系和张力。

除了上述关涉宗教的内容之外，《神圣家族》最后还论及形而上学思辨在德国青年黑格尔派的批判哲学那里，从宗教神学之神明信仰所体现的客观唯心主义即绝对唯心主义到自我意识的哲学之主观唯心主义的嬗变。马克思、恩格斯认为，青年黑格尔派的所谓批判哲学"'只是'暴露了一种'不彻底性'。这'一个'批判性的领域无非就是神学领域。这个领域的纯粹的疆土从布鲁诺·鲍威尔的《符类福音作者考证》开始，一直延伸到布鲁

---

① 《马克思恩格斯文集》第1卷，人民出版社2009年版，第331页。
② 《马克思恩格斯文集》第1卷，人民出版社2009年版，第332页。
③ 《马克思恩格斯文集》第1卷，人民出版社2009年版，第332页。

诺·鲍威尔的最远的边境要塞——《基督教真相》"①。鲍威尔、施特劳斯这两人主要代表着青年黑格尔派。"两人各自在神学的领域内彻底地贯彻黑格尔体系。……他们两人在自己的批判中都超出了黑格尔体系，但同时他们两人都继续停留在黑格尔思辨的范围内"，相比之下，在受黑格尔影响的同时代德国哲学家中，"只有费尔巴哈才立足于黑格尔的观点之上而结束和批判了黑格尔的体系，因为费尔巴哈消解了形而上学的绝对精神，使之变为'以自然为基础的现实的人'；费尔巴哈完成了对宗教的批判，因为他同时也为批判黑格尔的思辨以及全部形而上学拟定了博大恢宏、堪称典范的纲要"②。鲍威尔不再坚持黑格尔的绝对精神之说，尤其在当时他所展开的基督教福音书研究中不再强调按绝对精神所理解的神圣精神，他认为福音书关于耶稣的故事及说教体系不可能由人们无意识地流传而成，而是由某种个人"自我意识"的观念形成；但他却又过于夸大了这种自我意识的作用，使之成为"无限的自我意识"。其自我意识的哲学使之没能走向唯物主义，而是在唯物、唯心主义二者之间徘徊。"这样，鲍威尔先生既为反对非批判的神学的唯物主义作辩护，同时又指责唯物主义'还没有'成为批判的神学、理智的神学、黑格尔的思辨。"③这一局限使鲍威尔没能走出唯心主义的藩篱，没有正确理解意识与存在的关系，故而仍然停留在思想史上的旧时代，仍然抽象、单纯地就宗教来论宗教。"因为'宗教世界作为宗教世界'只是作为自我意识的世界而存在，所以批判的批判家——职业的神学家——无论如何也不可能想到，竟然有这样一个世界，在那里意识和存在是不同的……因此，存在和思维的思辨的神秘的同一，在批判那里作为实践和理论的同样神秘的同一重复着。"④没有认识到人的存在及人的思维所依靠的社会，这是旧唯物主义和唯心主义的根本缺陷。马克思、恩格斯的成就正是在于其创造性地突破了这

---

① 《马克思恩格斯文集》第 1 卷，人民出版社 2009 年版，第 338 页。
② 《马克思恩格斯文集》第 1 卷，人民出版社 2009 年版，第 342 页。
③ 《马克思恩格斯文集》第 1 卷，人民出版社 2009 年版，第 344—345 页。
④ 《马克思恩格斯文集》第 1 卷，人民出版社 2009 年版，第 358 页。

种缺陷，从而在认识、分析、评价宗教上有了质的改变，取得了划时代的成功。

（五）马克思《关于费尔巴哈的提纲》中的宗教观

1845 年春，马克思在布鲁塞尔写了《关于费尔巴哈的提纲》一文，记录在马克思 1844—1847 年的笔记本上，但其生前没能发表，直至恩格斯在 1888 年出版的《路德维希·费尔巴哈和德国古典哲学的终结》一书附录中才将之收入，题为《马克思论费尔巴哈》。这部著作反映了马克思改造、扬弃费尔巴哈旧唯物主义思想和人本主义观念，形成自己历史唯物主义与辩证唯物主义思想体系的过程，虽然着笔不多，却经典地表述出马克思主义理论体系的基本思想精髓，其中亦有对宗教问题的精彩见解和重要阐述。恩格斯对此文评价极高，称之为"包含着新世界观的天才萌芽的第一个文献"[①]。

马克思主义经典作家称费尔巴哈为德国思想的"火溪"（此即其德国名字"Feuerbach"的原意，亦译为"火流"）。费尔巴哈对马克思思想转向即奠立历史唯物主义和辩证唯物主义思想体系起过非常重要的作用，马克思正是借助于费尔巴哈才批判、改造了黑格尔的唯心主义辩证法，创立其唯物主义辩证法的，也是吸收了费尔巴哈唯物主义的基本内核，创立其历史唯物主义理论体系的，同样是通过扬弃费尔巴哈的抽象人本主义，创立其人的社会存在本质思想的。所以，马克思在其晚年还曾将他这一时段的经历称为"费尔巴哈崇拜"。

马克思关于费尔巴哈的提纲共十一条，是马克思主义思想原理的经典表述，其中直接论及宗教的主要有三条，即第四、六、七条。可以说，这三条提纲浓缩了马克思宗教观的核心思想。

在第四条提纲中，马克思阐述了其对费尔巴哈宗教之自我异化理论的看法。马克思指出，费尔巴哈这一理论的意义在于他看到了宗教所反映出的人

---

① 参见《马克思恩格斯文集》第 1 卷，人民出版社 2009 年版，第 805 页。

的自我异化，而其不足之处则是他对人的异化理解尚不到位、缺乏深度、没有找到其根本所在。费尔巴哈认识到宗教的世俗基础，看到宗教与人的关联，但他对这一世俗基础只看到表层，其理解仅围绕着抽象之人来展开，而没有意识到这种世俗基础的关键和根本乃在于其世俗社会的存在。马克思指出："费尔巴哈是从宗教上的自我异化，从世界被二重化为宗教世界和世俗世界这一事实出发的。他做的工作是把宗教世界归结于它的世俗基础。但是，世俗基础使自己从自身中分离出去，并在云霄中固定为一个独立王国，这只能用这个世俗基础的自我分裂和自我矛盾来说明。因此，对于这个世俗基础本身应当在自身中、从它的矛盾中去理解，并且在实践中使之发生革命。因此，例如，自从发现神圣家族的秘密在于世俗家庭之后，世俗家庭本身就应当在理论上和实践中被消灭。"① 从费尔巴哈的认知再往前走，马克思迈出了极为关键的一步，即把对宗教的认知与对产生相关宗教的世俗社会联系起来审视。在这里，马克思的重大突破，就是从宗教的异化看到其世俗基础的异化，并进而指出这种异化实质上就是社会的异化，因此从就宗教看宗教、或从抽象的世俗之人看宗教的这种有限视域中跳了出来，而从最根本的解决之途来思考宗教异化问题，这就是要努力去消除社会异化，即消灭产生这种异化的旧的社会制度。马克思认为不能靠人本主义的理论解释来消除异化，而只能靠革命的实践来改变这种会导致异化的现状。

在第六条提纲中，马克思则进而指出了费尔巴哈人本主义宗教观的根本缺陷所在。在马克思看来，费尔巴哈虽然意识到宗教反映出"人的本质"，而对这种"本质"其在认识上却有着两个弱点，从而引向了费尔巴哈理论上的偏差和错误："（1）撇开历史的进程，把宗教感情固定为独立的东西，并假定有一种抽象的——孤立的——人的个体"；"（2）因此，本质只能被理解为'类'，理解为一种内在的、无声的、把许多个人自然地联系起来的普遍性"。费尔巴哈的人本主义看到了人的自然本质，却只是孤立地、抽象地看

---

① 《马克思恩格斯文集》第 1 卷，人民出版社 2009 年版，第 500 页。

人，而这种"纯粹"之人在现实中是不存在的。而马克思对人的本质则有最为透彻的理解，因而批评了费尔巴哈对宗教认知的局限性，指出"费尔巴哈把宗教的本质归结于人的本质。但是，人的本质不是单个人所固有的抽象物，在其现实性上，它是一切社会关系的总和"①。这里，马克思旗帜鲜明地从社会存在上来剖析人的本质，明确指出人的本质就是人的社会性、人的社会存在、人的社会关系之总和。

在第七条提纲中，马克思再次明确了对人的社会属性之认知，认为与宗教相关联的一切包括人的"宗教感情"都是社会的产物，都与其存在社会有着千丝万缕的关系。马克思说："费尔巴哈没有看到，'宗教感情'本身是社会的产物，而他所分析的抽象的个人，是属于一定的社会形式的。"②从社会存在及其社会关系的总和来看待人以及人的宗教信仰等，这是马克思在这篇文章中所提出的非常重要的观点。

鉴于社会生活的实践本质，马克思突出了实践的意义，认为科学的理论不应该仅仅是解释，不能纯为从理论到理论的阐述，并特别指出解释的哲学应该提升为行动的哲学。马克思在这里提出了"哲学家们只是用不同的方式解释世界，问题在于改变世界"③之名言，从而实质性地推动了近现代哲学的转型发展，形成了迄今仍广有影响的行动哲学、实践哲学和革命哲学，为20世纪的社会革命和人类巨变提供了理论指南和实践路径，并在两个世纪之交推出了一批以马克思等马克思主义经典作家为典型代表的、勇于参加社会变革伟大实践活动的理论家、思想家。

（六）马克思、恩格斯《德意志意识形态》中的宗教观

1845 年秋至 1846 年 5 月，马克思和恩格斯再度合作，共同撰写了这一经典著作，其全称为《德意志意识形态对费尔巴哈、布·鲍威尔和施蒂纳所

---

① 《马克思恩格斯文集》第 1 卷，人民出版社 2009 年版，第 501 页。
② 《马克思恩格斯文集》第 1 卷，人民出版社 2009 年版，第 501 页。
③ 《马克思恩格斯文集》第 1 卷，人民出版社 2009 年版，第 502 页。

代表的现代德国哲学以及各式各样先知所代表的德国社会主义的批判》。其写作目的还是针对现代青年黑格尔派哲学而作出批判。但因时间之限等原因，其中本应涉及的部分内容并没有写完，而还有一些内容则是恩格斯在马克思逝世之后、在整理马克思的遗稿时才得以补充完成。2009 年12 月出版的《马克思恩格斯文集》第 1 卷只刊登了其新译本的"节选"，故而其他部分的内容在此乃参阅了 1960 年 12 月出版的《马克思恩格斯全集》第 3 卷中的译本。为此，本部分也将之作为两大部分来分别加以阐述。

1.2009 年版《马克思恩格斯文集》第 1 卷新译本中所论及的宗教观

在这部著作中，马克思和恩格斯还是针对青年黑格尔派的宗教观念进行了分析评价，认为其对宗教展开的哲学批判虽有一定意义却明显存在缺陷。这种批判有其历史的进步，但其局限性也一目了然，马克思、恩格斯认为青年黑格尔派的泛宗教性批判并没有找出问题的根本所在，故而只是一种较为肤浅和表层的认知。"从施特劳斯到施蒂纳的整个德国哲学批判都局限于对宗教观念的批判。他们的出发点是现实的宗教和真正的神学。至于什么是宗教意识，什么是宗教观念，他们后来下的定义各有不同。其进步在于：所谓占统治地位的形而上学观念、政治观念、法律观念、道德观念以及其他观念也被归入宗教观念或神学观念的领域；还在于：政治意识、法律意识、道德意识被宣布为宗教意识或神学意识，而政治的、法律的、道德的人，总而言之，'人'，则被宣布为宗教的人。宗教的统治被当成了前提。一切占统治地位的关系逐渐地都被宣布为宗教的关系，继而被转化为迷信——对法的迷信，对国家的迷信等等。到处涉及的都只是教义和对教义的信仰。"① 这里，马克思、恩格斯指出青年黑格尔派把宗教视为一切社会问题及矛盾的根源，认为这种把宗教直接作为批判对象的认知并没有找到问题的根本，因此不同

---

① 《马克思恩格斯文集》第 1 卷，人民出版社 2009 年版，第 514—515 页。

意他们将宗教作为"所厌恶的一切关系的终极原因，他们的主要敌人"。在宗教的评价问题上，青年黑格尔派并没有超越老年黑格尔派，其相同点就在于他们仍然都限于思想史的藩篱，都"认为宗教、概念、普遍的东西统治着现存世界"，结果也都没有走出其历史的局限。不过，青年黑格尔派更富有批判精神，他们不同意老年黑格尔派对这种统治合法性的理解，开始否定这种统治并展开思想批判，从而有着观念史范围内的革命和进步。

青年黑格尔派立足于观念上的批判，由此将宗教、思想等属于意识范畴的东西看作"人们的真正枷锁"，他们对之采取了抽象排拒的态度，"硬说一切都包含宗教观念或者宣布一切都是神学上的东西，由此来批判一切"①。马克思、恩格斯指出，青年黑格尔派的思想局限，使之只能以"改变意识的要求"来开展所谓革新，即就意识论意识，而没有看到意识的社会关联，没有认识到意识只是社会存在的反映。青年黑格尔派的改革，也只不过是希望人们按照他们所主张的抽象道德基准，"用人的、批判的或利己的意识来代替他们现在的意识，从而消除束缚他们的限制"，然而，这还是停留在传统的藩篱之内，只不过"要求用另一种方式来解释存在的东西"，即只是换了解释的方式而没有改变其解释的本质，对其存在的现实故而乃"借助于另外的解释来承认它"。这样，马克思、恩格斯就看清了青年黑格尔派的实质，认为他们其实为持守传统的"保守派"，因为他们没有触动根本性的内容，而仅仅在"词句"上做文章，其所作所为甚至只是空洞地"用词句来反对这些词句"。由此可见，青年黑格尔派在骨子里仍然在维系着传统世界，他们"仅仅反对这个世界的词句"，而"绝对不是反对现实的现存世界"②。马克思、恩格斯以敏锐的眼光看透了青年黑格尔派的本质，揭破他们看似激进的表面，戳穿他们所谓"震撼世界的"词句，暴露出其精神底蕴和本质诉求。在马克思、恩格斯看来，青年黑格尔派显然还是保持着旧世界的基本特质，对之起

---

① 《马克思恩格斯文集》第 1 卷，人民出版社 2009 年版，第 515 页。
② 《马克思恩格斯文集》第 1 卷，人民出版社 2009 年版，第 516 页。

着维护作用，他们所改变的，只是所谓的意识、只希冀精神上的变化，而根本没有触及甚至没有想到任何社会意义上的改变或革命，其意在思想行动而不是社会行动。这充分说明青年黑格尔派的本质属性乃唯心主义的思想体系，而其在社会政治的选择上则只可能是守旧作用的、保守主义的、维系现状的。他们在哲学发展沿线上并没有根本脱离黑格尔思想体系的轨迹，对当时资本主义社会只是希望有所改良，而不是彻底变革。由于青年黑格尔派其思路的偏差，故此走不到真正社会变革的道路上去，并对社会发展的途径及前景亦观之模糊，颇为茫然。可以说，马克思、恩格斯虽然看到了青年黑格尔派哲学批判的合理意义，但对其整体布局的肯定却非常有限，多有保留。在马克思、恩格斯看来，"这种哲学批判所能达到的唯一结果，是从宗教史上对基督教作一些说明，而且还是片面的说明"①。这种相对的历史意义及学术价值离正确的社会分析和科学评价还相距甚远，而且也不是青年黑格尔派所能有资格承担的任务。

人与自然界的区别何在，人的本质究竟是什么，这是哲学史家所关注的根本问题之一，却是单凭哲学思辨所不能根本解决的问题，而是涉及经济、社会、政治等更为关键、更加根本的领域。人的意识当然有其价值，代表着人的重要发展和其与其他自然界之存在的本质区别。在这一意义上，马克思、恩格斯承认，"可以根据意识、宗教或随便别的什么来区别人和动物"，但同时也指出了这种认识的肤浅，从而不能解决根本问题。为此，马克思、恩格斯强调，认识人的本质最根本地要靠对人的生产力、生产方式和生活资料这些要素本身的认识，由此才能找对路径，才可揭示出其惊人的秘密。"一当人开始生产自己的生活资料，即迈出由他们的肉体组织所决定的这一步的时候，人本身就开始把自己和动物区别开来。人们生产自己的生活资料，同时间接地生产着自己的物质生活本身。""人们用以生产自己的生活资料的方式，首先取决于他们已有的和需要再生产的生活资料本身的特

---

① 《马克思恩格斯文集》第 1 卷，人民出版社 2009 年版，第 516 页。

性。"① 马克思、恩格斯的认知方式与青年黑格尔派的截然不同，就是基于对人的生产力、生产方式和生产关系的考察来认识人、认识人之社会，只有这种认识才是最根本的，也只有这一路径才是真正正确的。我们分析、研究民族、宗教问题时，同样应该坚持这一基本原则和正确思路。"各民族之间的相互关系取决于每一个民族的生产力、分工和内部交往的发展程度。这个原理是公认的。"② 以前的思想家包括青年黑格尔派只是抽象地看人、抽象地谈人的思想，但人本身按其本质就不可能以抽象的人来界定，人生活在现实社会之中，因而也只能在其鲜活的社会关系中、从其现实生存来观察、分析和界定人，把握其真正的本质属性。"个人不是他们自己或别人想象中的那种个人，而是现实中的个人，也就是说，这些个人是从事活动的，进行物质生产的，因而是在一定的物质的、不受他们任意支配的界限、前提和条件下活动着的。"人并不在抽象中相互隔离，而是在其生存所依赖的生活过程、生产方式中所共同存在，形成其连接的纽带，因而势必会产生将人们相关联、相交织的错综复杂的社会关系和政治关系，所以说人的本质就在于其乃社会之人，是以"经济""政治"为本质的群聚"动物"。真正认识人则只能根据人的这种社会生产、社会生活及社会关系来认识。人是鲜活的社会存在，人有着实在的社会关系，人际交往首先就是这种社会层面及意义上的关系，由此来对人加以定性，故而不能"带有任何神秘和思辨的色彩"③。这里，马克思、恩格斯以德语词汇那独特而形象的结构来对之说明，所谓"意识"（das Bewußtsein）只能是那"被意识到了的存在"（das bewußte Sein），也就是说，意识的实质正是存在的反映，意识的家园或者说其根源就在人的这种物质生产活动的社会之中。"思想、观念、意识的生产最初是直接与人们的物质活动，与人们的物质交往，与现实生活的语言交织在一起的。人们的想象、思维、精神交往在这里还是人们物质行动的直接产物。表现在某一民族的政

① 《马克思恩格斯文集》第 1 卷，人民出版社 2009 年版，第 519—520 页。
② 《马克思恩格斯文集》第 1 卷，人民出版社 2009 年版，第 520 页。
③ 《马克思恩格斯文集》第 1 卷，人民出版社 2009 年版，第 524 页。

治、法律、道德、宗教、形而上学等的语言中的精神生产也是这样。人们是自己的观念、思想等等的生产者，但这里所说的人们是现实的、从事活动的人们，他们受自己的生产力和与之相适应的交往的一定发展——直到交往的最遥远的形态——所制约。"① 我们不能抽象、空洞地谈论思想、意识，人的意识并不是如米开朗基罗在西斯廷小教堂著名的穹顶画所描述的，由上帝"指点"亚当那样而从天降下；恰恰相反，人的意识不是"从天国降到人间"，而是"从人间升到天国"，是在现实社会中产生出来并逐渐得以抽象地升华，其牢固的现实基础乃不言而喻的；意识因而只能是人的现实生活实践、人的经济政治社会存在的反射和反映。"甚至人们头脑中的模糊幻象也是他们的可以通过经验来确认的、与物质前提相联系的物质生活过程的必然升华物。因此，道德、宗教、形而上学和其他意识形态，以及与它们相适应的意识形式便不再保留独立性的外观了。它们没有历史，没有发展，而发展着自己的物质生产和物质交往的人们，在改变自己的这个现实的同时也改变着自己的思维和思维的产物。不是意识决定生活，而是生活决定意识。"② 这样，马克思、恩格斯就彻底打破了那种认为人的思想乃抽象、独立地运行的传统观念，使人的思想有了坚实的社会生存基础。以此来论宗教，则同样可以看出宗教也是由现实生活所决定的，人在其存在中因为不同的社会生活或物质基础则会产生不同的宗教；既然作为宗教存在基础的社会性质发生了变化，反映这一社会基础的宗教当然也会在其性质上发生相应的变化。不可否认，青年黑格尔派已经承认思想意识本身并没有绝对独立的抽象存在，但他们却缺乏历史唯物主义的审视。"凡是在他们缺乏实证材料的地方，凡是在神学、政治和文学的谬论不能立足的地方，就没有任何历史，那里只有'史前时期'，至于如何从这个荒谬的'史前历史'过渡到真正的历史，他们却没有对我们作任何解释。"③ 由于缺乏与社会现实的关联，青年黑格尔派等德国唯

---

① 《马克思恩格斯文集》第 1 卷，人民出版社 2009 年版，第 524—525 页。
② 《马克思恩格斯文集》第 1 卷，人民出版社 2009 年版，第 525 页。
③ 《马克思恩格斯文集》第 1 卷，人民出版社 2009 年版，第 532 页。

心主义者并不了解思想意识的真正所依，他们所能关注的并加以相应分析的只是观念史，而社会史、政治经济史却没有映入其眼帘。所以他们的解释有着唯心主义之虚与空，其选择的道路也是错误的，而且歧途难返。扬弃这种传统的解释，马克思、恩格斯则从关注人的社会生产及其社会关系出发，从而给出了科学的、历史唯物主义的解释。马克思主义经典作家这种高屋建瓴的认识、敏锐犀利的前瞻，开创了思想认识历史的新时代，同时也开辟了社会史、政治经济史的科学研究。

如何理解宗教、如何看待宗教的起源，马克思、恩格斯在此亦有自己的独特思考和科学洞见。宗教学理论中对之有着"原生性"和"创生性"宗教之分，前者有其自然发展，但后者则基于人为创立。马克思、恩格斯于此指出了"自然宗教"与"人为宗教"的不同性质，前者的产生乃自然而然的过程，后者则与人的主观创建直接关联，而其区别则涉及原始宗教与文明宗教，以及其所反映的原始社会到阶级社会的过渡和转型等问题。这里，马克思、恩格斯对宗教的历史起源及发展做出了非常科学的解释，并由此建立起了历史唯物主义的解释体系。马克思和恩格斯强调宗教作为一种意识是相关社会的产物，宗教的发展、变迁、提升的经历是伴随着人类社会历史的相应发展、变化而出现的，有着如影随形的关联。而人的意识所涉及的范围也是逐渐扩大而达到全面覆盖的。自然宗教反映出人的认识发展的客体阶段，人并没有将自己从自然界剥离出来，而是视自己为自然界的普通一员，并无特别的凸显。这种对人所生存的自然界之机械反映，就是以自然宗教为典型代表。不可否认，人对自然界的原初意识在其初始阶段是非常低下的，故有原始思维之说。"自然界起初是作为一种完全异己的、有无限威力的和不可制服的力量与人们对立的，人们同自然界的关系完全像动物同自然界的关系一样，人们就像牲畜一样慑服于自然界，因而，这是对自然界的一种纯粹动物式的意识（自然宗教）"①。这种自然宗教所表现的"纯粹动物式的意识"、其对自然

---

① 《马克思恩格斯文集》第 1 卷，人民出版社 2009 年版，第 534 页。

界的认知关系，同样也反映出人与原初自然社会的关系，由人在当时得以生存的那种社会形式所决定的。在无文字记载的人类发展阶段，传说就是先民的历史，这种口传史迄今在文化史、民族史的研究中仍然有其独特的魅力。而朴实幼稚却充满浪漫想象的神话则是先民的哲学，从中可以窥测其对外在世界及人之自我的认识和思考。人类的进化不仅使社会出现了不同的社会分工，而且也开始萌生对这种分工的自我认识，其最初也是"自发的"或"自然的"，这是人的原始意识的典型特征。一旦人类社会有了物质劳动与精神劳动的区分，人的意识也从原始走向文明，开始了其独立思考，有了"认识你自己"这种意味深长的主体思考，于是人就将自己从自然界分开来看，并把自己作为观察、研究自然的主体，而自然界则成为人的研究对象、甚至是人的对立面。从此，人不再局限于"纯粹动物式的意识"，而是有了人的"自我意识""主体意识"，而超越自然宗教的、由人所主动创立的"人为宗教"亦应运而生。对此，马克思、恩格斯有着非常精辟的分析："分工只是从物质劳动和精神劳动分离的时候起才真正成为分工。从这时候起意识才能现实地想象：它是和现存实践的意识不同的某种东西；它不用想象某种现实的东西就能现实地想象某种东西。从这时候起，意识才能摆脱世界而去构造'纯粹的'理论、神学、哲学、道德等等。但是，如果这种理论、神学、哲学、道德等等同现存的关系发生矛盾，那么，这仅仅是因为现存的社会关系同现存的生产力发生了矛盾。"① 自然宗教作为人类原始时期的宗教尚无明确的自我意识，或者说几乎只是有着"纯粹动物"的意识，此即后来宗教学所理解的原生性宗教。而人为宗教则显然具有独立的自我意识，是人的主观创造或者说是人的作为，这就是宗教学所言之创生性宗教。不过，这两种类型的宗教都不是凭空产生，都不能脱离人当时所依存的社会生产力及其社会关系的发展，尽管前者较为直接和感性，是对其社会较为模糊的反映，却不离其反映的实质；而后者的反映却较为间接和复杂，这也从一个侧面说明社会的进

---

① 《马克思恩格斯文集》第 1 卷，人民出版社 2009 年版，第 534—535 页。

步与发展。"此外，不言而喻，'幽灵'、'枷锁'、'最高存在物'、'概念'、'疑虑'显然只是孤立的个人的一种观念上的、思辨的、精神的表现"，其表现也是关涉现实社会存在的，是以幻想来复杂地再现其真实社会的存在；对之加以反映的观念，即"关于真正经验的束缚和界限的观念；生活的生产方式以及与此相联系的交往形式就在这些束缚和界限的范围内运动着"①。任何宗教观念自古至今都不是凭空产生的，都以其看似想象的形式反映出相关之人的现实存在、曲折地说明了其社会生产结构。当然，这些反映的局限、对真实的歪曲和误解以及其思维方式的问题也是不言而喻的。

马克思、恩格斯将宗教和政治的关系及其典型关联性凸显出来，并认为二者都不过"是时代的现实动因的形式"，但青年黑格尔派却错误地把"这些特定的人关于自己的真正实践的'想象'、'观念'变成了一种支配和决定这些人的实践的唯一起决定作用的和积极的力量"，这显然将之颠倒了。马克思、恩格斯在此还以印度为例，指出"印度人和埃及人借以实现分工的粗陋形式在这些民族的国家和宗教中产生了种姓制度，于是历史学家就以为种姓制度是产生这种粗陋的社会形式的力量"；而在"纯粹精神"领域中兜圈子的德国思想者们也犯了同样的错误，他们"把宗教幻想推崇为历史的动力"，以为宗教可以决定历史的进程。于是，好似"只有借助于'不信神'才能摆脱这种历史的幻觉而得救"。这种错误的认识在反对宗教的表层之下却掩盖了其宗教思维之实，而"这种观点实际上是宗教的观点：它把宗教的人假设为全部历史起点的原人，它在自己的想象中用宗教的幻想生产代替生活资料和生活本身的现实生产"。这种虚幻的代替却被人信以为真，"似乎这个'神的王国'不是存在于想象之中，而是存在于其他什么地方"②；他们忘了自己其实就生活在现实社会"人的王国"之中，却以"神人"等虚构来作为"支配着各个历史时代"③的主体。其结果是，他们眼中只有"观念的

---

① 《马克思恩格斯文集》第 1 卷，人民出版社 2009 年版，第 535 页。
② 《马克思恩格斯文集》第 1 卷，人民出版社 2009 年版，第 546 页。
③ 《马克思恩格斯文集》第 1 卷，人民出版社 2009 年版，第 547 页。

历史"、却没有"社会的历史",鲜活、生动的人类社会进程竟然被其解构,社会史在观念史中消失了。青年黑格尔派在其本源中就已经形成了这种唯心论的空虚历史观,"黑格尔本人在《历史哲学》的结尾承认,他'所考察的仅仅是概念的前进运动',他在历史方面描述了'真正的神正论'"①。马克思、恩格斯的巨大贡献,正是对这一德国唯心主义大厦的拆除和摧毁,由此宣布了其全新的思想体系与德国唯心主义传统和旧唯物主义思想的彻底决裂。马克思、恩格斯在此特别关注宗教问题,而且一针见血地指出德国思想传统对宗教纯精神批判的局限和迷误,明确要求人们回到社会现实、认识社会生产力和生产关系的真实发展,宣布只能于此之中才能寻觅到宗教存在的真正缘由,说明宗教的发展绝不可能脱离现实社会存在。他们认为"宗教从一开始就是超验性的意识,这种意识是从现实的力量中产生的"②。从此,人们在对宗教的认知中得以从虚幻的"天国"回到坚实的"人间"。

2. 1960 年版《马克思恩格斯全集》中文第一版第 3 卷译本中所论及的宗教观

这部分的内容仍然是围绕对青年黑格尔派思想观念的批判而展开,并将之与德国唯心主义的历史观相关联。在此,马克思、恩格斯指出,青年黑格尔派在论及宗教时,其认知的基本立场乃是唯心史观,这实际上是与德国哲学中的唯心主义传统有着内在的、逻辑的联系。在这种德国哲学的历史观中,"思辨的观念、抽象的观点变成了历史的动力,因此历史也就变成了单纯的哲学史。然而,就是这种哲学史也不是根据现有材料所载的真实面貌来理解的……它被理解成现代德国哲学家、特别是黑格尔和费尔巴哈所理解和阐述的那样。而从这些阐述中所采取的也只是那些能够适合当前目的的东西,根据传统转归我们圣者的东西。这样,历史便成为单纯的先入之见的历

---

① 《马克思恩格斯文集》第 1 卷,人民出版社 2009 年版,第 553 页。
② 《马克思恩格斯文集》第 1 卷,人民出版社 2009 年版,第 587 页。

史，成为关于精神和怪影的神话，而构成这些神话的基础的真实的经验的历史，却仅仅被利用来赋予这些怪影以形体，从中借用一些必要的名称来把这些怪影装点得仿佛真有实在性似的"①。显然，哲学史在这种传统模式中有着主观唯心的剪裁，不是思想反映历史，而是要历史服从其思想的需求。受这种唯心史观指导的宗教史观因而是空洞的、缺乏实在的历史依据。而其对宗教的起源及发展的解说则显得幼稚、肤浅，经不起科学研究的推敲。

历史唯物主义是以现实历史来说明宗教，而唯心史观则是以宗教来解释历史真实，结果历史成为"神创史"，"上帝的话"被理解为历史的真理。马克思、恩格斯在此批驳了这种唯心主义的宗教史观，认为其乃"头脚颠倒"、本末倒置之举。在唯物主义的现实世界与唯心主义的宗教世界之间，有着鲜明的对比，而其演变发展则意味深长，值得思索。为此，马克思和恩格斯对古代世界的认知与基督教的理解加以了比较："古代人没有照基督教的办法去对待他们的世界。一旦非真理性在他们的世界后面产生……古代的哲学家便力图洞察真理世界或他们世界的真理，而到那时，当然发现它已非真理了。他们的探寻本身就已是这一世界的内部解体的征兆。乡下佬雅各把唯心主义的征兆变成解体的物质原因，他以德国圣师的姿态迫使古代自身寻找自身的否定——寻找基督教。……乡下佬雅各只要把古代世界变成后来的关于古代世界的意识，当然就可以从唯物主义的古代世界一跃而转到宗教的世界，即基督教。于是立刻就有'上帝的话'来与现实的古代世界相对立，就有处于现代怀疑家状态的基督教徒来与处于哲学家状态的古代人相对立。他的基督教徒'决不会相信上帝的话是空的'，并且由于这种不相信而'相信''上帝的话是永恒的和不可磨灭的真理'。他的古代人之所以是古代的，就是因为这古代人是非基督教徒，还不是基督教徒或潜在的基督教徒；同样，他的原始基督教徒之所以是基督教徒，就是因为这原始基督教徒是非无神论者，还不是无神论者、潜在的无神论者。结果他倒让古代人来否定基督

---

① 《马克思恩格斯全集》第3卷，人民出版社1960年版，第131—132页。

教，让原始基督教徒来否定现代无神论，而不是相反。乡下佬雅各像所有其他思辨哲学家一样，是从事物的哲学尾巴上来抓一切事物的。"① 从观念出发来解释世界或是会误入歧途，或是会感到此路不通，这种"让观念的历史来产生物质的历史"之说明显然是"颠倒事实"。因此，马克思、恩格斯认为有必要正本清源，把这种认识与实际的颠倒在现实中纠正回来，即应该从物质的历史、从人的社会史来说明观念的历史、理解宗教的历史。

这部分内容中还包括马克思、恩格斯对欧洲古代无神论发展的研究和肯定，其中尤其是对伊壁鸠鲁评价颇高。欧洲无神论学说体系的历史传统可以追溯到伊壁鸠鲁，他是"古代真正激进的启蒙者，他公开地攻击古代的宗教，如果说罗马人有过无神论，那末这种无神论就是由伊壁鸠鲁奠定的。因此卢克莱修歌颂伊壁鸠鲁是最先打倒众神和脚踹宗教的英雄；因此从普卢塔克直到路德，所有的圣师都把伊壁鸠鲁称为头号无神哲学家"②。伊壁鸠鲁对现实世界采取了客观对待的态度，体悟到思想对现实的依赖及思想只是对现实的反映。"我们由此可以看出，这位公开的无神论者在公然进攻世界的宗教的时候是如何'狡猾、诡谲'和'聪明'地对付世界；而斯多葛派却使古宗教去适应自己的思辨，怀疑论派则是用他们的'假象'概念作为借口，使他们的一切判断都带有 reservatio mentalis[精神上的保留]。"③ 对比古代唯心主义的哲学流派，其根本弱点，就是如黑格尔所言，"使精神对现实界的一切漠不关心"④。在抽象的精神世界可以展开漫无边际的思辨，但这并不能真实地反映现实世界，只有基于对现实的观察及客观反映，思想才可能真实可信，这也才是思想认知的正道。而青年黑格尔派的错误，就在于"不去描绘作为基督教的物质基础的'事物世界'，却让这个'事物世界'毁灭在精神

① 《马克思恩格斯全集》第 3 卷，人民出版社 1960 年版，第 140—141 页。
② 《马克思恩格斯全集》第 3 卷，人民出版社 1960 年版，第 147 页。
③ 《马克思恩格斯全集》第 3 卷，人民出版社 1960 年版，第 147 页。
④ 《马克思恩格斯全集》第 3 卷，人民出版社 1960 年版，第 148 页。

世界、基督教中"①。其颠倒之途即选择从宗教出发来考察"事物世界",以宗教来描述、界说现实,而不是踏踏实实地以在"事物世界"的"现实历史联系"中探索精神世界的正确方法来考察宗教。所以,青年黑格尔派等唯心主义的历史理解就只有"精神现象学",而没有其真正需要的"政治经济学"。这种思辨哲学看似天马行空、可以肆意驰骋,而实际上只是在非常狭小、远离实际的空间中兜圈子,因此与真实世界失之交臂,不了解人之实实在在的社会生活。唯心史观只可能在欧洲中世纪和近代的历史中找到"宗教和哲学的历史",因此其基本思考及其思路仍然属于传统神学认知范畴,也"从来没有超出神学的学问";在这种唯心史观中,人类"迄今为止的历史"只不过是"精神的人的历史",也就是说,他们对历史的解释只能是一种"信仰"的表述②,而没有找到或触及这种信仰、精神的本源和本质。

马克思、恩格斯批评青年黑格尔派走不出自我意识及精神本身,只是在精神封闭之圈中自我漫步,而其对宗教的认识也同样是仅就宗教来论宗教,却没能从宗教中走出来以更正确、更可靠的方法来看宗教。他们以自我循环的方式而将宗教视为其"自身原因",对"自我意识"和"人"的本质都以宗教来解读。他们只有超验而无经验、只有抽象而无具体、只有思辨而无实证,"不去从经验条件解释宗教,不去说明:一定的工业关系和交往关系如何必然地和一定的社会形式,从而和一定的国家形式以及一定的宗教意识形式相联系"③。与这种唯心史观及其宗教史观针锋相对,马克思、恩格斯则认为:"'基督教本身'没有任何历史,基督教在不同时代所采取的不同形式,不是'宗教精神的自我规定'和'它的继续发展',而是受完全经验的原因、丝毫不受宗教精神影响的原因所制约的。"④

思想史不是空洞精神活动的反映,宗教史也绝非纯神明观念的写照。一

---

① 《马克思恩格斯全集》第 3 卷,人民出版社 1960 年版,第 149 页。
② 《马克思恩格斯全集》第 3 卷,人民出版社 1960 年版,第 151 页。
③ 《马克思恩格斯全集》第 3 卷,人民出版社 1960 年版,第 162 页。
④ 《马克思恩格斯全集》第 3 卷,人民出版社 1960 年版,第 163 页。

切思想史、精神史、宗教史都必须以经济生产为基础的社会发展史作为其本源和根基，它们一旦离开现实真实就会变成"怪影""异在"，失去自身的真实意义和价值。马克思、恩格斯在发现这一历史唯物主义的奥秘之后，反复强调社会生产及其形成的经济基础之根本意义，明确指出思想、意识、精神、观念等都与社会经济基础及其形成的社会关系、社会制度和社会结构有着密切联系；而思想与社会的关系则是后者决定前者，前者只是对后者的反映。不可否认，思想精神尤其宗教意识对现实社会的反映不可能非常直接、直白，其反映因有歪曲、颠倒而让人很难看得明白，形不成清晰图景，只能给人以复杂、模糊的图像，但这种水中倒影、雾里观花却是在反映、重现其现实存在，我们必须透过其外在表现形式去把握其真实性存在。这才是正确解释思想、理解宗教之途。所以，马克思、恩格斯认为青年黑格尔派将"生活和历史的全部多样性都归结为'意识'对'对象'的各种关系"乃明显错误①，强调不要从宗教本身来看社会，而要把颠倒的世界再颠倒过来恢复正常，这就是必须从社会本身来看宗教，在社会存在中找出宗教现象的秘密，而不是相反而行。"宗教本身既无本质也无王国。在宗教中，人们把自己的经验世界变成一种只是在思想中的、想像中的本质，这个本质作为某种异物与人们对立着。这决不是又可以用其他概念，用'自我意识'以及诸如此类的胡言乱语来解释的，而是应该用一向存在的生产和交往的方式来解释的。"宗教基于社会而存在，宗教的本质"既不在'人的本质'中，也不在上帝的宾词中去寻找这个本质，而只有到宗教的每个发展阶段的现成物质世界中去寻找这个本质"②。宗教在现实社会中获得其真实存在，宗教也只能依附这个现实世界来真正存在，这是认识宗教的唯一正确之途。宗教不可能对现实世界真正起到决定性作用，其想象世界依托并反映这一现实世界，而其精神寄托则是据此来企图实现在这一现实世界中的自我解脱或超越。例如，以古代

---

① 《马克思恩格斯全集》第 3 卷，人民出版社 1960 年版，第 163 页。
② 《马克思恩格斯全集》第 3 卷，人民出版社 1960 年版，第 170 页。

基督教来分析，"古代基督教徒在这个世界上没有任何所有物，因此他们满足于自己想像出来的天国的所有物和自己的神的财产权。他们不是使世界成为人民的所有物，而是宣布自己及自己的贫苦伙伴是'属上帝的子民'"①。由于在这个世界的异化，他们故而觉得自己不属于这个世界而去找寻另一个世界，但另一世界只能是在彼岸世界即来世，这就是宗教思维所理解的超然存在；但宗教作为社会群体存在却不可能从根本上彻底超越这一现实世界，而会作为社会利益集团或政治群体卷入现实的经济争夺或政治纷争，但其经济、政治性已不属于宗教的本有范畴，这就是宗教跨越此岸与彼岸、今生与来世、现实与超越、世俗与神圣的真实处境。宗教的超越只有虚幻梦境的意义，其实际存在则不可能摆脱现实社会对宗教的约束或要求。同理，宗教在社会政治存在及其社会活动中也不可能得到真正脱离世俗管束的任何"特权"或"豁免"。宗教只是在精神世界中得到自我"解救"，这是与其在现实世界中得不到真正"解脱"相呼应、相对应的。在现实世界中，难有真正的宗教利益，其诉求仍然曲折地反映出其现实社会的利益。

当然，我们也会看到，在历史上世俗利益往往会异化为"宗教利益"来出现，相关的社会阶级及其集团的利益，也经常可能会以宗教的形式来寻求或得到保护。在历史实存中不可能有纯而又纯的宗教存在，不可能有超越真实世界、"不食人间烟火"的绝对宗教现象。正因为宗教会曲折地反映出社会的需求、世人的处境，所以宗教被用来掩盖、藏匿、粉饰各种现实的、社会的即世俗的利益也就不足为怪了。在历史和现实中没有纯化的、彻底摆脱世俗的宗教存在。各种不同宗教都有各种复杂的现实诉求，折射出其世俗的利益。马克思、恩格斯注意到青年黑格尔派的观察，承认他们发现"在历史上表现出来的两个方面，即个别人的私人利益和所谓普遍利益，总是互相伴随着的"，但其发现、分析、思考的立场和方法却是有问题的，因为"这一事实是在错误的形式，神圣的形式下，从理想的利益、圣物、幻觉的角度去

---

① 《马克思恩格斯全集》第 3 卷，人民出版社 1960 年版，第 205 页。

发现的"；青年黑格尔派对此是以宗教的方式来解答，"市民等等'感到他们
个人太微不足道'"，其"无可置疑的证明""就是他们的宗教信仰，就是他
们把自己分为暂时的和永恒的人这件事"；这种宗教解答方式即"先把普遍
利益和个人利益的斗争变成斗争的幻想，变成宗教幻想中的简单反思，然后
以他们的宗教信仰来解释他们的宗教信仰"①。很显然，这种解释就陷入了自
说自话、同语反复的自我解释怪圈，既无出口，更无出路。马克思、恩格斯
分析了青年黑格尔派的这种认知窘境，指出其根本出路则是面向生活、面向
社会、面向现实，应该把'思维的产物的东西理解为生活的产物"。其历史
唯物主义的进路在此进而又展开了阶级分析，说明"个人利益总是违反个人
的意志而发展为阶级利益，发展为共同利益，后者脱离单独的个人而获得独
立性，并在独立化过程中取得普遍利益的形式，作为普遍利益又与真正的个
人发生矛盾，而在这个矛盾中既然被确定为普遍利益，就可以由意识想像成
为理想的，甚至是宗教的、神圣的利益，这是怎么回事呢？在个人利益变为
阶级利益而获得独立存在的这个过程中，个人的行为不可避免地受到物化、
异化，同时又表现为不依赖于个人的、通过交往而形成的力量，从而个人的
行为转化为社会关系，转化为某些力量，决定着和管制着个人，因此这些力
量在观念中就成为'神圣的'力量"，"在一定的、当然不以意志为转移的生
产方式内，总有某些异己的、不仅不以分散的个人而且也不以他们的总和为
转移的实际力量统治着人们"，对之应加以社会关系、阶级利益的分析，而
不能"把这一事实作为宗教去想像"②。这里，我们看到了马克思主义与唯心
主义和旧唯物主义的分道扬镳。马克思主义唯物史观对待宗教的根本立场就
是把宗教现象复原为社会存在现象来考察，以鲜活、真实的社会存在来解释
其看似虚幻的宗教存在，从而说明宗教现象的本质所在，破解其神圣面纱下
的秘密。以青年黑格尔派为代表的传统思想观念则只是纯粹以宗教来解释社

① 《马克思恩格斯全集》第 3 卷，人民出版社 1960 年版，第 272—273 页。
② 《马克思恩格斯全集》第 3 卷，人民出版社 1960 年版，第 273—274 页。

会存在，不是"祛魅"而是以宗教的神圣"灵光圈"来掩饰、护卫社会中的相关利益诉求，以虚构出的宗教王国或神圣秩序来为相关利益集团、阶级社会辩护、称义。

在《德意志意识形态》中，马克思、恩格斯针对青年黑格尔派用宗教来观察、解释社会现象之错误方法及路径展开分析、批判，强调要坚持用现实社会存在来解释宗教，对宗教揭秘和解密。在马克思主义看来，宗教并无独立的自我"王国"，人们并无凭空、抽象的意识，这一切精神现象都可以用社会分析来作出解答，都必须根据其现实社会存在来真正理解。因此，分析宗教不可能局限于神学和哲学，更重要的则是基于人们真实存在的经济基础及其带来的社会关系和社会制度来认识、理解宗教，分析、解决其相应问题。

（七）马克思《〈政治经济学批判〉序言》中的宗教观

1858 至 1859 年，马克思完成了其《政治经济学批判，第一分册》，此文即为这部著作所写的序言。在序言中，马克思对其唯物史观的宗教理解做了进一步阐述，所强调的仍然是在对宗教等社会意识形态的分析中必须注意并基于其社会经济结构、生产方式，通过社会存在来解释宗教存在而不能相反。马克思指出："人们在自己生活的社会生产中发生一定的、必然的、不以他们的意志为转移的关系，即同他们的物质生产力的一定发展阶段相适当的生产关系。这些生产关系的总和构成社会的经济结构，即有法律的和政治的上层建筑竖立其上并有一定的社会意识形式与之相适应的现实基础。物质生活的生产方式制约着整个社会生活、政治生活和精神生活的过程。不是人们的意识决定人们的存在，相反，是人们的社会存在决定人们的意识。"[①] 马克思的基本观点非常清楚地说明，经济基础决定上层建筑，经济基础是第一性的，是最为根本的，是分析上层建筑的出发点和基本前提；而经济基础的

---

① 《马克思恩格斯全集》第 31 卷，人民出版社 1998 年版，第 412 页。

变更也自然会带来上层建筑的变化，上层建筑随经济基础的变更而变化，这种相应性和呼应性是了解二者关系所必须注意的，不应该使这种关系出现脱节，其中有着辩证逻辑和内在秩序。如果将之加以分开，则会误判上层建筑，回过头来也会影响对其经济基础的基本理解。在人类历史发展、社会进步的过程中，势必发生经济基础的变革，这种变革则包括物质、经济和意识形态这两个层面的变革，即"一种是生产的经济条件方面所发生的物质的、可以用自然科学的精确性指明的变革，一种是人们借以意识到这个冲突并力求把它克服的那些法律的、政治的、宗教的、艺术的或哲学的，简言之，意识形态的形式"①。

在此，马克思已经说明，宗教属于社会上层建筑，是社会意识形态的形式之一，因而自然也会受到其赖以生存的经济基础的影响和制约。宗教意识并非孤立存在，而是有其社会基础，与其存在的社会直接关联；宗教是这一社会的有机构建和内在因素，并非脱离其社会的独立存在。因此，我们认识、解释宗教和对待、处理宗教问题，则必须与相关社会结合在一起来看，而不应该以从这一社会剥离宗教的态度来看宗教。把宗教与其社会隔离开来论说宗教，显然是空洞的、唯心的，其结果或是毫无意义的空谈，或会带来社会对宗教认识及态度的误导。根据马克思主义的这一基本立场观点，我们在看待当今宗教时，也必须将相关宗教与其关联的社会结合起来考虑。这一基本观点，在任何变化的社会中都是适用的，有其普遍意义。不顾其社会关联而空洞地否定宗教、批判宗教，并不是马克思主义所持守的基本立场，而是违背马克思主义基本思想原则的。对宗教这种意识形态的分析、认识，"必须从物质生活的矛盾中，从社会生产力和生产关系之间的现存冲突中去解释"②。马克思对这两者关系的论述清晰、明确，不可对之熟视无睹，更不应将两者的关系加以割裂和误解。

---

① 《马克思恩格斯文集》第 2 卷，人民出版社 2009 年版，第 592 页。
② 《马克思恩格斯文集》第 2 卷，人民出版社 2009 年版，第 592 页。

对于宗教问题的解决，马克思强调要实事求是、因势利导，不可操之过急，不能违背历史的发展规律。在马克思看来，在他所处那个时代人们对于宗教仍然只是在发现和认识问题的历史阶段，奢谈其问题的根本解决显然为时尚早，不能头脑发热、操之过急，并应防止欲速而不达所带来的相反效果和负面影响。"所以人类始终只提出自己能够解决的任务，因为只要仔细考察就可以发现，任务本身，只有在解决它的物质条件已经存在或者至少是在生成过程中的时候，才会产生。"① 这种精辟思想对我们当前妥善处理宗教问题亦具有历史的洞见和前瞻意义，为我们提供了重要思路。我们今天的任务不是消极对待宗教，恰恰相反，我们今天的任务乃是而且也只应该是对宗教的"积极引导"，使它能够在我们社会主义的初级阶段与我们当下的社会发展相协调、相吻合。

（八）马克思《经济学手稿（1857—1858 年)》中的宗教观

1857 至 1858 年，马克思撰写了《经济学手稿》，但没有完成这一手稿，其内容也包括他计划撰写的《政治经济学批判》一书的"导言"。马克思主义的宗教观在这部著作中有着重大的理论突破，在对宗教本质的认识上，马克思提出了"宗教是人类掌握世界的一种方式"的基本思路，这种观点不仅深化了对宗教基本要素的认知，而且扩大了人们观察宗教的视野，在其认识论和世界观的研究上都有着独特意义。

马克思在论述政治经济学的方法时，曾旁征博引，普遍联系，其中也涉及人类究竟如何来认识世界的问题，表达了他对这一问题的思考、分析和理解。德国思想传统习惯于抽象的分析，所以唯心主义的思辨哲学较为成熟和流行。但与这种思想传统截然不同，马克思更注重具体问题具体分析、有理有据，使其思想有着坚实的实际基础。马克思不喜欢空谈，因此善于分析处理具体问题，而且其对具体的理解亦有着普遍的联系、丰富的蕴涵和全局性

---

① 《马克思恩格斯文集》第 2 卷，人民出版社 2009 年版，第 592 页。

审视。他坚持从综合、整体的意义上来谈论具体，指出"具体之所以具体，因为它是许多规定的综合，因而是多样性的统一。因此它在思维中表现为综合的过程，表现为结果，而不是表现为起点，虽然它是现实的起点，因而也是直观和表象的起点"。在这里，具体与抽象有着辩证的关联，形成呼应和对应，"抽象的规定在思维行程中导致具体的再现"。但在黑格尔那里，马克思却认为黑格尔把这种关系已经弄颠倒了："黑格尔陷入幻觉，把实在理解为自我综合、自我深化和自我运动的思维的结果，其实，从抽象上升到具体的方法，只是思维用来掌握具体、把它当做一个精神上的具体再现出来的方式。但决不是具体本身的产生过程。"具体有其客观存在，也可以在人的思想中以精神的方式来将之再现。在此，马克思亦论及人的主体认知意义，肯定了人的思维有其独立性和主观能动性，从而在观察世界中凸显其意义。"在意识看来（而哲学意识就是被这样规定的：在它看来，正在理解着的思维是现实的人，而被理解了的世界本身才是现实的世界），范畴的运动表现为现实的生产行为……而世界是这种生产行为的结果。"真实世界并非彼岸世界，并不是与人的意识和认识格格不入；相反，人的思想可以认识真实世界、把握具体存在。而在人的这种思想运动中，"具体总体作为思想总体、作为思想具体，事实上是思维的、理解的产物；但是，决不是处于直观和表象之外或驾于其上而思维着的、自我产生着的概念的产物，而是把直观和表象加工成概念这一过程的产物"①。这里，马克思论及思维与存在、抽象与具体的关系问题，进而从认识论上探究了人因具有"思维着的头脑"而在把握世界上有其独特意义。于是，马克思为理解宗教开辟了新的领域，提供了新的视野，深化了对宗教本质的认识问题。

马克思在这部作品中前所未有地提出了他关于宗教本质作用及其意义的一个重要见解："整体，当它在头脑中作为思想整体而出现时，是思维着的头脑的产物，这个头脑用它所专有的方式掌握世界，而这种方式是不同于对

于世界的艺术精神的，宗教精神的，实践精神的掌握的。实在主体仍然是在头脑之外保持着它的独立性；只要这个头脑还仅仅是思辨地、理论地活动着。因此，就是在理论方法上，主体，即社会，也必须始终作为前提浮现在表象面前。"① 马克思在此之前主要是从社会存在论意义上来谈论宗教，而这一段论述的特别之处，则是马克思在这里专门从认识论的意义上来正面肯定宗教的认识功能，并且把"宗教精神"与理论思想、艺术精神和实践精神并列为人类"掌握世界"的四种基本方式。这一论述大大开阔了我们的视野和对马克思主义宗教观的认识。马克思在此是明确地从思想认识论和社会文化论等角度来支持并肯定宗教参与认识世界、改造世界，即从比较积极的态度上肯定宗教的这种"掌握世界"的功能。鉴于马克思以往在论述宗教上与青年黑格尔派的纠结，其相关语气被视为"黑格尔"式的，所以有人认为这是马克思彻底摆脱黑格尔流派影响之后对宗教本质的真正界说，而且是从肯定层面将宗教作为人类掌握世界的一种特殊方式来加以正面论述的说明。宗教在人类认识世界、掌握世界上的意义及作用，在此显然得到了正面的肯定，马克思从积极意义上承认宗教作为对自然世界和人类社会的认识及其反作用的价值，表达了对宗教掌握自然、掌握自我、掌握社会的这种方式的重要关切。但必须承认，马克思在此并非系统论述宗教的本质，只是点到为止的神来之笔，而没有体系化的论证，也没有将这一思想亮点加以充分展开。对其在马克思主义宗教观体系中的意义与作用，有待进一步探究。

这一"导言"的另一重大意义，则是马克思在其中还专门谈到了宗教的发展变迁问题，以及对神话的积极评价。宗教不是一成不变的，其发展变化乃是事实，也是历史使然。宗教的发展变化一方面是对其之前已不适应历史进程之古旧形态的淘汰，另一方面则是继承、发扬其中有着鲜活生命力和发展潜力的因素，体现出宗教的"跟上时代"或"与时俱进"，否则宗教不可能会有长达千余年的存在及发展。宗教的思想观念、组织结构、社会形态都

---

① 《马克思恩格斯文集》第 8 卷，人民出版社 2009 年版，第 25—26 页。

不可能凭空发展，而会对其传统加以保存、扬弃，在今天的相关宗教中都在一定程度上有其历史传统的积淀。在宗教历史上，宗教改革就是典型的推陈出新之举，这种改变模式通常都是批判并扬弃其传统，使其宗教形态出现范式的转换。而且，宗教也只是当其发展到有了自我批判精神、为社会、时代所要求时才会产生其内在的革新，从而在反思自我、回顾过去的基础上往前推进。马克思说："历史发展总是建立在这样的基础上的：最后的形式总是把过去的形式看成是向着自己发展的各个阶段，并且因为它很少而且只是在特定条件下才能够进行自我批判……所以总是对过去的形式作片面的理解。基督教只有在它的自我批判在一定程度上，可说是在可能范围内完成时，才有助于对早期神话作客观的理解。……在资产阶级经济学没有用编造神话的办法把自己同过去的经济完全等同起来时，它对于以前的经济，特别是它曾经还不得不与之直接斗争的封建经济的批判，是与基督教对异教的批判或者新教对旧教的批判相似的。"① 这种宗教在批判中的否定之否定，就形成宗教的革新与发展。

马克思专门研究过西方信仰传统中的早期神话，其中还高度评价了古希腊神话。从历史唯物主义的视角，马克思认为神话同样是人的社会现实存在的曲折反映，并进而剖析了希腊神话对相关社会历史的独特反映，阐述了其得以产生及存在的条件、其所形成的历史文化价值和其最终消亡的原因。马克思说："希腊神话不只是希腊艺术的武库，而且是它的土壤。成为希腊人的幻想的基础、从而成为希腊［艺术］的基础的那种对自然的观点和对社会关系的观点，能够同走锭精纺机、铁道、机车和电报并存吗？……任何神话都是用想象和借助想象以征服自然力、支配自然力，把自然力加以形象化；因而，随着这些自然力实际上被支配，神话也就消失了。"这句耳熟能详的警言对神话的浪漫精神及其积极意义有着充分的肯定。马克思在这里所强调的仍然是社会对宗教神话的影响，指出不同的神话实质上就是反映了不同的

---

① 《马克思恩格斯文集》第 8 卷，人民出版社 2009 年版，第 30 页。

社会文化背景，并发展出不同的艺术特色及其成果。"希腊艺术的前提是希腊神话，也就是已经通过人民的幻想用一种不自觉的艺术方式加工过的自然和社会形式本身。这是希腊艺术的素材。不是随便一种神话，就是说，不是对自然（这里指一切对象的东西，包括社会在内）的随便一种不自觉的艺术加工。埃及神话决不能成为希腊艺术的土壤或母胎。但是无论如何总得是一种神话。因此，决不是这样一种社会发展，这种发展排斥一切对自然的神话态度，一切把自然神话化的态度；因而要求艺术家具备一种与神话无关的幻想。"① 神话是远古先民的哲思与遐想，其朦胧与浪漫相交织、幻想与期盼相融合，质朴却情深，这种神话的"幼稚"给人们留下了丰富的想象力，其自身亦有着永恒的艺术魅力。随着人类的逐渐成熟，好像已告别了神话，但其所保留的童趣仍让人怀念和珍视。马克思通过对神话的充分肯定和积极评价，表达了他对宗教文化意义的肯定和赞赏，这是我们今天审视宗教文化价值时应该好好学习的。马克思主义对人类文明历史包括人类宗教文化史有着充分的肯定和高度的赞赏，这是历史唯物主义对待人类文化遗产和以往文化传承的积极态度和客观评价。马克思非常欣赏这种具有天性和童趣的古希腊神话，在此书中曾有着如此的评说："困难不在于理解希腊艺术和史诗同一定社会发展形式结合在一起。困难的是，它们何以仍然能够给我们以艺术享受，而且就某方面说还是一种规范和高不可及的范本。"② "在每一个时代，它固有的性格不是以其纯真性又活跃在儿童的天性中吗？为什么历史上的人类童年时代，在它发展得最完美的地方，不该作为永不复返的阶段而显示出永久的魅力呢？……希腊人是正常的儿童，他们的艺术对我们所产生的魅力，同这种艺术在其中生长的那个不发达的社会阶段并不矛盾。这种艺术倒是这个社会阶段的结果，并且是同这种艺术在其中产生而且只能在其中产生的那些未成熟的社会条件永远不能复返这一点分不开的。"③

---

① 《马克思恩格斯文集》第 8 卷，人民出版社 2009 年版，第 35 页。
② 《马克思恩格斯文集》第 8 卷，人民出版社 2009 年版，第 35 页。
③ 《马克思恩格斯文集》第 8 卷，人民出版社 2009 年版，第 36 页。

马克思在这部著作中的一个明显突破，就是特别论及宗教与人类文化、艺术、精神发展的密切关联，并对其重要意义加以充分肯定和详细阐述，因而可以作为文化史、艺术史研究的重要指导思想。在对人类文化史的回顾与反思中，马克思显然对宗教的文化意义有着独特的审视和评价。他在这一"导言"中还说："历来的观念的历史叙述同现实的历史叙述的关系。特别是所谓的文化史，这所谓的文化史全部是宗教史和政治史。"① 从宗教史和政治史来概括全部文化史，说明马克思对宗教的高度重视和深入研究。马克思这时还专门展开了文化史的研究，他至少摘录了三部文化史著作，即威·瓦克斯穆特的《文化通史》、威·德鲁曼的《文化史大纲》和古·克列姆的《人类文化通史》②。这说明马克思此时已有对宗教的文化史思考，并在尝试构建其宗教文化史理论体系。这种尝试虽然没能完成，却应引起我们今天在进行文化反思时的高度重视，并加以仔细推敲。马克思不仅从社会经济角度论及宗教与社会的关系和意义，而且也从社会文化视野看到宗教与文化的关联及其价值。这是马克思主义宗教观发展的一个重要理论突破，我们应该注意这一重大进展及其意味深长的蕴涵，这也有助于我们全面理解马克思对宗教的认识，体悟其思想理论的整体性、系统性和发展性。马克思从社会经济来看宗教是其宗教观的基础与前提，但马克思的认知并不是到此为止，而是继续发展，试图构思其开放的文化理论或文化史体系。马克思在此考虑到了宗教的社会意义、宗教的自然意义和精神意义，以一种整体、系统观来看待宗教在人类"掌握世界"上的作用，这种开放性的宗教理解与研究，值得我们今天仔细揣摩。

(9) 马克思《资本论》中的宗教观

《资本论》代表着马克思主义思想体系的完成和其所达到的高峰，以其

---

① 《马克思恩格斯文集》第 8 卷，人民出版社 2009 年版，第 33 页。

② 参见《马克思恩格斯文集》第 8 卷，人民出版社 2009 年版，第 598 页。

政治经济学的全貌和对资本的关注及剖析为马克思主义哲学实践其"行动的哲学"奠定了基础、做好了准备，因而具有划时代的意义，迄今仍被全世界所重视和运用。如法国学者托马斯·皮凯蒂所著《21世纪资本论》就成了当代最有影响的畅销书之一，而其标题、创意及思路显然是来自并学自马克思。当然，也可以说，马克思通过深入、系统的社会经济研究而已经意识到"宗教不是世俗狭隘性的原因，而只是它的表现"，为此将其研究重点转向政治、经济问题。所以，《资本论》本身也代表着马克思对宗教的研究已基本结束，其精力主要转向了深入、系统地研究资本主义社会的经济运动规律，找出资本的奥秘及其破解资本主义社会的路径。

可以说，《资本论》是马克思、恩格斯两人的智慧结晶，代表着两位思想家各自观点的天衣无缝的结合。马克思自1857年7月开始着手撰写《资本论》，他曾有庞大的写作计划，原来打算取其标题为《政治经济学批判》。在其内容上，这一计划实际上包括撰写《资本论》和《政治经济学批判》两大部分，但这一计划未能按原初的构设得以实现。在其后的重新编辑中，论述"资本一般"的部分就形成了《资本论》三卷的雏形，而《政治经济学批判》一书则先在1859年出版了第一分册。1862年，马克思开始做出调整，决定用整合的方式来撰写全书，书名则为《资本论，政治经济学批判》，以"资本论"为主标题，以"政治经济学批判"为副标题。此后，马克思在1867年9月出版了《资本论》的第一卷初版，又于1872年7月至1873年4月以分册形式修订出版了其第二版，但整个撰写和出版计划未能完成。在马克思逝世后，恩格斯承担起这一艰巨任务，他根据马克思的手稿对《资本论》第二、第三卷加以编辑整理，终于在1885年和1894年分别将之出版。《资本论》的出版使经典马克思主义的发展达到高潮，并给当时西方的工人阶级运动带来了鼓舞和推动，形成巨大的社会影响。因此，《资本论》获得了"工人阶级的圣经"之殊荣[①]。本来，恩格斯还想根据整理的《剩余价值理论》而计划

---

① 参见《马克思恩格斯文集》第5卷，人民出版社2009年版，第34页。

进而推出《资本论》第四卷的出版，但在其有生之年未能完成，该书内容此后由考茨基于 1905 至 1910 年陆续整理出版，故而没有作为《资本论》的主体内容来流传。

马克思在《资本论》中对宗教的探究，重点放在其对"拜物教"的剖析，主要内容集中在《资本论》第一卷之中。从其结构来看，《资本论》第一卷包括一册七篇二十五章，专门论述"资本的生产过程"。其对宗教问题的论述，散见于相关文章之中，但对涉及宗教最主要、最基本的问题都有相应的阐述。这里，马克思以对拜物教的分析而与其对资本的研究相关联，其中涉及理解宗教的一个重要方面，即对"异化"的认识，所谓宗教的异化实际上是对社会异化的反映。此后卢卡奇受马克思主义的影响，亦在其代表著作《历史和阶级意识——关于马克思主义辩证法的研究》中以对拜物教的分析研究论及这种异化理论。

马克思在《资本论》第一卷中探讨了"商品的拜物教性质及其秘密"，主要涉及商品拜物教与货币拜物教。他在分析商品时认为商品"是一种很古怪的东西，充满形而上学的微妙和神学的怪诞"；一些普通而可感觉的物"一旦作为商品出现，就转化为一个可感觉而又超感觉的物"。物品作为商品后会发生微妙变化，出现原本没有的某种特质；但"商品的神秘性质不是来源于商品的使用价值"及"价值规定的内容"[1]，而是从商品"这种形式本身来的"；也就是说，商品的所谓神秘性质与商品的这种价值形式本身有关，其关键乃在于商品在此反映出一种异化，"商品形式在人们面前把人们本身劳动的社会性质反映成劳动产品本身的物的性质，反映成这些物的天然的社会属性，从而把生产者同总劳动的社会关系反映成存在于生产者之外的物与物之间的社会关系"[2]。人际关系、社会生产关系在商品这里发生了物化，变成了物与物之间的关系，于是，人们自己原本彼此相关的社会关系"在人们面

---

① 《马克思恩格斯文集》第 5 卷，人民出版社 2009 年版，第 88 页。
② 《马克思恩格斯文集》第 5 卷，人民出版社 2009 年版，第 89 页。

前采取了物与物的关系的虚幻形式"。这样，对商品的理解就与对宗教的理解奇特关联起来。"因此，要找一个比喻，我们就得逃到宗教世界的幻境中去。在那里，人脑的产物表现为赋有生命的、彼此发生关系并同人发生关系的独立存在的东西。在商品世界里，人手的产物也是这样。我把这叫做拜物教。劳动产品一旦作为商品来生产，就带上拜物教性质，因此拜物教是同商品生产分不开的。""商品世界的这种拜物教性质……是来源于生产商品的劳动所特有的社会性质。"[①] 出现这种变化的原因，则在于商品的形式本身在这种生产商品的社会中出现了异化。物品自身本来非常简单，而当它作为劳动产品的商品则因其价值形式的无序变幻而在社会市场中成为神秘莫测的、超乎常态的、使人陌生而难以驾驭或掌控的异己力量；这种力量不以人的意志为转移，却会以市场的波动、价格的变化等经济形式来决定人们的命运。在市场面前，一些人莫名其妙地一夜致富，而另一些人却莫名其妙地破产。对于商品所能造成的波动、起伏并由此决定人们命运的这种神秘作用，人们感到软弱无力、孤立无援，只好将之视为某种超自然的异己力量来敬畏，对之顶礼膜拜，从而就形成了与原始自然崇拜极为相似的那种商品拜物教。为此，马克思探究了商品价值形式的异化，发现其与商品生产这种社会生产方式及其生产关系直接有关。"对于这个历史上一定的社会生产方式即商品生产的生产关系来说，这些范畴是有社会效力的，因而是客观的思维形式。因此，一旦我们逃到其他的生产形式中去，商品世界的全部神秘性，在商品生产的基础上笼罩着劳动产品的一切魔法妖术，就立刻消失了。"[②]

而货币拜物教则与商品拜物教有着密切关系，有其从生产到流动、从产业到金融的关联。商品价格的体现乃靠货币，而劳动产品的所谓价值就是会以价格的方式来表现；这样，劳动产品就有了商品的烙印，以价格来体现其价值。实际上，"给劳动产品打上商品烙印，因而成为商品流通的前提的那

---

① 《马克思恩格斯文集》第 5 卷，人民出版社 2009 年版，第 90 页。

② 《马克思恩格斯文集》第 5 卷，人民出版社 2009 年版，第 93 页。

些形式，在人们试图了解它们的内容而不是了解它们的历史性质（这些形式在人们看来已经是不变的了）以前，就已经取得了社会生活的自然形式的固定性。因此，只有商品价格的分析才导致价值量的决定，只有商品共同的货币表现才导致商品的价值性质的确定。但是，正是商品世界的这个完成的形式——货币形式，用物的形式掩盖了私人劳动的社会性质以及私人劳动者的社会关系，而不是把它们揭示出来"①。货币是人类经济生活的奇特发明，人们对之亦形成了又喜又畏的心境，其原因就是货币可以以其形成的假象来支配人们的命运，让人们在这种异化中难以左右自我，只能听天由命。正因为商品通过货币而体现出自己的价值，所以货币在其流通领域中也就代表着财富，是"财富的随时可用的绝对社会形式"。货币使社会生产中的劳动关系不再稳定，货币市场扑朔迷离，风云变幻，深不可测，瞬间就可给人带来大喜大悲。货币的这种神奇魅力及其不可预测性，就形成了货币拜物教，导致人们迷信金钱、"一切朝钱看"的异化趋向。美元钞面对之有着生动写照："我们信任的是上帝（**IN GOD WE TRUST**）、而我们使用的是货币！"这把对神明的信仰与金钱的使用奇特地结合在一起了。在市场经济变幻莫测的大潮中，商品拜物教和货币拜物教如影随形、时起时伏，改变着人们的命运，冲击着人们的灵魂。本来货币最初是从商品的价值意义转换而来的，但货币的出现和被使用，却使货币能够以一种独立的形式而成为商品世界中具有统治作用的神明。这里，一切物品、一切价值、一切关系都可以转化为货币，而由于货币的这种通吃功能则又使一切都能拿来交易买卖；这种市场效应会使人们对金钱趋之若鹜，追求金钱、崇拜货币，结果就由商品拜物教发展出了货币拜物教。马克思对之分析道："当一般等价形式同一种特殊商品的自然形式结合在一起，即结晶为货币形式的时候，这种假象就完全形成了。一种商品成为货币，似乎不是因为其他商品都通过它来表现自己的价值，相反，似乎因为这种商品是货币，其他商品才都通过它来表现自己的价值。中

---

① 《马克思恩格斯文集》第 5 卷，人民出版社 2009 年版，第 93 页。

介运动在它本身的结果中消失了，而且没有留下任何痕迹。商品没有出什么力就发现一个在它们之外、与它们并存的商品体是它们自身的现成的价值形态。这些物，即金和银，一从地底下出来，就是一切人类劳动的直接化身。货币的魔术就是由此而来的。人们在自己的社会生产过程中的单纯原子般的关系，从而，人们自己的生产关系的不受他们控制和不以他们有意识的个人活动为转移的物的形式，首先就是通过他们的劳动产品普遍采取商品形式这一点而表现出来。因此，货币拜物教的谜就是商品拜物教的谜，只不过变得明显了，耀眼了。"① 根据马克思的上述分析，可以看出商品拜物教和货币拜物教正是这种资本主义商品社会的反映，也就是这种社会"日常生活中的宗教"。拜物教以商品与货币的形式来显示，反映出资本主义商品社会的性质，其市场经济社会的异化、商品买卖流通的异化，乃商品、货币拜物教之源。

　　资本主义社会是阶级社会发展的高级阶段，也是剥削制度所进入的最后发展时期。马克思在论及宗教与社会发展的关联时，曾特别指出基督教在商品生产者的社会里是最适当的宗教形式："对于这种社会来说，崇拜抽象人的基督教，特别是资产阶级发展阶段的基督教，如新教、自然神教等等，是最适当的宗教形式。"② 在商品生产的社会里，货币已从商品中抽象出来，作为其价值的典型表达；而基督教则在宗教的发展进程中成功实现了人的抽象化，这种抽象性发展是与其生存的社会进展基本一致的。这也说明了基督教的历史存在与当时社会的相适应。而同样相应的是，资产阶级对以往的经济形式以及基督教对以往的宗教发展，都持有否定和排拒的态度。马克思对这种资产阶级否定过去、基督教排除异己的做法表示出反对和批评，指出这些"政治经济学对待资产阶级以前的社会生产有机体形式，就像教父对待基督教以前的宗教一样"③，其共同问题都是持有历史虚无主义的态度，否认了历史的发展进化。资产阶级经济学家认为社会形态只表现为人为或天然这两种

---

①　《马克思恩格斯文集》第 5 卷，人民出版社 2009 年版，第 112—113 页。

②　《马克思恩格斯文集》第 5 卷，人民出版社 2009 年版，第 97 页。

③　《马克思恩格斯文集》第 5 卷，人民出版社 2009 年版，第 99 页。

制度，其中封建制度被视为人为的，故有着种种不合理，他们只相信资产阶级制度是天然的，以此为其合法性辩护；而神学家们则把宗教也分为两类，他们把一切异教都斥为人们臆造的，对之贬损、否定，却相信自己所信奉的宗教乃来自"神的启示"，故有其合理性和神圣性。

马克思在《资本论》中还进而分析了宗教与其社会发展时空的密切关联。在不同的历史时期、不同的社会区域，其存在和发展的宗教也是不同的，宗教对其社会的依存和反映乃有其时间、空间的独特性。例如，"在古亚细亚的、古代的等等生产方式下……劳动生产力处于低级发展阶段，与此相应，人们在物质生活生产过程内部的关系，即他们彼此之间以及他们同自然之间的关系是很狭隘的。这种实际的狭隘性，观念地反映在古代的自然宗教和民间宗教中"①。这是对宗教存在与发展的历史唯物主义、辩证唯物主义的经典解读。同理，宗教的未来及其可能消亡，也受到其社会存在之时空特性的支配与影响。马克思在此前瞻性地、科学地谈到宗教在未来的消失问题，并且特别指出"只有当实际日常生活的关系，在人们面前表现为人与人之间和人与自然之间极明白而合理的关系的时候，现实世界的宗教反映才会消失。只有当社会生活过程即物质生产过程的形态，作为自由联合的人的产物，处于人的有意识有计划的控制之下的时候，它才会把自己的神秘的纱幕揭掉。但是，这需要有一定的社会物质基础或一系列物质生存条件，而这些条件本身又是长期的、痛苦的发展史的自然产物"②。对于人们非常感兴趣的宗教消亡问题，马克思在这里实际上已经说得非常清楚，为此指出并强调了未来社会发展的目标以及人们应该努力的方向。这就是要经历非常漫长的社会发展、社会改造、社会革新、社会进步的历史过程。仅就资本主义的发展而言，马克思认为，"资本关系就是在作为一个长期发展过程的产物的经济土壤之上产生的。作为资本关系的基础和起点的现有的劳动生产率，不是自然的恩

---

① 《马克思恩格斯文集》第 5 卷，人民出版社 2009 年版，第 97 页。
② 《马克思恩格斯文集》第 5 卷，人民出版社 2009 年版，第 97 页。

惠，而是几十万年历史的恩惠"①。

在《资本论》中，马克思已经意识到资本主义社会发展的长期性、复杂性，也由此预见到资本主义消亡后人类社会发展的曙光。在这种分析中，马克思批评了对资本积累的一些历史唯心主义的错误见解，指出"这种积累不是资本主义生产方式的结果，而是它的起点"②。"这种原始积累在政治经济学中所起的作用，同原罪在神学中所起的作用几乎是一样的。亚当吃了苹果，人类就有罪了。人们在解释这种原始积累的起源的时候，就像在谈过去的奇闻逸事。在很久很久以前有两种人，一种是勤劳的、聪明的，而且首先是节俭的精英，另一种是懒惰的、耗尽了自己的一切，甚至耗费过了头的无赖汉。诚然，神学中关于原罪的传说告诉我们，人怎样被注定必须汗流满面才得糊口；而经济学中关于原罪的故事则向我们揭示，怎么会有人根本不需要这样做。……大多数人的贫穷和少数人的富有就是从这种原罪开始的；前者无论怎样劳动，除了自己本身以外仍然没有可出卖的东西，而后者虽然早就不再劳动，但他们的财富却不断增加。"但真实历史发展并非如此，"在真正的历史上，征服、奴役、劫掠、杀戮，总之，暴力起着巨大的作用。……事实上，原始积累的方法决不是田园诗式的东西。"③欧洲近代发展转型实际上与社会变革包括宗教改革相关联，宗教改革实质上反映出当时社会革新的需求，是这种革新的一种标志和象征。马克思认为，在从封建制度向资本主义制度的转变过程中，与封建制度遭到破坏、摧毁相吻合，作为封建财产的教会地产也被剥夺。"在16世纪，宗教改革和随之而来的对教会地产的大规模的盗窃，使暴力剥夺人民群众的过程得到新的惊人的推动。在宗教改革的时候，天主教会是英国相当大一部分土地的封建所有者。对修道院等的压迫，把住在里面的人抛进了无产阶级行列。很大一部分教会地产送给了贪得无厌的国王宠臣，或者非常便宜地卖给了投机的租地农场主和市民，这些人

① 《马克思恩格斯文集》第 5 卷，人民出版社 2009 年版，第 586 页。
② 《马克思恩格斯文集》第 5 卷，人民出版社 2009 年版，第 820 页。
③ 《马克思恩格斯文集》第 5 卷，人民出版社 2009 年版，第 820—821 页。

把旧的世袭佃户大批地赶走，把他们耕种的土地合并在一起。法律保证贫苦农民对一部分教会什一税的所有权，也被暗中取消了。"①"教会所有权是古老的土地所有权关系的宗教堡垒。随着这一堡垒的倾覆，这些关系也就不能维持了。"② 显然，从封建主义到资本主义并非温和的进化或过渡，而是暴力掠夺和社会革命。在肯定欧洲宗教改革对欧洲社会发展及转型到资本主义的相对历史进步意义的同时，马克思却对欧洲资本原始积累过程中基督教所参与的海外掠夺等暴力行为加以谴责："美洲金银产地的发现，土著居民的被剿灭、被奴役和被埋葬于矿井，对东印度开始进行的征服和掠夺，非洲变成商业性地猎获黑人的场所——这一切标志着资本主义生产时代的曙光。这些田园诗式的过程是原始积累的主要因素。接踵而来的是欧洲各国以地球为战场而进行的商业战争。这场战争以尼德兰脱离西班牙开始，在英国的反雅各宾战争中具有巨大的规模，并且在对中国的鸦片战争中继续进行下去，等等。"③ 在对这种海外侵略扩张及殖民剥削进行揭露批判时，马克思还引用当时威·豪伊特等人的观点来斥责西方基督教在其中的参与："所谓的基督教人种在世界各地对他们所能奴役的一切民族所采取的野蛮和残酷的暴行，是世界历史上任何时期，任何野蛮愚昧和残暴无耻的人种都无法比拟的。"④ 马克思因此指出："即使在真正的殖民地，原始积累的基督教性质也是无可否认的。"⑤ 西方社会从中古到近代的转型，严重打击了中世纪封建主义的天主教，而宗教改革中诞生的反映资本主义社会需求的新兴教会形式即基督新教则既有废除封建制度的功绩、也有参与资本原始积累时期海外暴力掠夺的罪过，由此揭示出宗教的历史作用是极为复杂的。马克思从历史唯物主义的观点对之有着客观、中肯的分析，冷静地指出："这些方法一部分是以最残酷

① 《马克思恩格斯文集》第 5 卷，人民出版社 2009 年版，第 828 页。
② 《马克思恩格斯文集》第 5 卷，人民出版社 2009 年版，第 829—830 页。
③ 《马克思恩格斯文集》第 5 卷，人民出版社 2009 年版，第 860—861 页。
④ 参见《马克思恩格斯文集》第 5 卷，人民出版社 2009 年版，第 861 页。
⑤ 《马克思恩格斯文集》第 5 卷，人民出版社 2009 年版，第 863 页。

的暴力为基础，例如殖民制度就是这样。但所有这些方法都利用国家权力，也就是利用集中的、有组织的社会暴力，来大力促进从封建生产方式向资本主义生产方式的转化过程，缩短过渡时间。暴力是每一个孕育着新社会的旧社会的助产婆。暴力本身就是一种经济力。"① 暴力革命在此获得一种符合历史发展、社会正义需求的客观评价；而以宗教改革形式出现的革命归根结底仍是由社会经济基础的变化所引起的社会革命，宗教只是起着"形式""外衣"或"旗帜"等象征作用，宗教改革本身并没有以纯精神革命的方式发生过，而始终与社会变革交织在一起。

在主要由恩格斯所编辑出版的《资本论》第二卷中，马克思也论及"拜物教"问题，其指向则是对资产阶级经济学的批评，与对固定资本和流动资本的理论分析相关联。马克思指出："在这里，以生产资料和生活资料的形式预付到生产中去的资本价值，都同样再现在产品的价值中。这样一来，资本主义的生产过程就幸运地变成一个神秘莫测的东西了，产品中包含的剩余价值的起源，也就完全被掩盖起来。""其次，资产阶级经济学特有的拜物教也就由此完成了。这种拜物教把物在社会生产过程中像被打上烙印一样获得的社会的经济的性质，变为一种自然的、由这些物的物质本性产生的性质。"② 这些论述基本上是对《资本论》第一卷关涉拜物教内容的相关补充，在此再次强调资本在社会流通过程中的异化影响，指出资产阶级经济学对之做出的解释给人带来了拜物教性质的困惑，没能给出科学、正确的解答。

在马克思关于宗教的系列论述中，体现出历史唯物主义和辩证唯物主义的阐发，其强调的是社会存在对宗教这种社会意识的决定，并指出这种社会影响及社会决定有着直接的时空关联，故而对宗教不能有脱离社会、脱离时空的虚论、空谈。马克思所论宗教问题，按其实质都是针对社会发展和变革，而不是简单地专指宗教，更不是对宗教展开空洞批判。我们今天研究马

---

① 《马克思恩格斯文集》第 5 卷，人民出版社 2009 年版，第 861 页。

② 《马克思恩格斯文集》第 6 卷，人民出版社 2009 年版，第 251 页。

克思的宗教观，并没有看到其将宗教从社会剥离而专门针对宗教的否定、贬损和批判。马克思的这种基本立场，是我们今天坚持马克思主义的宗教观所必须注意和认真学习的。综合来看，《资本论》代表着马克思和恩格斯的精神合作和理论共建，其内容不仅有对资本主义的客观分析和对科学社会主义的前瞻性论证，而且也是马克思主义宗教观的精辟论述和重要构建。马克思的宗教研究乃有与政治经济学和社会经济结构问题的密切结合，这正是我们今天认识宗教的最为关键之处。

第二节　恩格斯宗教观的形成及发展

一、恩格斯早年的基督徒身份及其家庭背景

恩格斯也是马克思主义的主要代表人物，无产阶级革命导师，是马克思的亲密朋友和终生合作伙伴。"马克思主义的创立，并不仅仅是马克思一个人的事情，恩格斯也作出了巨大的不可磨灭的贡献。就像恩格斯所说的：'我一生所做的是我被指定做的事，就是拉第二小提琴，而且我想我做得还不错。'因此，马克思的理论研究与革命活动与恩格斯的大力支持是紧密相连的。"[①] 同样，在马克思主义宗教观的创立和发展上，恩格斯也是积极参与者，而且做出了杰出贡献。恩格斯的马克思主义宗教观之形成，也经历了一个发展演变的过程。恩格斯少年时生活在加尔文虔诚主义的社会环境中，颇受基督教的影响；在其离开中学到其父所办事务所工作，特别是 1838 年到不来梅接触社会现实之后，他通过对这个受虔诚主义和神秘主义影响的城市之深入观察，抛弃了其少年接受的"伍珀河谷的信仰"；1841 年，恩格斯到柏林服兵役，此间接受了青年黑格尔派的哲学思想，并展开了对谢林的批判，由此开始其向唯物主义和无神论思想的转变；但直到他 1842 年以后和

---

① 萧灼基：《恩格斯传》，中国社会科学出版社 2008 年版，"再版前言"第 2 页。

马克思的结识以及随之而有的密切合作，才使恩格斯最终成为马克思主义者，并真正形成其马克思主义的宗教观。

（一）恩格斯的社会家庭背景及其早年的基督教信仰

恩格斯出生在德国普鲁士邦莱茵省巴门市的一个基督教家庭，其祖父是德国新教著名的巴门教区的创始人之一，其父亲也担任过当地教区负责人和教会学校的校长，因此恩格斯从小就受到其家庭中严格的加尔文派虔诚主义的影响。恩格斯后来在给马克思的书信中曾称自己的家庭是一个"彻头彻尾基督教的、普鲁士的家庭"[1]。恩格斯出生（1820 年 11 月 28 日）不足两个月就于"1821 年 1 月 18 日受洗"[2]，其父亲在家里对子女进行虔诚主义教育，"灌输要永远最盲目地、无条件地相信圣经，相信圣经教义、教会教义以至于每一个传教士的特殊教义之间的一致性"[3]。因此，恩格斯少年时也曾有虔诚的基督教信仰，写过"主耶稣基督，上帝之子"等赞颂基督教的诗文，有过如此表白："主耶稣基督，上帝之子，请你走下宝座，来拯救我的魂灵！请你赐予永恒的幸福，请你带来圣父的光明，请允许我把你当作惟一的救星！如果天上是那样温馨而又瑰丽，没有痛苦只有欢欣，我们将赞颂你——救世的神明！"[4] 在恩格斯中学高年级肄业证书上，学校对他评价说，"该生在高年级学习期间操行优异，特别是他的谦虚、真诚、和善给教师们留下良好的印象"；而在宗教方面，"他熟悉福音派教会的基本教义，同样熟悉基督教会史的要点。通晓《新约》（原文）"，而且"力求在宗教信仰、心地纯洁、品德高尚以及其他可爱的品质方面有突出表现"[5]。但恩格斯在中学时代也受到过其开明教师中一些人道主义、自由主义思想的启迪，其母亲私下对之亦有着

---

① 《马克思恩格斯全集》第 27 卷，人民出版社 1972 年版，第 21 页。
② 《马克思恩格斯全集》第 2 卷，人民出版社 2005 年版，第 546 页。
③ 《马克思恩格斯全集》第 41 卷，人民出版社 1982 年版，第 515 页。
④ 《马克思恩格斯全集》第 2 卷，人民出版社 2005 年版，第 23 页。
⑤ 《马克思恩格斯全集》第 2 卷，人民出版社 2005 年版，第 547、548 页。

某些启蒙思想的积极影响，这样才开始逐渐摆脱其父亲及其家乡宗教教育的约束。

（二）恩格斯在不来梅生活工作时期对虔诚主义的揭露和批判

1837 年 9 月，恩格斯在其父亲的要求下不得已从中学辍学，"不得不选择商业工作为职业而中止他过去所计划的学习"①。在恩格斯离开中学后，他先是到巴门其父所办事务所工作，学习经商，这使他开始走向社会；特别是他 1838 年到不来梅商行，在此工作了两年多的时间，从而更加深入地接触了社会现实。他通过对这个受虔诚主义和神秘主义影响的城市之深入观察，在其社会生活中看到了当地资本主义工厂制度同宗教虔诚主义的密切关联，因而对之颇为反感，于是抛弃了其少年接受的"伍珀河谷的信仰"。对此，恩格斯在其"伍珀河谷来信"中表达了他对虔诚主义和神秘主义的反感，信中写道："全部虔诚主义和神秘主义的真正中心是埃尔伯费尔德的宗教改革协会。它一贯以严格拘守加尔文教精神而著称，最近几年来，由于任用了一批过分虔诚的传教士——现在那里有 4 个这样的人在传教——加尔文教精神就变得肆无忌惮，甚至同天主教精神没有多大区别。在那里，在会上对异教徒进行一整套审问；在那里，每个没有到会的人的品行都要遭到议论；在那里，常常能听到这样的议论：某某人在看小说（虽然书皮上明明写着'基督教小说'，但克鲁马赫尔牧师曾宣布过小说是宣扬无神论的书籍），某某人似乎是敬神的，但前天有人在音乐会上见到过他；于是他们就为这种没头没脑的罪过吓得胆战心惊。如果一个传教士被戴上理性主义者的帽子（他们称呼每一个哪怕和他们有一点点意见分歧的人为理性主义者），那他就会受到折磨，他们会死盯住他，看他穿的上衣是否真是黑色的，他的裤子是否真是正统的颜色。如果别人看到他穿一件泛一点蓝颜色的上衣或理性主义者的背心的话，那他就活该倒霉！如果有谁不相信先定学说，那他们就会立刻对他实行宣判，说他比路

---

① 《马克思恩格斯全集》第 2 卷，人民出版社 2005 年版，第 548 页。

德派信徒好不了多少，而路德派信徒和天主教徒相差无几，天主教徒和偶像崇拜者是生来就该受到诅咒的。但说这种话的人都是些什么人呢？都是不学无术的人，他们连圣经是用哪种文字——中文、犹太文还是希腊文——写的，都未必知道，但他们又不分什么场合，总是拿某个从前曾被认为是正教传教士的话来胡乱判断一切。"① 恩格斯以这种讽刺的口吻批评了当时流行的加尔文派虔诚主义，指出其偏执、保守、排他、极端的特点，以及给社会带来的伤害。其实恩格斯本人从小就深受其害，他的父亲以这种虔诚主义的标准对他严加管教，甚至不让他看骑士小说！他父亲在写给他母亲的信中就如此提到 15 岁的恩格斯，"他表面上变得彬彬有礼，尽管先前对他进行过严厉的训斥，看来他即使害怕惩罚也没学会无条件的服从。例如，令我感到懊恼的是，今天我又在他的书桌里发现一本从图书馆租借的坏书——一本关于 13 世纪的骑士小说。值得注意的是他把这类书籍摆在书柜里而满不在乎。愿上帝保佑他的心灵吧！"② 恩格斯非常看不起这些不学无术却假装正经的伪君子，指责他们顽固地持守某种貌似正统的观念，实际上却对其原典一无所知，而且他们根本就没去研读，甚至连原典的本来语言是什么都不知道，真是莫大的讽刺。这种批评及其喻指，今天仍值得我们反思和警醒。

恩格斯在此还指出了虔诚主义给当地带来的危害："不言而喻，既然虔诚主义在一个地区这样流行，那么这种虔诚主义精神就必然会散布到一切领域，渗透到生活的各个方面，并断送它们。受这种精神影响的主要是教育事业，首先是国民学校。……所以说，在这里，神秘主义如何阻碍教育事业的发展，是一目了然的。"③ 这种盲目虔信的精神所带来的自然是蒙昧主义、愚昧思想，与理性精神则格格不入。而恩格斯则感到虔诚主义的说教及其教义解读乃匪夷所思、不可理喻。"简直无法理解，一个人怎会相信这些同理性、圣经根本矛盾的东西。"虔诚主义所遵循和坚持的基本教义，"即认为人

---

① 《马克思恩格斯全集》第 2 卷，人民出版社 2005 年版，第 46—47 页。
② 《马克思恩格斯全集》第 41 卷，人民出版社 1982 年版，第 690 页。
③ 《马克思恩格斯全集》第 2 卷，人民出版社 2005 年版，第 54 页。

没有能力靠自己的力量期望得到幸福，更不用说创造幸福，那就根本没有什么可谴责的。因此必须从外部赐予人这种能力。因为人没有能力期望幸福，所以上帝就应当授予人这种能力。人的这种能力是自由的神的意志随心所欲地赋予的，这也是以圣经为依据的，至少表面看来是这样。整个教义就是建立在这种推论上面；少数被赐予这种能力的人，不管他们愿不愿意，就过着幸福的生活，其余的人则永远受苦：'永远？——对，永远!!'……异教徒不能通过基督去见天父，因为他们不认识基督，因此，他们活在世上都不过是为了将来去填地狱。基督徒被召见的很多，但选上的很少；许多人被召去只是为了做做样子，因为上帝要避免召见的太多，所以要他们答应，一切为了上帝的荣誉，不作任何申辩。圣经还说：上帝的英明对尘世圣贤来说就是愚蠢；神秘主义者把这句话理解成一道命令，即必须使自己的教理尽量荒唐，这样才能实现这条格言。这一切怎能同使徒们所主张的理性的礼拜仪式和福音的理性养料的教义相吻合呢。这是一个秘密，这对理性来说是太神妙了"[①]。由对基督教加尔文派教义的虔诚所达至的愚昧最后则走上了宗教排外、宗教迫害之路，这在瑞士宗教改革时期已经始见端倪，而在恩格斯生活时代的伍珀河谷地区却得到了极端发展。"教堂的讲道坛变成了宗教裁判所的首席宝座，从这里翻来覆去地对所有神学派别发出永无止境的诅咒，不管宗教裁判者是否了解这些派别；凡是不把深奥的神秘主义当作绝对的基督教的人都被交付给魔鬼。"[②] 从这种认知开始，恩格斯对基督教教义产生了怀疑，其传统的宗教信仰从而出现了动摇。

二、恩格斯在柏林时期受青年黑格尔派的影响和对谢林的批判

1841 年 9 月，恩格斯到柏林服兵役，成为一名炮手。此间，爱好学习

---

① 《马克思恩格斯全集》第 2 卷，人民出版社 2005 年版，第 50—51 页。
② 《马克思恩格斯全集》第 2 卷，人民出版社 2005 年版，第 250 页。

的恩格斯成为著名的柏林大学的旁听生。他在《一个旁听生的日记》中曾如此描述道："柏林最著名的地方，使普鲁士首都与所有其他城市迥然不同的那个地方，却往往为外国人所忽视；我指的是那所大学。……那里有机智的和迂腐的教授，年纪轻的和年岁大的、活泼的和严肃的大学生，新生和老生；在这些课堂内过去讲的以及现在每天仍在重复的内容，已经传播到普鲁士境外甚至讲德语的地区以外。柏林大学的荣誉就在于，任何大学都没有像它那样屹立于当代思想运动的中心，并且像它那样使自己成为思想斗争的舞台。"①恩格斯在柏林期间对黑格尔的思辨体系有着认同和肯定，并接受了青年黑格尔派的哲学思想，曾关注和研习他们的理论学说，如施特劳斯的《耶稣传》《教义学》，鲍威尔的《对黑格尔、无神论者和反基督教者的末日审判的号声》，费尔巴哈的《基督教的本质》等。青年黑格尔派形成的德国圣经批判学蒂宾根学派引起了一直关注圣经研究的恩格斯的浓厚兴趣，而费尔巴哈的唯物主义对恩格斯历史唯物主义、辩证唯物主义体系的建立亦有着重要启迪。

恩格斯在柏林期间的重要理论活动，就是展开了对谢林的思想批判。谢林与黑格尔同为蒂宾根神学院的校友，主攻哲学和神学；黑格尔自1818年在柏林大学任教，直至1831年逝世。黑格尔曾在柏林讲授宗教哲学，虽然他主张在哲学上与基督教和解，将基督教视为绝对宗教，但在其思想体系中宗教的地位仅高于艺术而低于哲学，从而表现出其理性思想使之由宗教转向了哲学，其宗教思想的变化亦对随后的黑格尔派的分裂有着重要影响。1841年，谢林应邀到柏林担任自黑格尔去世后一直空缺的柏林大学哲学讲座教授，但他此时的思想因为政治上的倒退而趋于保守，从哲学走向了宗教，主张一种所谓启示哲学，并对黑格尔的哲学在其讲座中公开批评，从而导致青年黑格尔派的反感和批驳。谢林开设讲座之际，正是恩格斯到柏林听课之时，恩格斯对谢林的思想持完全反对的态度，他感到谢林是被普鲁士统治者

———————
①　《马克思恩格斯全集》第2卷，人民出版社2005年版，第424页。

视为"是可以最终铲除黑格尔学说的人"而请来"降伏黑格尔哲学这条喷吐不信神的火焰和把一切投入昏暗的烟雾的凶龙"①，谢林的基本立场和立意就是要对付"向旧世界的宗教、思想、政治开火"的青年黑格尔派。为此，恩格斯在听了谢林讲"启示哲学"后不久，就决定"要替伟大的死者应战"，即向谢林"提出挑战，以维护死者的荣誉"，"保卫大师的坟墓不受侮辱"②。于是，恩格斯在很短的时间内就撰写并发表了三部著作，即《谢林论黑格尔》《谢林和启示——批判反动派扼杀自由哲学的最新企图》和《谢林——基督哲学家，或世俗智慧变为上帝智慧》，向谢林公开挑战，一下子引起社会舆论的巨大关注。

在《谢林论黑格尔》中，恩格斯主要表达了自己捍卫黑格尔哲学的立场和挑战谢林哲学权威的勇气，并对谢林所推崇的"绝对"进行了深入剖析。恩格斯说，"我，一个年轻人，如果打算教训一位长者，这本来就是一种无礼的行为，何况是教训谢林，因为不管他多么彻底地背叛了自由，毕竟是他发现了绝对。……但是，谢林作为黑格尔的继承者，只能要求得到一点尊敬，却难以要求我心平气和、无动于衷，因为我是在为死者辩护，而一个斗士当然是要有某种程度的热情的，一个拔剑出鞘时无动于衷的人，很少会满腔热忱地对待他为之奋战的事业。"③自古英雄出自少年，恩格斯初出茅庐即锋芒毕露，表现出其思想的敏锐和见解的犀利。谢林抛弃了其早年的思辨哲学，而将自己的哲学体系称为基督教哲学，主张哲学为宗教服务，以宗教来衡量哲学的正确与否和水平高低。谢林的宗教哲学包括神话哲学和启示哲学，强调有一个处于思维之外、难以逻辑推理的绝对存在，并指出这一绝对存在就是上帝，上帝乃"绝对的真实""绝对的一切"。恩格斯对谢林这种强调"绝对"的"启示哲学"分析道："这门科学的基础是理性，即纯粹的认识的潜在力，而这个潜在力的直接内容是纯粹的存在的潜在力，无限的存在

---

① 《马克思恩格斯全集》第 2 卷，人民出版社 2005 年版，第 332、335 页。

② 《马克思恩格斯全集》第 2 卷，人民出版社 2005 年版，第 327、328、331 页。

③ 《马克思恩格斯全集》第 2 卷，人民出版社 2005 年版，第 328 页。

可能性。为此所必需的第三要素是不能再自我外化的、凌驾于存在之上的潜在力，这个潜在力就是绝对、精神，即不必转化为存在并且永远游离于存在之外的东西。绝对，作为那种在本身以外什么也不存在的东西，也可称之为这两种潜在力的'神秘的'统一体。如果潜在力互相对立，那么，它们的这种排他性就是有限性。"① 因此，谢林所论"绝对"难以自圆其说，其哲学体系也就不堪一击。"对启示哲学来说，这一切的结果会是什么呢？当然，启示哲学属于实证哲学，属于经验方面。谢林的惟一出路就是：假定启示是事实。他也许用任何一种方法来论证这个事实，惟独不用理性的方法，因为谢林自己关上了理性论证的大门。……这种结果自然同失败没有什么两样，因为早在谢林来柏林之前我们就已经知道这一切了。"②

在《谢林和启示——批判反动派扼杀自由哲学的最新企图》中，恩格斯以黑格尔的理性辩证法批评了谢林启示哲学的宗教神秘主义本质。本来，谢林早期曾有对理性和自由的向往，其客观唯心主义及其辩证法甚至亦对黑格尔产生过影响。但谢林后来却倒退回封建专制主义和保守神学的思想，认为真理知识的唯一来源只能是上帝的启示；这种反理性主义的思想使谢林最终陷入宗教神秘主义而难以自拔。所以，恩格斯讽刺谢林想取代黑格尔却适得其反。当谢林作为"哲学界的弥赛亚"在柏林大学的大教室中"向人们保证信仰会带来实绩，启示会造成奇迹时"③，"难道不是有人扬言，在 1842 年复活节以前，黑格尔主义就将崩溃，所有无神论者和非基督教徒将统统死光吗？"但"结果完全相反。黑格尔哲学仍然活跃在讲坛上，文献中，年轻人当中。……而谢林则使他的几乎所有的听众都感到不满"④。一方面，恩格斯冷静地分析指出了黑格尔哲学的历史局限性和理论的不彻底性，认为"黑格尔的全部不彻底性和全部矛盾"乃是受"当时的精神气氛影响"，因为"任

---

① 《马克思恩格斯全集》第 2 卷，人民出版社 2005 年版，第 327 页。
② 《马克思恩格斯全集》第 2 卷，人民出版社 2005 年版，第 330—331 页。
③ 《马克思恩格斯全集》第 2 卷，人民出版社 2005 年版，第 335 页。
④ 《马克思恩格斯全集》第 2 卷，人民出版社 2005 年版，第 336 页。

何哲学都只不过是它所处的时代的思想内容","他的宗教哲学中的所有表现得过于正统的东西，他的国家法中的所有从历史来看表现得过于虚假的东西，都要从这个角度来理解"①。而另一方面，黑格尔的思想却又超越了其时代，而且还在其"门徒"中继续前进，发扬光大。这里，恩格斯论及了黑格尔的历史意义及其学派青年黑格尔派的发展。"这时，莱奥带着他的《黑格尔门徒》出现了……同样，本来认为会导致这个派别消亡的一切东西，现在反而成了它的优点，并且向这个派别极为清楚地表明，它同宇宙精神是携手同行的。莱奥使黑格尔门徒对他们自己有了清楚的认识，重新激起了他们那种值得自豪的勇气：探究真理直至真理的最极端的结论，并且公开地、明确地说出真理，而不管后果如何。……费尔巴哈的《基督教的本质》、施特劳斯的《教义学》，以及《德国年鉴》，都表明了对莱奥的谴责所带来的成果，而《号声》甚至证明黑格尔已经得出了关键性的结论。……从黑格尔身上可以看出，一个独立的、勇敢的思想家曾有多少次要去战胜那个受到千万种影响的教授。这本书维护了一个人的人格的名誉，对于这个人，人们不仅要求他在显示出自己是天才的领域里，而且也要求他在没有显示出自己是天才的领域里，都能超越自己的时代。现在证明，黑格尔甚至做到了这一点。"② 与之相对比，谢林则在走向倒退中接受了宗教信仰、放弃了哲学理性，采信了宗教经验、排拒了逻辑思维。谢林"把权威迷信、感觉的神秘主义和诺斯替教派的幻想偷偷塞进自由的思维科学的初步尝试"，其结果"哲学的统一性，任何世界观的完整性被分裂了，成为最令人失望的二元论；构成基督教的世界历史意义的矛盾，也上升为哲学的原则"③。由此一来，谢林回到了中世纪经院哲学的原理，反对思维与存在的同一性，认为"逻辑思维过程的结果只能是世界的观念，而不是实在的世界。理性无论如何没有能力证实某物的实存，在这方面只须采用经验的证明就行了"。谢林觉得哲学不能证明上帝的

---

① 《马克思恩格斯全集》第 2 卷，人民出版社 2005 年版，第 338 页。

② 《马克思恩格斯全集》第 2 卷，人民出版社 2005 年版，第 339—340 页。

③ 《马克思恩格斯全集》第 2 卷，人民出版社 2005 年版，第 344 页。

实存，"理性研究的对象一定是上帝的本质，而不是上帝的实存。因此，应当为现实的上帝寻找一个有别于纯理性范围的范围"，这就是只有根据经验，如果"在其结果上是符合经验的，即现实的"①。根据这一分析，谢林在哲学理性的发展上已经堕落、已被淘汰。

在《谢林——基督哲学家，或世俗智慧变为上帝智慧》中，恩格斯宣称这是"为不懂哲学用语的虔诚的基督徒而作"，对谢林的反理性走向进一步展开了批判。恩格斯在文中讽刺谢林为"第一个真正的基督教哲学家"②，而其所作所为则是抽掉哲学的理性根基，把"世俗智慧变为上帝智慧"。恩格斯指出，"谢林在这里的讲台上做的第一件事就是直言不讳地抨击哲学，抽去它脚下的基石——理性。他从哲学自身的武库中取出一些令人极为信服的论据向哲学证明：自然的理性连一根草茎的存在也无法证明；它施展自己的全部论证、论据和推理也吸引不了人，因而决不可能上升为神圣的东西，因为它愚不可及，只配永远留在尘世"。谢林由此断言"理性只能认识可能的东西，却不能认识任何现实的东西，更不能认识上帝和基督教的秘密"③。这样，"谢林恢复了美好的旧时代，当时理性为信仰所左右，世俗智慧像奴仆一样听命于神学，听命于上帝智慧，从而变为上帝智慧"④。恩格斯坚决反对谢林逆时代潮流而倒行之举，为此挺身而出挑战权威。在这些具有战斗檄文之表述的著作中，恩格斯不仅有初生之犊不惧虎的勇气，而且其锋芒毕露的文笔也展示出他的政治志向和思想才华。

在与青年黑格尔派的结识及合作中，恩格斯开始从理论层面系统抛弃其少年曾获得的唯心论、有神论观念，此后又受施特劳斯《耶稣传》等著作及其思想的影响而决定告别宗教，一度成为泛神论者，认为"同有神论相

---

① 《马克思恩格斯全集》第 2 卷，人民出版社 2005 年版，第 344—345 页。
② 《马克思恩格斯全集》第 2 卷，人民出版社 2005 年版，第 411 页。
③ 《马克思恩格斯全集》第 2 卷，人民出版社 2005 年版，第 398—399 页。
④ 《马克思恩格斯全集》第 2 卷，人民出版社 2005 年版，第 402 页。

比，一神论和泛神论前进了一步"①；最后，恩格斯因倾向黑格尔的辩证法和
费尔巴哈人本主义唯物论的立场，并对之加以革命性改造而成为彻底的无神
论者。

三、恩格斯的马克思主义宗教观的形成

恩格斯在柏林期间参加了青年黑格尔派哲学俱乐部的活动，与他们交往
甚密，与鲍威尔兄弟等有书信往来，并参加"自由人"机关报《艺文》杂志
的编辑工作，因此当他 1842 年 11 月第一次与马克思见面时彼此尚有怀疑，
没能深交。此后恩格斯阅读到马克思在其主编的《德法年鉴》上所发表的文
章，并且也投稿在该杂志上发表了自己的文章，从而使二人在思想上有了比
较深入的了解，并且彼此产生对于对方观点的认同和欣赏。这样，当恩格斯
在 1844 年与马克思在巴黎重新见面时，两人已有至交之感，从此走上共同
合作、始终不渝的革命历程。在马克思主义宗教观的构建上，恩格斯实际上
要比马克思投入了更多的精力和思想来研究宗教问题。除了宗教基本原理的
阐述外，恩格斯还对早期基督教的历史和圣经新约有过特别研究，而且表述
非常专业、思想极为独到，获得普遍的肯定和赞誉。而恩格斯的唯物宗教观
的形成及发展，也正是可以通过这些相关著作而得以全面系统的表达和阐
明的。

恩格斯最早以历史唯物论和辩证唯物论来论述宗教的著作，是 1843 年
所写的《英国状况》（评托马斯·卡莱尔的《过去和现在》）；此后他与马克
思合作完成了第一部共同著作《神圣家族》，其中亦充满对马克思主义宗教
观的理论阐述。恩格斯所独立完成的论及宗教的重要著作还包括写于 1850
年的《德国农民战争》，写于 1876 年的《反杜林论》，写于 1873 至 1882 年
的《自然辩证法》，以及写于 1880 年的《社会主义从空想到科学的发展》等。

---

① 《马克思恩格斯全集》第 2 卷，人民出版社 2005 年版，第 374 页。

而恩格斯专门研究早期的原始基督教与早期无产阶级革命的关系以及关于圣经研究的著作，则包括《布鲁诺·鲍威尔和原始基督教》《启示录》《论原始基督教的历史》等，这是他具有学术专论性质的对早期基督教及其圣经背景的分析和评价。此外，恩格斯于 1886 年所写的著作《路德维希·费尔巴哈和德国古典哲学的终结》，则代表了恩格斯历史唯物主义、辩证唯物主义思想的成熟。其中集中体现了他以马克思主义宗教观来对宗教问题的系统阐述、透彻讲解。

四、恩格斯宗教观的主要表述

（一）恩格斯《英国状况》（评托马斯·卡莱尔的《过去和现在》）中的宗教观

1843 年，恩格斯开始撰写关于英国状况的系列文章。这是他到英国之后观察英国社会及其政治、经济状况的感想和思考，原本为《德法年鉴》所准备的稿件。其中《英国状况》（评托马斯·卡莱尔的《过去和现在》）是这一系列文稿的首篇，1844 年发表在《德法年鉴》。其后几篇则因为《德法年鉴》停刊而在巴黎《前进报》上发表。卡莱尔撰写的《过去和现在》是其 1843 年出版的著作，旨在对 1842 年 8 月英国工厂的工人罢工事件做出评价。这使恩格斯注意到英国工人阶级的状况，故有此撰写计划。这一系列文章虽然仅写成三篇，却为恩格斯专门深入、系统地研究英国工人阶级状况，完成相关专著（即 1845 年完成的《英国工人阶级状况》）奠定了基础。

在《英国状况》（评托马斯·卡莱尔的《过去和现在》）一文中，恩格斯也特别注意到宗教问题，这是他最早尝试以历史唯物主义、辩证唯物主义基本思想观点来研究宗教问题的开篇著作。这里，恩格斯观察到英国的"社会偏见"，其中就包括所谓"有教养的英国人"在宗教问题上的特别偏见："您声明您不信基督的神圣性，那您就会被抛弃；尤其是您承认您是无神论者，那他们第二天就会装作不认识您。"① 因此，"当施特劳斯的《耶稣传》及其声誉越过海峡的时候，没有一个有身份的人敢于把这本书翻译出来，没有一个有名望的出版商敢于把这本书付印"。甚至当一位社会主义者将之翻译并分册付印后，英国人中的有教养者也对之毫不关心，而对比之下，"曼彻斯特、伯明翰和伦敦的工人却是施特劳斯这本书在英国的惟一读者"②。这说明在当时英国以一种全新的、批判性的眼光来审视基督教，乃是代表着"独立自主的思考"，而且也只有新兴的、先进的阶级才能够承担这一使命。

恩格斯认为，站在"以维护工厂工人反对工厂主为己任"的托利党人立场上的卡莱尔，是"英国有教养人士中"唯一研究英国社会状况问题的；而他对照、比较 12 世纪和 19 世纪英国所写的《过去和现在》，在恩格斯看来也还算是一本"通达人情的书"。不过，卡莱尔关于"大自然是斯芬克斯"这一神秘主义之解答，说明其对历史上不幸民族之命运并没有找到正确的答案，为此卡莱尔怪罪"英国为无神论所害"，而其思路则如同早期谢林的泛神论那样既抽象、又模糊。关于英国状况及其民族命运之谜语，恩格斯认为其结语或谜底是可以弄清并加以表达的，"现在，如同在神话里一样，谜底是人，确切地说，人是最广义的谜底。而这个谜语也将会被猜中"③。当然，恩格斯在这里所论乃社会中之人，而且是与其研究英国工人命运密切结合的。

在资本主义社会发展中，传统宗教受到了挑战。卡莱尔注意到了这一现象，指出当时社会风尚已经江河日下、人心不古，人们"抛弃了中世纪的宗教笃诚"，"已经忘了上帝"，其所追求的不再是"事物的永恒的本质"；面对"事物的骗人的假象"却认为"宇宙按其本质"乃是"巨大的、不可理解的'可能'"，"这个宇宙的全部真相是不确定的"，而取而代之的则是人们所追求的现实的、俗世的物质利益，"盈利和亏本，食物和赞美，只有这些对讲

---

① 《马克思恩格斯全集》第 3 卷，人民出版社 2002 年版，第 497 页。
② 《马克思恩格斯全集》第 3 卷，人民出版社 2002 年版，第 498 页。
③ 《马克思恩格斯全集》第 3 卷，人民出版社 2002 年版，第 502 页。

究实际的人才是而且永远是十分清楚的";于是,"不再有上帝存在了",由此也导致"人丧失了自己的灵魂,现在开始发觉它不存在了"。卡莱尔得出的结论是:"宗教不存在了,上帝不存在了,人丧失了自己的灵魂","这是真正的病根,是全社会坏疽的中心"①。按照卡莱尔的逻辑,既然精神、道德意义上的宗教不再为人所持守,那么伴随社会发展的则是拜物质、拜金钱的宗教,即一种追逐金钱财利的"玛门"(财神)崇拜。恩格斯顺着卡莱尔的这一思路分析道,"但是,旧宗教的地位不能老是空缺,于是我们有新福音取而代之,与时代的空虚和无思想内容相应的福音——玛门福音。基督教的天堂和基督教的地狱都被抛弃,因为前者值得怀疑,后者近乎荒谬——新地狱又代替了旧地狱;现代英国的地狱就是人们意识到自己'不发迹,赚不到钱'!"②卡莱尔在此亦谴责了无所作为的政府,认为它推波助澜,使人们的物欲得以凸显和加强:"还有另外一种更坏的无所作为的福音,它塑造的是无所事事的政府,它使人丧失一切严肃性,迫使他们想去显露并非他们本性的东西——一味追求'幸福',就是说,追求吃得好,喝得好;它把粗陋的物质捧上宝座,毁掉了一切精神内容。"③在恩格斯看来,卡莱尔对英国状况的描述,如"寄生的、占有土地的贵族","劳动的贵族沉溺于玛门主义","单纯旁观、无所事事和 Laissez-faire 等等的人生哲学;宗教被破坏并日益瓦解,所有普遍的人类利益彻底崩溃,对真理和人类普遍失望,因此,人们普遍孤立,具有各自'粗陋的个体性',一切生活关系混乱不堪、杂乱无序,一切人反对一切人的战争,普遍的精神沦丧,缺乏'灵魂'即缺乏真正的人的意识;人数众多的工人阶级忍受着难以忍受的压迫和贫困,异常不满并反抗旧的社会制度,因此,具有威胁性的民主主义不可阻挡地向前推进;到处是混乱,没有秩序,无政府状态,旧的社会联系瓦解,到处是精神空虚,思

---

① 《马克思恩格斯全集》第 3 卷,人民出版社 2002 年版,第 503—504 页。
② 《马克思恩格斯全集》第 3 卷,人民出版社 2002 年版,第 504 页。
③ 《马克思恩格斯全集》第 3 卷,人民出版社 2002 年版,第 505 页。

想贫乏和意志衰退"①；从基本事实及其现状勾勒来看，"他的叙述是完全对的"，"至少是正视事实的"，"至少是正确地理解了眼前的现状"，因而也"的确是很了不起的"②。不过，卡莱尔对这一问题的解决并不指望社会变革，认为"绞死国王，法国大革命，改革法案，曼彻斯特的反抗行动，这是徒劳的，这一切都不是灵丹妙药"③。这是因为"卡莱尔认为，人们只要坚持无神论，只要还未重新获得自己的'灵魂'，那么一切都是无益的、无结果的"④。但卡莱尔虽然对旧宗教进行了相对批判和否定，不同意维持宗教现状，却仍坚持要恢复宗教、保持宗教的存在。卡莱尔并不主张"应当恢复旧天主教的能量和生命力，或者仅仅维持目前的宗教，——他很清楚，仪式、教义、连祷和西奈山的雷鸣都无济于事；西奈山的任何雷鸣都不会使真理更加真实，不会使理智的人恐惧不安，人们早已超越了令人畏惧的宗教。但是，他说宗教本身必须予以恢复，因为我们亲眼看到，自查理二世的'神圣'复辟以来，'两个世纪的无神论政府'把我们搞到了什么地步，我们渐渐地也一定会相信，这种无神论已经开始衰退和失效"⑤。显然，恩格斯在此看到了英国从封建社会走向资本主义社会这一转型过程中的动荡和斗争，其中亦包括宗教转型期间新与旧的碰撞、新对旧之扬弃。

尽管如此，恩格斯对卡莱尔所理解的宗教及无神论已有了引申性理解和解说。他指出："卡莱尔所说的无神论与其说是不相信神本身，不如说是不相信宇宙的内在本质及其无限性，不相信理性，对精神和真理感到失望；他的斗争不是反对不相信圣经的启示，而是反对'不相信"世界史圣经"这样一种最可怕的不相信。这种圣经据说是万古长存的圣书，凡是没有失去灵魂和视力的人都能从中看到神的旨意。讥讽它就是最大的不相信，你们因此将

① 《马克思恩格斯全集》第 3 卷，人民出版社 2002 年版，第 510—511 页。
② 《马克思恩格斯全集》第 3 卷，人民出版社 2002 年版，第 511 页。
③ 《马克思恩格斯全集》第 3 卷，人民出版社 2002 年版，第 504 页。
④ 《马克思恩格斯全集》第 3 卷，人民出版社 2002 年版，第 511 页。
⑤ 《马克思恩格斯全集》第 3 卷，人民出版社 2002 年版，第 511—512 页。

受到的惩罚不是用火和柴堆，而是最坚决地命令你们保持缄默，直到你们说一些更好的东西为止。……如果说过去不存在神的理性，而只有魔鬼的非理性，那它已经一去不复返，就别再谈它了'"。这里，恩格斯从有神与无神之争中领悟出社会的冲突及其发展变迁。社会转型造成社会的隔断，但后一时期的社会总是会对此前的社会既有批判、亦有继承，其相应的保留就显露出其延续性，使人类历史不是彼此毫无关系的隔绝，而是首尾相连的整体。"无神的世纪似乎无法理解有神的时代。这种世纪从过去（中世纪）只能看到无谓的争斗和粗野暴力的普遍统治，却看不见到头来强权和公理是同时发生的；它只看到愚昧和野蛮的非理性，这种愚昧和野蛮的非理性与其说是人类世界所特有的，不如说是疯人院所特有的。由此自然会得出这样的结论：这些特性在现代仍然继续占统治地位。"[①]同理，在这种理解中，恩格斯认为宗教并没有消失，但其随历史的发展而发生了嬗变却是不言而喻的；社会出现了变迁，而宗教则以新的形式保留下来继续传播。为此，恩格斯指出："现在这个时代还没有完全被神遗弃。"用卡莱尔的话来说，在当时"贫穷的、四分五裂的欧洲"，已经"出现了一些主张笃信宗教的呼声——宣扬一种在人人心目中无可争辩地既是新的同时又是最老的宗教"，主张这种宗教的"不认为自己是预言家。但是，这些人确实是再一次表露了发自大自然的永恒胸怀的洪亮呼声，是永远应当受到一切有灵魂的人崇敬的灵魂。法国大革命是一种现象；作为它的补充和精神体现……诗人歌德和德国文学是一种现象。当旧的世俗领域或实际领域化为灰烬时，这里不就出现了新的精神领域——一些新的更高尚更广阔的实际领域——的预兆和曙光吗？"而从中人们则"听到了新的天体乐声的初音"[②]。按照卡莱尔的理解，"歌德是'未来的宗教'的预言家，这种宗教崇拜的是劳动"。"因为劳动有一种永恒的高尚性，甚至神圣性。……尽管劳动崇拜玛门，受到鄙视，但它还是人和自然界之间的纽

---

① 《马克思恩格斯全集》第3卷，人民出版社2002年版，第512页。
② 《马克思恩格斯全集》第3卷，人民出版社2002年版，第513页。

带……劳动具有不可估量的意义；人通过劳动而不断完美。"①"古代僧侣有句绝妙的格言：Laborare, est orare，劳动就是崇拜。……劳动吧，在劳动中寻求慰藉。……任何真正的劳动都是神圣的；你汗流满面，绞尽脑汁和付出心血，就是劳动……如果这还不是崇拜，那一切崇拜都见鬼去吧！"②与之相对比，那些寄生者的"宗教归结起来不外是：大自然是幻影，神是欺骗，人以及人的生活也都是欺骗"③。而呼应这种崇拜劳动的宗教，那种无所作为的政府则会被"确立'英雄崇拜'"的"真正的领导和真正的政府"所代替。

经过上述分析，恩格斯指出卡莱尔的"整个思想方式实质上是泛神论的，更确切地说，是德国泛神论的思想方式"，与"英国人不讲泛神论，只承认怀疑论"、英国哲学怀疑理性、认为理性不能解决最终矛盾相对比，"卡莱尔及其来源于德国文学的泛神论也是英国的'现象'；而且是那些注重实践和主张怀疑论的英国人几乎无法理解的现象"，由此而被贴上了"德国神秘主义"的标签。④不过，恩格斯认为卡莱尔虽然受到这种"德国"影响，其实他并不深入了解德国哲学。"卡莱尔像所有泛神论者一样，还没有摆脱矛盾，而且他的二元论越来越严重，因为他虽然了解德国文学，却不了解德国文学的必然补充——德国哲学。"而且，恩格斯指出卡莱尔的这种直觉观点与早期的谢林相似，却与真正代表德国哲学的黑格尔相距甚远，其思想方式只是在某些方面与施特劳斯相同。"他的全部观点都是直接的、直觉的，谢林的成分多于黑格尔的成分。卡莱尔和谢林——……早期的谢林……——确实有很多共同点：在'英雄崇拜'或'天才崇拜'方面，他和同样具有泛神论思想方式的施特劳斯是一致的。"⑤

既然有了这一定位，恩格斯遂以费尔巴哈的唯物主义观点来对比卡莱

---

① 《马克思恩格斯全集》第3卷，人民出版社2002年版，第513—514页。
② 《马克思恩格斯全集》第3卷，人民出版社2002年版，第514页。
③ 《马克思恩格斯全集》第3卷，人民出版社2002年版，第515页。
④ 《马克思恩格斯全集》第3卷，人民出版社2002年版，第516页。
⑤ 《马克思恩格斯全集》第3卷，人民出版社2002年版，第516页。

尔的说法，并指出其不足："卡莱尔控诉时代的空洞无物和空虚，控诉整个社会制度内部的腐败。这种控诉是正当的，但是，仅仅控诉也无济于事；要消除祸害，就必须找出它的原因；要是卡莱尔这样做，他就会发现，这种涣散和空虚，这种'无灵魂'，这种非宗教和这种'无神论'，其根由均在宗教本身。"① 但宗教本身并无实质性根基，而只是人与大自然的颠倒性、幻想性的投影。这里，恩格斯对宗教的本质给出了一种非常经典的说法："宗教按它的本质来说就是抽掉人和大自然的整个内容，把它转给彼岸之神的幻影，然后彼岸之神大发慈悲，又反过来使人和大自然从它的丰富宝库中得到一点东西。"② 也就是说，人和大自然在此被异化为宗教的本质内容，并以一种幻想即"幻影"的形式来"表现"为宗教的本质，人性即人的本质的"神化"遂得以呈现。所以说，宗教所表现出来的异化实质上乃人自己本质的异化。"只要对彼岸幻影的信仰还很强烈，还起作用，人用这种迂回的办法至少可以取得一些内容。中世纪的强烈信仰无疑地曾以这种办法赋予这整个时代以巨大的能量，不过这是一种并非来自外部，而是已经在人的本性之中的能量，尽管它还是不自觉的和未开发的。信仰逐渐淡化，宗教随着文化的日益提高而瓦解，但人还是没有看清，他正在把自己的本质当作一种异己的本质来朝拜，并加以神化。人处于这种不自觉而又无信仰的状态，不可能有什么内容，他对真理、理性和大自然必定绝望，而且这种空虚和无思想内容以及对宇宙的永恒事实的绝望将存在下去，直到人看清楚，他当作神来崇敬的本质就是他自己的、迄今为止他还不认识的本质。"③ 正因为人在现实社会的生存挣扎中失去了自我，所以会表现出其"空虚"的存在，而这就是宗教的出现。"空虚早已存在，因为宗教是人使自我空虚的行为；现在，当掩盖这种空虚的紫袍褪色，遮蔽它的烟雾消失之后，这种空虚才暴露出来，令你惊

---

① 《马克思恩格斯全集》第 3 卷，人民出版社 2002 年版，第 517 页。
② 《马克思恩格斯全集》第 3 卷，人民出版社 2002 年版，第 517 页。
③ 《马克思恩格斯全集》第 3 卷，人民出版社 2002 年版，第 517—518 页。

恐。"① 空虚的宗教反映出人之空虚的生存，其宗教表现则为"伪善和谎言"，卡莱尔因其认识的局限性而对之感到"陌生和不可理解"。所以，恩格斯指出："我们也抨击现代基督教世界秩序的伪善；我们惟一迫切的任务归根结底就是同它进行斗争，使我们摆脱它，使世界摆脱它；但是，因为我们是随着哲学的发展认识这种伪善，在科学的基础上进行斗争的，所以这种伪善的本质对我们来说不再是那么陌生和不可理解。"② 这种世界秩序即西方资本主义社会的所谓秩序，而其宗教则以"伪善和谎言"为之辩护、对之粉饰。在此，恩格斯进而认为："我们把这种伪善也归咎于宗教，因为宗教的第一句话就是谎言——或者说，宗教一开头向我们说起某种有关人的事物的时候，不就把这种事物硬说成某种超人的、神的事物吗？但是，因为我们知道：所有这些谎言和不道德现象都来源于宗教，宗教伪善、神学是其他一切谎言和伪善的蓝本，所以我们就有理由像费尔巴哈和布·鲍威尔首创的那样，把神学这个名称扩大到当代一切假话和伪善。"③ 在这种认识及解释上，经历了从有神论向无神论转化的恩格斯表达了对宗教、神学的尖锐批判，此时他仍然推崇费尔巴哈和青年黑格尔派的思想认知，并建议卡莱尔在了解"毒化我们一切关系的不道德现象的由来"时，应该"读一读费尔巴哈和布·鲍威尔的著作"④。

恩格斯在这篇文章中非常乐观地认为，在经历了资本主义发展之后，宗教的时代也应该寿终正寝了，此时再"创立一种新的宗教，即泛神论的英雄崇拜、劳动崇拜，或者应当等待将来产生这样一种宗教"已经"是不可能的"，"产生宗教的可能性一点也没有；继基督教，继绝对的即抽象的宗教之后，继'宗教本身'之后，不可能再出现任何其他形式的宗教"⑤。而且在恩

---

④ 《马克思恩格斯全集》第 3 卷，人民出版社 2002 年版，第 518 页。
① 《马克思恩格斯全集》第 3 卷，人民出版社 2002 年版，第 518 页。
② 《马克思恩格斯全集》第 3 卷，人民出版社 2002 年版，第 518 页。
③ 《马克思恩格斯全集》第 3 卷，人民出版社 2002 年版，第 518 页。
④ 《马克思恩格斯全集》第 3 卷，人民出版社 2002 年版，第 518 页。

格斯看来，甚至"泛神论也是不可能产生的"①。本来，按照马克思主义的理
解，在欧洲思想史上，泛神论是从有神论走向无神论的一种过渡形态，泛神
论因持有万有皆神的看法而是西欧近代无神论的最初表述，即以自然为神而
对无神论的一种掩饰性说法。"泛神论本身只是自由的、人的观点的最后一
个预备阶段。"②但就其思想起源来看，"泛神论本身就是基督教的结论，它与
自己的前提是分不开的，至少现代的、斯宾诺莎的、谢林的、黑格尔的以及
卡莱尔的泛神论是这样"③。恩格斯在这里并没有将有神论与无神论做截然、
绝对的区分，而是提醒人们思想认知在连贯、延续中的发展演变，指出在基
督教内部就已经产生了从有神论转向无神论的重要因素，只是其经过长时间
的量的积累才会产生看似突然的质变。这种辩证、发展的思维对于我们今天
认识、讨论有神论与无神论的关系问题，无疑有着重要的启发作用。

　　受费尔巴哈人本主义唯物论的影响，恩格斯看到了宗教的本质即人的本
质曲折、歪曲的反映，其强调的因而主要是对人的审视，而对人之社会存在
的深刻意义在此表达得尚不够清晰，说得也不太直接。由此我们也可以看出
恩格斯关于宗教的思想发展之渐进性，其对宗教的尖锐批判与其少年时对宗
教的崇敬形成了鲜明反差，而对宗教反映之人的社会性认知却是逐渐深化、
明确的。当然，恩格斯在这一时期也已经开始与旧的唯物主义、旧的无神论
思想形成区别，阐明各自的不同。当恩格斯肯定了卡莱尔的思想具有一定历
史进步意义之后，在这里所强调的更多是与卡莱尔的观点之不同，以及对之
超越性发展。恩格斯说："我们要推翻卡莱尔描述的那种无神论，我们要把
人因宗教而失去的内容归还给人；这内容不是神的内容，而是人的内容，整
个归还过程就是唤起自我意识。我们要消除一切预示为超自然的和超人的事
物，从而消除不诚实，因为人和大自然的事物妄想成为超人的和超自然的，
是一切不真实和谎言的根源。正因为如此，我们才彻底向宗教和宗教观念宣

　　①　《马克思恩格斯全集》第3卷，人民出版社2002年版，第519页。
　　②　《马克思恩格斯全集》第3卷，人民出版社2002年版，第522页。
　　③　《马克思恩格斯全集》第3卷，人民出版社2002年版，第519页。

战，不在乎别人把我们称作无神论者或者别的什么。"① 如果按照卡莱尔对无神论的理解，那么"我们那些信基督教的对手"则会被视为"真正的无神论者"了。在恩格斯看来，其所追求并坚持的正确的无神论者会承认并真正论证"宇宙的永恒内在的事实"，并使之"不受某个自相矛盾的神的威力无比的专断的危害"；而"使世界和人依附于某个神的恩典"，乃是"那些信基督教的对手干出"的"不道德的事"②，新的无神论坚持启蒙而反对蒙昧，倡导解放而抨击奴役，追求人本而放弃神本。所谓"神"也依然是对"人"的本质的颠倒反映，"其实神不过是通过人在自己的不发达意识这个混沌物质〔Hyle〕中对人的反映而创造出来的。"③ 这样，恩格斯就把"神"还原为"人"，把"天上"拉回到"人间"，使"彼岸"回归为"此岸"，让"神话"复原为"历史"。恩格斯说："基督徒编造了一部别具一格的'天国史'，否认真实的历史具有任何内在实质，只承认他们的彼岸的抽象的而且是杜撰出来的历史才需要这种实质。他们借助人类的完美在于他们的基督这一说法，使历史达到一个想象的目的……但我们认为历史不是'神'的启示，而是人的启示，并且只能是人的启示。……我们没有必要首先召来什么'神'的抽象概念，把一切美好的、伟大的、崇高的、真正人性的事物归在它的名下。为了确信人的事物的伟大和美好，我们没有必要采取这种迂回的办法，没有必要给真正人性的事物打上'神性的'烙印。相反，任何一种事物，越是'神性的'即非人性的，我们就越不能称赞它。"④

　　恩格斯否定宗教和神，是站在人的立场上，旨在重新回到人的历史；其所突出和强调的也是"人"。同理，正因为这种在宗教中对"人"的审视和考虑，恩格斯在从认识论的角度尖锐批判宗教时才没有根本否定宗教，而是洞幽独微，非常客观、犀利地看到了宗教的意义及价值，对宗教有着积

---

③ 《马克思恩格斯全集》第 3 卷，人民出版社 2002 年版，第 519 页。
① 《马克思恩格斯全集》第 3 卷，人民出版社 2002 年版，第 519 页。
② 《马克思恩格斯全集》第 3 卷，人民出版社 2002 年版，第 519—520 页。
③ 《马克思恩格斯全集》第 3 卷，人民出版社 2002 年版，第 520 页。

极、中肯的评价。这里，恩格斯表达了其对宗教相对积极评价的名言："只是由于一切宗教的内容起源于人，它们才在某些地方还可求得人的尊敬；只有意识到，即使是最疯狂的迷信，其实也包含有人类本质的永恒规定性，尽管具有的形式已经是歪曲了的和走了样的；只有意识到这一点，才能使宗教的历史，特别是中世纪宗教的历史，不致被全盘否定，被永远忘记。"① 所以说，对宗教的认识应该回到和还原"充满人性"的历史。否则，这种"充满神性的"历史就会有着被人们永远忘记的命运。"历史越是'充满神性'，就越具有非人性和兽性……'充满神性的'中世纪造成人性兽化的完善，产生农奴制和初夜权，等等。"而根据德国哲学的启迪，"神是人。人只须认识自身，使自己成为衡量一切生活关系的尺度，按照自己的本质去评价这些关系，根据人的本性的要求，真正依照人的方式来安排世界……不应当到彼岸的太虚幻境，不是超越时间和空间，不是到存在于世界之中或与世界对立的什么'神'那里去寻找真理，而应当到最近处，到人的心胸中去寻找真理。"这里所强调的已经是"人本"而不再是"神本"，"人"的地位及意义得以凸显。"人所固有的本质比臆想出来的各种各样的'神'的本质，要美好得多，高尚得多，因为'神'只是人本身的相当模糊和歪曲了的反映。"② 恩格斯在此呼唤一种人的本质的"复归"，认为这种从神到人的"复归"思想正是德国哲学的特点，是歌德思想的伟大之处。恩格斯之所以从小就喜欢歌德，就在于"歌德不喜欢跟'神'打交道；'神'这个字眼使他感到不愉快，他觉得只有人性的事物使他感到自如，而这种人性，这种使艺术摆脱宗教桎梏的解放……无论是古人，还是莎士比亚，都不能和他相比"。当然，歌德也"只能直接地""以预言方式"来表达其思想。③ 总而言之，只有熟悉德国的哲学，"才能理解这种完善的人性，这种对宗教二元论的克服所具有的全部历史意

---

① 《马克思恩格斯全集》第 3 卷，人民出版社 2002 年版，第 520—521 页。
② 《马克思恩格斯全集》第 3 卷，人民出版社 2002 年版，第 521 页。
③ 《马克思恩格斯全集》第 3 卷，人民出版社 2002 年版，第 521—522 页。

义"①。而卡莱尔当时却还达不到这种对德国哲学的认知高度,"卡莱尔视为真正'启示'的历史,只包含人性的事物;只有用强制的办法才能从人类那里夺走历史的内容,并记在什么'神'的名下"②。

恩格斯充分肯定了从"神"到"人"的还原与回归,并将这种还原和回归视为人重新获得自我的革命:"人在宗教中丧失了他固有的本质,使自己的人性外化,现在,在宗教由于历史的进步而动摇了之后,他才觉察到自己的空虚和不坚定。但是,他没有其他拯救的办法,只有彻底克服一切宗教观念,坚决地真诚地复归,不是向'神',而是向自己本身复归,才能重新获得自己的人性,自己的本质。"③在关注宗教的本质及意义时,恩格斯考虑问题的重点显然是落在"人"、人的"社会"及人的"历史"之上。

恩格斯在这篇重要文章中不仅剖析了"卡莱尔观点的内在的即宗教的方面",而且也对他的观点之外在即"政治社会"方面有所评价。不过,恩格斯发现卡莱尔对社会发展看得仍然不太透彻,而且其"宗教信仰还很浓厚,以致仍然处于不自由的境地"。④恩格斯不同意卡莱尔要恢复宗教的想法,并且还前瞻性地预见宗教消亡的问题,指出:"当代的无宗教信仰最终将导致时代完全摆脱一切宗教的、超人的、超自然的事物,而不是恢复这一切"⑤。当然,恩格斯关于宗教消亡的这种表述显得比较乐观,而且没有进而加以具体说明和阐述;在其后来的著作中,恩格斯则对宗教消亡的漫长历史进程,其社会、经济、政治及思想认知条件有了非常具体的补充和更为透彻的阐述。

在恩格斯关于宗教的这些论述中,费尔巴哈和青年黑格尔派的思想痕迹尚很明显。但这是恩格斯尝试用全新的理论及方法来系统阐述宗教问题的第

---

① 《马克思恩格斯全集》第 3 卷,人民出版社 2002 年版,第 522 页。
② 《马克思恩格斯全集》第 3 卷,人民出版社 2002 年版,第 522 页。
③ 《马克思恩格斯全集》第 3 卷,人民出版社 2002 年版,第 521 页。
④ 《马克思恩格斯全集》第 3 卷,人民出版社 2002 年版,第 522 页。
⑤ 《马克思恩格斯全集》第 3 卷,人民出版社 2002 年版,第 523 页。

一次亮相，故值得特别关注。恩格斯在这一阐述中已经天才地预见到社会主义的发展和未来宗教的消亡，并以历史唯物主义和辩证唯物主义的立场方法对宗教及"神"的本质加以剖析和界说。可以这样认为，恩格斯在此文中反映出其从费尔巴哈等旧唯物主义到历史唯物主义科学方法的转型，亦说明他在积极参与创立马克思主义宗教观时对宗教和"神"之本质的解释已经回到人间、回返社会、回归真实，并且指出了宗教空虚、异化的根源乃在于社会私有制的存在，从而开始有了从宗教批判到社会批判的转向，有了从旧唯物主义及青年黑格尔派立场、观点到历史唯物主义、辩证唯物主义之思想体系的过渡。从这些方面来看，恩格斯的这一著述在马克思主义宗教观的创立及发展过程中，具有分水岭般的深刻蕴含和里程碑似的重大意义。

（二）恩格斯《德国农民战争》中的宗教观

德国 1848 至 1849 年的革命使恩格斯产生了撰写《德国农民战争》的想法，并于 1850 年夏秋得以实施，于 1850 年首发在《新莱茵报，政治经济评论》第 5—6 期合刊。为了总结历史的经验教训，恩格斯以德国 16 世纪农民战争为例展开剖析，论及恩格斯自己的诸多思想。其中威·戚美尔曼所著《伟大农民战争通史》对之起了重要参考作用。恩格斯在总结德国农民战争的历史经验时，在不少方面触及宗教问题，因此这部著作也是马克思主义宗教观的集中体现。恩格斯撰写这部著作的目的，就是"打算指明：当时德国的政治制度，反对这一制度的起义，以及当时那个时代的政治的和宗教的理论，并不是当时德国农业、工业、水陆交通、商品交易和货币交易所达到的发展程度的原因，而是这种发展程度的结果"[①]，继而以这一思路为切入点，则是要阐明"由马克思发现的""这个唯一唯物主义的历史观"。恩格斯对德国农民战争有着充分肯定，但也有深刻反思。这一农民战争在德国历史上占有重要位置，也展示了德国人民的伟大。为此，恩格斯对它有着高度赞扬："德国

---

① 《马克思恩格斯文集》第 2 卷，人民出版社 2009 年版，第 204 页。

人民也有自己的革命传统。在历史上德国也产生过能和其他国家最优秀的革命人物媲美的人才；在历史上德国人民也曾表现出韧性和毅力，如果是在一个中央集权程度较高的国家，这种韧性和毅力会创造出极其辉煌的成果；在历史上德国农民和平民所怀抱的理想和计划，常常使他们的后代为之惊惧。"① 而从德国农民战争失败的后果来看，则有许多问题值得反省，因为这场战争的胜负改变了德国近代发展的历史轨迹，恩格斯故而对之感慨颇多。

德国农民战争的爆发，与德国宗教改革运动有着直接的关联，而这一宗教改革则是欧洲由中世纪走入近代的重要标志。为此，恩格斯专门分析了欧洲从中世纪向近代过渡时期的宗教状况，特别是对基督教僧侣有着重点分析："僧侣是中世纪封建主义意识形态的代表，他们也同样感受到了这种历史转折的影响。书刊印刷业的兴起和商业发展的需要，不仅打破了僧侣对读书写字的垄断，而且也打破了他们对较高层次的文化教育的垄断。在知识领域也出现了分工。新兴的法学家等级把僧侣从一系列最有影响的职位中排挤出去了。"② 基督教僧侣在欧洲中世纪的地位显赫、举足轻重，他们"拥有巨大的财富，而且还在用一切手段不断增殖财富"③。但在此时的僧侣也分为不同阶层，主要包括"两个极其不同的阶级"，即贵族和平民。这两个阶层的分化对于欧洲走向近代的方式起了决定性作用，其中贵族乃是旧制度的维系者，而平民则成为旧制度的掘墓者和新时代的开创人。

中世纪的僧侣贵族是中世纪封建制度的重要支撑力量，并构成其复杂庞大的等级结构。恩格斯曾说道："僧侣中的封建教权等级构成了贵族阶级，包括主教和大主教，修道院院长、副院长以及其他高级教士。这些教会显贵或者本身就是帝国诸侯，或者在其他诸侯手下以封建主身份控制着大片土地，拥有许多农奴和依附农。他们不仅像贵族和诸侯一样肆无忌惮地榨取自己属下的人民，而且采取了更加无耻的手段。他们除了使用残酷的暴力，还

---

① 《马克思恩格斯文集》第 2 卷，人民出版社 2009 年版，第 220 页。
② 《马克思恩格斯文集》第 2 卷，人民出版社 2009 年版，第 225 页。
③ 《马克思恩格斯文集》第 2 卷，人民出版社 2009 年版，第 226 页。

玩弄一切宗教上的刁钻伎俩，除了用严刑拷打来威胁，还用革除教籍和拒绝赦罪来威胁，此外还利用忏悔室来玩弄形形色色诡谲的花招，总之是要从他们的臣民身上榨取最后一文钱，以增添教会的产业。伪造文书是这些道貌岸然的人经常乐于使用的欺骗手段。虽然他们除了通常的封建贡赋和地租以外还要征收什一税，但是，所有这些收入还是不够挥霍。于是他们便求助于其他各种手段，通过制造灵验的圣像和圣徒遗物、组织超度礼拜场、贩卖赦罪符，从人民身上榨取更多的财物，而且在长时期内收到了极好的效果。"[1] 这里，恩格斯对之有着批判性审视，揭露出僧侣贵族在中世纪欧洲宗教体制及其在社会剥削和压迫中所起的负面作用。而这些上层僧侣扮演的反面角色及其恶行，使之势必既遭到世俗贵族的反对又面对普通民众的反抗。"这些高级教士及其人数众多的、随着政治煽动和宗教煽动的扩大而日益强横的修道士打手队伍，不仅引起了人民，而且也引起了贵族的切齿痛恨。只要他们还直属于帝国，他们就总是诸侯前进的障碍。脑满肠肥的主教、修道院院长以及他们的修道士走卒的奢侈生活引起了贵族的忌妒，激起了人民的愤怒。人民不得不承担他们这种生活的耗费；他们的奢侈生活越是同他们的说教形成鲜明的对照，人民就越是怒不可遏。"[2] 所以说，中世纪发展到这时已经激化了社会矛盾，达到了引致革命爆发的节点，出现了历史发展的重要拐点。而僧侣贵族则将面临历史的冲击和淘汰。

至于僧侣平民，则与僧侣贵族形成巨大的反差和鲜明的对照。他们处境艰辛，步履维艰，正如恩格斯所言："僧侣中的平民集团是由农村传教士和城市传教士组成的。他们不属于教会的封建教权等级，不能分享教会的财富。他们的工作不大有人过问；虽然他们的工作对教会十分重要，可是在当时却远不像兵营内的修道士警察活动那样不可缺少。因此，他们的报酬就少得多，其薪俸多半都很菲薄。他们出身于市民或平民，生活状况同群众十分

---

① 《马克思恩格斯文集》第 2 卷，人民出版社 2009 年版，第 226 页。
② 《马克思恩格斯文集》第 2 卷，人民出版社 2009 年版，第 226 页。

接近，因此他们尽管身为僧侣，还是保持着市民和平民的思想感情。参加当时的运动，在修道士中间只是例外，而在传教士中间却很普遍。他们为运动贡献出理论家和思想家，其中许多人都成了平民和农民的代表，并为此而牺牲在断头台上。"① 很显然，这些平民僧侣代表着未来发展及其希望，其中一些人因其文化知识积淀和思想精神的优秀而成为代表广大群众的精英分子。他们不仅顺应了历史潮流，而且成为当时历史革命的引领者、发起者。

中世纪欧洲虽有封建割据的四分五裂，却同时有着宗教信仰生活的大一统。各国教会固然有其等级区别、阶级差异，但共属一个更高的宗教权威来统治，即为罗马教皇所掌控。罗马教廷在经济、政治分裂的欧洲封建社会中却实现并维系了整个西欧精神生活、宗教信仰的统一。在这种复杂的社会格局及其精神生活处境中，各地教会有着宗教和世俗领域中的双重压力。而罗马教会以其大一统的结构来实现其跨国活动和越界盘剥，对于欧洲各国民族意识有着巨大打压；但这种张力也随着欧洲近代民族国家意识的增强而有力推动着地方教会的反抗及独立运动。社会革命和宗教改革相互呼应、有机共构，最终形成了其水到渠成的发展。由此可以看到，这些底层的僧侣在社会反抗上得以与广大民众联合，在民族独立上亦亮出了民族教会的旗帜，他们既反抗社会上层的压迫，也抵御以宗教之名外来的干涉。当时德国在这两个方面都已经危机频发，形成大火之前已布满干柴之势。恩格斯为此指出："正如在诸侯和贵族之上有皇帝一样，在高级僧侣和低级僧侣之上也有教皇。正如对皇帝要纳'公捐'，即帝国税一样，对教皇也要纳一般教会税，而教皇就是用教会税去支付罗马教廷的豪华生活费用的。德国由于僧侣人多势众，因此这种教会税比任何其他国家都征收得更加认真和严格。特别是在主教出缺后新任者要向教皇交纳上任年贡时，就更是如此。随着需要的日益增长，搜括钱财的新花样也相继发明出来了，诸如贩卖圣徒遗物、收取赎罪金和庆祝费等等。大宗钱财就这样年复一年地从德国流入罗马；由此而增加

---

① 《马克思恩格斯文集》第 2 卷，人民出版社 2009 年版，第 226—227 页。

的沉重负担不仅加深了人们对僧侣的憎恨，而且激发了民族感情，特别是激起了贵族们的民族感情，贵族们在当时是最有民族意识的等级。"①其社会结构及各界人士的复杂交织，使欧洲近代革命充满戏剧性，有着很难预料的变数。

　　从其整体综合来看，恩格斯认为中世纪城市市民的分化形成了三个截然不同的集团，这就是城市贵族、市民反对派和平民反对派，他们扮演着不同历史角色，彼此之间既有合作、亦有冲突，而在此后的资本主义社会中也有着完全不同的命运和处境。正因为这些本质不同，使他们在德国宗教改革运动中的参与以及对德国农民战争的态度也有着非常明显的不同。在观察这一独特历史时期之际，恩格斯慧眼独具，敏锐地发现在产生新生资产阶级的同时，已经出现了这一阶级未来掘墓人的无产阶级，然而这一阶级的代表人物在当时毕竟太超前了，因此其闪现恰如昙花，生不逢时，只能以燃烧自我的瞬间光辉让人们看到其失败并不是结局，其演奏的序曲只是告诉人们未来必定会来的曙光和希望。这就是恩格斯对基层传教士闵采尔的高度评价："只是在受闵采尔直接影响的图林根和其他某些受他的弟子直接影响的地方，城市平民集团才被卷入整个风暴，以致其中处于萌芽状态的无产阶级成分比运动中的其他一切集团都暂居上风。这段插曲构成了整个农民战争的最高潮，它的中心是农民战争中最伟大的人物托马斯·闵采尔，可是这段插曲为时极其短暂。城市平民集团势必垮得最快，同时，他们势必在很大程度上带有幻想的色彩，他们的要求也必然表达得极其含糊，所有这些都是不言而喻的；因为在当时的情况下，正是他们这一集团最缺乏牢固的基础。"②无产阶级尚未诞生，无产阶级的代表却以闵采尔的形象而过早亮相。但闵采尔多舛的命运却画出了意味深长的历史延伸线，让人们对未来永远持有信心。思想的先行在历史上作为先知而孤寂独行，超越了其时代、脱离了其社会，因而往往

---

　　① 《马克思恩格斯文集》第 2 卷，人民出版社 2009 年版，第 227 页。
　　① 《马克思恩格斯文集》第 2 卷，人民出版社 2009 年版，第 231 页。

会以悲剧结局，留下历史的遗憾和悲壮，如主体思想的先行者苏格拉底被迫饮鸩而亡，在沉寂约两千年后才有笛卡尔"我思故我在"的时代回音；而无产阶级思想的先行者闵采尔也血洒疆场，在约三个世纪后才有"全世界无产者联合起来"的时代强音。然而历史并不以成败论英雄，这些先知、先驱虽然在社会行动中失败了，并由此失去其社会存在，却展现出其思想的魅力、人格的伟大，流传下他们的音容笑貌和悠久的历史回声。

在德国宗教改革时期，最积极参加社会变革运动的是德国广大农民群众。这是因为他们处于社会底层，受到政治和宗教上的双重压迫，故而对解放和解脱有着最强呼声。但德国农民乃分散而居，形如散沙而难以汇聚，故而需要有人引领、指导。恩格斯分析了德国农民的状况："处于所有这些阶级（平民反对派除外）之下的，就是这个民族中遭受剥削的广大群众——农民。压在农民头上的是社会的各个阶层：诸侯、官吏、贵族、僧侣、城市贵族和市民。无论农民是属于一个诸侯、一个帝国直属贵族、一个主教、一个寺院，还是属于一个城市，他们都毫无例外地被当做一件东西看待，被当做牛马，甚至连牛马都不如。……谁来保护农民呢？法庭上坐着的都是权贵、僧侣、城市贵族或律师。……帝国官场中各等级本来就是靠从农民身上吮血吸髓过活的。"① 可以说，德国农民的这种底层处境使之易与当时各个阶级发生矛盾、出现冲突。而当农民"这个民族中遭受所有其他等级剥削的最下层人民"起来反抗时，也会带来整个德国社会结构的变化和社会阶层的分化，其趋势多会出现"分裂为两大营垒的情形"。德国农民战争的失败有其历史必然，却给近代德国带来了意想不到的变化，使其更加步履维艰。

社会革命乃大浪淘沙、促使德国各种势力在其历史潮流的冲撞中出现归并，"这种归并是在宗教改革时期随着革命的宗教政治思想的普遍传播才开始出现的。赞成或者反对这些思想的各个等级（当然只是很费劲地而且勉强地）把全民族集结成三大营垒，即天主教或反动营垒、路德的市民改良营

---

① 《马克思恩格斯文集》第 2 卷，人民出版社 2009 年版，第 231—232 页。

垒、革命营垒。这次全民族大分化并不彻底，而且在第一第二两大营垒中还有一部分成分是相同的，这是因为从中世纪沿袭下来的大多数正式的等级此时已经处于解体状态；又因为地方分权状态使同样的等级在不同的地方暂时向完全相反的方向前进"①。以宗教改革运动的表面形式来看，社会好像主要是出现了宗教纷争，如天主教与改革运动诞生的新教之争、教会上层与底层之争、罗马教廷与德国民族教会之争等，诸事好似都与宗教相关。"照德意志意识形态看来，把中世纪送入坟墓的那些斗争仍然只不过是激烈的神学上的争论。"②然而恩格斯却以其敏锐的观察而有入木三分的洞见，通过纷繁复杂的宗教之争而揭示出其社会斗争、阶级斗争的本质："其实在这些大震荡中，始终贯穿着阶级斗争，而且每次写在旗帜上的政治口号都是阶级斗争的赤裸裸的表现"，"16 世纪的所谓宗教战争首先也是为着十分实际的物质的阶级利益而进行的。这些战争同后来英国和法国的国内冲突完全一样，都是阶级斗争"③。恩格斯以阶级斗争的观点来指出德国宗教战争的实质，并进而说明在欧洲浓厚的宗教氛围中历史上的这些阶级斗争显然也需要借用宗教的标志和外衣，所以必须透过历史现象而看到其本质。

对于阶级斗争为何需要宗教改革的外形，恩格斯解释说："如果说这些阶级斗争当时是在宗教的标志下进行的，如果说各阶级的利益、需要和要求都还隐蔽在宗教外衣之下，那么，这并没有改变事情的实质，而且也不难用时代条件来加以解释。"欧洲中世纪社会是一个宗教氛围浓厚的社会，人们习惯于宗教的审视、宗教的预言，一切皆有"万流归宗"之态势。从欧洲古代到中世纪的发展转型来看，"中世纪完全是从野蛮状态发展而来的。它把古代文明、古代哲学、政治和法学一扫而光，以便一切都从头做起。它从没落的古代世界接受的唯一事物就是基督教和一些残破不全而且丧失文明的城市。其结果正如一切原始发展阶段的情形一样，僧侣获得了知识教育的垄断

---

① 《马克思恩格斯文集》第 2 卷，人民出版社 2009 年版，第 234 页。
② 《马克思恩格斯文集》第 2 卷，人民出版社 2009 年版，第 234 页。
③ 《马克思恩格斯文集》第 2 卷，人民出版社 2009 年版，第 235 页。

地位，因而教育本身也渗透了神学的性质。在僧侣手中，政治和法学同其他一切科学一样，不过是神学的分支，一切都按照神学中适用的原则来处理。教会的教条同时就是政治信条，圣经词句在各个法庭都具有法律效力。甚至在法学家已经形成一个等级的时候，法学还久久处于神学控制之下。神学在知识活动的整个领域的这种至高无上的权威，同时也是教会在当时封建统治下万流归宗的地位的必然结果。"① 古代给中世纪欧洲留下的只有宗教，故此形成中世纪欧洲社会的宗教色彩，宗教成为其政治、文化、道德、精神的代表。所以，在新的社会转型期能够推动社会前进的有效举措就是借用让民众通俗易懂的宗教形式，正如恩格斯所言，"显然，这种情况下，一切针对封建制度发出的全面攻击必然首先就是对教会的攻击，而一切革命的、社会和政治的理论大体上必然同时就是神学异端。为了有可能触犯当时的社会关系，就必须抹掉笼罩在这些关系上的灵光圈"② 。显然，恩格斯在此是就欧洲社会由中古往近代转型的时代处境而论及对宗教和神学的批判，有着非常明确的时空视域，亦由此而说明当时欧洲的阶级斗争为什么要采取宗教的形式、借助宗教的外衣。这是恩格斯具体问题具体分析的经典表述。

对于欧洲中世纪社会中宗教异端和神学异端的状况，恩格斯在此还作了具体分析："反封建的革命反对派活跃于整个中世纪。随着时代条件的不同，他们或者是以神秘主义的形式出现，或者是以公开的异教的形式出现，或者是以武装起义的形式出现。说到神秘主义，大家知道，16 世纪的宗教改革派同它有着很深的依赖关系；就连闵采尔也从神秘主义中吸取了许多东西。至于各种异教，其中一部分是实行宗法制的阿尔卑斯山牧民反对封建势力侵入他们生活的表现（韦尔登派）；一部分是越出封建制度的城市同封建制度对抗的表现（阿尔比派、布雷西亚的阿尔诺德等等）；一部分是农民直接暴动的表现（约翰·保尔、皮卡第地方的匈牙利牧师等等）。"③ 这些异端运动

---

① 《马克思恩格斯文集》第 2 卷。人民出版社 2009 年版，第 235 页。

② 《马克思恩格斯文集》第 2 卷，人民出版社 2009 年版，第 235—236 页。

③ 《马克思恩格斯文集》第 2 卷，人民出版社 2009 年版，第 236 页。

鱼龙混杂、情况不一，恩格斯对之有着具体分析和不同评价。例如，他对韦尔登派持否定态度，认为它是"阻碍历史运动的一种反动企图"。他还在这些异端运动中看到了新兴市民阶级与农民的矛盾，并指出其冲突对历史发展的可能影响："在其余的两种中世纪异教形态中，我们看到，早在 12 世纪就已经出现了市民反对派和农民平民反对派大规模对立的先兆，农民战争后来就是由于这种对立而归于失败的。这一对立贯穿于整个中世纪末期。"① 市民反对派与农民反对派的矛盾、对立，给中世纪末期跌宕起伏的历史发展带来了各种复杂因素，尤其使德国近代转型过程变得曲折、漫长。

　　恩格斯对新兴的市民阶层有着特别关注和专门评价，指出他们是资产阶级的前身，是在社会城市化的进程中脱颖而出的，并得以在近代欧洲社会世俗化和民族化的过程中独占鳌头，起到领导作用。新兴市民阶级强烈要求摆脱封建制度及其神权统治，但他们从一开始就在社会革命中暴露出了其软弱性和妥协性。他们推动的资产阶级革命因而也有明显不足，并多以其改良之举而表现出其不彻底性。欧洲资产阶级革命的这些缺憾，迄今仍然可以觉察得到，形成欧洲社会、政治的一些特点。但历史并非理想主义的，而是现实的结晶。恩格斯对当时欧洲社会处境有着如下分析："城市的异教——这是中世纪真正公开的异教——主要是反对僧侣，对他们的豪富殷实和政治地位进行抨击。正如现在资产阶级要求一个廉价政府一样，中世纪市民首先要求一个廉价教会。市民异教同所有把教会和教条的发展仅仅看成是一种蜕变的异教一样，从形式上来看是反动的，它要求恢复原始基督教的简单教规，要求取消自成一统的僧侣等级。实行这种廉价措施，就会取消修道士，取消高级教士，取消罗马教廷，一言以蔽之，就会取消教会中一切耗费钱财的东西。这些城市虽然还处于君主保护之下，但它们本身已经是共和国，它们在对教皇权力进行攻击时，就第一次以一般形式提出：资产阶级统治的正常形式是共和国。这些城市之所以对一系列教条和戒律如此敌视，一部分可以由

---

① 《马克思恩格斯文集》第 2 卷，人民出版社 2009 年版，第 236 页。

上述情况来说明，一部分也可以由当时城市的其他生活条件来说明……至于反对封建制度的反对派在这里只是以反对教会封建势力的反对派姿态出现，其理由十分简单，因为各城市都已经被承认为等级，它们已经能够运用武力或在等级会议中以足够的力量去反对世俗的封建势力及其特权了。"① 这种"廉价"的要求其实是对"廉政"的呼吁，也是当时社会、教会反对腐败的开端。而值得玩味的是，这些以反腐要求开始的社会内部改革或改良，却往往以社会革命、阶级斗争、人民战争、改朝换代、历史变迁为结局。

在中古到近代的欧洲发展中，这种改革、革命又与城市、市民有着密切关联。在此过程中，中世纪的下层贵族开始向城市集中，分化为市民阶层，他们以正在采取资本主义生产方式而发展的城市为依托，与之结成天然联盟，共同反对封建上层和宗教上层。对于资本主义发展、资产阶级诞生与城市的密切关系，恩格斯亦作了如此解释："绝大部分下层贵族在反对僧侣的斗争中和从事异教活动时都加入城市一方。产生这种现象的原因，是由于下层贵族依赖城市，也是由于在面对诸侯和高级教士时，下层贵族和城市有着共同的利益。"②

与新兴资产阶级相比，来自社会底层的农民反对派则表现出革命的更加彻底性。但他们的革命热忱却因历史条件的限制而使他们不能成为当时社会变革的主导者。而其真正的历史命运，则是在这种社转型发展中也完成了自己的身份幻变，即因为其在资本主义发展进程中被剥夺得一无所有、成为赤贫而变身为在资本主义制度中所产生的无产阶级。不过，无产阶级的主体乃是在资本主义制度形成后其社会发展得相对成熟时的产物，在资本主义社会的初期则不能与资产阶级的发展相比。欧洲中世纪与近代之交所产生的主要是资产阶级，所以农民反对派所表达的诉求显然为期太远、为时太早、难以实现，故而带有空想、虚幻成分。恩格斯说："另一种异教则有完全不同的

---

① 《马克思恩格斯文集》第 2 卷，人民出版社 2009 年版，第 236—237 页。
② 《马克思恩格斯文集》第 2 卷，人民出版社 2009 年版，第 237 页。

性质，这种异教是农民和平民的要求的直接表现，并且几乎总是同起义结合在一起的。这种异教虽然也同意市民异教关于僧侣、教皇权力以及恢复原始基督教教规的一切要求，但是它却走得更远。它要求在教区成员间恢复原始基督教的平等关系，要求承认这种关系也是市民间的准则。它从'上帝儿女的平等'得出有关市民平等的结论，甚至已经部分地得出有关财产平等的结论。它要求贵族同农民平等，要求城市贵族和享有特权的市民同平民平等，它要求取消徭役、地租、捐税、特权，要求至少消除那些极其悬殊的贫富差别——这些要求，都是带着或多或少的明确性提出来的，而且被说成是原始基督教教义的必然结论。这种农民平民异教，在封建制度全盛时期……还不易同市民异教相区别，但是到了 14 和 15 世纪，它就发展成一种与市民异教截然不同的派别见解了，这时，农民平民异教通常总是完全独立地出现，同市民异教并立。例如在英国，在威克利夫运动之外有瓦特·泰勒起义的传教者约翰·保尔。又如在波希米亚，在加里克斯廷派之外有塔博尔派。在塔博尔派里，甚至已经在神权政治的掩饰下出现了共和制倾向。而在 15 世纪末、16 世纪初，德国的平民代表人物又进一步发展了这种倾向。"[1] 对于中世纪宗教异端和民众起义，可以看到其普遍会有神秘主义的形式，以之而做出超现实、超历史的表达及诉求。这种脱离历史现实的憧憬或渴望，在当时当然也只能以神秘主义的方式来表达。因此，"有些神秘主义宗派的狂想就同上述这种异教形式结合在一起，例如鞭笞派、罗拉德派等等的狂想就是如此。这些宗派在被迫害时期还继续保持着革命传统"[2]。这些平民阶层在从封建制度走向资本主义制度的过渡时期，以其独特的分化形式而预言了无产阶级的诞生。他们与新生资产阶级的诉求全然不同，但因过于脱离现实而出师未捷、壮志难酬。

但对欧洲中世纪晚期平民运动中诞生的这一全新阶级，恩格斯却刮目相

---

[1] 《马克思恩格斯文集》第 2 卷，人民出版社 2009 年版，第 237—238 页。
[2] 《马克思恩格斯文集》第 2 卷，人民出版社 2009 年版，第 238 页。

看、格外关注。虽然因其过于早产而生不逢时，在当时的历史舞台上只能昙花一现、稍纵即逝，与此历史时期擦肩而过，却给恩格斯留下了深刻印象，并得到恩格斯的赞誉："平民在当时是完全被排斥于正式存在的社会之外的唯一阶级。他们处于封建组织之外，也处于市民组织之外。他们既没有特权，又没有财产；他们甚至不如农民和小市民，连一点带着沉重税负的产业也没有。他们在任何情况下都是既没有产业又没有权利的。他们的生活条件甚至同当时的公共机构毫无直接关系，这种公共机构完全不理会他们。他们是封建社会和行会市民社会解体的生动的象征，同时又是现代资产阶级社会的最初的先驱者。"① 由平民演化而来的这一新兴阶级远远超越了他们诞生时所处的时代，因而使之只能用空想、幻想、神秘主义的方式来表达其理想、抱负。"从平民的这种地位就可以解释，为什么平民集团早在当时就不可能仅限于反对封建制度和享有特权的城关市民，为什么这个集团——至少在幻想里——甚至已经超出当时刚刚萌生的现代资产阶级社会，为什么这个完全无产的集团早在当时就必然对一切以阶级对立为基础的社会形式所共有的公共机构、观点和看法提出疑问。原始基督教中的锡利亚式狂想同这类想法就很容易联系起来。但是，这种超越不仅超出了现在，甚至超出了未来。因此，它只能是武断的、空想的超越，而在第一次付诸实践的尝试之后，就不得不退到当时条件所容许的有限范围中去。对私有制的攻击，对财产公有制的要求，都必然烟消云散，结果出现的只是原始的慈善团体；意义模糊的基督教平等，至多只能归结为资产阶级的'法律面前一律平等'；要废除一切官厅，最后变成了要建立民选的共和政府。这种靠幻想来对共产主义所作的预见，在实际上成了对现代资产阶级关系的预见。"② 这里，恩格斯对基督教的评价有了与在其《英国状况》（评托马斯·卡莱尔的《过去和现在》）一文中的微妙不同。恩格斯在此察觉到，作为传统意识形态和价值体系的基督教

---

① 《马克思恩格斯文集》第 2 卷，人民出版社 2009 年版，第 238 页。
② 《马克思恩格斯文集》第 2 卷，人民出版社 2009 年版，第 238—239 页。

在欧洲中世纪向近代的社会转型过程中被用来作各种解读，既有资产阶级以它为其革命的旗帜及外衣之用，也有无产阶级用它来幻想、虚拟地表达对共产主义理想的预见和期盼之举。恩格斯在此深刻指出，尽管基督教会被用来作为社会变革的各种表层形式，但要究其实质，则仍须回到当时社会经济基础、社会关系的变革、发展。所以，恩格斯不再单纯围绕宗教而论，开始有意识地将宗教问题与其相关的社会处境密切关联起来。

在论及德国宗教改革和农民战争时，恩格斯特别谈到了两个人的作用，一是宗教改革运动的发起者马丁·路德，二是农民战争的领导者托马斯·闵采尔。恩格斯对二人有着分析比较，依此也有相应的评价，其中路德被作为新生市民阶级（资产阶级）的代表人物，而闵采尔则被作为底层平民阶级（未来无产阶级）的象征人物："路德和闵采尔，无论就其理论来说，还是就其性格和行动来说，都不折不扣地代表着他们各自的派别。"恩格斯在此把路德定位为"市民宗教改革家"，而视闵采尔为"平民革命家"。当时德国社会分为"三大营垒"或"三大阶层"。"在三大营垒中的第一营垒即保守的天主教营垒中，集结了所有希望维持现状的势力，即帝国政府、僧侣诸侯以及一部分世俗诸侯、富裕贵族、高级教士、城市贵族；而聚集在市民阶级温和派路德改革旗帜下的是反对派中的有产者势力，即大量的下层贵族、市民阶级，甚至还包括一部分希望通过没收教会财产中饱私囊并想乘机脱离帝国羁绊而扩大独立地位的世俗诸侯。至于农民和平民则组成了革命派，其要求和理论都由闵采尔作了极其鲜明的表述。"① 当然，从推动历史发展的积极意义上，恩格斯对二人有着充分的肯定，认为他们都属于当时的革命派，都以各自的方式来试图推动历史发展、社会进步。但恩格斯对闵采尔显然有着更多的青睐，他认为路德代表着新兴资产阶级，搞了一场改良性革命，并取得相对成功；而闵采尔则要求一种彻底革命，他以空想之论表达了未来无产阶级的心声，其革命实践虽未成功，却给人带来对未来的希望和遐想。

---

① 《马克思恩格斯文集》第 2 卷，人民出版社 2009 年版，第 239 页。

路德是一位极为复杂的历史人物，欧洲宗教改革的历史乃以这一名字为标志，其历史功绩故不言而喻。恩格斯在路德身上看到了当时新生资产阶级的活力及其革命的诉求，但路德同时也表现出这时资产阶级的软弱，因其革命的不彻底性而往往使之以社会改良来告终。路德发动了德国宗教改革运动，但在其后期却出现了动摇，并走到了革命者的对立面。恩格斯说：“路德在 1517 年到 1525 年这几年间所经历的转变，恰恰就是现代德国立宪派从 1846 年到 1849 年所经历的转变，也恰恰就是一切资产阶级党派目前正在经历的转变，这些资产阶级党派一度被推到运动的领导地位，但在这种运动中一转眼就被站在它背后的平民党派或无产阶级党派抛到后面去了。”“当路德在 1517 年开始反对天主教会的教条和制度的时候，他的反对立场还根本没有明确的性质。这种反对立场没有超出以往的市民异教所提出的要求的范围，可是，它没有也不可能排斥任何一种更为激进的思潮。因为在最初它不能不把一切反对派势力团结起来，不能不表现出最坚决的革命魄力，不能不代表迄今所有的异教去同天主教正宗信仰对抗。……路德在他活动的最初阶段，以无比激烈的方式表现出他那强健有力的农民本性。”① 为了反抗罗马教廷对德国的欺诈和勒索，路德以反对赎罪为名发起了宗教改革，并在罗马教廷的逼迫下而与天主教分道扬镳，建立起宗教改革的新教，开创了一个时代。不过，路德本来无意推动一场席卷全社会的革命，而是在其视野所至之范围内进行有限的改革，但在当时已经人声鼎沸、充满普遍不满的德国大地，路德改革之举如同开启了闸门，大水扑面而来势不可挡，冲击到方方面面。其结果，德国社会的各个阶层、各种势力都卷了进来，参与其中，而纯宗教的诉求之声则已被不同的政治诉求和社会呼声所压住。路德在这一巨变面前毫无准备，在感到震惊之余亦开始动摇。路德本来只想发起宗教改革，并无全面、彻底之政治革命的意欲，但“路德对天主教教阶制度宣战，

---

① 《马克思恩格斯文集》第 2 卷，人民出版社 2009 年版，第 240 页。

把德国一切反对派分子都发动了起来"①，这是他始料未及的，也是他很不愿意的。如果说路德在推动基督教内部的宗教改革上还比较坚定的话，那么他对于社会政治革命却比较犹豫，尤其对基层民众的反抗和起义并不支持。这样，路德并不看好、更不支持在其影响下而兴起的底层农民运动，最终抛弃了这些革命的最坚定参与者，甚至走向了主张镇压农民革命的方向。

路德的这种变化，使恩格斯感慨不已，他看到了宗教改革的历史意义，也对路德的半途而废深感遗憾，因而对他有着如下评价："但是早期的这种火一般的革命热情并没有维持多久。路德放出的闪电引起了燎原烈火。全体德国人民都投入了运动。一方面，农民与平民把路德反对僧侣的号召和关于基督教自由的说教看成是起义的信号；另一方面，较温和的市民和一大部分下层贵族也站到了路德一边，甚至诸侯也被卷进了这个潮流。农民与平民认为向一切压迫他们的人进行清算的日子来到了；而市民、贵族和诸侯只想剥夺僧侣的权力，摆脱对罗马的依附，废除天主教教阶制度，并且没收教会财产而大发横财。两派势力壁垒分明，并且各自找到了自己的代表人物。路德不得不在两派中进行抉择。这个受到萨克森选帝侯保护的人，这个维滕贝格的名教授，这个一鸣惊人、声势煊赫而被一群趋炎附势之徒簇拥着的大人物，毫不踌躇地抛弃了运动中的下层人民，倒向了市民、贵族和诸侯一边。剿灭罗马的号召销声匿迹了；现在路德吹起了和平发展和消极抵抗的调子"②。路德在宗教改革初期与罗马教廷决裂，其间得到了德国贵族的保护；而宗教改革所带动的各阶层人士的亮相和参与，也使路德不得不重新审视自己的社会定位。而当基层群众对封建制度全面反抗，其革命要求触动各方面利益时，路德的表态则出现了嬗变，不再代表下层平民的利益，更不愿为底层农民发声。"路德如今公然成了市民阶级改革的代表人物。"当然，恩格斯认为路德这种立场态度的改变是由其社会定位所决定的，而当时德国社会的

---

① 《马克思恩格斯文集》第 2 卷，人民出版社 2009 年版，第 276 页。

② 《马克思恩格斯文集》第 2 卷，人民出版社 2009 年版，第 240—241 页。

发展变迁及市民阶级地位的提高、影响扩大，也促使路德向新生资产阶级的立场转变。"他鼓吹合法的进步是有他的理由的。当时多数城市已经倾向于温和的改革；下层贵族参加温和改革的越来越多，一部分诸侯也随声附和，另一部分诸侯则举棋不定。至少在德国的大部分地区，温和的改革可以说已经稳操胜券。如果形势继续和平地发展下去，其余地区也不能长久抵挡温和反对派的进逼。但是，任何激烈的动荡都必然促使温和派同激进的平民农民派发生冲突，必然导致诸侯、贵族和一些城市退出运动，其结果不是市民派被农民与平民所压倒，就是参加运动的所有派别一齐被天主教复辟势力所镇压，二者必居其一。资产阶级政党只要稍微取得一点点胜利，就立即企图利用合法进步的手段周旋于革命的岩礁和复辟的漩涡之间。"① 可以说，路德对自己的定位选择乃理所当然，他作为宗教改革家本来就是为了资产阶级的利益而出面，是作为市民阶级的重要代表而发声。所以，路德从根本上不可能代表底层民众的利益，只是在宗教改革运动初期的复杂局面中，他还没有时间及精力对这种社会变迁和阶级分类特别关注和自我定位而已；随着局势的逐渐明朗化，路德的这种选择只是迟早而已，势必会出现这一结局。

由于路德基本上是站在市民阶级的立场，故而对德国农民战争所提出的诉求并不支持；从当时历史发展的趋势上，路德希望这两大对立的阶级能够达到调和。他一方面认为实行苛政的当权者对农民造反负有责任，但另一方面则指责农民的起义已经过于极端，故脱离了其宗教信仰。恩格斯对此分析说："当农民战争在诸侯和贵族绝大部分都信天主教的地区爆发时，路德企图采取调解的态度。他极力攻击这些地区的政府，认为起义是由于他们施行苛政而引起的；并不是农民要反对他们，而是上帝本身要反对他们。另一方面，在他看来起义当然也是亵渎上帝、违反福音的。最后他劝告双方让步，实行和解。"② 但此时已经组织起来、发起革命的农民对路德的态度很不

---

① 《马克思恩格斯文集》第 2 卷，人民出版社 2009 年版，第 242 页。
② 《马克思恩格斯文集》第 2 卷，人民出版社 2009 年版，第 242—243 页。

满意，并认为路德实际上已经站在统治者的立场上来说事，他们指责路德是"诸侯的奴仆"，而且还愤怒地"向他投掷石块"。被农民所激怒的路德也掀掉其原想寻求和解的面纱，干脆鼓动、纵容诸侯贵族对农民起义实施打击、镇压。"在这种时候，就再也没有什么慎重考虑的余地了。在革命面前，一切旧仇都抛到了九霄云外；同农民暴徒相比，罗马罪恶城的奴仆们都成了无罪的羔羊，成了上帝的温顺的孩子；市民和诸侯、贵族和僧侣、路德和教皇都联合起来'反对杀人越货的农民暴徒'。""路德认为，决不可对农民乱发慈悲。谁怜悯上帝所不怜悯的人，谁怜悯上帝所要惩罚和毁灭的人，谁就是置身于叛乱者的行列。"① 由此可见，这种以路德等人为代表的宗教改革家实际上已在新的历史时期来临之际开展两面作战，一则要对付封建社会的残渣余孽，将长达千年的欧洲封建时代彻底推翻；另一方面则已开始防范新生的无产阶级，将之视为洪水猛兽来残酷镇压。

对于这段复杂历史和路德这样代表历史转型时期的重要人物，恩格斯有着非常客观、冷静的分析研究。他充分肯定了路德的历史作用及其价值，尤其对路德在文化理论上的贡献表示认可。然而，对于路德后来的变化，恩格斯则颇为不满，并提出了尖锐批评。恩格斯以客观、辩证的态度，对路德的个人作用及其历史功过加以了总结："路德通过翻译圣经给平民运动提供了一种强有力的武器。他在圣经译本中使公元最初几个世纪的纯朴基督教同当时已经封建化了的基督教形成鲜明的对照，提供了一幅没有层层叠叠的、人为的封建等级制度的社会图景，同正在崩溃的封建社会形成鲜明的对照。农民利用这种武器从各方面反对诸侯、贵族、僧侣。而现在路德竟把这一武器掉转过来反对农民，他从圣经中拼凑了真正的赞美诗去歌颂那些由上帝委派的当权者，这是任何一个舔食专制君主残羹的臣仆从来没有能够做到的。神授君权、唯命是从，甚至农奴制度都由圣经认可了。在这方面，不仅农民起义，就连路德本人对教会权威和世俗权威的反抗活动也被全盘否定；这样，

---

① 《马克思恩格斯文集》第 2 卷，人民出版社 2009 年版，第 243 页。

路德不仅把下层人民的运动，而且连市民阶级的运动也出卖给诸侯了。"① 由于路德的阶级局限和思想短视，路德虽然创立了一个时代，却阻拦了更为革命的发展，并被这种革命所淘汰。

恩格斯对于闵采尔的评价则更加同情、更为支持和更为肯定。在闵采尔具有空想性质和宗教神秘主义色彩的政治理想中，恩格斯洞见到一个先进阶级、一种全新社会的必然出现。为此，恩格斯将闵采尔的思想评价为一种无产阶级运动的雏形、一种共产主义思想的萌生："这种武断的、但是很容易从平民集团的生活状况中得到解释的对于未来历史的预见，最初出现在德国，出现在托马斯·闵采尔和他那一派中。诚然，在塔博尔派那里已经存在过一种锡利亚式的财产公有制，但只是作为纯粹军事措施而存在的。直到闵采尔才用这种刚刚萌生的共产主义思想来表达一个现实的社会集团的要求，直到闵采尔才以一定的明确性把它表达出来；自闵采尔以来，民众在每一次动荡中都出现这种思想，直到它渐渐同现代无产阶级运动合流为止。"② 很显然，当时恩格斯的这种见解既大胆、又深刻。

为此，恩格斯对闵采尔的神学思想及理论探究也有颇为积极的评价："他在当时神学领域的渊博知识使他早就获得了博士学位，并取得了哈雷的一个女修道院神父助手的职位"，而且，他以"极端蔑视的态度"来对待传统教会的教义教规及其礼仪实践。为了探寻一条新的道路，闵采尔"研究的主要对象是中世纪神秘主义者，特别是卡拉布里亚人约雅敬撰写的论述锡利亚教义的著作。在闵采尔看来，约雅敬所宣告和描绘的千年王国以及对堕落教会和腐败世界的末日审判，随着宗教改革以及当时遍及各地的风潮而即将来临"③。这样，在传统基督教的认知模式中，闵采尔补入了全新的思想。他对路德发起的宗教改革运动积极支持，在其早期就曾"作为第一个宣讲新教教义的布道者前往茨维考"，由此而与"狂热的锡利亚教派中的一支"相

---

① 《马克思恩格斯文集》第 2 卷，人民出版社 2009 年版，第 244 页。
② 《马克思恩格斯文集》第 2 卷，人民出版社 2009 年版，第 239 页。
③ 《马克思恩格斯文集》第 2 卷，人民出版社 2009 年版，第 245 页。

遇，从而受到其颇为极端之教义思想的刺激和启迪。"这个教派就是再洗礼派，其领导者是尼克拉斯·施托尔希。他们宣称末日审判和千年王国的实现已为期不远"①，在对基督教"末日审判"和"千年王国"的重新审视和解读中，闵采尔开始有了自己的激进想法，他觉得需要一场更为暴猛的革命，以对反对落后的社会加以致命打击，从而迎来一个新时代。这样，他逐渐不满路德的改良和非暴力革命的观点，与之渐行渐远。虽然闵采尔与路德一样，其最初的攻击目标都是罗马教会，但闵采尔却主张采取更为激烈的行动。恩格斯评价说："当时闵采尔主要还是神学家；他所攻击的对象几乎还只是僧侣。但是，他却不像路德当时所做的那样，提倡平心静气的辩论与和平的进步，而是把路德早期那种激烈的布道继续下去，并号召萨克森诸侯和人民起来用武力对付罗马僧侣。"② 这种革命思想在诸侯贵族那儿显然不受欢迎，却得到来自基层民众的大力支持，其发起的革命运动也得到他们的积极参与。这样一来，"闵采尔的思想越来越犀利，也越来越果敢，于是他坚决地同市民阶级宗教改革分道扬镳，从此之后他就同时直接以政治鼓动家的姿态出现了"③。在时代的需求和底层民众的支持下，闵采尔没有退路而义无反顾，走到了历史变革时期的风口浪尖上。

尽管闵采尔发起的农民起义运动具有政治运动的性质，然其指导思想却仍然在基督教神学理论范围之内。所以，恩格斯看到了这场革命乃始于教会内部、神学理论界的革命，指出闵采尔的神学具有与传统决裂的激进性和革命性，"他的神学—哲学理论不仅攻击天主教的一切主要论点，而且也攻击整个基督教的一切主要论点。他利用基督教形式宣讲一种泛神论，这种泛神论同近代的思辨观点有着惊人的相似之处，有些地方甚至已经接近无神论。他既否认圣经是唯一的启示，也否认圣经是无误的启示。照他看来，真正的、生动活泼的启示是理性，这种启示曾经存在于一切时代和一切民族之

---

① 《马克思恩格斯文集》第 2 卷，人民出版社 2009 年版，第 245 页。
② 《马克思恩格斯文集》第 2 卷，人民出版社 2009 年版，第 246 页。
③ 《马克思恩格斯文集》第 2 卷，人民出版社 2009 年版，第 247 页。

中，而且现在依然存在。他认为，如果把圣经同理性对立起来，那就意味着以经文扼杀圣灵。因为圣经所宣讲的圣灵并不是我们身外的存在物；圣灵本来就是理性。信仰无非是理性在人身上的复苏，因此非基督徒同样可以有信仰。通过这种信仰，通过这种复苏的理性，人人可以有神性，人人可以升入天堂。因此天堂并不是什么彼岸世界的事物，天堂必须在此生中寻找，信徒的使命就是要把天堂即天国在人世间建立起来。既然无所谓彼岸的天堂，当然也就无所谓彼岸的阴间或地狱。同样，也就没有什么魔鬼，有的只是人的邪念和贪欲。基督同我们一样也曾是人，不过他是先知和师长，他的圣餐其实只是简单的纪念宴会，在宴会上大家享用的饼和酒并没有加入任何神秘的佐料"①。在此，恩格斯并没有把基督教及其神学思想看作不可改变的铁板一块，而是看到了其内在的变革、发展、进步。这对于我们客观、辩证、发展地评价基督教乃至整个宗教都具有非常重大的意义。我们不应该僵死地、孤立地、固定不变地、形而上学地看待基督教和一切宗教，而要辩证地、变化地看待有神论与无神论的关系，体悟恩格斯在这儿所讲的闵采尔的神学特别是其泛神论表述"已经接近无神论"之深刻意义。无神论并非凭空产生，在历史上也绝非与有神论泾渭分明、毫不相干。恰恰相反，无神论与有神论在历史发展中有着复杂的交织，一些无神论思想甚至是从有神论思想内部包括基督教神学思想体系内产生出现、与之断裂并嬗变而成的。所以，我们研究、论述无神论与有神论的关系及其对立，不能凭空、抽象而论，而必须结合一定历史史时期下一定社会形态中外部社会现状和内部神学发展来具体分析、准确评价。在对闵采尔神学思想的研究及评价上，恩格斯树立了一个正确研究、评价无神论与有神论关系及其意义上的范例。革命思想的兴起，无神论理论的产生，不可能脱离其时代及社会，而其表述形式也势必受到这种时空条件的影响。所以，"近代哲学曾经在一段时期里不得不以基督教辞令作掩饰，闵采尔宣讲上述这些教义也大半是以同样的基督教辞令为掩饰。但

---

① 《马克思恩格斯文集》第 2 卷，人民出版社 2009 年版，第 247 页。

他的著作到处都流露出他那极端异教的基本思想，可以看出，闵采尔对这件圣经外衣的态度远不像近代某些黑格尔门徒那样郑重。然而在闵采尔与近代哲学之间却相隔300年之久"①。在传统表述的形式下，闵采尔提出了全新的思想，故而远远超越了他所存在的时代。恩格斯对之有着高度评价：

> 闵采尔的政治理论是同他的革命的宗教观紧密相连的；正如他的神学远远超出了当时流行的看法一样，他的政治理论也远远超出了当时的社会政治条件。正如他的宗教哲学接近无神论一样，他的政治纲领也接近共产主义。……闵采尔的纲领，与其说是当时平民要求的总汇，不如说是对当时平民中刚刚开始发展的无产阶级因素的解放条件的天才预见。闵采尔虽然以基督教"早已预言的千年王国"这一表述为目标，所追求的却是"立即在人间建立天国"，从而把基督教的神学期望化为一种现实革命的理想。闵采尔所理解的天国不是别的，只不过是这样一种社会状态，在那里不再有阶级差别，不再有私有财产，不再有对社会成员而言是独立的和异己的国家政权。②

由此，闵采尔从宗教转向政治，把彼岸的追求变为现实的努力。当然，由于其构设远离现实条件之许可，闵采尔的这种政治理想仍然具有空想的性质，故而也只有以宗教形式才能找到其最恰当的表达方式。在此，我们可在恩格斯对闵采尔思想的分析中看到政治信仰与宗教信仰在信仰层面上的关联以及在实践层面上的区别，也可对我们科学考察政治信仰与宗教信仰的关系提供充分的思考空间。

当闵采尔走上其思想独立发展之路并推动发起了德国农民战争这一重

---

① 《马克思恩格斯文集》第2卷，人民出版社2009年版，第247页。
② 《马克思恩格斯文集》第2卷，人民出版社2009年版，第248页。

大历史实践之后，他与路德及其盟友就处于尖锐对立的地位。路德和梅兰希顿公开向闵采尔挑战，要求与之展开神学辩论。但闵采尔认为此时这种神学辩论已经毫无意义，故而不加搭理。恼羞成怒的"路德就以告发者的姿态公开出来反对闵采尔了"，"称闵采尔为撒旦的工具，要求诸侯采取措施"①。而闵采尔则走入民众，面向基层来发展革命。"在这期间，农民和平民中的鼓动热潮日益高涨，使得闵采尔的宣传工作进行得极为顺利。闵采尔把再洗礼派争取过来，作为宣传工作的极宝贵的代言人。这个教派本来没有确定成文的教义，他们只是通过反对一切统治阶级的共同立场，通过再洗礼的共同象征而结合起来的；他们在生活上力修苦行，在鼓动方面狂热不倦，勇敢无畏；这一派人日益紧密地团结在闵采尔周围。由于遭受种种迫害，他们居无定所，在整个德国到处漂泊，到处宣讲新的教义，因为闵采尔在这种教义中明确地表达了他们自身的需要和愿望。他们当中有无数的人遭受刑讯，被火焚，或死于其他酷刑之下，但是这些密使坚贞不屈；在人民的激情迅速高涨的过程中，他们的活动取得了无法估量的成就。"②这里，恩格斯完全是以一种赞扬无产阶级革命的口吻来评说闵采尔及其领导的这场革命，而且他指出闵采尔还已经"远远超出平民和农民的直接想法和要求，并且只从当时的革命队伍中挑选优秀分子组成一派，这一派既要站在他那样的思想高度，又要具有他那样的魄力"。但在积极肯定和评价之余，恩格斯也察觉了闵采尔这种脱离现实社会条件之举实际上也是铤而走险，并且不被大多数农民群众所理解。"这样一来，这一派就始终只占起义群众的极少数"了③。恩格斯对闵采尔思想的超前性十分感慨，提出"闵采尔是完全处于当时正式社会联系之外的那一阶级的代表人物，也就是初期无产阶级的代表人物，他在形势的推动下已经预感到共产主义必将实现"，当闵采尔预见到无产阶级革命和共产主义社会将会来临之际，现实社会却还只是处于从封建主义社会往资本主义

---

① 《马克思恩格斯文集》第 2 卷，人民出版社 2009 年版，第 251 页。
② 《马克思恩格斯文集》第 2 卷，人民出版社 2009 年版，第 252 页。
③ 《马克思恩格斯文集》第 2 卷，人民出版社 2009 年版，第 254 页。

社会的转型阶段，人们可能看到的也只是"近代资产阶级社会必将实现"①。

　　在德国农民战争中，恩格斯敏锐地发现这种早期类似"无产阶级"的革命运动通常会提出禁欲主义的要求。"在这个地方，也就是在运动的第一个先驱者这里，我们可以发现中世纪一切带着宗教色彩的起义以及近代任何无产阶级运动的初期都具有的那种禁欲主义。这种严格的禁欲主义的道德规范，这种摒弃一切人生享受和娱乐的要求，一方面是要针对统治阶级而确立斯巴达式的平等原则，另一方面又是一个必经的阶段，不经过这个阶段，社会的最底层是决不能发动起来的。社会的最底层要展示自己的革命毅力，要明确自己同其他一切社会成员处于敌对的地位，要使自己集结成一个阶级，就必须一开始就彻底抛弃自己身上还能同现存社会制度和平相处的一切；就必须放弃那些使深受压抑的生活有时尚堪忍受的一点点乐趣，放弃连最残酷的压迫也不能剥夺的一点点乐趣。这种平民的和无产阶级的禁欲主义，无论就它的粗犷狂热形式来看，还是就它的内容来看，都和市民阶级的、路德派的道德以及英国的清教徒（不同于独立派和更激进的各教派）所鼓吹的市民阶级禁欲主义大不相同；市民阶级禁欲主义的全部奥秘不过是市民阶级的节俭而已。"② 与市民阶级即早期资产阶级倡导"节俭"那种虚伪、表层的禁欲主义不同，这种早期无产阶级的禁欲主义则更为坚决，更加彻底。不过，恩格斯也担心这种"禁欲主义"过于极端会对革命运动反而不利，会因脱离实际、脱离群众而"失掉其革命性质"。

　　由于闵采尔所发动的德国农民战争远远超出了其时代所能满足或达到的要求，因此这场运动的失败在恩格斯看来也是意料之中的事情。恩格斯十分冷静地分析道："不仅当时的运动，就连他所生活的整个世纪，也都没有达到实现他自己刚刚开始隐约意识到的那些思想的成熟地步。他所代表的阶级刚刚处于形成阶段，还远远没有得到充分的发展，也远远没有具备征服和改

---

　　① 《马克思恩格斯文集》第 2 卷，人民出版社 2009 年版，第 294 页。
　　② 《马克思恩格斯文集》第 2 卷，人民出版社 2009 年版，第 255—256 页。

造整个社会的能力。他所幻想的那种社会变革，在当时的物质条件下还缺乏基础，这些物质条件甚至正在孕育产生一种同他所梦想的社会制度恰恰相反的社会制度。"① 既然闵采尔的思想太不符合实际需求，故而其社会实践也自然会如同孱弱的早产儿那样夭折。就是在理论探究层面上，恩格斯也认为基督教神学毕竟只是一种宗教教义的表述，不可能也不应该成为革命理论的表达，因此以之来指导社会实践则非失败不可。正如马克思在 1843 年时所言："当时，农民战争，这个德国历史上最彻底的事件，因碰到神学而失败了。"② 恩格斯在此对闵采尔的神学局限性也有相应的批评："他仍然不得不恪守自己一向宣讲的关于基督教平等以及按照新教精神实行财产公有的教义；他不能不为实现他的教义至少作一番尝试。"而他鼓动、发起群众革命的基本方式也主要是煽动"狂热"，"他在信件和传教中流露出一种革命的狂热情绪……他不断激起群众对统治阶级的仇恨，激发狂放不羁的热情，所用的完全是旧约中的先知表达宗教狂热和民族狂热的那种激烈的语调"③。这样，德国农民运动实质上不可能成为真正的无产阶级革命，而多为一种不现实的宗教狂热的表现。这种经验教训，也是恩格斯在研究德国农民战争时所强调的。

虽然闵采尔有着良好的动机，德国农民战争也顺应了底层民众的需求，但历史规律有其发展的轨迹和惯性，并不为人的主观意志所左右。由于闵采尔的思想过于超前，德国农民战争的诉求超出了其时代条件所允许的可能性，所以这一政治运动的结果乃欲速却不达，反而制约、阻碍了德国近代历史的发展。在德国农民战争使农民阶级与新生的市民阶级（资产阶级）两败俱伤的结局下，资本主义在德国的发展被延缓，而封建诸侯因此"捞到好处"而得以较长时间保护其分裂割据之状。除了农民阶级因起义失败而受到严重打击之外，恩格斯在此还分析了当时德国三大社会力量因农民战争而蒙受的损失，已经给整个德国的近代发展所带来的不利影响：首先是德国教会

---

① 《马克思恩格斯文集》第 2 卷，人民出版社 2009 年版，第 304—305 页。
② 《马克思恩格斯文集》第 1 卷，人民出版社 2009 年版，第 12 页。
③ 《马克思恩格斯文集》第 2 卷，人民出版社 2009 年版，第 305 页。

的僧侣阶层最为受挫。恩格斯说："遭受农民战争打击最大的是僧侣。他们的寺院和教堂被焚毁，他们的金银财宝被抢走……他们贮存的物资都耗尽了。……人民仇恨的怒火完全集中在他们身上。其他等级，即诸侯、贵族和市民阶级，甚至眼看高级教士陷入窘境成了众矢之的而暗中称快。农民战争普遍推广了将教会财产收归俗用以利农民的做法，而世俗诸侯以及一些城市则极力设法按照对他们最有利的方式将教会财产收归俗用，在新教各邦中，高级教士的产业很快就转入诸侯或名门望族手中。甚至连僧侣诸侯的权势也已受到侵犯，世俗诸侯则很善于从这方面去利用人民的仇恨。"[①] 其次，德国贵族也为此而破落，"贵族也同样受到沉重的打击。他们的城堡大半被毁，一些极其显赫的家族破落了，只有靠为诸侯效劳来维持生存"。最后，城市及其市民阶级的发展亦受阻。"整个看来，城市也没有从农民战争中得到什么好处。名门望族的统治几乎到处都重新得到巩固；市民阶级反对派很久都不能复原。"[②] 所以，恩格斯认为，"在这种情况下，唯一从农民战争的结局中捞到好处的是诸侯"[③]。在德国农民战争之后，遭受巨大破坏的德国社会元气大伤，很难短期内得以恢复。因此，德国虽然是欧洲近代宗教改革运动的发源地，并由此带来了整个欧洲社会的发展和转型，而德国社会本身却停滞不前，步履维艰，反倒落后于其他欧洲国家的发展。总结这一历史的经验教训，面对这一不可回避的历史辩证法之实际结果，恩格斯不得不沉痛地指出："德国分裂割据状态的加剧和巩固是农民战争的主要结果，同时也是农民战争失败的原因。"[④]

（三）恩格斯《反杜林论》中的宗教观

1876 年 5 月至 1878 年 6 月，恩格斯撰写了《反杜林论》这部重要著作，

---

① 《马克思恩格斯文集》第 2 卷，人民出版社 2009 年版，第 315 页。
② 《马克思恩格斯文集》第 2 卷，人民出版社 2009 年版，第 315 页。
③ 《马克思恩格斯文集》第 2 卷，人民出版社 2009 年版，第 316 页。
④ 《马克思恩格斯文集》第 2 卷，人民出版社 2009 年版，第 316—317 页。

旨在反驳杜林的错误思想，由此而系统地阐述了马克思主义理论体系的基本观点，同时亦对马克思主义宗教观有着深入、系统的说明。该书最初是以系列论文的方式自 1877 年 1 月以来在德国社会民主党中央机关报《前进报》上陆续发表，并在 1877 年 7 月首次以单行本形式在莱比锡出版，引起了当时欧洲理论界的强烈反响。

恩格斯首先肯定了闵采尔及其领导的德国农民战争的历史政治意义，由此揭示出在欧洲社会发展中宗教现状与政治处境的交织及互动，并发现在这种宗教改革的纵深发展中有着无产阶级革命运动的最初意蕴。在欧洲资本主义社会发展的初期，作为资产阶级掘墓人的无产阶级亦开始悄然登场，并有着众多的社会表现和相应的理论发展。此乃恩格斯极为精辟之见，他为此还举例说，"在每一个大的资产阶级运动中，都爆发过作为现代无产阶级的发展程度不同的先驱者的那个阶级的独立运动。例如，德国宗教改革和农民战争时期的托马斯·闵采尔派，英国大革命时期的平等派，法国大革命时期的巴贝夫。伴随着一个还没有成熟的阶级的这些革命暴动，产生了相应的理论表现；在 16 世纪和 17 世纪有理想社会制度的空想的描写，而在 18 世纪已经有了直接共产主义的理论"①。这里，恩格斯开始追溯、勾勒和描述共产主义理论在欧洲的形成，并以此说明共产主义在欧洲并不是凭空产生的，而是基于其丰富的思想资源才得以脱颖而出，其中也吸纳而不是排斥了基督教的精神资源。所以说，在思想发展上没有任何纯而又纯的独立发展，而是反映出一道吸纳、改造、重构、扬弃的变革轨迹。恩格斯所处时代的共产主义思潮与欧洲宗教精神资源的这种曲折联系，有助于我们整体性、发展性、辨证性地看待宗教问题。

闵采尔所发动的德国农民战争，在其政治理想追求上显然具有乌托邦性质。其实，乌托邦在人类思想理论和社会实践的历史上多次出现。恩格斯在此以基督教所追求的"平等"为例，对这一人类所憧憬的理想追求进行了分

---

① 《马克思恩格斯文集》第 9 卷，人民出版社 2009 年版，第 20—21 页。

析："基督教只承认一切人的一种平等，即原罪的平等，这同它曾经作为奴隶和被压迫者的宗教的性质是完全适合的。此外，基督教至多还承认上帝的选民的平等，但是这种平等只是在开始时才被强调过。在新宗教的最初阶段同样可以发现财产共有的痕迹，这与其说是来源于真正的平等观念，不如说是来源于被迫害者的团结。僧侣和俗人对立的确立，很快就使这种基督教平等的萌芽也归于消失。——日耳曼人在西欧的横行，逐渐建立了空前复杂的社会的和政治的等级制度，从而在几个世纪内消除了一切平等观念，但是同时使西欧和中欧卷入了历史的运动，在那里第一次创造了一个牢固的文化区域，并在这个区域内第一次建立了一个由互相影响和互相防范的、主要是民族国家所组成的体系。这样就准备了一个基础，后来只是在这个基础上才有可能谈人的平等和人权的问题。"① 所谓宗教层面上所言之"平等"，说明这一宗教表达了社会底层民众的迫切需求。这里，恩格斯对基督教的社会结构发展、演变有着历史性审视和客观的分析，指出早期基督教会具有贫民性质，是被压迫者的运动，故此会以追求"平等"来表达自己的生存诉求，希望能改变其社会处境。但基督教后来却由被压迫者的宗教演变为统治者的宗教，其追求的"平等"不仅没能在社会上实现，甚至连在教会内部也成为没有实现的奢望；其教阶等级制的出现与其原初对"平等"的追求相距甚远。所以，这种宗教所言的"平等"实际上只是一种乌托邦空想。而真正的"平等"则需要人们在现实社会中不断去努力争取，它并非会突然降临的"永恒的真理"，而是历史逐渐进步发展的结果。恩格斯因此说："可见，平等的观念，无论以资产阶级的形式出现，还是以无产阶级的形式出现，本身都是一种历史的产物，这一观念的形成，需要一定的历史条件，而这种历史条件本身又以长期的以往的历史为前提。所以，这样的平等观念说它是什么都行，就不能说它是永恒的真理。"② 人们不能满足于对"平等"的奢谈或坐等，不应该

---

① 《马克思恩格斯文集》第 9 卷，人民出版社 2009 年版，第 109—110 页。

② 《马克思恩格斯文集》第 9 卷，人民出版社 2009 年版，第 113 页。

将之变为一种宗教的空想，而只能在历史中创造这样的条件，以历史的进步来促成其实现。

恩格斯在批驳杜林抽象地反对宗教、主张"把宗教消灭"的错误思想时，认为宗教曲折地反映了人类现实生活，宗教的起源、发展与消亡有自身的发展规律，而且其本质与社会发展规律密切关联。因此，杜林认为"不能静待宗教这样自然地死亡"，要人为地去消灭宗教，这是完全违背历史规律的。这里，恩格斯提出了马克思主义关于宗教的最经典表述："一切宗教都不过是支配着人们日常生活的外部力量在人们头脑中的幻想的反映，在这种反映中，人间的力量采取了超人间的力量的形式。"[①] 此后不少人都将这一表述视为马克思主义关于宗教的标准定义，认为其中基本涵括了宗教的几大关键要素：其一，"支配着人们日常生活的外部力量"是宗教的基本信仰观念，表达了宗教神明观的基本要素；其二，以"幻想的反映"、以"超人间的力量"来反映这种信仰观念，说明了宗教的独特表现形式，展示了宗教的思维模式、认知方法，这就凸显了宗教敬拜的本质要素；其三，"支配着人们日常生活"的本为"人间的力量"、自然的力量，而在宗教中却被视为"超人间"、超自然的力量的形式，揭示出宗教将客观存在的"外部力量"异化为神秘力量、幻想对象的途径和方式，披露了宗教异化之本质要素。必须看到，恩格斯在此并没有以一种学究的方式来给宗教专门下定义，而是在其行文过程中非常自然地论及这一问题，其中主要是从人的主体认识意义上论及宗教中的信仰对象（神明观）、信仰方式（实践观）和信仰性质（异化观），因此，恩格斯这里并没有专门从社会现象尤其是社会组织体系结构意义上来论宗教，而主要是认识论意义上的宗教界说。当然，恩格斯在论及"支配着人们日常生活的外部力量""人间的力量"时，实质上已经含蓄地、间接地触及宗教也是人对其社会存在状况的反映这一点，表达了宗教有着对其社会存在处境的依属这种关系。这种宗教模式虽然是"在人们头脑中的幻想的反映"，其

---

① 《马克思恩格斯文集》第 9 卷，人民出版社 2009 年版，第 333 页。

反映的内容却不应该在"人们的头脑中"去找寻。宗教、哲学等思想、意识方式都不是找寻社会原因的正确场景。对此，恩格斯明确指出："所以，一切社会变迁和政治变革的终极原因，不应当到人们的头脑中，到人们对永恒的真理和正义的日益增进的认识中去寻找，而应当到生产方式和交换方式的变更中去寻找；不应当到有关时代的哲学中去寻找，而应当到有关时代的经济中去寻找。对现存社会制度的不合理性和不公平，对'理性化为无稽，幸福变成苦痛'的日益觉醒的认识，只是一种征兆，表示在生产方法和交换形式中已经不知不觉地发生了变化。适合于早先的经济条件的社会制度已经不再同这些变化相适应了。同时这还说明，用来消除已经发现的弊病的手段，也必然以或多或少发展了的形式存在于已经发生变化的生产关系本身中。这些手段不应当从头脑中发明出来，而应当通过头脑从生产的现成物质事实中发现出来。"[1] 只能从社会存在中找寻宗教存在的原因，这是马克思主义经典作家表达得再明白不过的关键之点。任何脱离社会现实、不顾社会存在而空谈宗教的运行机制做法，都是违背马克思主义这一基本立场和方法的。

　　什么是影响宗教反映的"外部力量"？恩格斯进而有着具体分析，其中包括对"自然力量"和"社会力量"的区分与比较，对"自发宗教"和"人为宗教"之发展、变化的勾勒与说明。这样，在恩格斯的思路中，宗教从原始宗教发展到文明宗教、从多神教升华到一神教的进化演变路径清晰可辨，一目了然。在早期宗教学关于宗教起源之"宗教进化论"与"宗教退化论"之争中，恩格斯的观点显然是倾向"宗教进化论"的。恩格斯说："在历史的初期，首先是自然力量获得了这样的反映，而在进一步的发展中，在不同的民族那里又经历了极为不同和极为复杂的人格化。根据比较神话学，这一最初的过程，至少就印欧语系各民族来看，可以一直追溯到它的起源——印度的吠陀，以后又在印度人、波斯人、希腊人、罗马人、日耳曼人中间，而且就材料所及的范围而言，也可以在凯尔特人、立陶宛人和斯拉夫人中间得

---

　　① 《马克思恩格斯文集》第 9 卷，人民出版社 2009 年版，第 284 页。

到详尽的证明。但是除自然力量外，不久社会力量也起了作用，这种力量和自然力量本身一样，对人来说是异己的，最初也是不能解释的，它以同样的表面上的自然必然性支配着人。最初仅仅反映自然界的神秘力量的幻想的形象，现在又获得了社会的属性，成为历史力量的代表者。在更进一步的发展阶段上，许多神的全部自然属性和社会属性都转移到一个万能的神身上，而这个神本身又只是抽象的人的反映。这样就产生了一神教，从历史上说它是后期希腊庸俗哲学的最后产物，并在犹太的独一无二的民族神雅赫维身上得到了体现。"① 恩格斯在这里以历史唯物主义、辩证唯物主义的思想方法阐述了宗教的起源与发展的历史进程，并且关注到当时刚刚兴起的西方宗教学（由研究比较神话学的专家麦克斯·缪勒于 1873 年发表《宗教学导论》而奠立）的基本理论，甚至还批评了其比较神话学在论及"神的形象"时仅仅关注到"自然力量"而没有看到"社会力量"这一重大缺陷。恩格斯所强调的，则是宗教从最初在原始社会所反映的自然属性，逐渐过渡到在阶级社会所反映的社会属性这一发展变化，从而突出了从社会层面来观察、研究宗教这一根本立场。

在恩格斯的论述中，特别注意到社会异化对宗教存在及其反映的决定作用。正因为有着社会之颠倒，才出现宗教这种颠倒的反映，社会异化导致人的异化，故有宗教这种异化形式。在当时恩格斯所能观察到的社会存在中，社会异化以及人被异化基本乃世界历史之常态，所以其认知宗教的基点在于社会的异化，认为宗教正是这种社会异化的反映，并且是代表着这种异化的最典型形式。恩格斯指出："在这个适宜的、方便的和普遍适用的形式中，宗教可以作为人们对支配着他们的异己的自然力量和社会力量的这种关系的直接形式即感情上的形式而继续存在，只要人们还处在这种力量的支配之下。"② 而且，这种社会异化在资本主义社会中则更为凸显，更加严重。"我们

---

① 《马克思恩格斯文集》第 9 卷，人民出版社 2009 年版，第 333—334 页。
② 《马克思恩格斯文集》第 9 卷，人民出版社 2009 年版，第 334 页。

已经不止一次地看到，在目前的资产阶级社会中，人们就像受某种异己力量的支配一样，受自己所创造的经济关系、自己所生产的生产资料的支配。因此，宗教反映活动的事实基础就继续存在，而且宗教反映本身也同这种基础一起继续存在。即使资产阶级经济学对这种异己力量的支配作用的因果关系有一定的认识，事情并不因此而有丝毫改变。资产阶级经济学既不能制止整个危机，又不能使各个资本家避免损失、负债和破产，或者使各个工人避免失业和贫困。"①恩格斯还非常冷静地说明，尽管人们已经认识到这种社会异化现象，却不可能马上摆脱异化、消除异化；因为社会异化的消失、社会人际关系的理顺，需要相应的物质经济条件，有其必然的历史进程，此即我们所论及的"长期性"问题。宗教作为对社会异化关系的反映会长期存在，只有等到社会关系正常化、社会异化消失，宗教作为反映社会异化的形式才可能消失。由此可见，宗教作为社会反映，也势必随社会的变化而变化，不可能一成不变；社会异化的排除是渐进的过程，不可能突然达到；因此宗教的这种反映也会在渐进中发生相应的变化，也不可能就突然消失。

　　恩格斯的这种认知思路，或许对我们审视社会主义时期的宗教亦有启迪作用。社会主义处于从资本主义到共产主义的过渡阶段，其特点是已在消除资本主义的存在形式，但还没有达到共产主义社会的那种理想完善。因此，在社会主义社会中亦有异化，但异化在逐渐减少，社会关系在向理想中的正常化发展；而社会主义时期的宗教所反映的不应该仍然是资本主义的社会，因而其反映随社会变化而变化也是必然的，我们不应该否认这种渐变的积极意义。如果仍以对资本主义、封建主义社会的传统观念来看待宗教在社会主义社会的反映，显然有着时空错位的不妥，没有做到实事求是，由此也不可能正确、客观地界说宗教。社会主义时期的宗教反映会有积极的变化，不再是纯为消极或负面的因素，这也是历史的辩证法。当然，这是一个非常漫长的过程，包括社会主义历史时期的发展，所以我们对宗教存在的长期性也应

①　《马克思恩格斯文集》第9卷，人民出版社2009年版，第334页。

该客观、冷静地对待。

恩格斯于此已经论及宗教消亡的问题，而且在其所处的资本主义发展时期所达到的认识，则明显说明人类社会还远没有达到消除宗教异化、即宗教本身消亡的可能。恩格斯对之说得非常清楚："现在还是这样：谋事在人，成事在神（即资本主义生产方式的异己力量的支配作用），仅仅有认识，即使这种认识比资产阶级经济学的认识更进一步和更深刻，也不足以使社会力量服从于社会的支配。为此首先需要有某种社会的行动。当这种行动完成的时候，当社会通过占有和有计划地使用全部生产资料而使自己和一切社会成员摆脱奴役状态的时候（现在，人们正被这些由他们自己所生产的、但作为不可抗拒的异己力量而同自己相对立的生产资料所奴役），当谋事在人，成事也在人的时候，现在还在宗教中反映出来的最后的异己力量才会消失，因而宗教反映本身也就随着消失。理由很简单，因为那时再没有什么东西可以反映了。"[①] 所以，恩格斯不主张将精力和思考放在宗教消亡的问题上，而是强调应该集中精力、专门思考社会改造、社会发展、社会进步的问题。社会的发展是"硬道理"，推进社会建设发展则是"硬任务"。我们所面对并需要考虑的，并不是如杜林那样费心琢磨如何"把宗教消灭"或找到加快宗教消亡之途；相反，我们的主要且根本的任务，是努力展开社会建设、推动社会发展，从而能够真正使人"成为自己的社会结合的主人"，"成为自然界的主人，成为自身的主人——自由的人"[②]。

根据"否定之否定"这一历史辩证法的思路，恩格斯不把唯物主义与唯心主义思想、无神论与有神论截然分离，而是结合二者并超越二者来思考，看到其历史关联及相互转变。仅就西方历史的发展而言，恩格斯指出："古希腊罗马哲学最初是自发的唯物主义。从这种唯物主义中产生了唯心主义、唯灵论，即唯物主义的否定，它先是采取灵魂和肉体对立的形式，后来又

---

① 《马克思恩格斯文集》第 9 卷，人民出版社 2009 年版，第 334 页。
② 《马克思恩格斯文集》第 9 卷，人民出版社 2009 年版，第 398 页。

采取灵魂不死说和一神教的形式。这种唯灵论借助基督教普遍地传播开来。对这种否定的否定就是古代唯物主义在更高阶段上的再现，即现代的唯物主义，它和过去相比，是以科学社会主义为其理论成果的。"① 由此而论，我们理应辩证地、发展地看待唯物或唯心、无神与有神的认知关系；僵化、绝对、教条地看待唯物主义，也就可能滑向唯心主义；固定、绝对地抬高无神论，或许也会将之变为有神论。恩格斯对我们的警示和警醒作用，给我们今天认识宗教与无神论问题，提供了一盏明灯，照亮了认知之途。

（四）恩格斯《布鲁诺·鲍威尔和原始基督教》中的宗教观

恩格斯从其研究宗教的早期时代开始，就非常关注原始（早期）基督教问题，并且长期观察、追踪并评论布鲁诺·鲍威尔等人对原始基督教及《圣经》的研究。由于布鲁诺·鲍威尔的逝世，触发了恩格斯的相关感想，于是于 1882 年 4 月撰写了此文，并在同年 5 月份发表于《社会民主党人报》第 19、20 号。

关于宗教的产生，一直是人们所关注的问题。西方社会对宗教的出现特别是西方主流宗教基督教的出现，在历史上曾有过多种评说。而自欧洲近代出现法国战斗的无神论和启蒙运动以来，则开始流行宗教的产生乃"骗子加傻子"之结果的说法。这种认知在鲍威尔等人那里亦有新的进展。那么，究竟应该如何回答这一复杂问题？恩格斯在这篇文章中通过回应、总结鲍威尔的观点，深刻阐述了其历史唯物主义的解释。恩格斯在此首先点出，"从中世纪的自由思想者到 18 世纪的启蒙学者中间"通行着"认为一切宗教，包括基督教在内，都是骗子的捏造"② 的说法；对此，恩格斯认为，不能简单地、随意地谈论宗教具有欺骗性这种说法，而必须从这种认知的表层深入下去，找出其真相，做出客观、准确的回答。所以，恩格斯回应说："事情很

① 《马克思恩格斯文集》第 9 卷，人民出版社 2009 年版，第 357 页。
② 参见《马克思恩格斯文集》第 3 卷，人民出版社 2009 年版，第 591 页。

清楚，自发的宗教，如黑人对物神的膜拜或雅利安人共有的原始宗教，在它们产生的时候，并没有欺骗的成分，但在以后的发展中，僧侣的欺诈很快就成为不可避免的了。至于人为的宗教，虽然充满着虔诚的狂热，但在其创立的时候，便少不了欺骗和伪造历史，而基督教，正如鲍威尔在考证新约时所指出的，也一开始就在这方面做出了可观的成绩。但这只是指出了一般现象，并没有说明这里所要谈的具体情况。"①

要真正说明相关宗教问题的具体情况，揭示事物的内在本真，则需要根据历史事实来全面地、辩证地分析和阐释事物及其包围着它的社会整体结构。恩格斯指出："对于一种征服罗马世界帝国，统治文明人类的绝大多数达 1800 年之久的宗教，简单地说它是骗子凑集而成的无稽之谈，是不能解决问题的。只有根据宗教借以产生和取得统治地位的历史条件，去说明它的起源和发展，才能解决问题。对基督教更是这样。这里要解决的问题是：为什么罗马帝国的民众，在一切宗教中特别爱好这种还是由奴隶和被压迫者所宣扬的无稽之谈，以致野心勃勃的君士坦丁最后竟认为接受这种荒诞无稽的宗教，是自己一跃而为罗马世界独裁者的最好手段？"② 在回答这一问题时，恩格斯对鲍威尔等人的研究进行了认真梳理，同意他们否认"把福音书的记载完全当做历史的记述"的看法，而且也赞同他们对以往一些说法"非科学性"的见解。不过，恩格斯进而认为，透过圣经所记载的"非历史性"表面文字，仍可以从中找出其隐藏的历史真实性。一方面，恩格斯肯定鲍威尔的研究具有一定的合理性，值得人借鉴和深入思考。"既然福音书的全部内容中几乎绝对没有一件事情是可以证实的历史事实，以致连耶稣基督在历史上是否实有其人也可以认为是成问题的，鲍威尔就扫清了解决下述问题的基地：在基督教中被联结成了一种体系的那些观念和思想，是从哪里来的，而且是怎样取得世界统治地位的？"③ 另一方面，恩格斯则认为具有"神话"、象

---

① 《马克思恩格斯文集》第 3 卷，人民出版社 2009 年版，第 591—592 页。
② 《马克思恩格斯文集》第 3 卷，人民出版社 2009 年版，第 592 页。
③ 《马克思恩格斯文集》第 3 卷，人民出版社 2009 年版，第 592 页。

征的圣经表述之"非历史性"，却可启发人们去找寻圣经背景之文化真实及其历史真相，尤其是可从原始基督教的渊源中找出希伯来、希腊文化的真实性以及其在希腊化时代的交织与共构。为此，恩格斯指出鲍威尔发现"公元40年还以高龄活着的亚历山大里亚的犹太人斐洛是基督教的真正父亲，而罗马的斯多亚派的塞涅卡可以说是基督教的叔父"① 代表着他"最卓越的研究成果"。从鲍威尔的研究中，恩格斯进而分析出基督教得以起源的社会背景及其历史文化背景，特别是当基督教作为希伯来文化与希腊文化之结合以后在罗马帝国时期所代表的人群、阶层之微妙变化："在斐洛名下流传到现在的许多著作，实际上是讽喻体的理性主义的犹太传说和希腊哲学特别是斯多亚派哲学的混合物。西方观点和东方观点的这种调和，已经包含着本质上是基督教的全部观念——人的原罪、逻各斯（这个词是神所有的并且本身就是神，它是神与人之间的中介）、不是通过供奉牺牲而是通过把自己的心灵奉献给神来进行忏悔，最后还有以下的本质特点，即新的宗教哲学倒转了从前的世界秩序，它在穷人、受苦受难的人、奴隶和被排斥的人中寻找信徒，蔑视有钱人、有势力的人和有特权的人，因而也就有蔑视一切尘世享乐和禁止肉欲的规定。"② 恩格斯在此从两大层面剖析了原始基督教的意义：一是其在文化传承上对犹太宗教和古希腊罗马文化的有机吸纳，由此形成其思想精神传统；二是其在社会存在上由基层民众所代表，故而成为穷人和被压迫者的运动。而鲍威尔思想认识的不足，就在于他虽然看出并指明了原始基督教的这种思想传承，却没有重视其社会存在形式及其意义。而从社会需求意义上来看，基督教则不可能是由斐洛所创立，因此鲍威尔所谓"斐洛是基督教的真正父亲"之说就大大打了折扣。根据历史唯物主义的观点，宗教首先是一种社会存在，从根本上所反映的是社会群众运动，宗教所表现的思想理论运动不过是对这种社会群众运动的反映而已。所以，恩格斯说："宗教是由那

---

① 《马克思恩格斯文集》第 3 卷，人民出版社 2009 年版，第 593 页。
② 《马克思恩格斯文集》第 3 卷，人民出版社 2009 年版，第 593 页。

些本身感到宗教的需要，并且懂得群众对宗教的需要的人创立的，而那些组成学派的哲学家通常不是这样。"① 宗教的产生源自社会需求，而相应的宗教思想理论也是因顺应这种社会需求才得以创立。

不过，宗教思想或哲学思潮并非毫无意义；相反，其出现也是相关社会的产物。宗教运动和哲学思潮尤其在社会解体或社会转型的独特历史时期容易发生。而且，在这种关键时期也容易出现不同思潮的发展，出现原本一种宗教或思潮内发生分裂、导致分道扬镳的现象。恩格斯说："在总解体的时期（例如现在还是这样），我们看到哲学和宗教教义都以粗俗的形式被庸俗化，并且得到广泛传播。如果说希腊古典哲学的最终形式（尤其是伊壁鸠鲁学派）发展为无神论的唯物主义，那么希腊的庸俗哲学则发展为一神论和灵魂不死说。犹太教也是这样。它在同外族人和半犹太人的混合和交往中理性主义地庸俗化了，忽视了法定的仪式，把过去犹太人独有的民族神雅赫维变为唯一的真神——天地的创造主，并且接受了原先同犹太教格格不入的灵魂不死说。这样，一神论的庸俗哲学就和庸俗宗教相遇了，后者为前者提供了现成的唯一的神。这就为犹太人准备了基地，使他们在吸收同样庸俗化了的斐洛派的观念以后，能够创立基督教，而且基督教一经创立，也就能够为希腊人和罗马人所接受。"② 这里，恩格斯阐述了无神论、一神论、犹太教和基督教的产生，以及它们得以存在的理由和被群众接受的原因。与鲍威尔的看法不同，恩格斯不仅观察到基督教的产生对犹太教思想的继承，而且更强调了其与犹太教的不同："基督教起源于通俗化了的斐洛派的观念，而不是直接产生于斐洛的著作，可以证明这一点的是：新约几乎完全忽略了斐洛著作的主要部分，即忽略了旧约记述的那种讽喻式的哲理解释。这是鲍威尔没有充分注意到的一个方面。"③ 恩格斯在这种研究中体现出很高的学术水平，他在分析犹太教与基督教的神名发生的演变时还专门论及德国学者埃瓦尔德在

---

① 《马克思恩格斯文集》第 3 卷，人民出版社 2009 年版，第 593 页。
② 《马克思恩格斯文集》第 3 卷，人民出版社 2009 年版，第 593—594 页。
③ 《马克思恩格斯文集》第 3 卷，人民出版社 2009 年版，第 594 页。

《以色列民族史》（1864 年格丁根第 3 版）著作中的重大发现："埃瓦尔德已经证明，犹太人在注有元音和发音符号的手稿中，在雅赫维（Jahweh）这个忌讳说出的名字的福音底下，写上了这个名字的代称阿特乃（Adonai）一词中的元音。后来的人就把它读成耶和华（Jehovah）。可见，这个词不是某位神的名字，而只是一个重大的语法错误，因为在希伯来语中根本就不可能有这个词"①。当基督徒们仍很习惯将其神名读成"耶和华"时，恩格斯则已点出了其神名发音嬗变的奥妙。

　　至于原始基督教与犹太教的区别，恩格斯指出其与基督教诞生时的社会背景及其思想背景之关联："基督教的最初形态究竟是什么样子，读一读所谓约翰启示录就可以有一个概念。粗野的混乱的狂热，教义还处在萌芽时期，所谓基督教道德只有禁止肉欲这一条，相反，幻想和预言却很多。教义和伦理学是在较晚时期形成的，那时福音书和所谓使徒书信已经写成。其中不客气地利用了斯多亚派哲学，特别是塞涅卡哲学——至少在训诫方面是这样。鲍威尔已经证明，使徒书信常常一字不差地抄袭塞涅卡。实际上，这件事情正统的基督徒也已经看到了，不过他们硬说塞涅卡抄袭了当时还没有编写成的新约。教义一方面是在同正在形成的关于耶稣的福音传说的联系中，另一方面是在犹太裔基督徒和非犹太裔基督徒之间的斗争中发展起来的。"②恩格斯在一定程度上肯定了鲍威尔的分析，但更多强调了基督教得以产生的社会变迁之背景，以及在这种变迁中不同宗教的态度与选择。正是在这种社会分化中，基督教虽然产生于犹太教却又脱离了犹太教，故有恩格斯关于"基督教是犹太教的私生子"③之说。

　　不过，鲍威尔因其认知局限而对基督教在罗马帝国的存在及其后来所获得的国教地位"不能作明晰的观察和精确的说明"。而恩格斯则以更为宽广的视域来观察分析罗马帝国在基督教产生时期的经济、社会和政治状况，看

---

① 参见《马克思恩格斯文集》第 3 卷，人民出版社 2009 年版，第 594 页注一。
② 《马克思恩格斯文集》第 3 卷，人民出版社 2009 年版，第 594—595 页。
③ 《马克思恩格斯全集》第 38 卷，人民出版社 1972 年版，第 27 页。

到罗马帝国在征服、吞并异国异族的同时，也带来了其自身内在结构的分化和变化，因而在已称为"罗马帝国"的广大地域里出现了原有政体及其制度的解体和消亡。"罗马的占领，在所有被征服的国家，首先直接破坏了过去的政治秩序，其次也间接破坏了旧有的社会生活条件。"① 而与其经济、社会状况的剧变相关联的，则是人们思想观念和精神需求的变化，这在基层民众中尤为突出，"同普遍的无权地位和对改善现状的可能表示绝望的情况相适应的，是普遍的意志消沉和精神颓废"②。社会阶层在社会动荡中出现分化、重组，而随着以往上流社会的崩塌、社会地位的改变，整个社会乃至其思想意识都出现了消沉之势，原有宗教亦遭毁灭。恩格斯描述了当时社会变革带来的巨大变化，指出："罗马帝国在消灭各民族政治和社会独特性的同时，也消灭了他们独特的宗教。古代一切宗教都是自发的部落宗教和后来的民族宗教，它们从各民族的社会条件和政治条件中产生，并和这些条件紧紧连在一起。宗教的这种基础一旦遭到破坏，沿袭的社会形式、传统的政治设施和民族独立一旦遭到毁灭，那么从属于此的宗教自然也就会崩溃。本民族神可以容许异民族神和自己并立（这在古代是通常现象），但不能容许他们居于自己之上。东方的祭神仪式移植到罗马，只损害罗马宗教，但不能阻止东方宗教的衰落。民族神一旦不能保卫本民族的独立和自主，就会自取灭亡。"③ 恩格斯在此精辟地阐明了古代社会民族神与其民族兴亡的紧密关联，揭示出社会存在对宗教信仰的直接影响。与社会的颓败相呼应的，则是人们感到"现状不堪忍受，未来也许更加可怕。没有任何出路。悲观绝望，或从最猥鄙的感官享乐中寻求解脱——至少有可能让自己这样做的那些人是如此，可是这只是极少数人。其余的人就只好俯首帖耳地服从于不可避免的命运"④。在对现实社会的绝望中，则会出现具有"幻想反映"的对彼岸世界的空想、

① 《马克思恩格斯文集》第3卷，人民出版社2009年版，第595页。
② 《马克思恩格斯文集》第3卷，人民出版社2009年版，第596页。
③ 《马克思恩格斯文集》第3卷，人民出版社2009年版，第597页。
④ 《马克思恩格斯文集》第3卷，人民出版社2009年版，第598页。

盼望。于是，"在各阶级中必然有一些人，他们既然对物质上的得救感到绝望，就去追寻灵魂得救来代替，即追寻思想上的安慰，以免陷入彻底绝望的境地"。而且，陷于绝望之境的人们在此并不需要"哲学的慰藉"，而更想得到宗教的安抚。"这样的安慰既不是斯多亚学派，也不是伊壁鸠鲁学派所能提供的……安慰不是要代替那失去了的哲学，而是要代替那失去了的宗教，它必须以宗教形式出现，当时甚至直到 17 世纪，一切能够打动群众的东西莫不如此。"① 所以，基督教在当时的历史处境中遂应运而生，"正是在这经济、政治、智力和道德的总解体时期，出现了基督教"。基督教满足了当时罗马帝国各民族民众的精神需求，而与以往以单一民族为根基的宗教截然不同，即使其由各族神灵集合而成的"万神庙"也不能起到真正的整合作用，缺乏一种整体的观念及气势，只有打破了民族之界限的基督教才能担当此任，因而也势必"和以前的一切宗教发生了尖锐的对立"②。基督教在大浪淘沙的多元整合时代以一种全新的宗教形式顺应了时势，从而逐渐淘汰了古代民族宗教。

在这部著作中，恩格斯进而具体分析了古代宗教的衰落和基督教的崛起：

第一，古代宗教有其民族和地域的局限，在多民族共聚的罗马帝国已不适应其代表单一民族或局部地区的发展形态。恩格斯指出，这些古代宗教因其"造成隔绝的仪式"而不能融入罗马帝国这样具有国际性、跨民族及跨地域性的社会。"在以前的一切宗教中，仪式是主要的事情。只有参加祭祀和巡礼，在东方还须遵守十分烦琐的饮食和洁净方面的清规，才能证明自己的教籍。罗马和希腊在后一方面是宽容的，而在东方则盛行着一套宗教戒律，这在不小程度上促使它终于崩溃。属于两种不同宗教的人（埃及人、波斯人、犹太人、迦勒底人等等）不能共同饮食，不能共同进行日常活动，几

---

① 《马克思恩格斯文集》第 3 卷，人民出版社 2009 年版，第 598 页。

② 《马克思恩格斯文集》第 3 卷，人民出版社 2009 年版，第 598 页。

乎不能交谈。人与人之间的这种隔绝状态，是古代东方衰落的很大一部分原因。"① 与之相比，"基督教没有造成隔绝的仪式，甚至没有古典世界的祭祀和巡礼。这样一来，由于它否定一切民族宗教及其共有仪式，毫无差别地对待一切民族，它本身就成了第一个可行的世界宗教，犹太教由于有新的万能的神，原也有成为世界宗教的趋势。但是以色列子女在信徒和行割礼的人中，依然保持着贵族身份。连基督教也必须先打破关于犹太裔基督徒的优越地位的观念（这种观念在所谓约翰启示录中仍很流行），才能变成真正的世界宗教。另一方面，伊斯兰教由于保持着它的特殊东方仪式，它的传播范围就局限在东方以及被征服的和由阿拉伯贝都因人新垦殖的北非。在这些地方它能够成为主要的宗教，而在西方却不能"②。恩格斯以其世界宗教的宽阔视野和对罗马帝国社会处境的深刻洞见，对基督教当时的成功加以了令人信服的说明，指出基督教作为一种"世界宗教"而与古代各种民族宗教区别开来。也正因为如此，所以罗马帝国才会最后选定基督教为国教，并下令禁止其他古代民族宗教。

第二，当时基督教问世时乃采取了面向底层、关注劳苦大众的姿态，给在苦难深重之中挣扎的民众一种"精神解脱"。这种灵性安慰对于在现实生活中看不到希望的人们无疑是非常及时的"心灵鸡汤"，满足了在绝望中的民众如饥似渴的精神要求，故而一下子就取得了巨大成功。恩格斯说："基督教拨动的琴弦，必然会在无数人的心胸中唤起共鸣。人们抱怨时代的败坏、普遍的物质匮乏和道德沦丧。对于这一切抱怨，基督教的罪孽意识回答道：事情就是这样，并且只能是这样，世界的堕落，罪在于你，在于你们大家，在于你和你们自己内心的堕落！……承认每个人在总的不幸中都有一份罪孽，这是无可非议的，这种承认也成了基督教同时宣布的灵魂得救的前提。并且，这种灵魂得救被安排得使每个旧宗教团体的成员都易于理解。一

---

① 《马克思恩格斯文集》第 3 卷，人民出版社 2009 年版，第 598—599 页。
② 《马克思恩格斯文集》第 3 卷，人民出版社 2009 年版，第 599 页。

切旧宗教都熟悉献祭赎罪这一观念，它能使被亵渎的神怒气冰释。那么，一位中间调停人牺牲自己永远赎清人类罪孽的观念，怎么会不容易获得地盘呢？这样，由于基督教把人们的普遍堕落罪在自己这一普遍流行的感觉，明白地表现为每个人的罪孽意识；同时，由于基督教通过它的创始人的牺牲，为普遍渴求的摆脱堕落世界而获取内心得救即心灵上的安慰提供了人人容易理解的形式，它就再一次证实自己能够成为世界宗教——而且是适合于现世的宗教。"① 从早期基督教的历史来看，恩格斯对于基督教的起源持有客观的分析和评价，认为当时的基督教"适合于现世"，故而能成为"第一个可行的宗教"。而产生了基督教的母体——犹太教却仍旧保留了其本民族的宗教传统及其局限，它虽然后来能够顽强地保住了犹太民族的生存及其精神生活，却没能成为一种突破民族局限、影响众多民族的世界大教。犹太教宣称其为犹太民族的宗教，而基督教从一开始就突破了这一限制，强调其"福音"的普世性。此后，犹太教在罗马帝国时期的历史使命就已完成，而把更大的世界舞台让给了虽属新兴却后来居上的基督教。

第三，基督教在众多宗教的竞争中脱颖而出，在当时的地中海周边世界取得了成功。这是基督教顺应时势的自然结果。恩格斯说："当时在荒漠中，成千上万的预言家和宣教者提出了无数革新宗教的东西，但只有基督教的创始人获得了成功。不仅在巴勒斯坦，而且在整个东方，曾麇集着这样一些宗教创始人，他们之间进行着一种可以说是达尔文式的精神上的生存斗争。主要由于上述各种原因，基督教取得了胜利。而基督教怎样在教派的相互斗争中，在同异教世界的斗争中，通过自然选择逐渐形成为世界宗教，这已由最初三个世纪的教会史详细作了说明。"② 恩格斯以对原始基督教的研究而用历史唯物主义的见解肯定了基督教的早期历史，认为初始的基督教是基层群众的运动，在当时各种宗教的竞争中，基督教以其世界宗教的姿态而独占鳌

---

① 《马克思恩格斯文集》第 3 卷，人民出版社 2009 年版，第 599 页。
② 《马克思恩格斯文集》第 3 卷，人民出版社 2009 年版，第 600 页。

头、技压群芳，战胜了众多的精神竞争者。这样，在罗马帝国的发展后期，基督教成为其唯一的思想意识和文化形态，并为基督教给此后西方的发展提供价值体系奠定了基础。

（五）恩格斯《启示录》中的宗教观

为了更深层次地了解早期基督教最原初的状况，恩格斯于 1883 年写了此文，发表在同年 8 月出版的英文月刊《进步》杂志第 2 卷。这篇文章的发表，标志着恩格斯在《圣经》研究上取得的新进展，这也是其专门探究《新约》的重要论述。

恩格斯在此明确指出，当时在德国蒂宾根兴起的圣经批评学（在中国大陆通常译为"圣经评断学"）是一门"科学"，这是对当时方兴未艾的圣经研究学科的客观评价。恩格斯说："有一门科学是从历史学和语言学角度来批判圣经，来研究新旧约各篇章的年代、起源和历史价值的"[①]；不过，这门异军突起的圣经学在当时的英国却并不为众人所知晓。"这门科学在英国除了少数自由主义化的神学家以外，几乎无人知晓，而这些神学家又千方百计地使它秘而不宣。"[②]而在德国，这种圣经研究却已有广远影响，成为一门受到学术界普遍欢迎的学科，而且其诞生本身也反映出基督教内部的自我批评精神，恰如恩格斯所言："这就是自诩为不偏不倚而又不失基督教本色的那种自由大胆的批判。"[③]当时欧洲已有一些学者在以新的视域、新的方法来研究《圣经》和早期基督教的历史，其特点是悬置《圣经》的信仰神圣性而将其作为历史史料来对待，从历史梳理、考古发掘的视角来探索耶稣基督的历史本来面目，尤其是对"耶稣生平"有着多种研究，推出了众多《耶稣传》。恩格斯在此还提到了厄内斯特·勒南的研究，认为他虽然有剽窃德国学者圣经研究成果之嫌，却也肯定了他关于早期基督教会"更像国际工人协会的那

[①] 《马克思恩格斯列宁斯大林论宗教和无神论》，人民出版社 1999 年版，第 61 页。

[②] 《马克思恩格斯列宁斯大林论宗教和无神论》，人民出版社 1999 年版，第 61 页。

[③] 《马克思恩格斯列宁斯大林论宗教和无神论》，人民出版社 1999 年版，第 61 页。

些地方支部"①之说。恩格斯总结了早期基督教运动与早期社会主义运动的一些相同之处，甚至认为"基督教同现代社会主义完全一样，是以各种宗派的形式，尤其是通过彼此矛盾的个人观点来掌握群众的，这些观点有的比较明确，有的比较混乱，而后者又占绝大多数；不过所有这些观点都敌视统治制度，敌视'当局'"②。当我们阅读马克思主义经典作家对作为剥削阶级、统治阶级意识形态的基督教严加批判的时候，也应该知道马克思主义经典作家同样曾评析了早期基督教运动的群众性、革命性和对统治制度及其政权的反抗性。

　　恩格斯认为《启示录》是《圣经·新约》中"最古老的一篇"，它不是"最晦涩神秘的，而是最简单明了的"③，所以有助于人们弄清楚原初基督教的本真面目，把握其历史真实性。恩格斯指出："这一篇章写于公元 68 年或 69 年 1 月，因此不仅是新约中日期确凿的惟一的一篇，而且也是最古老的一篇。公元 68 年时的基督教是什么样子，我们可以像看镜中映像一样从这一篇章中看到。"④在罗马帝国多元文化的汇聚大潮中，其社会也呈现出众多宗教的起伏竞争，其信仰特点因而"首先是宗派众多，无穷无尽"⑤。不过，基督教却在这种多元宗教所呈现的沧海横流中显露头角，逐渐淘汰了其他大部分宗教，成为引领历史潮流的最主要宗教，最终还被立为罗马帝国官方唯一承认的国家宗教。

　　如何给原始基督教定性，这是众说纷纭的一大焦点争议问题。恩格斯在此对其性质从历史唯物主义的观察角度加以了充分肯定和符合实际的评价，指出"基督教同任何大的革命运动一样，也是群众创造的。它以我们完全不知道的方式产生于巴勒斯坦，当时是数以百计的新宗派、新宗教、新先知纷

---

① 《马克思恩格斯列宁斯大林论宗教和无神论》，人民出版社 1999 年版，第 61 页。

② 《马克思恩格斯列宁斯大林论宗教和无神论》，人民出版社 1999 年版，第 61—62 页。

③ 《马克思恩格斯列宁斯大林论宗教和无神论》，人民出版社 1999 年版，第 62 页。

④ 《马克思恩格斯列宁斯大林论宗教和无神论》，人民出版社 1999 年版，第 62 页。

⑤ 《马克思恩格斯列宁斯大林论宗教和无神论》，人民出版社 1999 年版，第 62 页。

纷出现的时代。事实上，基督教是自发兴起的，是这些宗派中比较发达的派别相互影响而产生的中间物，后来增加了亚历山大里亚犹太人斐洛的一些理论，稍后又受到斯多亚派思想的广泛渗透，才形成一种教义。"在此，恩格斯也再次肯定了鲍威尔的研究结论，并借用其论重申道："的确，如果我们能把斐洛称为基督教教义之父，那么塞涅卡便是它的叔父。新约中有些文字几乎就像是从他的著作中逐字抄来的。"①

在思想认知层面上，恩格斯承认了基督教对犹太精神文明和古希腊罗马思想的吸纳与继承；而在社会存在层面上，恩格斯则指出其乃基层群众运动，有着较为普遍的群众性。而在基督教教义层面上，恩格斯则进而指出："在这里，基督教还保有流传至今的那种最粗糙的形式。贯穿全篇的只有一个教条：信徒因基督的牺牲而得救。但是怎样得救和为什么得救，全然模糊不清。这里只是将犹太人和异教徒关于必须用牺牲来祈求神或众神宽宥的旧观念，变成了基督教所特有的观念（这种观念实质上使基督教成了普遍的宗教），就是说，基督之死是伟大的献祭，献祭一次，永远有效。"②超出基督教传统的教义及神学说明，恩格斯认为原始基督教并无此后逐渐成型的基督教基本教义系统，而只是对基督为世人牺牲以拯救世人来说明其刚刚诞生的信仰。恩格斯对基督教信仰的核心观念即基督牺牲是一次永远有效的献祭加以了社会学和传播学意义上的理解及界说，认为其目的是以此作为一种包容的形式，旨在以基督为其信仰核心来团结以往各种宗教的信仰人群、凝聚人心。根据上述判断，恩格斯尖锐地指出，"基督教只不过是犹太教的一个宗派"，不过，尚无这种自我意识的《启示录》作者并没有意识到"他代表着一个行将成为革命最重要因素之一的宗教发展的崭新阶段"③，不知道自己乃推动了一个全新宗教的创立。

在学术考究层面上，恩格斯认为《启示录》仍属于犹太教"启示文学"

---

① 《马克思恩格斯列宁斯大林论宗教和无神论》，人民出版社 1999 年版，第 62—63 页。

② 《马克思恩格斯列宁斯大林论宗教和无神论》，人民出版社 1999 年版，第 63 页。

③ 《马克思恩格斯列宁斯大林论宗教和无神论》，人民出版社 1999 年版，第 64 页。

的基本范畴，有着其相关文献的明显痕迹。一方面，早期基督教社团反映了犹太教的传统及其延续；但另一方面，早期基督教也再现了复杂的社会矛盾及冲突，揭示了当时阶级斗争之剧烈。很显然，基督教参与了这一阶级斗争，但是以宗教的形式将之表达为"上帝和被称之为'敌基督'之间的一场伟大的最后决战"①。这种宗教反映现实社会的基本特点之一，被恩格斯在此栩栩如生地描绘了出来。

此外，恩格斯还指出，《启示录》乃是对罗马帝国尼禄皇帝迫害基督徒的生动描述，认为"尼禄是第一个凶恶迫害基督徒的人"②，而《启示录》所撰写的时期，即称为"约翰"的作者撰写新约《启示录》的时间，则恰好就是尼禄开始掀起迫害基督徒的高潮时刻。这里，恩格斯对当时犹太人的数字神秘主义加以破解，指出早期基督徒是以犹太人"进行神秘诠释即喀巴拉的方法"来"把他们的字母用作表示数目的符号"③，其中恩格斯还以 666 和 616 等数推算出尼禄迫害基督徒的具体时间，认为这两个数被早期基督徒视为尼禄"在位期间要施行的恐怖统治，将继续 42 个月，即 1260 天。过了这段时间，神就会出现，战胜尼禄这个敌基督，用火焚毁这座大城，并把这个魔鬼捆绑一千年。千年王国就会到来"④。关于基督复临和千年王国之说，都直接反映出基督教最早的社会处境和思想认知。因此，恩格斯将《启示录》评价为最早反映基督教真实图像之作，认为"这一篇章，作为几乎最早的基督教的真实的图画，作为真正基督徒之一所描绘的图画，其价值远远超过新约其他各篇的总和"⑤。恩格斯自幼以来所喜好的《圣经》研究，在这篇文章上也得到了最为经典的表述。

---

① 《马克思恩格斯列宁斯大林论宗教和无神论》，人民出版社 1999 年版，第 65 页。
② 《马克思恩格斯列宁斯大林论宗教和无神论》，人民出版社 1999 年版，第 66 页。
③ 《马克思恩格斯列宁斯大林论宗教和无神论》，人民出版社 1999 年版，第 67 页。
④ 《马克思恩格斯列宁斯大林论宗教和无神论》，人民出版社 1999 年版，第 68 页。
⑤ 《马克思恩格斯列宁斯大林论宗教和无神论》，人民出版社 1999 年版，第 68 页。

（六）恩格斯《路德维希·费尔巴哈和德国古典哲学的终结》中的宗教观

这部著作是马克思主义理论体系得以比较系统阐述的著作，因而乃其代表之作，由恩格斯于 1886 年初所撰写，其主旨是通过梳理、总结德国古典哲学尤其是费尔巴哈的思想而彻底告别旧的哲学传统，并因此宣布马克思主义哲学体系的奠立，进而对其基本观点加以阐述和论证。恩格斯在这部著作中也较为全面地表述了其对宗教的看法，故而也被视为马克思主义宗教观得以经典表达、具有标志性意义的著作。恩格斯在这部著作中也对当时刚刚兴起的西方宗教学相关理论有所关注和评论。这部著作一共分为四个部分，其中每一部分都涉及对宗教的相关论述。

1. 第一部分关于宗教的论述

马克思主义哲学乃强调实践、行动的哲学，恩格斯在此也从实践性的意义上讨论宗教问题，而且结合了德国社会当时"反宗教斗争"的时代背景来有的放矢。这种切入点很容易就触及政治与宗教的关系问题。马克思主义宗教观的一大特点就是关注宗教与社会，尤其是宗教与社会政治的关系问题，这在德国特别具有"实践"意义。探究恩格斯在此对宗教与政治关系之梳理和解答，对人们结合实际研究当今世界宗教和政治的关系问题亦有着非常现实的启迪意义。恩格斯提醒人们，政治在当时是一个荆棘丛生的领域，其错综复杂、扑朔迷离，给人们的观察和把握带来了很大的难度。在当时德国理论界出现了一种现象，即将政治与宗教相结合，通过拿宗教说事来间接涉及政治，而恩格斯看到在这种形势下社会主要的斗争虽然转为"反宗教的斗争"，但其斗争实质并非专门针对宗教，特别是从 1840 年起又已经间接地回归"政治斗争"。旧传统的哲学体系包括德国当时流行的旧唯物主义没能透彻认识宗教对社会政治的反映，或不敢直接触动当时的社会政治体制，故而在反宗教、批判宗教上大做文章。而这种对宗教进行斗争的"实践"需要，也使青年黑格尔派等比较活跃的德国哲学思潮回到了"英国和法国的唯物主义"。针对这一现象，恩格斯一方面对旧唯物主义的历史合理性加以阐述，而另一方面则指明其不足，并以历史唯物主义和辩证唯物主义的观点来对宗教与社会、宗教与政治等关系加以更为透彻、更加科学的说明。

德国唯物主义新发展在当时的一个重要标志，就是费尔巴哈论《基督教的本质》一书的问世，其中对作为西方主流意识及价值体系的基督教加以了人本主义唯物论的剖析。恩格斯肯定了这部著作出版的现实意义，认为"它直截了当地使唯物主义重新登上王座"①，对德国思想界起到引领作用。

在这一部分，恩格斯专门论述了费尔巴哈对宗教的诠释，认为其基本上是一种唯物主义的理解，而费尔巴哈宗教分析的突出特点则是指出"在自然界和人以外不存在任何东西，我们的宗教幻想所创造出来的那些最高存在物只是我们自己的本质的虚幻反映"②。费尔巴哈由此触及"人的本质"问题，从而使宗教认知从天上回到了人间。这种人本主义的宗教观认为宗教虽虚幻，却反映出人的本质，这就让宗教从天国回到了人间，从"彼岸"回到了"此岸"。费尔巴哈的贡献就在于让宗教回到了人本身，说明宗教的本质就在于人的本质，即与人有着不可分割的关联。

费尔巴哈这部著作当时起到了在德国思想界的"解放作用"，恩格斯描述说，"那时大家都很兴奋：我们一时都成为费尔巴哈派了"③。而且马克思当时也很欢迎费尔巴哈的观点，并在《神圣家族》中表达了这种意向。不过，恩格斯也指出了费尔巴哈的理论弱点，认为其各种论说只是一种"美文学""泛爱"之空谈，其以"夸张的笔调"所起的作用只是表层的、短暂的，而其对黑格尔思想的批判也太肤浅。所以，在肯定了费尔巴哈的贡献之后，恩格斯又深刻地指出："黑格尔学派虽然解体了，但是黑格尔哲学并没有被批判地克服。……费尔巴哈打破了黑格尔的体系，简单地把它抛在一旁。但

①　《马克思恩格斯文集》第 4 卷，人民出版社 2009 年版，第 275 页。
②　《马克思恩格斯文集》第 4 卷，人民出版社 2009 年版，第 275 页。
③　《马克思恩格斯文集》第 4 卷，人民出版社 2009 年版，第 275 页。

是简单地宣布一种哲学是错误的，还制服不了这种哲学。像对民族的精神发展有过如此巨大影响的黑格尔哲学这样的伟大创作，是不能用干脆置之不理的办法来消除的。必须从它的本来意义上'扬弃'它，就是说，要批判地消灭它的形式，但是要救出通过这个形式获得的新内容。"而当 1848 年的革命兴起时，"正如费尔巴哈把他的黑格尔撒在一旁一样。这样一来，费尔巴哈本人也被挤到后台去了"①。费尔巴哈没能完成创立哲学新内容的任务，这一任务是由马克思主义所实现的。

2. 第二部分关于宗教的论述

为了科学地完成提供哲学新内容的任务，恩格斯在此论及哲学的基本问题，指出"全部哲学，特别是近代哲学的重大的基本问题，是思维和存在的关系问题"②。而这一问题也是我们透彻了解宗教最基本、最关键的问题。

论及思维与存在的关系，恩格斯谈到了宗教思维的来源问题，并以一种进化论的范型探讨了神灵观念的起源与发展。在当时宗教学初创阶段，关于宗教的起源问题既有宗教进化论的观点，也有宗教退化论之说。但较为流行的仍是宗教进化论的理论，尤以泰勒等人为代表。泰勒在其《原始文化》一书中从人的灵魂推出物的灵魂，提出"万物有灵论"。而恩格斯的分析则更为深刻，即从思维与存在的关系上来看待宗教的灵魂观及其延伸出的神明观："在远古时代，人们还完全不知道自己身体的构造，并且受梦中景象的影响，于是就产生一种观念：他们的思维和感觉不是他们身体的活动，而是一种独特的、寓于这个身体之中而在人死亡时就离开身体的灵魂的活动。从这个时候起，人们不得不思考这种灵魂对外部世界的关系。如果灵魂在人死时离开肉体而继续活着，那就没有理由去设想它本身还会死亡；这样就产生了灵魂不死的观念，这种观念在那个发展阶段出现决不是一种安慰，而是一

---

① 《马克思恩格斯文集》第 4 卷，人民出版社 2009 年版，第 276 页。
② 《马克思恩格斯文集》第 4 卷，人民出版社 2009 年版，第 277 页。

种不可抗拒的命运，并且往往是一种真正的不幸……关于个人不死的无聊臆想之所以普遍产生，不是因为宗教上的安慰的需要，而是因为人们在普遍愚昧的情况下不知道对已经被认为存在的灵魂在肉体死后该怎么办。由于十分相似的原因，通过自然力的人格化，产生了最初的神。随着各种宗教的进一步发展，这些神越来越具有了超世界的形象，直到最后，通过智力发展中自然发生的抽象化过程——几乎可以说是蒸馏过程，在人们的头脑中，从或多或少有限的和互相限制的许多神中产生了一神教的唯一的神的观念。"①

哲学从其提出问题，就与宗教有着不解之缘。"思维对存在、精神对自然界的关系问题，全部哲学的最高问题，像一切宗教一样，其根源在于蒙昧时代的愚昧无知的观念。"而"思维对存在""精神对自然界"的地位问题，"这个在中世纪的经院哲学中也起过巨大作用的问题"，归根结底是要究问"什么是本原的，是精神，还是自然界？"而且这一哲学的根本问题在当时首当其冲是向宗教提出的："这个问题以尖锐的形式针对着教会提了出来：世界是神创造的呢，还是从来就有的？"② 所以说，宗教的认知从根本上与哲学的基本问题脱不了干系。

恩格斯指出，对这一哲学最高问题的回答，就形成了唯心论与有神论（创世说）以及唯物论与无神论这两大阵营。不过，恩格斯更为关心的，是思维与存在关系问题的另一个方面，即"思维和存在的同一性问题"："我们关于我们周围世界的思想对这个世界本身的关系是怎样的？我们的思维能不能认识现实世界？我们能不能在我们关于现实世界的表象和概念中正确地反映现实？"③ 恩格斯认为不能把思维与存在加以二元分割，对之应该有超越唯心、唯物之论的整体思维，从思维与存在的同一性上看到世界的统一性。在西方思想史上，唯物主义与唯心主义就是交织发展的，"自然科学和工业的强大"推动了思想的发展，"在唯物主义者那里，这已经是一目了然的了，

---

① 《马克思恩格斯文集》第 4 卷，人民出版社 2009 年版，第 277—278 页。
② 《马克思恩格斯文集》第 4 卷，人民出版社 2009 年版，第 278 页。
③ 《马克思恩格斯文集》第 4 卷，人民出版社 2009 年版，第 278 页。

而唯心主义体系也越来越加进了唯物主义的内容，力图用泛神论来调和精神与物质的对立"。基于这种分析，恩格斯甚至指出："因此，归根到底，黑格尔的体系只是一种就方法和内容来说唯心主义地倒置过来的唯物主义。"① 而费尔巴哈虽然代表着当时的唯物主义，"但是在这里仍然受到传统的唯心主义的束缚"②。同理，马克思主义经典作家也论及泛神论是无神论、唯物论的一种表现形式或过渡形式，但按其本质，泛神论仍然应该归属于有神论和唯心论范畴。

在此，恩格斯所强调的是历史唯物主义与辩证唯物主义的有机结合，而这种全新的哲学体系并不是脱离历史或传统而凭空产出；恰恰相反，这种新的哲学体系既结合、又超越了以往的唯物主义和唯心主义，其中就包括对黑格尔唯心主义和费尔巴哈唯物主义的辩证"扬弃"。对于欧洲的传统，恩格斯坚决反对历史虚无主义的表述，并对欧洲中世纪"千年黑暗"之说加以批驳，指出"这种非历史观点也表现在历史领域中。在这里，反对中世纪残余的斗争限制了人们的视野。中世纪被看做是千年普遍野蛮状态造成的历史的简单中断；中世纪的巨大进步——欧洲文化领域的扩大，在那里一个挨着一个形成的富有生命力的大民族，以及 14 世纪和 15 世纪的巨大的技术进步，这一切都没有被人看到"③。欧洲中世纪的历史就是宗教即基督教大一统的历史，对此，恩格斯有着批判性审视，但他坚决反对历史虚无主义的那种全盘否定的态度，而肯定和强调的则是"对伟大历史联系的合理看法"。

恩格斯肯定了费尔巴哈关于"纯粹自然科学的唯物主义""是人类知识的大厦的基础，但不是大厦本身"的观点，并由此指出"我们不仅生活在自然界中，而且生活在人类社会中，人类社会同自然界一样也有自己的发展史和自己的科学。因此，问题在于使关于社会的科学，即所谓历史科学和哲学

---

① 《马克思恩格斯文集》第 4 卷，人民出版社 2009 年版，第 280 页。
② 《马克思恩格斯文集》第 4 卷，人民出版社 2009 年版，第 284 页。
③ 《马克思恩格斯文集》第 4 卷，人民出版社 2009 年版，第 283 页。

科学的总和，同唯物主义的基础协调起来，并在这个基础上加以改造"①。

在西方语境中，唯心主义与唯物主义同我们今天中国的理解并不完全一样。而在恩格斯所处的时代，这一组概念也正处在重新理解、重新界定的阶段。恩格斯在此列举了对唯心主义之"理想主义"的理解以及对唯物主义庸俗化为"物质主义"或享乐主义的理解，其褒贬之意完全颠倒。从前有一种误解，"在这里无非是把对理想目的的追求叫做唯心主义"，例如，"有一种迷信，认为哲学唯心主义的中心就是对道德理想即对社会理想的信仰"，恩格斯指出"这种迷信是在哲学之外产生的"，反映出"那种沉湎于不能实现的理想的庸人习气"②。恩格斯对此反驳道："如果一个人只是由于他追求'理想的意图'并承认'理想的力量'对他的影响，就成了唯心主义者，那么任何一个发育稍稍正常的人都是天生的唯心主义者了，怎么还会有唯物主义者呢？"③从后一种误解来看，"庸人把唯物主义理解为贪吃、酗酒、娱目、肉欲、虚荣、爱财、吝啬、贪婪、牟利、投机，简言之，即他本人暗中迷恋着的一切龌龊行为"；这样一来，唯物主义与唯心主义的价值定位就被完全颠倒了，这种庸人会"把唯心主义理解为对美德、普遍的人类爱的信仰，总之，对'美好世界'的信仰。他在别人面前夸耀这个'美好世界'，但是他自己习以为常的'唯物主义的'放纵而必然感到懊丧或遭到破产，并因此唱出了他心爱的歌：人是什么？一半是野兽，一半是天使"④。恩格斯批驳了这些错误和庸俗的理解及解释，对唯物主义和唯心主义及其历史传统重新加以梳理和界定，其基本思路也启迪了我们对有神论和无神论的关系之理解。

3. 第三部分关于宗教的论述

在涉及宗教哲学和伦理学方面，恩格斯认为费尔巴哈的观点仍然是唯心

---

① 《马克思恩格斯文集》第 4 卷，人民出版社 2009 年版，第 284 页。
② 《马克思恩格斯文集》第 4 卷，人民出版社 2009 年版，第 285 页。
③ 《马克思恩格斯文集》第 4 卷，人民出版社 2009 年版，第 286 页。
④ 《马克思恩格斯文集》第 4 卷，人民出版社 2009 年版，第 286 页。

主义的。费尔巴哈在这里仍然是有神论者，他"决不希望废除宗教，他希望使宗教完善化"，而且认为"哲学本身应当融化在宗教中"①。但这种"完善化"就是将对超然追求的宗教变为人际之爱的宗教，从而将一种外在的客观唯心主义化为内在的主观唯心主义了。"按照费尔巴哈的看法，宗教是人与人之间的感情的关系、心灵的关系，过去这种关系是在现实的虚幻映象中（借助于一个神或许多神，即人类特性的虚幻映象）寻找自己的真理，现在却直接地而不是间接地在我和你之间的爱中寻找自己的真理了。归根到底，在费尔巴哈那里，性爱即使不是他的新宗教借以实现的最高形式，也是最高形式之一。"②

　　事实上，宗教并没有这种泛化，尤其是没有费尔巴哈这种"爱的宗教"。"现存的通行的宗教只限于使国家对性爱的管理即婚姻立法神圣化"，这些传统的宗教或许会消失，"但是在这一期间，并没有感觉到需要用费尔巴哈意义上的宗教去代替它"③。费尔巴哈赋予宗教"完满""完整""神圣"的意义，在实践中则企图实现他"泛宗教论"的理解，断言"人们彼此间以相互倾慕为基础的关系，即性爱、友谊、同情、舍己精神等等""这些关系只有在用宗教名义使之神圣化以后才会获得自己的完整的意义"，他"要把这些关系看做新的、真正的宗教。这些关系只是在盖上了宗教的印记以后才被认为是完满的。宗教一词是从 religare 一词来的，本来是联系的意思。因此，两个人之间的任何联系都是宗教"④。其结果会使一切联系或关系都被理解为宗教，"性爱和性关系竟被尊崇为'宗教'"，甚至"无神论"也会被视为宗教。恩格斯认为费尔巴哈的这种宗教观近乎荒唐，是对人本主义、自然主义唯物论的误解和滥用："费尔巴哈想以一种本质上是唯物主义的自然观为基础建立真正的宗教，这就等于把现代化学当做真正的炼金术。如果无神的宗教可

---

④　《马克思恩格斯文集》第 4 卷，人民出版社 2009 年版，第 287 页。
①　《马克思恩格斯文集》第 4 卷，人民出版社 2009 年版，第 287 页。
②　《马克思恩格斯文集》第 4 卷，人民出版社 2009 年版，第 287—288 页。
③　《马克思恩格斯文集》第 4 卷，人民出版社 2009 年版，第 288 页。

以存在，那么没有哲人之石的炼金术也可以存在了。况且，炼金术和宗教之间是有很紧密的联系的。哲人之石有许多类似神的特性，公元头两世纪埃及和希腊的炼金术士在基督教学说的形成上也出了一份力量。"① 在对宗教的最基本理解中，一般不会否认宗教与有神论的内在关联及逻辑关系，凡是宗教必有对神明的敬仰，而对神明的理解则会多种多样，但这不能忽略宗教中最核心的观念即神明观念。何为"无神""有神"，也是宗教学探讨中的一个公案，在此也需要文化学、语言学、民族学等意义上的名词鉴定。

在历史发展的意义上，总会有着"宗教的变迁"相伴随，而费尔巴哈则想以此来区分人类各个时期。对此，恩格斯强调宗教变迁只是表象，其内在动因乃历史上所发生的复杂、深刻的社会经济发展变化。宗教只是这种社会历史存在及其变迁的反映，而且宗教也必须与其生存的社会经济、政治等结构相适应。较大的社会变迁尤其会在世界宗教的范式转变上体现出来。恩格斯说："重大的历史转折点有宗教变迁相伴随，只是就迄今存在的三种世界宗教——佛教、基督教和伊斯兰教而言。"而本土宗教和民族宗教只具有小区域、本民族内存在与发展的意义。"古老的自发产生的部落宗教和民族宗教是不传布的"，它们只是其部落、民族的生存象征。"一旦部落或民族的独立遭到破坏，它们便失掉任何抵抗力；拿日耳曼人来说，甚至他们一接触正在崩溃的罗马世界帝国以及它刚刚采用的、适应于它的经济、政治、精神状态的世界基督教，这种情形就发生了。"② 而人为的、世界性的宗教对社会变迁、发展的适应及影响则更为明显一些，"仅仅在这些多少是人工造成的世界宗教，特别是基督教和伊斯兰教那里，我们才发现比较一般的历史运动带有宗教的色彩，甚至在基督教传播的范围内，具有真正普遍意义的革命也只有在资产阶级解放斗争的最初阶段即从 13 世纪到 17 世纪，才带有这种宗教色彩"。但是，恩格斯认为这种"宗教色彩""不能像费尔巴哈所想的那样，

---

① 《马克思恩格斯文集》第 4 卷，人民出版社 2009 年版，第 288 页。
② 《马克思恩格斯文集》第 4 卷，人民出版社 2009 年版，第 289 页。

用人的心灵和人的宗教需要来解释，而要用以往的整个中世纪的历史来解释"①，以其社会经济政治存在状况来说明。由于"中世纪的历史只知道一种形式的意识形态，即宗教和神学"②，所以人们在进行社会革命时必须面对宗教的存在及影响，也不得不使中世纪至近代的欧洲解放运动带有某种宗教色彩。"但是到了 18 世纪，资产阶级已经强大得足以建立他们自己的、同他们的阶级地位相适应的意识形态了，这时他们才进行了他们的伟大而彻底的革命——法国革命，而且仅仅诉诸法律的和政治的观念，只是在宗教挡住他们的道路时，他们才理会宗教；但是他们没有想到要用某种新的宗教来代替旧的宗教。"③ 在宗教与政治及社会变革的关系上，政治、社会总是为主的，宗教只有依附性的，其是否能够被用也在于社会政治的需求。因此，在看待宗教与政治的关系时，必须以政治为主、以宗教为辅，而不可将二者的关系弄颠倒。我们要用社会政治的眼光来审视、分析、评价历史上的宗教现象，透过现象看本质，而不能以宗教来界说、代替社会政治，由此要防范人们过于夸大宗教的作用，把宗教问题过于突出反而会恶化宗教与社会的关系，出现本不应该的误导。"同样，对历史上的重大的阶级斗争的理解……用不着我们去把这些斗争的历史变为教会史的单纯附属品，"要"使这种理解成为完全不可能。"④

由于宗教知识的局限，费尔巴哈对宗教的理解主要是来自基督教，"费尔巴哈认真地研究过的唯一的宗教是基督教，即以一神教为基础的西方的世界宗教。他指出，基督教的神只是人的虚幻的反映、映象。但是，这个神本身是长期的抽象过程的产物，是以前的许多部落神和民族神集中起来的精华。与此相应，被反映为这个神的人也不是一个现实的人，而同样是许多现

---

① 《马克思恩格斯文集》第 4 卷，人民出版社 2009 年版，第 289 页。
② 《马克思恩格斯文集》第 4 卷，人民出版社 2009 年版，第 289 页。
③ 《马克思恩格斯文集》第 4 卷，人民出版社 2009 年版，第 289 页。
④ 《马克思恩格斯文集》第 4 卷，人民出版社 2009 年版，第 289 页。

实的人的精华，是抽象的人，因而本身又是一个思想上的形象"①。正因为费尔巴哈宗教知识的贫乏，使之出现了其宗教观上的弱点和局限。恩格斯一针见血地指出，费尔巴哈的人本主义宗教观虽然看到了人，但这个"人"仍然是抽象的、空洞的，"他把人作为出发点；但是，关于这个人生活的世界却根本没有讲到，因而这个人始终是在宗教哲学中出现的那种抽象的人。这个人不是从娘胎里生出来的，他是从一神教的神羽化而来的，所以他也不是生活在现实的、历史地发生和历史地确定了的世界里面"②。从抽象性上谈论宗教的人们，一定要走出书斋，去仔细观察宗教信仰者"生活的世界"，在其社会现实存在中对之加以分析评价。恩格斯强调，宗教基于人的真实性，但这不是抽象的，其根本乃在于人的社会存在、人的历史发展；这是马克思主义考察宗教与费尔巴哈的观察之根本不同。所以，"要从费尔巴哈的抽象的人转到现实的、活生生的人，就必须把这些人作为在历史中行动的人去考察"③。马克思主义宗教观也要求我们真正走进社会、现实及历史之中去观察人、分析人、评价人。"对抽象的人的崇拜，即费尔巴哈的新宗教的核心，必定会由关于现实的人及其历史发展的科学来代替。"④马克思主义由此而扬弃、超越了费尔巴哈的人本主义哲学，这种突破使马克思主义哲学具有了划时代的意义。

4. 第四部分关于宗教的论述

在近代欧洲一些思想家特别是德国哲学家从唯心主义走向唯物主义之途中，不少人都先后研究过宗教，但他们的研究比较空洞、抽象，更没能从经济基础与意识形态的关系上来分析宗教。这一关键突破始于马克思主义经典作家，尤其是马克思和恩格斯特别强调了这二者之间的必然关联，由此方可

---

① 《马克思恩格斯文集》第 4 卷，人民出版社 2009 年版，第 290 页。
② 《马克思恩格斯文集》第 4 卷，人民出版社 2009 年版，第 290 页。
③ 《马克思恩格斯文集》第 4 卷，人民出版社 2009 年版，第 294 页。
④ 《马克思恩格斯文集》第 4 卷，人民出版社 2009 年版，第 295 页。

精准地剖析宗教。恩格斯指出:"更高的即更远离物质经济基础的意识形态,采取了哲学和宗教的形式",这种远离虽使二者的联系更加模糊和复杂,"但是这一联系是存在着的"①。恩格斯为此专门论及宗教,指明宗教与物质生活的内在关联,而其强调则正是"因为宗教离开物质生活最远,而且好像是同物质生活最不相干"②。宗教和其他意识形态一样,其产生与发展都基于与之相关的社会经济基础,从根本上乃是由人的物质生活条件所决定。从社会经济基础来观察宗教这是认识和论说宗教的基点和起点。

从认识论上,恩格斯这里对宗教的起源提出了一种基本认知:"宗教是在最原始的时代从人们关于他们自身的自然和周围的外部自然的错误的、最原始的观念中产生的。"③宗教基于其对周边生存处境的观察,但其认知的方式及由此得出的结论则有错误,而且这种错误在其最原始的观念中就已经存在。在其思想活动中,宗教思维结合了"现有的观念材料",对这些材料进行了唯心论、有神论的加工和消化,其结果会使人感到宗教现象离社会很远,其虚无缥缈之论好似与社会经济生活、物质存在没有太多或直接的关系。然而,剥离这种假象,恩格斯明确强调"人们头脑中发生的这一思想过程,归根到底是由人们的物质生活条件决定的"④。这样,恩格斯就把宗教认知拉回到坚实的社会存在基础上。从宗教的历史发展来梳理,恩格斯描述了原始宗教、古代民族宗教和世界宗教与其社会存在及历史发展的密切关联。从原始宗教观念与其相关民族集团的联系来看,恩格斯指明了这些宗教对其社会的依属性,特别是在原始社会解体、古代民族没落的历史过程中,这种依属极为明显。那些"有亲属关系的民族集团所共有的"原始宗教观念在其集团分裂之后,"便在每个民族那里依各自遇到的生活条件而独特地发展起来","这样在每一个民族中形成的神,都是民族的神,这些神的王国不越出

① 《马克思恩格斯文集》第4卷,人民出版社2009年版,第308页。
② 《马克思恩格斯文集》第4卷,人民出版社2009年版,第309页。
③ 《马克思恩格斯文集》第4卷,人民出版社2009年版,第309页。
④ 《马克思恩格斯文集》第4卷,人民出版社2009年版,第309页。

它们所守护的民族领域……只要这些民族存在，这些神也就继续活在人们的观念中；这些民族没落了，这些神也就随着灭亡"①。恩格斯在此透露的重要信息是，看似虚幻的古代神明却有着极为实在的社会内容，不能把民族神简单看作虚无的幻影，其形象实际上曲折地折射出其民族的社会生存状况。西方宗教社会学的创立者涂尔干在研究图腾与禁忌时，也曾意识到民族神是其民族社团的集中反映，其看似抽象、空洞的象征却有着具体、实在的社会内容，这对我们审视和理解宗教的所谓神圣性提供了一种新的视域，即可从其社会统一体的集体意识来界说这类宗教。

　　至于从古代民族宗教到世界性质的宗教之发展转型，恩格斯认为在古代地中海世界的罗马帝国最为典型，因为它经历了古代民族宗教的沉沦和基督教作为新的世界宗教的崛起。"罗马世界帝国使得古老的民族没落了……古老的民族的神就灭亡了，甚至罗马的那些仅仅适合于罗马城这个狭小圈子的神也灭亡了；罗马曾企图除本地的神以外还承认和供奉一切多少受崇敬的异族的神"，由此罗马建有万神庙而使众神能够共聚一处，希望不同民族的人们能来此对之共同加以顶礼膜拜，而"这就清楚地表明了有以一种世界宗教来充实世界帝国的需要"②。但这种形式上诸神共处的万神庙却失去了这些神明作为民族神而曾具有的作用，其社会经济基础的丧失使之灵光不再，因为各民族神只能相应于其民族、在其相关领域而存在。而当时具有世界帝国之态的罗马帝国对其辽阔的疆土有着大一统的掌控，由此带来的社会结构和物质生活条件之变是往昔民族国家所无法相比的，而且，这种帝国的大一统并非多民族国家分散性的拼盘式存在，其社会已经有了质的变化。罗马皇帝最初试想以万神庙共聚诸神的简单形式来满足其帝国臣民的精神需要，"但是一种新的世界宗教是不能这样用皇帝的敕令创造出来的"③。古代民族宗教及其神明只有其传统的文化符号功能，一旦其社会经济基础不再存在，其自身

---

①《马克思恩格斯文集》第 4 卷，人民出版社 2009 年版，第 309 页。
②《马克思恩格斯文集》第 4 卷，人民出版社 2009 年版，第 309 页。
③《马克思恩格斯文集》第 4 卷，人民出版社 2009 年版，第 309 页。

也就遭遇灭顶之灾，而那种表面的形式供奉只会昙花一现，不能持久。新的社会结构需要新的宗教形式，而这种新宗教也要符合其帝国社会的"普遍化"需求，满足来自各民族民众的精神生活。所以，新的宗教必须体现出其开放性、包容性、综合性、普世性、一统性和整体性。这样，希腊化世界提供的多元文化融合之土壤让集合了两希（希伯来、希腊）文明的基督教应运而生。"新的世界宗教，即基督教，已经从普遍化了的东方神学，特别是犹太神学同庸俗化了的希腊哲学，特别是斯多亚派哲学的混合中悄悄地产生了。"① 尽管经历了罗马帝国的多次大迫害，基督教作为新的世界性宗教之素质以其文化精神所具有的混合性、妥协性、兼容性、综合性和整合性来适应帝国时代，取代了古代民族各种古老宗教原有但已不适应形势发展的民族性、地域性、单一性和封闭性。实质上，基督教的产生正是古代罗马帝国社会的产物，反映了当时跨民族帝国的社会需求。

在这一部分，恩格斯还专门论及了基督教，阐述了基督教的发展演变，对之加以客观评价。在恩格斯看来，基督教经历了不同社会形态、不同历史时期的发展演变，其自身也发生了巨大变化，可以说是一种能够"适应时势"的宗教。恩格斯指出："我们必须重新进行艰苦的研究，才能够知道基督教最初是什么样子，因为它那流传到我们今天的官方形式仅仅是尼西亚宗教会议为了使它成为国教而赋予它的那种形式。它在 250 年后已经变成国教这一事实，足以证明它是适应时势的宗教。"② 在恩格斯的研究中，对基督教不同时期的形态都有过专门且较为系统的探讨。他有多篇论及"原始基督教"及《圣经·新约》的文章，对之有过较为肯定的评价，认为基督教的最初形态是基层被压迫民众的宗教，反映了社会底层群众的心声；其变化是在罗马帝国后期被立为国教之后，因被统治阶级所利用，教会成员的结构、社会成分发生变更，其性质也就有了变化。而基督教能够成为世界宗教，也与其适应

---

① 《马克思恩格斯文集》第 4 卷，人民出版社 2009 年版，第 310 页。
② 《马克思恩格斯文集》第 4 卷，人民出版社 2009 年版，第 310 页。

罗马这种世界帝国的社会相关联，从而使之能摆脱民族宗教的局限，满足当时的普世需求。

　　恩格斯描述了基督教对欧洲不同历史时期的适应，同时亦指出其社会性质由此而出现的嬗变。到欧洲中世纪时，基督教基本已成为封建统治者的宗教，而且为这一封建制度提供了具有统摄意义的意识形态和价值道德思想体系。恩格斯说："在中世纪，随着封建制度的发展，基督教成为一种同它相适应的、具有相应的封建等级制的宗教。当市民阶级兴起的时候，新教异端首先在法国南部的阿尔比派中间，在那里的城市最繁荣的时代，同封建的天主教相对抗而发展起来。中世纪把意识形态的其他一切形式——哲学、政治、法学，都合并到神学中，使它们成为神学中的科目。因此，当时任何社会运动和政治运动都不得不采取神学的形式；对于完全由宗教培育起来的群众感情说来，要掀起巨大的风暴，就必须让群众的切身利益披上宗教的外衣出现。"① 这种思想统摄及其形成的意义符号和文化象征，使西欧中世纪社会的变革及其近代转型也不得不利用基督教的符号体系及象征意义，以宗教改革、神学革新的方式来表达，其改革派只能利用"宗教的外衣"，而反对宗教正统权威之举则被视为"宗教异端"。因此，欧洲近代革命的肇始以宗教改革、宗教革命为表征或旗帜也就不足为怪了，是欧洲近代历史发展的自然逻辑结果。这里，恩格斯提醒我们，了解欧洲历史则必须注意其基督教特色。

　　从西欧中世纪到近代的发展，亦以"宗教改革"为分水岭；所以说，欧洲资产阶级革命多采取了新教革命的形式，如英国的资产阶级革命就直接被称为"清教革命"。不过，在这种社会变革中，基督教本身也出现了分化。恩格斯以"宗教异端"为例，说明在宗教改革摆脱封建主义影响的同时，这种"异端"也出现了两个不同派别的发展，其中则可看到近代西方资产阶级和无产阶级萌生之身影："市民阶级从最初起就给自己制造了一种由无财

---

　　① 《马克思恩格斯文集》第 4 卷，人民出版社 2009 年版，第 310 页。

产的、不属于任何公认的等级的城市平民、短工和各种仆役所组成的附属品，即后来的无产阶级的前身，同样，宗教异端也早就分成了两派：市民温和派和甚至也为市民异教徒所憎恶的平民革命派。"① 由于欧洲近代社会转型和资产阶级的兴起乃以"宗教改革"为标志，而宗教改革的主流基本上反映了新兴资产阶级的诉求，其结果也导致了资本主义社会的诞生，所以，恩格斯特别指明了"宗教改革的资产阶级性质"。这也就意味着，欧洲中世纪代表封建主义思想意识的基督教通过改革的方式而得以"扬弃"自我，从而得以成为新兴资本主义社会的思想意识。恩格斯所论及的基督教形式及性质之变化，以及其社会功能之改变，是马克思主义经典作家以历史唯物主义和辩证唯物主义说明宗教随社会变化而发展变迁并积极参与社会变革的一个典范例证。

欧洲近代宗教改革出现了三大潮流，即形成三种类型，此即马丁·路德最早发起的德国宗教改革，加尔文在瑞士取得成功的宗教改革，以及英国国王自上而下推动的宗教改革。对于这三种宗教改革的性质、结果和意义，恩格斯都有专门分析。

从路德发起的德国宗教改革来看，恩格斯认为这一改革是西欧从封建社会往资本主义社会转型的重要开端。路德创立的新教，实质上代表着新兴市民阶级的利益。"新教异端的不可根绝是同正在兴起的市民阶级的不可战胜相适应的；当这个市民阶级已经充分强大的时候，他们从前同封建贵族进行的主要是地方性的斗争便开始具有全国性的规模了。第一次大规模的行动发生在德国，这就是所谓的宗教改革。"② 不过，路德的软弱和不彻底性也说明当时德国的新兴市民阶级之重大缺陷，故此遭到封建阶级的拼命抵抗和德国农民阶级的摒弃，这种夹击使德国宗教改革作为第一次欧洲资产阶级革命并没有取得真正的成功，反而导致德国近代发展更为曲折、艰辛，比其他国家

---

① 《马克思恩格斯文集》第 4 卷，人民出版社 2009 年版，第 310 页。
② 《马克思恩格斯文集》第 4 卷，人民出版社 2009 年版，第 310 页。

的发展相对滞后。德国只是建立起民族教会，而在社会革命上收获不多。"那时市民阶级既不够强大又不够发展，不足以把其他的反叛等级——城市平民、下层贵族和乡村农民——联合在自己的旗帜之下。贵族首先被击败；农民举行了起义，形成了这次整个革命运动的顶点；城市背弃了农民，革命被各邦君主的军队镇压下去了，这些君主攫取了革命的全部果实。从那时起，德国有整整三个世纪从那些能独立地干预历史的国家的行列中消失了。"① 恩格斯从德国新兴资产阶级的诞生时就看到了它的先天不足，指出了其软弱性及给德国近代发展带来的问题。但是，恩格斯仍充分肯定了路德宗教改革的意义及贡献，特别是在德国语言文化发展上，恩格斯认为路德在"清扫了教会这个奥吉亚斯的牛圈"的同时也"清扫了德国语言这个奥吉亚斯的牛圈"，从而使德国预言从中古过渡到近代，并创造了现代德国散文，其清新的预言还为近代革命提供了"充满胜利信心的赞美诗的词和曲"②。此外，恩格斯还指出"路德通过翻译圣经给平民运动提供了一种强有力的武器"，"他在圣经译本中使公元最初几个世纪的纯朴基督教同当时已经封建化了的基督教形成鲜明的对照，提供了一幅没有层层叠叠的、人为的封建等级制度的社会图景，同正在崩溃的封建社会形成鲜明的对照"③，这对当时的德国民众显然也起到了启蒙的作用。

　　从法国人加尔文在瑞士推动的宗教改革来看，恩格斯指出这一改革才显示出了欧洲资产阶级革命的真正成功。"除德国人路德外，还出现了法国人加尔文，他以真正法国式的尖锐性突出了宗教改革的资产阶级性质，使教会共和化和民主化。当路德的宗教改革在德国已经蜕化并把德国引向灭亡的时候，加尔文的宗教改革却成了日内瓦、荷兰和苏格兰共和党人的旗帜，使荷兰摆脱了西班牙和德意志帝国的统治，并为英国发生的资产阶级革命的第二幕提供了意识形态的外衣。在这里，加尔文教派显示出它是当时资产阶级利

① 《马克思恩格斯文集》第4卷，人民出版社2009年版，第310—311页。
② 《马克思恩格斯文集》第9卷，人民出版社2009年版，第409页。
③ 《马克思恩格斯文集》第2卷，人民出版社2009年版，第244页。

益的真正的宗教外衣。因此，在 1689 年革命由于一部分贵族同资产阶级间的妥协而结束以后，它也没有得到完全的承认。"① 虽然相关资产阶级因自己的妥协而不承认加尔文宗教改革的价值，恩格斯却跳出宗教之外，高度评价了加尔文宗教改革的社会、政治意义，并宣称这一改革才真正代表了欧洲从封建社会过渡到资本主义社会的革命。而且，加尔文的宗教改革不仅在瑞士取得了成功，还在荷兰、英国等国成为其资产阶级革命所用的旗号。所以说，加尔文的宗教改革在西方近代政治革命中具有重大意义，它不仅影响了欧洲瑞士、荷兰、英国等地近代资产阶级的发展进程，也为此后北美资本主义社会及其宗教的发展埋下了伏笔。

而英国宗教改革的改良性和不彻底性则是最为明显的，这当然与英王亨利八世（Henry VIII）自上而下推动宗教改革的目的相关，其结果不仅英国国教会所保留的传统教会因素最多，而且其确定的政教关系模式也影响到此后的英国政体。正因为其保守性，所以当加尔文的宗教改革传到英国时即与英王亨利八世的宗教改革发生碰撞，恩格斯分析说："英国的国教会恢复了，但不是恢复到它以前的形式，即由国王充任教皇的天主教，而是强烈地加尔文教派化了。旧的国教会庆祝欢乐的天主教礼拜日，反对枯燥的加尔文教派礼拜日。新的资产阶级化的国教会，则采用后一种礼拜日，这种礼拜日至今还在装饰着英国。"② 西方近代宗教的多元复杂、政教关系的微妙敏感以及其社会政体的多样并存，显然也与英国近代社会革命及其宗教改革有着直接关联。

但随着欧洲资产阶级的逐渐成熟，这种社会变革以"宗教改革"的方式来进行的传统则得以改变。恩格斯指出，法国大革命就是西方资产阶级以其独立意识形态的方式、以世俗性的社会革命来展开的。资产阶级在这一时期已在用"纯粹政治的形式"来推动革命，而不再要靠"宗教的外衣"来掩

---

① 《马克思恩格斯文集》第 4 卷，人民出版社 2009 年版，第 311 页。

② 《马克思恩格斯文集》第 4 卷，人民出版社 2009 年版，第 311 页。

饰。不过，欧洲统治阶级此时并没有抛弃宗教，反而开始把宗教作为其"专有"的"统治手段"，这使宗教的性质也就出现了质变。基于这一变化，恩格斯遂认为"基督教进入了它的最后阶段"，从此"已不能成为任何进步阶级的意向的意识形态外衣了；它越来越变成统治阶级专有的东西，统治阶级只把它当做使下层阶级就范的统治手段"。① 恩格斯指出欧洲近代资本主义社会发展在对待宗教上有两大特点，一是出现了"世俗化"的趋势。由此"加尔文教的少数派"在法国"遭到镇压""被迫皈依天主教或者被驱逐出境"，资产阶级已不需要意识形态色彩太浓的宗教，而本阶级的自由思想家此时也已经产生，并形成其独立的、代表其阶级的话语权；所以，逐渐成熟的资产阶级"更便于以唯一同已经发展起来的资产阶级相适应的、非宗教的、纯粹政治的形式进行自己的革命。出席国民议会的不是新教徒，而是自由思想家了"。二是宗教呈现多元之状，"不同的阶级"会"利用它自己认为适合的宗教"："占有土地的容克利用天主教的耶稣会派或新教的正统派，自由的和激进的资产者则利用理性主义，至于这些先生们自己相信还是不相信他们各自的宗教，这是完全无关紧要的。"② 从回顾历史来看，恩格斯对基督教的回溯到此则基本结束。他所面对的世界，正是基督教结束其大一统整合的时代而走向多元之际，也是基督教被社会多种力量所利用而使其社会功能复杂化之开端。

恩格斯结合其对基督教的研究而概括了宗教变迁受社会影响及其复杂回应这一历史现象，并突出了历史唯物主义对宗教的基本审视："我们看到，宗教一旦形成，总要包含某些传统的材料，因为在一切意识形态领域内传统都是一种巨大的保守力量。但是，这些材料所发生的变化是由造成这种变化的人们的阶级关系即经济关系引起的。"③ 宗教传统材料并非凭空而来，而是来自阶级社会的经济关系，故仍然是社会存在决定其思想材料，不离其社会

---

①　《马克思恩格斯文集》第 4 卷，人民出版社 2009 年版，第 311 页。
②　《马克思恩格斯文集》第 4 卷，人民出版社 2009 年版，第 311—312 页。
③　《马克思恩格斯文集》第 4 卷，人民出版社 2009 年版，第 312 页。

基础。恩格斯并没有简单地平价基督教，而是对其在历史发展演变中的变化形态加以具体分析，凸显的也仍是社会存在决定社会意识，经济基础决定上层建筑这一历史唯物主义的原则和方法。恩格斯生动描述了宗教随时代发展、社会制度改变而发生的变化这一动态景观，强调要辩证地、历史地、发展性地分析、评价宗教，而且特别突出基于社会存在来界说宗教的这一观点。所以说，任何抽象地将宗教与社会剥离开来谈宗教，都是唯心的、主观的。

（七）恩格斯《自然辩证法》中的宗教观

恩格斯于 1873 年至 1882 年之间断断续续地撰写了《自然辩证法》，但没能完成这部涉及许多重大问题的著作。而且这部著作的手稿在恩格斯生前也没能发表，只是在其逝世后才得以出版。该书以研究自然科学的发展为主，其中也涉及马克思主义宗教观的相关论述，并且特别论及科学与宗教的关系，给人带来耳目一新的感觉。

涉及宗教与科学的关系，在西方历史上有许多"公案"，尤其在近代自然科学发展转型时期，因关其研究视野及理论范式的变化，会给传统观念带来挑战，因而也会受到传统观念的反抗和阻挠。当科学家以其新的发现、新的观念来挑战权威包括宗教权威时，就会受到世俗及宗教权威的迫害。恩格斯批评说："值得注意的是，新教徒同天主教徒一道竟相迫害他们，前者烧死了塞尔维特，后者烧死了乔尔丹诺·布鲁诺。"[①] 而且，"新教徒在迫害自由的自然研究方面超过了天主教徒。塞尔维特正要发现血液循环过程的时候，加尔文便烧死了他，而且还活活地把他烤了两个钟头；而宗教裁判所则只是满足于直截了当地烧死乔尔丹诺·布鲁诺"[②]。这是欧洲中世纪及近代宗教反对科学的黑暗一面；但另一方面，恩格斯也指明欧洲近代出现

---

① 《马克思恩格斯文集》第 9 卷，人民出版社 2009 年版，第 405 页。
② 《马克思恩格斯文集》第 9 卷，人民出版社 2009 年版，第 410 页。

的跳跃性发展同样与宗教有关，宗教参与了欧洲近代的变革和进步，为欧洲社会迈入新世纪提供了出类拔萃之辈。"这是一个需要巨人并且产生了巨人的时代，那是一些在学识、精神和性格方面的巨人。这个时代，法国人正确地称之为文艺复兴，而新教的欧洲则片面狭隘地称之为宗教改革。"①宗教改革本身就是对其旧传统的挑战，它虽有瑕疵和错误，却仍具有时代进步意义。

　　而在中世纪出现的突破，无论是在政治领域还是在科学领域，当时都是作为一种宗教内部的发展。当时的自然科学研究也是在教会框架范围内得以展开，如哥白尼的天文学探索、培根的实验科学实践，基本上是在宗教社团内进行的，其实验本身是得到教会认可的，但其结论因为过于超前而让教会权威目瞪口呆、难以相信和接受，由此冲突一触即发，形成尖锐对抗。为了避免这种矛盾冲突，不少改革家和科学家或是以某种宗教外衣即借口来推出其理论，或是拖至最后才真正亮出其理论本相。恩格斯说："正如路德并不是第一个新教徒一样，哥白尼在自然科学领域内推出伟大的著作，犹如路德在宗教领域内焚毁教谕；哥白尼在他的著作中虽然还有些胆怯，但经过36年的踌躇之后，可以说是在临终之际向教会的迷信提出了挑战。从此以后，自然研究基本上从宗教下面解放出来了，尽管彻底弄清各种细节的工作一直延续到今天，而且在许多人的头脑中还远没有解决。"②恩格斯在此也指出，此后出现了一个重大改变，即自然科学研究不再与宗教观念纠缠到一起，二者开始在各自不同的领域得到相对自由的发展。

　　欧洲近代发展所出现的突飞猛进，并不是彻底摆脱宗教的影响，而是以宗教改革为标志。恩格斯说："现代的自然研究同整个近代史一样，发端于这样一个伟大的时代，这个时代，我们德国人根据我们当时所遭遇的民族不幸称之为宗教改革，法国人称之为文艺复兴，而意大利人则称之为16世

---

①　《马克思恩格斯文集》第 9 卷，人民出版社 2009 年版，第 405—406 页。

②　《马克思恩格斯文集》第 9 卷，人民出版社 2009 年版，第 406 页。

纪……这个时代是从 15 世纪下半叶开始的。"① 虽然因上述历史原因使恩格斯遗憾德国的宗教改革是其"民族不幸",却没有使他就此而完全否定宗教改革。恩格斯承认宗教改革使传统"教会的精神独裁被摧毁了,日耳曼语各民族大部分都直截了当地抛弃了它,接受了新教";而对路德本人,恩格斯也肯定了他的文化贡献:"路德不但清扫了教会这个奥吉亚斯的牛圈,而且也清扫了德国语言这个奥吉亚斯的牛圈,创造了现代德国散文,并且创作了成为 16 世纪《马赛曲》的充满胜利信心的赞美诗的词和曲。"②

尽管自然科学在欧洲近代有了很大进展,但恩格斯仍然直言科学与宗教神学的纠结及共构。甚至到了 18 世纪,"科学还深深地禁锢在神学之中。它到处寻找,并且找到了一种不能从自然界本身来解释的外来的推动作为最后的原因。如果牛顿所夸张地命名为万有引力的吸引被当做物质的本质特性,那么开初造成行星轨道的未经说明的切线力又是从哪里来的呢?植物和动物的无数的种是如何产生的呢?而早已确证并非亘古就存在的人类最初是如何产生的呢?对于这些问题,自然科学往往只能以万物的创造者对此负责来回答。哥白尼在这一时期之初向神学下了挑战书;牛顿却以神的第一推动这一假设结束了这个时期。这时的自然科学所达到的最高的普遍的思想,是关于自然界的安排的合目的性的思想……而整个自然界被创造出来是为了证明造物主的智慧"③。由此可见,在科学与宗教的关系上有着许多反复,科学的审视也很难在短时间内完全摆脱宗教的影响。恩格斯认为哲学、科学和宗教有着复杂关联,哲学在当时所取得的进展就是"坚持从世界本身来说明世界,并把细节的证明留给未来的自然科学"④。而对于未知领域,宗教却仍有其话语权,从而形成与哲学、科学的三足鼎立。

恩格斯在这里还专门论及灵魂观念的起源,对古希腊思想进行了梳理。

---

① 《马克思恩格斯文集》第 9 卷,人民出版社 2009 年版,第 408 页。
② 《马克思恩格斯文集》第 9 卷,人民出版社 2009 年版,第 409 页。
③ 《马克思恩格斯文集》第 9 卷,人民出版社 2009 年版,第 412—413 页。
④ 《马克思恩格斯文集》第 9 卷,人民出版社 2009 年版,第 413 页。

恩格斯指出："虽然古希腊人的整个宇宙观具有素朴唯物主义的性质，但是在他们那里已经包藏着后来分裂的种子：早在泰勒斯那里，灵魂就被看做某种特殊的东西，某种和肉体不同的东西（比如他认为磁石也有灵魂）；在阿那克西米尼那里，灵魂是空气（正像在《创世记》中一样），在毕达哥拉斯派那里，灵魂已经是不死的和可移动的，肉体对它说来是纯粹偶然的。在毕达哥拉斯派那里，灵魂又是'以太的碎片'。"① 从古希腊人的朴素唯物主义却演变出唯心主义的发展，而其灵魂观所意蕴的自我主体意识和独立意识，则为宗教神明观的发展做了相应铺垫。

　　恩格斯还涉及"神灵世界中的自然研究"这一话题，描述了当时社会中流行的招魂术和降神术现象，并感叹这种唯灵论在一些科学家那里也不能幸免，他批评了人们"寻找幻想、轻信和迷信的极端表现"，指出"一味吹捧经验、极端蔑视思维而实际上思想极度贫乏"实际上可能走向反面。恩格斯列举了一些颇有成就的科学家在推行其经验时因为极端化而走向了唯灵论，如"备受称颂的弗兰西斯·培根就已经渴望他的新的经验归纳法能够付诸应用，并首先做到：延年益寿，在某种程度上使人返老还童，改形换貌，易身变体，创造新种，腾云驾雾，呼风唤雨。他抱怨这种研究无人问津，他在他的自然史中开出了制取黄金和创造种种奇迹的正式的丹方。同样，伊萨克·牛顿在晚年也热衷于注释《约翰启示录》。因此，难怪近年来以几个远非最差的人物为代表的英国经验主义，看来竟不可救药地迷恋于从美国输入的招魂术和降神术"②，此外还有提出物种通过自然选择发生变异这种理论的华莱士以及发现化学元素铊和发明辐射计的克鲁克斯等人。恩格斯对之分析说："究竟什么是从自然科学走向神秘主义的最可靠的道路。这并不是过度滋蔓的自然哲学理论，而是蔑视一切理论、怀疑一切思维的最肤浅的经验。证明神灵存在的并不是那种先验的必然性，而是华莱士先生、克鲁克斯先生

---

① 《马克思恩格斯文集》第 9 卷，人民出版社 2009 年版，第 431—432 页。

② 《马克思恩格斯文集》第 9 卷，人民出版社 2009 年版，第 442 页。

之流的经验的观察。"① 但凭经验并不能走出唯心主义，而机械的认知则也可能走向荒诞，为此，恩格斯指出了理论思维的重要性，并且倡导辩证思维的方法。否则，尽管经验丰富，仍会出现迷失。恩格斯说："蔑视辩证法是不能不受惩罚的。对一切理论思维尽可以表示那么多的轻视，可是没有理论思维，的确无法使自然界中的两件事实联系起来，或者洞察二者之间的既有的联系。……所以，经验主义者蔑视辩证法便受到惩罚：连某些最清醒的经验主义者也陷入最荒唐的迷信中，陷入现代唯灵论中去了。"② 恩格斯还特别强调，"单凭经验是对付不了唯灵论者的。……只要所谓的奇迹还没有被逐一揭穿，唯灵论者就仍然有足够的活动地盘"③，"这样，经验要摆脱降神者的纠缠，就不得不借助于理论的思考，而不再靠经验性的实验"④。根据当时的社会状况和认知氛围，恩格斯解释了为什么会有一些自然科学家会信仰宗教的现象，指出"许许多多的自然科学家已经给我们提供了证明，他们在他们自己的那门科学中都是坚定的唯物主义者，但是在本门科学以外不仅是唯心主义者，甚至是虔诚的正教教徒"⑤。术业有专攻，科学家在认识世界这一点上也不是万能的，也有其认知的局限，故而并不能保证其研究了自然科学就不再会成为宗教徒。

但与其他领域相比较，宗教信仰的处境在科学家那里会更差一些。"上帝在信仰上帝的自然科学家那里的遭遇，比在任何地方都要糟糕。"⑥ 具有宗教信仰的科学家往往会处于一种矛盾的境况之中，他们面对自然科学发展的新成果会反省自我，重新反思自己的信仰和宗教立论，或做出相对调整，或放弃其传统信仰。为此，恩格斯充满信心地指出："在现代自然科学的历史中，上帝在他的保卫者那里的遭遇，就像耶拿会战中弗里德里希—威廉三世

---

① 《马克思恩格斯文集》第 9 卷，人民出版社 2009 年版，第 451 页。
② 《马克思恩格斯文集》第 9 卷，人民出版社 2009 年版，第 452 页。
③ 《马克思恩格斯文集》第 9 卷，人民出版社 2009 年版，第 452 页。
④ 《马克思恩格斯文集》第 9 卷，人民出版社 2009 年版，第 453 页。
⑤ 《马克思恩格斯文集》第 9 卷，人民出版社 2009 年版，第 459 页。
⑥ 《马克思恩格斯文集》第 9 卷，人民出版社 2009 年版，第 461 页。

在他的文官武将那里的遭遇一样。在科学的推进下，一支又一支部队放下武器，一座又一座堡垒投降，直到最后，自然界无穷无尽的领域全部被科学征服，不再给造物主留下一点立足之地。牛顿还把'第一推动'留给上帝，但是不允许他对自己的太阳系进行别的任何干预。神父赛奇虽然履行教规中的全部礼仪来恭维上帝，但是并不因此就变得手软些，他把上帝完全逐出了太阳系，而只允许后者在原始星云上还能作出某种'创造行动'。在一切领域中，情况都是如此。在生物学中，上帝的最后的伟大的唐·吉诃德，即阿加西斯，甚至要求他去做十足荒唐的事情：他不仅应当创造实在的动物，而且还应当创造抽象的动物……最后，丁铎尔完全禁止上帝进入自然界，把他放逐到情感世界中去，而他之所以还允许上帝存在，只是因为对这一切事物（自然界）总得有个什么人能比约翰·丁铎尔知道得更多些！这和旧的上帝——天和地的创造者、万物的主宰，没有他连一根头发也不能从头上掉下来——相距不知有多远。"① 随着现代自然科学的发展，宗教领域包括其上帝信仰的认知也出现了巨大变化。宗教为了继续存在下去，则必须积极回应自然科学的发展及其取得的成就，所以西方基督教在 20 世纪中叶出现了"跟上时代"的口号，有着对科学成果的肯定，对其历史上曾迫害过的科学家表示道歉，并组建了相关的科研机构来探讨宗教与科学的关系，争取形成与科学的良性互动。对这种科学与宗教关系的新进展，我们也应加以实事求是的观察和研究。

　　恩格斯还从人类的起源和进化谈到了宗教的产生与发展。宗教的出现，被恩格斯视为人类发展的一个重要阶段，而且宗教的产生是与人类的政治、法律等发展紧密相连的。恩格斯说："伴随着商业和手工业，最后出现了艺术和科学；从部落发展成了民族和国家。法和政治发展起来了，而且和它们一起，人间事物在人的头脑中的虚幻的反映——宗教，也发展起来了。在所有这些起初表现为头脑的产物并且似乎支配着人类社会的创造物面前，劳动

---

① 《马克思恩格斯文集》第 9 卷，人民出版社 2009 年版，第 462 页。

的手的较为简陋的产品退到了次要地位……迅速前进的文明完全被归功于头脑，归功于脑的发展和活动；人们已经习惯于用他们的思维而不是用他们的需要来解释他们的行为（当然，这些需要是反映在头脑中，是进入意识的）。这样，随着时间的推移，便产生了唯心主义世界观，这种世界观，特别是从古典古代世界没落时起，就支配着人的头脑。它现在还非常有力地支配着人的头脑，甚至达尔文学派的唯物主义自然科学家们对于人类的产生也不能提出明确的看法，因为他们在那种意识形态的影响下，认识不到劳动在这中间所起的作用。"[①] 这里，恩格斯从人类认识史的发展看到了唯心主义出现的必然性，但也分析了这种唯心主义思想给人类健康发展带来的阻碍和危害。按照辩证唯物主义和历史唯物主义的世界观，世界是整体的，而不可加以二元分割。但宗教则有着心身二元、灵肉分离之区别，从而否认了世界与人的一体性。所以，恩格斯指出明确这种整体性、一体性的重要，因为如果人们越是认识到"自身和自然界的一体性，那种关于精神和物质、人类和自然、灵魂和肉体之间的对立的荒谬的、反自然的观点，也就越不可能成立了，这种观点自古典古代衰落以后出现在欧洲并在基督教中得到最高度的发展"[②]。西方宗教唯心主义以基督教为典型，这也是恩格斯加强对基督教展开研究的重要原因之一。恩格斯从社会观和认识论两大方面对基督教从其早期在古罗马帝国时期的原初形态到近代资本主义社会发展的演变之轨进行了详细的梳理、探究，对之既有肯定、亦有批评，为我们展示了其研究宗教的辩证分析和科学方法。

（八）恩格斯《社会主义从空想到科学的发展》中的宗教观

在《反杜林论》草稿中，恩格斯于 1880 年选取其中三章内容改写而成此文，并以《空想社会主义和科学社会主义》为题最初用法文发表在《社会

---

① 《马克思恩格斯文集》第 9 卷，人民出版社 2009 年版，第 557—558 页。
② 《马克思恩格斯文集》第 9 卷，人民出版社 2009 年版，第 560—561 页。

主义评论》同年第 3—5 期上。恩格斯以此来构设科学社会主义的思想体系，故而被马克思称为"科学社会主义的入门"；其最早的德文本则于 1883 年 3 月在霍廷根—苏黎世出版，但扉页上标为 1882 年。

社会主义理论以唯物主义为根基，所以恩格斯在这部著作中专门探讨了近代欧洲唯物主义的产生。由于思想史上唯物主义与唯心主义的复杂关联，恩格斯在此明确指出近代欧洲的唯物主义最早是从中世纪基督教的经院哲学中产生的。恩格斯在其科学思维中早已超越了对唯物、唯心思维的简单区分，对欧洲思想史上的个案所涉及的具体问题都有着具体分析。恩格斯说："从 17 世纪以来，全部现代唯物主义的发祥地正是英国。""唯物主义是大不列颠本土的产儿，大不列颠的经院哲学家邓斯·司各脱就曾经问过自己：'物质是否不能思维？'""为了使这种奇迹能够实现，他求助于上帝的万能，即迫使神学来宣讲唯物主义。此外，他还是一个唯名论者。唯名论是唯物主义的最初形式，主要存在于英国经院哲学家中间。"[①] 在西方逻辑思维及辩证认知的传统影响下，欧洲中世纪经院哲学形成了唯名论和唯实论两大派别，本为基督教内部的两大神学流派，属于唯心主义形而上学体系内部的建构。但恩格斯却从其唯名论中看到了近代唯物主义的萌芽，体现出一种创造性的思辨精神。当人们仍纠缠于唯物或唯心泾渭分明的争论时，恩格斯却早已悟到了否定之否定的辩证关系。

从整个欧洲思想发展的历史来看，有神、无神、唯心、唯物等观念并非截然分割且毫无关联的，其形式与内容交织复杂、关联隐在。一些看似唯心论、有神论的表达却可作为唯物论、无神论思想的掩饰形式。而一些貌似唯物主义的说法却有着唯心主义的本质。此外，在一些唯物主义思想中会出现有神论，而在一些唯心主义的表述中却体现出无神论的精神。恩格斯专门梳理了这种复杂的思想交织，曾指出："霍布斯消除了培根唯物主义中的有神论的偏见；柯林斯、多德威尔、考尔德、哈特莱、普利斯特列也同样消除了

---

①　《马克思恩格斯文集》第 3 卷，人民出版社 2009 年版，第 502 页。

洛克感觉论的最后的神学藩篱。无论如何，自然神论对实际的唯物主义者来说不过是一种摆脱宗教的简便易行的方法罢了。"①

恩格斯在这种研究中，把重点放在了近代英国社会。他在此梳理了英国社会当时出现的从有神论到怀疑论、不可知论及唯物主义无神论的思想转变。在 19 世纪中叶纷繁复杂的思想图景中，恩格斯观察到，"移居英国的有教养的外国人最惊奇的，是他必然会视为英国体面的中等阶级的宗教执迷和头脑愚蠢的那种现象。那时，我们都是唯物主义者，或者至少是很激进的自由思想者，我们不能理解，为什么英国几乎所有有教养的人都相信各种各样不可思议的奇迹，甚至一些地质学家⋯⋯也歪曲他们的科学上的事实，唯恐过分有悖于创世记的神话；要想找到敢于凭自己的智力思考宗教问题的人，就必须去寻找那些没有受过教育的人，当时所谓的'无知群氓'即工人，特别是去寻访那些欧文派的社会主义者"。"但是从那时以来，英国已经'开化'了。⋯⋯随着色拉油（1851 年以前只有贵族才知道）的传入，大陆上对宗教问题的怀疑论也必然传了进来，以致发展到这种地步：不可知论虽然还尚未像英国国教会那样被当做'头等货色'，但是就受人尊敬的程度而言，几乎和浸礼会是同等的，而且肯定超过了'救世军'。我时常这样想：许多人对这种越来越不信仰宗教的现象痛心疾首，咒骂谴责，可是他们如果知道这些'新奇的思想'并不是舶来品⋯⋯而无疑是老牌的英国货，而且他们的不列颠祖先在 200 年前已经走得比今天的后代子孙所敢于走的要远得多，那他们将会感到安慰吧"②。这里，恩格斯重点分析了在英国这种不可知论的发展及其矛盾处境：从自然观来看，"不可知论者的自然观完全是唯物主义的。整个自然界是受规律支配的，绝对排除任何外来的干涉"。而从存在论来说，"不可知论者又说，我们无法肯定或否定已知世界之外的某个最高存在物的存在"。这说明不可知论者在此既可通向唯物主义，也会滑入唯心主义。实

---

① 《马克思恩格斯文集》第 3 卷，人民出版社 2009 年版，第 504 页。
② 《马克思恩格斯文集》第 3 卷，人民出版社 2009 年版，第 505 页。

际上，传统宗教中创世论之造物主的说法在当时已经非常陈旧，所以，恩格斯说："可是如今，在我们不断发展的关于宇宙的概念中绝对没有造物主或主宰者的位置；如果说，在整个现存世界之外还有一个最高存在物，这本身就是一种矛盾，而且我以为，这对信教者的情感也是一种不应有的侮辱。"① 启蒙思想家已经告诉人们，最高存在物或"天父"形象的上帝存在是人类幼年时代所受的教育，是一种文学形象似的表达。但如今人类已经成熟，故不再需要这类"幼儿教材"。

那么从哲学意义上讲，新康德主义的不可知论者则改换了方式，从认识论意义上论及处于人的认识彼岸之"自在之物"的存在。康德在论及"物自体"或"自在之物"时，其意向已在走近宗教。恩格斯指出："在康德的那个时代，我们对自然界事物的知识确实残缺不全，所以他可以去猜想在我们对于各个事物的少许知识背后还有一个神秘的'自在之物'。但是这些不可理解的事物，由于科学的长足进步，已经接二连三地被理解、分析，甚至重新制造出来了；我们当然不能把我们能够制造的东西当做是不可认识的。"② 一旦了解事物发展的本质属性、把握其内在规律，所谓不可知则变为可知，并能够对之加以创造性的"重构"或"制造"。那种神秘的"自在之物"则会祛魅，被人有效感觉和把握。这样，不可知论者则成为可知论者，出现唯物主义的转向。恩格斯说："我们的不可知论者只要作出这些形式上的思想上的保留，他的言行就像十足的唯物主义者了，实际上他也是唯物主义者。……他抽象地承认可能有唯灵论，但是他不想具体地知道是否有唯灵论。他会对你说：就我们所知道或所能知道的，并没有什么宇宙的造物主和主宰者；……我们只知道：支配物质世界的是一些不变的规律，等等。所以，当他是一个科学家的时候，当他还知道一些事情的时候，他是一个唯物主义者；可是，在他的科学以外，在他一无所知的领域中，他就把他的无知翻译成为希腊文，称

---

① 《马克思恩格斯文集》第 3 卷，人民出版社 2009 年版，第 506 页。

② 《马克思恩格斯文集》第 3 卷，人民出版社 2009 年版，第 507 页。

之为不可知论。"① 现实世界是非常复杂的，对宇宙的探寻永无止境，因此，绝对的可知及纯而又纯的唯物主义在现实处境中不可能存在，可知在此只是表达了人们认识世界的积极态度和永不停息的努力。人也只是在已经把握的领域、在已经获得的确切知识范围内表现为一个真正的唯物主义者。如果在"未知"领域，在并未真正把握的范畴这一层面上强称自己"可知"或"已知"，则实际上会掉入唯心主义的陷阱之中。恩格斯在此所强调的"历史唯物主义"，则正是对已经把握和洞观的历史过程而言，其研究起点基于对社会现实和历史真实的可靠分析和研究。

英国中等阶级作为新兴的资产阶级对于宗教是什么态度，他们承继了什么样的精神遗产，其在社会转型过程中有什么意义及作用，这都是恩格斯所感兴趣、想具体了解的。对于为什么会有"英国体面的中等阶级的宗教执迷和头脑愚蠢的那种现象"这一问题，恩格斯指出："这个阶级的宗教倾向是有其缘由的。"② 为此，恩格斯展开了言之有据的历史回溯和科学分析，认为中等阶级在欧洲从中古走向近代的转型时期之历史背景极为复杂，而其社会地位也非常微妙，他们既为旧制度所限，又渴望走向新的时代。恩格斯说："当欧洲脱离中世纪的时候，新兴的城市中等阶级是欧洲的革命因素。这个阶级在中世纪的封建体制内已经赢得公认的地位，但是这个地位对它的扩张能力来说，也已经变得太狭小了。中等阶级即资产阶级的发展，已经不能同封建制度并存，因此，封建制度必定要覆灭。"③ 既然中等阶级承担了反对封建制度的历史使命，那么他们就必须面对保护这种制度的宗教体制，与之发生正面对峙和冲突。当时欧洲有着统摄人们精神生活、维系封建社会大一统的天主教会。所以，中等阶级必须打破这一宗教权威，才可能树立其阶级所想获得的新权威。恩格斯指出，当时"封建制度的巨大的国际中心是罗马天主教会。它尽管发生了各种内部战争，还是把整个封建的西欧联合为一个大

① 《马克思恩格斯文集》第 3 卷，人民出版社 2009 年版，第 508 页。
② 《马克思恩格斯文集》第 3 卷，人民出版社 2009 年版，第 509 页。
③ 《马克思恩格斯文集》第 3 卷，人民出版社 2009 年版，第 509 页。

的政治体系，同闹分裂的希腊正教徒和伊斯兰教的国家相对抗。它给封建制度绕上一圈神圣的灵光。它按照封建的方式建立了自己的教阶制，最后，它本身就是最有势力的封建领主，拥有天主教世界的地产的整整三分之一。要想把每个国家的世俗的封建制度成功地各个击败，就必须先摧毁它的这个神圣的中心组织"①。这样，反对天主教会就成为中等阶级的首要任务，不去除封建制度的这一宗教保护伞，不经过对这一制度的"非神圣化"过程，反封建的任务则不可能完成。

但对封建神权的反抗和革命仅靠社会意识还远远不够，其关键在于其社会结构、社会关系的改变。这也就需要相应的物质积累和知识准备。当然，从当时的情况来看，其历史条件已基本成熟。"随着中等阶级的兴起，科学也大大振兴了；天文学、力学、物理学、解剖学和生理学的研究又活跃起来。资产阶级为了发展工业生产，需要科学来查明自然物体的物理特性，弄清自然力的作用方式。在此以前，科学只是教会的恭顺的婢女，不得超越宗教信仰所规定的界限，因此根本就不是科学。现在，科学反叛教会了；资产阶级没有科学是不行的，所以也不得不参加反叛。"② 社会革命需要科学革命的支持，新兴资产阶级故而对科学极力提倡和积极推动，发挥出科学作为生产力的重要作用。其最为典型的科学革命即英国蒸汽机的发明和随之推动的工业革命，这是资本主义得以成功的关键科技条件。所以，中等阶级反对中世纪罗马天主教会，需要科学革命的支持，需要将科学从对教会的隶属中解放出来，这是有其内在的历史逻辑关联的。

从对中等阶级当时的社会处境来看，其诞生于封建主义的土壤中，其成长、成熟亦与这一氛围相关联，因而留有封建主义的种种痕迹和遗传。但其作为后来居上的新兴阶级，则与封建阶级有着根本矛盾，其冲突又不可避免。这种寓于其中又要反对其所居的历史命运，使中等阶级首当其冲，而其

---

① 《马克思恩格斯文集》第 3 卷，人民出版社 2009 年版，第 509—510 页。
② 《马克思恩格斯文集》第 3 卷，人民出版社 2009 年版，第 510 页。

反抗则需借用已为民众所习惯的宗教外形。此即恩格斯所分析的根本两条："第一，在反对罗马教会权利的斗争中，最有直接利害关系的阶级是资产阶级；第二，当时反对封建制度的历次斗争，都要披上宗教的外衣，把矛头首先指向教会。"①

然而，欧洲漫长而体态完备的封建社会有其顽强的生命力。作为新兴资产阶级而萌生的中等阶级与封建阶级有着漫长的较量和艰苦的斗争。恩格斯对之总结说，"资产阶级反对封建制度的长期斗争，在三次大决战中达到了顶点"：第一次大决战以宗教改革的形式表现出来，第二次大决战是借用宗教旗帜而展开的社会革命，而第三次则是直接的社会革命、政治斗争。恩格斯对这三次大决战都有非常具体的分析和非常精彩的点评。

"第一次是德国的所谓宗教改革。路德提出的反对教会的战斗号召，唤起了两次政治性的起义：首先是弗兰茨·冯·济金根领导的下层贵族的起义（1523 年），然后是 1525 年伟大的农民战争。这两次起义都失败了，主要是由于最有利害关系的集团即城市市民不坚决"②，在这场大决战中，新兴资产阶级优柔寡断、瞻前顾后，有着种种软弱和妥协，而封建势力并没有意识到其末日将临，仍以其相对强大的力量来打压刚刚问世、尚未站稳的资产阶级。而欧洲社会强大的宗教传承及习俗，则使资产阶级的反抗起初只能采取宗教的方式，故宗教改革应运而生。当时随宗教改革而爆发的革命还有下层平民的反抗，尤其是德国农民战争，从中却折射出未来无产阶级之先行者的革命坚决和超前意识。其结果是德国的宗教改革通过妥协而取得相对成功，但德国农民战争却彻底失败。这一结果带来了德国近代发展中的"民族不幸"，恩格斯说："从那时起，斗争就蜕化为各地诸侯和中央政权之间的战斗，结果，德国在 200 年中被排除于欧洲在政治上起积极作用的民族之列。路德的宗教改革确实创立了一种新的信条，一种适合专制君主制需要的

① 《马克思恩格斯文集》第 3 卷，人民出版社 2009 年版，第 510 页。
② 《马克思恩格斯文集》第 3 卷，人民出版社 2009 年版，第 510 页。

宗教。德国东北部的农民刚刚改信路德教派，就从自由人降为农奴了。"① 不过，虽然宗教改革在德国不太成功，但欧洲的宗教改革在整体意义上还是相当成功的，它及时而有效地促成了欧洲社会的近代转型。"在路德失败的地方，加尔文却获得了胜利。加尔文的信条正适合当时资产阶级中最果敢大胆的分子的要求。他的宿命论的学说，从宗教的角度反映了这样一件事实：在竞争的商业世界，成功或失败并不取决于一个人的活动或才智，而取决于他不能控制的各种情况。决定成败的并不是一个人的意志或行动，而是全凭未知的至高的经济力量的恩赐……加尔文的教会体制是完全民主的、共和的；既然上帝的王国已经共和化了，人间的王国难道还能仍然听命于君王、主教和领主吗？当德国的路德教派已变成诸侯手中的驯服工具时，加尔文教派却在荷兰创立了一个共和国，并且在英国，特别是在苏格兰，创立了一些活跃的共和主义政党。"② 第一次大决战是以纯宗教的面目来出现，其改革在宗教层面的相对成功，为新兴的资产阶级想要的政治改革提供了经验，鼓舞了士气。可以说，这种宗教改革吹响了欧洲资产阶级革命的序曲，拉开了其更大革命的序幕。

"资产阶级的第二次大起义，在加尔文教派中给自己找到了现成的战斗理论。这次起义是在英国发生的。发动者是城市中等阶级，完成者是农村地区的自耕农。"③ 此即以新教加尔文教派为旗帜而进行的"清教革命"，其成功也是基于英国新兴中等阶级与封建主的妥协，而其先天不足也是因为英王亨利八世所发动的宗教改革本身就不具备其革命的彻底性。"亨利八世贱卖教会的土地，造成一大批新的资产阶级地主"；新的封建集团在其出现时已部分具有资产阶级的性质，故而使这种混杂了其他性质的阶级从一开始就是畸形的怪胎。当时英国"经常有这样一部分大地主，他们由于经济的或政治的原因，愿意同金融资产阶级和工业资产阶级的首脑人物合作。这样，1689

① 《马克思恩格斯文集》第3卷，人民出版社2009年版，第510—511页。
② 《马克思恩格斯文集》第3卷，人民出版社2009年版，第511页。
③ 《马克思恩格斯文集》第3卷，人民出版社2009年版，第511页。

年的妥协很容易就达成了"①。这种妥协、改良性质的革命使英国统治阶级既对宗教加以直接掌控，又采取了维系宗教传统的做法。由国王所改革的宗教成为国教，而宗教本身则被当作对"下层等级"的精神统治和思想奴役。恩格斯对英国资产阶级这样描述道："他本身是信仰宗教的，他曾打着宗教的旗帜战胜了国王和贵族；不久他又发现可以用这同样的宗教来操纵他的天然下属的灵魂，使他们服从由上帝安置在他们头上的那些主人的命令。简言之，英国资产阶级这时也参与镇压'下层等级'，镇压全国广大的生产者大众了，为此所用的手段之一就是宗教的影响。"②和欧洲中世纪封建统治者相同，资产阶级在革命成功后就直接利用宗教来维系其统治。由此可见，新兴资产阶级既把宗教作为其革命的旗帜而发动了革命，又在其革命成功后再次将宗教作为其统治的工具，实施对其臣民的精神控制。

当时英国资产阶级维护宗教的另一原因，则是因为英国贵族中兴起了唯物主义无神论的思潮，结果使唯物主义变为"完全是贵族的学说"，他们以唯物主义来维护王权，作为对新生资产阶级的制约和反抗。恩格斯说："还有另一种情况也助长了资产阶级的宗教倾向。这就是唯物主义在英国的兴起。这个新的（无神论的）学说，不仅震撼了中等阶级的宗教情感，还自称是一种只适合于世上有学问的和有教养的人们的哲学，完全不同于适合于缺乏教养的群众以及资产阶级的宗教。它随同霍布斯起而维护至高无上的王权，呼吁专制君主制镇压那个强壮而心怀恶意的小伙子，即人民。同样地，在霍布斯的后继者博林布罗克、舍夫茨别利等人那里，唯物主义的新的自然神论形式，仍然是一种贵族的秘传的学说，因此，唯物主义遭受中等阶级仇视，既是由于它是宗教的异端，也是由于它具有反资产阶级的政治联系。所以，同贵族的唯物主义和自然神论相反，过去曾经为反对斯图亚特王朝的斗争提供旗帜和战士的新教教派，继续提供了进步的中等阶级的主要战斗力

---

① 《马克思恩格斯文集》第3卷，人民出版社2009年版，第512页。

② 《马克思恩格斯文集》第3卷，人民出版社2009年版，第513页。

量，并且至今还是'伟大的自由党'的骨干。"① 这似乎给人某种吊诡之感，却乃历史之事实。恩格斯这里并不认为唯物主义无神论就势必会被当时先进的社会阶级所拥有，恰恰相反，它在此乃被贵族阶级用于维护封建王权。而代表宗教改革之力量的新教反而被恩格斯称为"进步的中等阶级的主要战斗力量"。由此可见，对唯物主义、无神论的运用，也会出现极为复杂的历史现象。

但唯物主义在当时的法国却完全是另外一番景观。恩格斯论述了唯物主义在近代法国的发展，并指出其革命性在此才真正展示出来。恩格斯说："这时，唯物主义从英国传到法国，它在那里与另一个唯物主义哲学学派，即笛卡尔派的一个支派相遇，并与之汇合。在法国，唯物主义最初也完全是贵族的学说。但是不久，它的革命性就显露出来。法国的唯物主义者并不是只批判宗教信仰问题，他们批判了当时的每一个科学传统或政治体制；为了证明他们的学说可以普遍应用，他们选择了最简便的方法：在他们由以得名的巨著《百科全书》中，他们大胆地把这一学说应用于所有的知识对象。这样，唯物主义就以其两种形式中的这种或那种形式——公开的唯物主义或自然神论，成为法国一切有教养的青年信奉的教义。它的影响很大，在大革命爆发时，这个由英国保皇党孕育的学说，竟给予法国共和党人和恐怖主义者一面理论旗帜，并且为《人权宣言》提供了底本。"② 同样是近代欧洲的唯物主义，但其在英国和法国却有着完全不同的历史命运及社会作用。这里，恩格斯也谈到了自己对法国战斗无神论的看法。

"法国大革命是资产阶级的第三次起义，然而这是完全抛开宗教外衣、在毫不掩饰的政治战线上作战的首次起义；这也是真正把斗争进行到底、直到交战的一方即贵族被彻底消灭而另一方即资产阶级完全胜利的首次起义。"③ 资产阶级的第三次大决战以法国大革命为代表，是完全没有宗教形式

---

① 《马克思恩格斯文集》第3卷，人民出版社2009年版，第513—514页。
② 《马克思恩格斯文集》第3卷，人民出版社2009年版，第514页。
③ 《马克思恩格斯文集》第3卷，人民出版社2009年版，第514页。

的资产阶级革命。而且，法国大革命还废除了天主教会的特权，甚至连基督教传统的格里历法（即公历）也一并废除，而以其创立的"革命宗教"和"革命节日"来取代，使之不再具有基督教的色彩。但这种反传统的"彻底革命"因为失去民众的支持也不可能彻底成功，随着法国大革命中激进派的失败，资产阶级在掌权后权衡利弊、决定重新利用宗教，在法国社会恢复天主教的合法存在。不过，资产阶级开始以政教协约的方式来制约宗教，使之不再可能恢复以往的一切特权。如拿破仑以政教协约来允许天主教继续存在，而且还恢复了基督教传统的公历。法国大革命之后，唯物主义在欧洲大陆和英国则有了不同的命运。恩格斯比较说："可见，唯物主义既然成为法国革命的信条，敬畏上帝的英国资产者就更要紧紧地抓住宗教了。难道巴黎的恐怖时代没有证明，群众一旦失去宗教本能会有什么样的结局？唯物主义越是从法国传播到邻近国家，越是得到各种类似的理论思潮，特别是德国哲学的支持，唯物主义和自由思想越是在大陆上普遍地真正成为一个有教养的人所必须具备的条件，英国的中等阶级就越是要顽固地坚守各种各样的宗教信条。这些信条可以各不相同，但全都是地道的宗教信条，基督教信条。"① 与当时的欧洲大陆相比，英国资产阶级显得更为保守，而对宗教的依靠也更为明显。

　　随着欧洲工人阶级开始其革命运动，资产阶级开始趋于保守，而其对宗教的态度也出现改变，他们感到了宗教对其维系其社会统治、安抚民心的重要，因而在镇压工人运动的同时，也在社会中推广宗教。恩格斯指出，资产阶级高压制止工人起义之举虽然有效却代价太大，而且只有短期效应，因此他们感到了利用宗教的必要。"这样，工人阶级的声势逼人的要求，至少在短时期内被压下去了，可是付出了多少代价啊！英国资产者以前就认为必须使普通人民保持宗教情绪，在经历了这一切之后，他们对这种必要性的感觉会变得多么强烈啊！他们毫不理会大陆上的伙伴们的讥笑，年复一年地继

---

　　① 《马克思恩格斯文集》第 3 卷，人民出版社 2009 年版，第 515—516 页。

续花费成千上万的金钱去向下层等级宣传福音；他们不满足于本国的宗教机关，还求助于当时宗教买卖的最大组织者乔纳森大哥，从美国输入了奋兴派，引来了穆迪和桑基之流；最后，他们接受了'救世军'的危险的帮助——'救世军'恢复了原始基督教的布道方式，把穷人看做是上帝的选民，用宗教手段反对资本主义，从而助长了原始基督教的阶级对抗因素，这总有一天会给目前为此投掷金钱的富翁带来麻烦。"① 面对阶级矛盾的激化，社会不稳定因素的上升，资产阶级"现在比以往任何时候都更需要用精神手段去控制人民，影响群众的首要的精神手段依然是宗教。于是，在学校董事会中牧师就占优势；于是，资产阶级不断自我增税，以维持各种奋兴派，从崇礼派直到'救世军'"。"现在，英国的体面人物终于战胜了大陆资产者的自由思想和对宗教的冷淡态度。……嘲笑宗教的人，一个一个地在外表上变成了笃信宗教的人，他们毕恭毕敬地谈论教会、它的教义和仪式，甚至在必要时，自己也举行这种仪式了。……'必须为人民保存宗教'，这是使社会不致完全毁灭的唯一的和最后的拯救手段。对他们自己来说，不幸的是：等到他们发现这一点时，他们已经用尽一切力量把宗教永远破坏了。"② 由于资产阶级对宗教态度的反复，以及这种否定之否定的变化，恩格斯认为资产阶级其实"已经用尽一切力量把宗教永远破坏了"，宗教已不再如以前那样好掌控，而无产阶级已经用更先进的思想武装了自己，也不再需要宗教的安慰。这样，资产阶级在现代多元社会中也已进入"多事之秋"。

　　在现代社会发展中，即使资产阶级利用宗教也不再有效，社会经济关系的变化改变了人们对宗教的认知，宗教在维系资本主义社会上已经捉襟见肘、力不从心。"无论英国资产者的宗教执迷，还是大陆资产者的事后皈依宗教，恐怕都阻挡不了日益高涨的无产阶级的潮流。传统是一种巨大的阻力，是历史的惯性力，但是它是消极的，所以一定要被摧毁；因此，宗教也

---

① 《马克思恩格斯文集》第 3 卷，人民出版社 2009 年版，第 517 页。

② 《马克思恩格斯文集》第 3 卷，人民出版社 2009 年版，第 520—521 页。

不能永保资本主义社会的平安。如果说我们的法律的、哲学的和宗教的观念，都是一定社会内占统治地位的经济关系的近枝或远蔓，那么，这些观念终究不能抵抗因这种经济关系的完全改变所产生的影响。除非我们相信超自然的奇迹，否则，我们就必须承认，任何宗教教义都难以支撑一个摇摇欲坠的社会。"① 恩格斯在对科学社会主义的分析中预见无产阶级革命迟早要取代欧洲资本主义社会，而维护资本主义传统的宗教也会随同资本主义一道被摧毁。这里，恩格斯对宗教在社会中的定位亦有恰当的说明，指出宗教与哲学、法律等观念都是"一定社会内占统治地位的经济关系的近枝和远蔓"。

对于德国农民战争时期的宗教异端再洗礼派及其领袖闵采尔，恩格斯在这里有着生动的比喻和充分的肯定，将之评价为现代无产阶级的"先驱者"。恩格斯谈及社会主义从空想到科学的发展，那么闵采尔及德国农民战争的实践则与共产主义理论的产生、社会主义理论与实践的曲折发展就有着密切关联。闵采尔天才般地预见到社会主义社会的来临，但其思考仅具有空想性质。恩格斯说："在每一个大的资产阶级运动中，都爆发过作为现代无产阶级的发展程度不同的先驱者的那个阶级的独立运动。例如，德国宗教改革和农民战争时期的再洗礼派和托马斯·闵采尔，英国大革命时期的平等派，法国大革命时期的巴贝夫。伴随着一个还没有成熟的阶级的这些革命暴动，产生了相应的理论表现；在 16 世纪和 17 世纪有理想社会制度的空想的描写，而在 18 世纪已经有了直接共产主义的理论（摩莱里和马布利）。"② 在共产主义理论和实践的早期构设和探究中，包含着各种复杂因素，恩格斯在这里实际上指出，在对人类理想社会制度的想象及描绘之中，也有着宗教的内容和参与。这种宗教的影响有较长时期的延续，虽然在欧洲近代理性时代，不少人只相信理性，并以这种权威来批判宗教，却并没有根本消除宗教的存在。在理性时代，"宗教、自然观、社会、国家制度，一切都受到了最无情的批

---

① 《马克思恩格斯文集》第 3 卷，人民出版社 2009 年版，第 521 页。
② 《马克思恩格斯文集》第 3 卷，人民出版社 2009 年版，第 525 页。

判；一切都必须在理性的法庭面前为自己的存在作辩护或者放弃存在的权利"①。但这种批判仍没能根除宗教，只是改变了宗教的存在方式。恩格斯在法国空想社会主义者圣西门的理论中就注意到这种宗教的变化及重构："按照圣西门的意见，应当是科学和工业，它们两者由一种新的宗教纽带结合起来，而这种纽带是一种必然神秘的和等级森严的'新基督教'，其使命就是恢复从宗教改革时起被破坏了的各种宗教观点的统一。"②圣西门对宗教的表达似乎是一种倒退，但他所强调的是宗教在社会中的联结作用、纽带功能。其他空想社会主义者也多少对宗教有所评价。如欧文转向共产主义之后对宗教持批评态度，"在他看来，阻碍社会改革的首先有三大障碍：私有制、宗教和现在的婚姻形式"③。由此可见，在社会主义从空想到科学这一思想发展的进程中，对宗教的理解亦多种多样，并无共识或定论。

（九）恩格斯《论原始基督教的历史》中的宗教观

恩格斯多次抽出时间来专门研究基督教，他于 1894 年 6 月至 7 月中旬之间所撰写的这篇文章，也是他运用历史唯物主义思想方法对早期基督教的研究，在《新时代》杂志 1894—1895 年的第 13 年卷第 1 册第 1、2 期上得以发表。

恩格斯对早期基督教的起源及其社会性质与现代工人运动有所比较，他虽然承认二者都是被压迫者的运动，但认为其性质是非常不同的。恩格斯说："原始基督教的历史与现代工人运动有些值得注意的共同点。基督教和后者一样，在产生时也是被压迫者的运动：它最初是奴隶和被释奴隶、穷人和无权者、被罗马征服或驱散的人们的宗教。基督教和工人的社会主义都宣传将来会从奴役和贫困中得救。"④但这种得救的方式则很为不同，这样就导

---

① 《马克思恩格斯文集》第 3 卷，人民出版社 2009 年版，第 523 页。
② 《马克思恩格斯文集》第 3 卷，人民出版社 2009 年版，第 529—530 页。
③ 《马克思恩格斯文集》第 3 卷，人民出版社 2009 年版，第 535—536 页。
④ 《马克思恩格斯文集》第 4 卷，人民出版社 2009 年版，第 475 页。

致了二者的本质区别："基督教是在死后的彼岸生活中，在天国里寻求这种得救，而社会主义则是在现世里，在社会改造中寻求。"在来世、彼岸、天国求得救，这就走入宗教之途；而在现世中争取未来的解放，则就成为政治参与。二者虽然都可看作是被压迫者的运动，而且也都被统治者所打压，却本质有别、道路迥异。"两者都遭受过迫害和排挤，信从者遭到放逐，被待之以非常法：一种人被当做人类的敌人，另一种人被当做国家、宗教、家庭、社会秩序的敌人。虽然有这一切迫害，甚至还直接由于这些迫害，基督教和社会主义都胜利地、势不可挡地为自己开辟前进的道路。基督教在产生 300 年以后成了罗马世界帝国的公认的国教，而社会主义则在 60 来年中争得了一个可以绝对保证它取得胜利的地位。"①值得注意的是，这种打压没能制止其发展，无论是宗教的还是政治的被压迫者运动，都在群众中引起共鸣、获得积极响应。基督教从犹太教的一个弱小异端教派，经过罗马帝国长达 300 年的十次大迫害，不仅没有消亡，反而获得了更大发展，造成从者如云的繁荣局面，并最终得到罗马帝国法律上的承认，成为其帝国国教。

但宗教运动毕竟与政治运动本质有别，政治运动有着明确的目的，有着可行的方案，而且一般都会与现实处境有着直接而密切的联系；宗教运动的目标则比较虚幻，与实际亦相距甚远，其现实处境也使之很难真正实现其目标，因此宗教运动出现的嬗变也比较多。在这部著作中，恩格斯针对"为什么在罗马皇帝时代土地占有大集中的情况下，在几乎纯粹由奴隶构成的当时的工人阶级受着无限痛苦的情况下，'社会主义并没有随着西罗马帝国的灭亡而出现'"之问回答说："那是他恰恰没有注意到：这个'社会主义'在当时可能的程度上：确实是存在过的，甚至还取得了统治地位——那就是基督教。只是这种基督教——由于历史的先决条件，也不可能是别个样子，只能希望在彼岸世界，在天国，在死后的永生中，在即将来临的'千年王国'中

---

① 《马克思恩格斯文集》第 4 卷，人民出版社 2009 年版，第 475 页。

实现社会改造，而不是在现世里。"① 现实社会中社会主义的实现需要一定的历史条件，有其必要的发展过程，而一种宗教性的、虚幻的对未来理想世界的期盼，则可在不同的时代中出现，但它也只能是一种梦境般的虚幻，不可能在现实社会真正实现。但这种虚幻的期盼对其参与者的现实存在及行动的影响，则是我们必须清醒认识的。

在基督教成为主流意识形态和流行宗教的欧洲，这种以基督教形式而出现的革命运动贯彻中古与近代。其中既有基督教内部的分化，也有对社会现实诉求的回应，但都会凸显这种基督教的形式。恩格斯说："这两个历史现象的类似，早在中世纪，在被压迫农民，特别是城市平民的最初的起义中就有突出的表现了。这些起义同中世纪的所有群众运动一样，总是穿着宗教的外衣，采取为复兴日益蜕化的原始基督教而斗争的形式；但是在宗教狂热的背后，每次都隐藏有实实在在的现世利益。这在光荣不朽的扬·杰士卡所领导的波希米亚塔博尔派的组织中表现得最清楚；但是这种特征贯串于整个中世纪，在德国农民战争之后逐渐消失，到 1830 年以后又再现于工人共产主义者身上。厄内斯特·勒南说过：'如果你想要知道最早的基督教会是什么样子，那就请你看看'国际工人协会'的一个地方支部。'在他说这句话之前很久，法国的革命共产主义者，还有特别是魏特林及其追随者早就提到原始基督教了。"② 原始基督教的基本诉求在现实层面上是与早期工人运动相似的，其追求的虽然是天国的理想，却在现实政治中有着实实在在的参与，但因其宗教性也使之不可能在现实中真正实现，基督教在古罗马帝国的变化就已充分说明了这一点。恩格斯在此注意到了早期基督教理论与实践对共产主义运动的起源之复杂影响和相关启发，因而在政治意义对早期基督教有相对肯定，但也指出其在价值判断和意识形态上的缺陷及不合时宜。所以说，宗教虽然与政治有着复杂关联，二者在本质上却根本不同。宗教的希望指向天

---

① 《马克思恩格斯文集》第 4 卷，人民出版社 2009 年版，第 475—476 页。

② 《马克思恩格斯文集》第 4 卷，人民出版社 2009 年版，第 476—477 页。

国，但其诉求却来自现实，由此我们也不可忽略其神圣与世俗之间的微妙连接。

在比较基督教时，恩格斯还提到其他宗教运动，并专门谈了他对伊斯兰教的看法："伊斯兰教世界的宗教起义，特别在非洲，是一种奇特的与此相反的情况。伊斯兰这种宗教适合于东方人，特别适合于阿拉伯人，也就是说，一方面适合于从事贸易和手工业的市民，另一方面也适合于贝都因游牧民族。"在恩格斯看来，不同地域或不同宗教的起义，其结局和后果也各不相同。东方伊斯兰教的起义所带来的是该地区的历史循环，而西方基督教的起义却促进了欧洲历史的递进。恩格斯为此比较说，在东方伊斯兰教的影响范围内，"所有这些在宗教的外衣下进行的运动都是由经济原因引起的，可是这些运动即使在获得胜利的情况下，也让原有的经济条件原封不动地保留下来。这样，一切又都照旧，冲突就成为周期性的了。与此相反，在信奉基督教的西方的人民起义中，宗教外衣只是用来作为进攻陈旧经济制度的旗帜和掩盖物，陈旧的经济制度最终被摧毁，为新的经济制度所取代，世界向前迈进"①。虽然同为以宗教为旗帜的民众起义，其作用及效果却是不同的。东方伊斯兰教运动的流动性对其原有经济结构冲击不大，而西方基督教运动中的宗教则只是作为"外衣""旗帜"等掩盖物，其重点乃是对传统经济制度的冲击，故有不同结果。这里，恩格斯为我们观察、比较东方伊斯兰世界与西方基督教世界的发展、变化，提供了很好的视域和思考。

恩格斯对早期基督教的研究有着较为宽阔的视野，而且注重比较、借鉴他人的研究成果。对于为什么在旧的社会解体时期会涌现出众多宗教，为什么社会转型会刺激多种宗教或多个教派的发展，以及为什么这些新宗教或新宗派会有其政治幼稚、思想空洞的缺陷，恩格斯以琉善的记载为例而展开了阐述："关于最初的基督徒，我们最好的资料来源之一是萨莫萨塔的琉善；这位古希腊罗马时代的伏尔泰，对任何一种宗教迷信都一律持怀疑态度，因而

---

① 《马克思恩格斯文集》第4卷，人民出版社2009年版，第476页注1。

对基督徒，比起对其他任何宗教社团来，都不会由于异教的或政治的原因而另眼相待。相反，对他们的迷信，他一律大加嘲笑——对丘必特的崇拜者并不比对基督的崇拜者嘲笑得少一些；从他那肤浅的理性主义的观点看来，这两种迷信是同样荒谬的。"① 在各种宗教涌现的时代，思想的多元及混乱状况乃其常态。只是通过其激烈竞争，才逐渐大浪淘沙，分出主次，而其主流思潮则常会以海纳百川之势吸收各种思潮中有价值的元素来充实自己，形成较为完备的思想体系。"最初的基督徒的情况也是如此。旧世界解体过程所解放出来的，也就是所扔出来的各种分子，都一个接一个地掉进基督教的引力圈子里——基督教是唯一抵抗了这一解体过程（因为基督教本身就是它的必然产物）从而得以保存下来并且不断成长起来的成分，而其他成分则只不过是短命蜉蝣而已。每一种狂想、胡说或骗术都会钻进年轻的基督教会，找到热心的听众和热诚的信徒，至少在一些地方和一段时期不会找不到。最初的基督徒也像我们最初的共产主义工人支部那样，对于一切投合他们口味的东西都无比轻信。"② 首先是要吸引群众，壮大自己的力量，这是早期宗教运动和工人运动都希望的，因而难免会出现鱼龙混杂的现象。此后从包容多元到整体一统，则会出现甄别与选择，但在这一过程中相关运动也会有风险，因为其前景不只是可能会走向成熟，同样也可能会出现异化，离开其原初所追求的本真。所以，恩格斯认为，对于宗教和工人运动，都仍处于未完之途，因此值得进一步观察和研究。

恩格斯自其早期就偏爱圣经研究，他在这里故也谈到了其对德国圣经批判的分析和评估。他敏锐地指出："德国的圣经批判——迄今我们在原始基督教史领域中的认识的唯一科学基础——曾经按两个方向发展。"③ 而对这两个方向发展的详情，恩格斯都曾做过系统、深入的探讨。

"一个方向是蒂宾根学派，广义来说，应该把大卫·弗·施特劳斯也

---

① 《马克思恩格斯文集》第 4 卷，人民出版社 2009 年版，第 477 页。
② 《马克思恩格斯文集》第 4 卷，人民出版社 2009 年版，第 480—481 页。
③ 《马克思恩格斯文集》第 4 卷，人民出版社 2009 年版，第 482 页。

算在内。在批判研究方面，这个学派做到了一个神学派别所能做到的一切。……蒂宾根学派从新约中作为非历史的或伪造的东西而摒弃的那一切，可以认为在科学上已经被最后清除了。"① 恩格斯认为蒂宾根学派在其可能达到的范围内已经做得很好，引领着当时学术的新潮。蒂宾根学派因以德国南部的蒂宾根大学为中心而得名，其实包括两大方面，一是其天主教学派，二是其新教学派。恩格斯在此所指则为新教学派，包括其新教神学教授包尔、希勒根费尔特、施维格雷尔等人，他们的专长就是研究《圣经·新约》和早期基督教文献，而其研究则已达到"一个神学派别所能做到的一切"。蒂宾根学派旨在弄清基督教的起源和早期发展问题，当时对之普存误解和臆测，流行各种假说或假象。而蒂宾根学派则采取黑格尔的哲学观点和研究方法来对这些众说纷纭的流行观点和芜杂混乱的史料进行清理，以拨开历史的迷雾见其本真面目。恩格斯谈到了这一学派对《新约》四福音的研究，"它承认，四福音书并不是目击者的传述，而是已佚典籍的后来的加工品，在据说是使徒保罗写的使徒书信中，最多有四篇是真的，如此等等。它把历史记叙中的一切奇迹和矛盾都作为无法接受的东西而勾销了；但对于其余部分，它却企图'挽救一切还能挽救的'，这就非常清楚地显示出它的神学家学派的性质"②。在此，恩格斯恰当把握好了两个维度，一是看到其"神学家学派的性质"，因而肯定会有其局限；二是肯定其已经做到神学"所能做到的一切"，故在当时情况下它也表现出其一定的科学性，所以恩格斯承认这种圣经研究是一门科学。

"另一个方向，只有一个代表人物，即布鲁诺·鲍威尔。他的巨大功绩，不仅在于他对福音书和使徒书信作了无情的批判，而且还在于他第一个不但认真地研究了犹太的和希腊—亚历山大里亚的成分，并且还认真地研究了纯希腊的和希腊—罗马的成分。而正是后者才给基督教开辟了成为世界宗教

---

① 《马克思恩格斯文集》第 4 卷，人民出版社 2009 年版，第 482 页。
② 《马克思恩格斯文集》第 4 卷，人民出版社 2009 年版，第 482 页。

的道路。"①鲍威尔作为德国青年黑格尔派哲学代表，曾潜心研究基督教，展开圣经批判。恩格斯从青年时代起就关注鲍威尔的早期基督教研究和圣经研究，而且对他评价颇高，曾于 1882 年专门为鲍威尔的去世而撰写纪念文章。恩格斯指出："说什么基督教从犹太教产生时就已经定型，并凭大体上已经确定的教义和伦理从巴勒斯坦征服了世界，这种奇谈怪论从布鲁诺·鲍威尔时起再也站不住脚了；它只能在神学院里和那些要'为人民保存宗教'而不惜损害科学的人们中间苟延残喘。斐洛的亚历山大里亚学派和希腊罗马庸俗哲学——柏拉图派的，特别是斯多亚派的——给予在君士坦丁时代成为国教的基督教的巨大影响，虽然还远没有彻底弄清，但这种影响的存在已经得到证明，这主要归功于布鲁诺·鲍威尔；他基本上证明了基督教不是从外面、从犹地亚地区输入而强加给希腊罗马世界的，至少就其作为世界性宗教的形成而言，它正是这个世界的最道地的产物。"②虽然基督教有其独立的传承，但其作为世界宗教的问世则是当时罗马帝国的产物，反映出其思想和精神。恩格斯所欣赏的，则是鲍威尔在新约研究上不同于蒂宾根学派的探究而另辟蹊径，跳跃出其传统犹太文化的思考视域而指明早期基督教受到了希腊罗马世界的直接影响，故而乃古罗马帝国社会的产物，是对这多民族共聚之帝国社会的真实写照。不过，恩格斯也不同意鲍威尔完全否定犹太社会文化影响之举，认为"鲍威尔也像一切对根深蒂固的偏见作斗争的人们一样，在许多地方是做得过分的。为了也要根据文献来肯定斐洛，尤其是塞涅卡对形成中的基督教的影响，为了要说明新约的作者们是上述两位哲学家的直接剽窃者，鲍威尔不得不把新宗教的兴起推迟半个世纪，而不顾罗马历史编纂学家们的记述与此不符，总是十分轻率地对待历史。照他的意见，基督教直到弗拉维王朝时才真正诞生，而新约的著作则是直到哈德良、安敦尼和马可·奥勒留的时代才有的。因此，在鲍威尔心目中，新约中耶稣及其门徒的

---

① 《马克思恩格斯文集》第 4 卷，人民出版社 2009 年版，第 482 页。
② 《马克思恩格斯文集》第 4 卷，人民出版社 2009 年版，第 482 页。

故事的任何历史背景都消失了；这些故事就成了这样一种传说，其中把最初团体的内在发展阶段和内部精神斗争都归之于多少是虚构出来的人物。在鲍威尔看来，这一新宗教的诞生地不是加利利和耶路撒冷，而是亚历山大里亚和罗马"①。这样，鲍威尔就把时空弄错了，其对待历史持有一种虚无主义的态度，习惯凭自己的臆想来判断。对于这种矫枉过正、偏离历史真实之举，恩格斯也加以了有力的批驳。

综合这两种研究，恩格斯认为："蒂宾根学派以新约的历史和文献中未被它批驳的残余部分，给我们提供了一个目前尚可被科学承认为有待争论的问题的最高极限，布鲁诺·鲍威尔则给我们提供了在这一历史和文献中可以为科学所批驳的最高极限。实际真理存在于这两个极限之间。凭现有的资料能否确定这真理，是很大的疑问。新发现，特别是罗马的，东方的，首先是埃及的新发现，在这方面的贡献将比任何批判都要多得多。"②恩格斯强调凭史料说话，立论要有真实依据，分析应不落俗套，以坚实之基来支持创新之见，体现出其唯物及辩证这两大基本原则的有机结合。

恩格斯曾专门写过《启示录》一文，这里再次对之深入发掘，以求有所新见。恩格斯指出："在新约中有唯一的一篇，判定写作时间可以精确到几个月以内：它大概是在67年6月和68年1月或4月之间写成的；所以属于基督教的最初期，它以最朴素的真实性和相应的习惯语言反映出了当时的观念；因此，我认为，要确定原始基督教究竟是什么样子，它比起今本新约中所有其余在写成时间方面晚得多的各篇来要重要得多。这一篇就叫《约翰启示录》；它原来似乎是全部圣经中最令人迷惑不解的，现在由于德国的批判已经变得最易懂、最清楚的了。"③恩格斯关注古代罗马帝国基督教产生时"启示文学"流行的"周围环境"，认为其极为"动荡不安"，而各种"启示作品"的出现，说明人们对宗教的渴求。而且此时还出现了各种不同的新宗教、新

① 《马克思恩格斯选集》第4卷，人民出版社1995年版，第464页。
② 《马克思恩格斯文集》第4卷，人民出版社2009年版，第483—484页。
③ 《马克思恩格斯文集》第4卷，人民出版社2009年版，第484页。

观念、新思潮，甚至呈现出宗教的狂热之态。"当时，甚至罗马和希腊，尤其是小亚细亚、叙利亚和埃及，都把由各种不同民族的极端粗陋的迷信观念构成的毫无批判的混合物无条件地信以为真，并且用虔诚的蒙蔽和直截了当的欺骗来加以补充；当时，奇迹、狂热、幻觉、神咒、占卜、炼金术、喀巴拉以及其他神秘荒诞的东西占据着首要地位。原始基督教就产生在这样一种气氛中，而且是产生在特别易于接受这种对超自然事物的玄想的那一类人中间。"① 而所谓启示作品也大都是托名著作，反映出思想的混杂、多元、无序。恩格斯指出："如果《约翰启示录》果真是那位署名的作者所作，就会是所有启示著作中唯一的例外。"而这位托名为约翰的作者在"历史上是否存在尚无法完全肯定"。不过，正是这些看似混乱的迹象反而"会有力地证实，书中的基督教，的的确确是真正的原始基督教"②。对于《启示录》中所描述的一系列幻景，恩格斯有洞幽烛远之明，从其中的细节看出了处于初创阶段早期基督教的真实面貌，它与后来成为罗马帝国国教的基督教显然有着巨大的差别。它们"很尖锐地显示这种基督教和尼西亚宗教会议所制定的、君士坦丁大帝的世界宗教不同"。如在教义上的典型区别，早期基督教还没有形成"三位一体"那样复杂、抽象的上帝观，"在这里，不但没有听说过有而且也不可能有神圣的三位一体"；因此也没有突出唯一圣灵的观念，可以想到的则是神有多灵存在，"这里我们所看到的不是后来的一个圣灵，而是犹太教的拉比在《以赛亚书》第十一章第二节的基础上构成的'神的七灵'"；而且当时也没有把基督视为神本身，仅仅将之当作神的儿子，"基督是神的儿子，是首先的也是末后的，是阿拉法也是俄梅戛，但绝不就是神本身，或与神等同；相反，他是'在神创造万物之上为元首的'"③；在对人类的认识上则还没有人遗传了原罪之说，"关于原罪的教义，在我们分析的书中反而连

① 《马克思恩格斯文集》第 4 卷，人民出版社 2009 年版，第 484 页。
② 《马克思恩格斯文集》第 4 卷，人民出版社 2009 年版，第 485 页。
③ 《马克思恩格斯文集》第 4 卷，人民出版社 2009 年版，第 486 页。

一点影子也没有"①。当然，基督教从其早期所传承下来的一些观念，也被恩格斯在《启示录》中察觉到其蛛丝马迹，恩格斯指出早期基督教中已经有了最终得以发展为世界性宗教的"那种根本观念"，即以某个中介者的牺牲可以赎罪的观念；此外，在早期基督教中也已经有了具有包容性特点的宗教礼仪实践。恩格斯说："这里我们看到了使原始基督教后来得以发展成为世界宗教的那种根本观念。当时，闪米特人和欧洲人的一切宗教里都存在有一种共同的观点，认为被人们的行为冒犯了的众神是可以用牺牲求其宽宥的。基督教最初的一个革命的（从斐洛学派抄袭来的）根本观念就是，在信徒们看来，一切时代的、一切人的罪恶，都可以通过一个中间人的一次伟大自愿牺牲而永远被赦免。于是，以后就没有必要再作任何牺牲，许许多多的宗教礼仪也就随之而失去依据；而摆脱这些妨碍或禁止与异教徒交往的礼仪，则是世界宗教的首要条件。然而，供献牺牲的习俗在各民族的风尚中毕竟是根深蒂固的，以致吸取了很多异教做法的天主教感到有必要实行一种哪怕是象征性的弥撒祭礼来适应这种情况。"②显然，基督的意义即在于为世人赎罪，由此可以获得神人和解。所以说，基督教的主题在其一开始就颇为鲜明。恩格斯认为基督教之所以能够发展为世界性宗教，与其从一开始就已具备的两个条件相关，一是它认为可以一个人的牺牲来拯救大家，二是可用共同的礼仪来消除民族隔阂、打破民族界限；这样，基督教就终于走出了犹太教的民族之限，得以发展成为最大的世界宗教。恩格斯基于对基督教的这种分析而认为它"代表着宗教发展的崭新阶段，即行将成为人类精神史中最革命因素之一的阶段"③。这种评价对基督教显然带有褒义，而并无任何贬损。

在早期基督教的思想观念中，并不是只有对天国、彼岸、来世的期盼，而是有着明确的现实关切，并有着将之付诸行动的呼吁。恩格斯发现，在《启示录》所揭示的早期基督教中，就有着对尘世的斗争之描述，这样就更

① 《马克思恩格斯文集》第4卷，人民出版社2009年版，第487页。
② 《马克思恩格斯文集》第4卷，人民出版社2009年版，第486—487页。
③ 《马克思恩格斯文集》第4卷，人民出版社2009年版，第487页。

接近早期工人运动。实际上，恩格斯发现，基督教的所谓对彼岸的追求和解脱得救，在其早期并不明显，其得以提出并逐步凸显，只可能是其后期阶段的发展，这说明基督教本身并非一成不变的，而其变化乃受其社会之影响，由此也规定了其宗教的性质和阶级依属。恩格斯指出："这里既没有后世基督教的教义，也没有后世基督教的伦理，但是却有正在进行一场对整个尘世的斗争以及这一斗争必将胜利的感觉，有斗争的渴望和胜利的信心，这种渴望和信心在现代的基督徒身上已经完全丧失，在我们这个时代里，只存在于社会的另一极——社会主义者方面"；"事实上，对起初极其强大的尘世作斗争，同时又在革新者自己之间作斗争，这既是原始基督教教徒的特点，也是社会主义者的特点"①。这里，恩格斯再次将早期基督教与社会主义意识相提并论，指出其共同特点就是具有群众运动的形式，而并不由个别领袖或先知所独创。"这两个伟大的运动都不是由领袖们和先知们创造出来的（虽然两者都拥有相当多的先知），两者都是群众运动。而群众运动在起初的时候必然是混乱的；其所以混乱，是由于群众的任何思想开始都是矛盾的，不明确的，无联系的；但是另一方面也是由于先知们起初在运动中还起着的那种作用。这种混乱表现为形成许许多多的宗派，彼此进行斗争，其激烈至少不亚于对共同外敌的斗争。在原始基督教是如此，在社会主义运动的早期也是如此。"②任何群众运动在一开始对其所欲所为都并不十分清晰，而是不断摸索着前进，走弯路、被蒙骗亦在所难免；这在早期基督教与早期社会主义运动中有着惊人的相似。基督教教义体系的真正形成是在成为罗马帝国国教之后，为此它经历了排除异己、打击异端的斗争，并依靠着官方统治者的扶植和支持。而社会主义运动也经历了许多曲折，出现过各种思潮，只是在马克思主义指导下才走上正轨、顺利发展。因此，恩格斯对二者早期形态的分析，对我们了解人类思想进程及其与社会历史的关联很有教益作用。

---

① 《马克思恩格斯文集》第 4 卷，人民出版社 2009 年版，第 487—488 页。
② 《马克思恩格斯文集》第 4 卷，人民出版社 2009 年版，第 488 页。

　　早期基督教并没有大一统的结构，而是教派林立、多元分散。恩格斯在《启示录》中对之有着非常形象的分析："最初的基督徒也分裂成无数宗派，而这恰好成了引起争论并从而获致后来的统一的手段。就在我们这篇无疑是最古的基督教文献中，我们已经看到这种分裂成宗派的情况，而我们的作者，就像抨击整个罪恶的外部世界那样，势不两立地激烈地抨击这些宗派。"① 恰恰这种各派竞争、零散分殊的教派共存，才是早期基督教始发状况最真实的反映。其信徒虽无统一的教义，却表现出宗教的热情乃至狂热，有着奋不顾身、敢于牺牲的狂信徒般的精神。这在早期基督徒书信中有着生动的写照："那些书信里包含的全部教理就是如此。此外就是强烈号召同道者进行热心的宣传，在敌人面前勇敢而高傲地公开承认自己的信仰，不屈不挠地对内外敌人作斗争——就这些而论，国际的某个有先知气概的狂热者也可以写得毫不逊色。"② 之所以有这种热情和胆识，是与这些信徒相信世界末日已近、天国即将来临、他们会马上得救的想法分不开的。他们为了信仰，为了可以尽早得救而孤注一掷，铤而走险、不顾一切。这种理想即将实现的感觉和随之而来的激情迸发，在早期国际共产主义运动中也可以看到，如巴黎公社的壮举和"这是最后的斗争"之口号的发出，就是其明证。恩格斯最早感悟到这种相似，故加以对比而来。而当基督教被统治阶级所承认并利用之后，最初的宗教热情则逐渐冷却下来，其信徒会意识到天国的到来仍遥遥无期，而制定教规以适应、维系现存社会制度及秩序则成为其当务之急。由此虽然看似与社会主义运动具有某种相似，其实质却是导致人的异化，因而走向了社会主义发展的反面。

　　然而，社会巨变的大潮会将各种思潮、教派卷入其中，使之得以历练或遭淘汰，最后顺应时势、形成汇流。恩格斯对基督教早期七个小亚细亚教会的情况进行了具体分析，并再次强调，早期基督教会的基本群众是"受苦

---

① 《马克思恩格斯文集》第 4 卷，人民出版社 2009 年版，第 488 页。
② 《马克思恩格斯文集》第 4 卷，人民出版社 2009 年版，第 491 页。

受难的"劳苦大众，他们有着"革命因素"，而且卷入了当时条件下的"一个统一的伟大革命运动"。这种对早期基督教阶级构成乃"受苦受难"的底层民众的定性以及对其运动性质乃是一定程度上的"革命"的界说，对我们分析和理解地对待基督教的早期形态很有启迪意义。恩格斯如此界定了早期基督徒的阶级成分："最初的基督徒来自什么样的人呢？主要来自属于人民最低阶层的'受苦受难的人'，革命因素总是这样形成的。这些人之中都有些什么人呢？在城市里，是形形色色的破产的自由人。……此外还有被释的奴隶和特别是未被释的奴隶；在意大利、西西里、阿非利加的大庄园里，是奴隶；在各行省农业地区，是日益陷入债务奴役的小农。"[①] 这些社会最底层的群众虽然受到的压迫最重，渴望解救的需求最强，其对现实的幻灭程度也最为厉害。"对所有这些人说来，绝对不存在任何共同的求得解放的道路。对所有这些人说来，天堂已经一去不复返；破产的自由人的天堂是他们先人曾在其中作自由公民的过去那种既是城市、又是国家的城邦；战俘奴隶的天堂是被俘和成为奴隶以前的自由时代；小农的天堂是已经被消灭的氏族制度和土地公有制。所有这一切，都被罗马征服者用荡平一切的铁拳消灭净尽了。"[②] 在大浪淘沙、沧海桑田的历史变迁面前，他们已绝对不可能回到过去。旧的阶级结构、社会结盟被摧毁了，而新兴的社群如何构建却仍不明朗。"罗马的世界统治一下子永远结束了小的联盟；军事暴力、罗马的审判权、税收机构彻底瓦解了传统的内部组织。……对于巨大的罗马世界强权，零散的小部落或城市进行任何反抗都是无望的。"那么，"被奴役、受压迫、沦为赤贫的人们的出路在哪里？他们怎样才能得救？所有这些彼此利益各不相同甚至互相冲突的不同的人群的共同出路在哪里？可是为了使所有这些人都卷入一个统一的伟大革命运动，必须找到这样一条出路"[③]。出路在哪里？是什么样的出路？怎样才能找到这一出路？这是当时的人们所普遍关注

---

① 《马克思恩格斯文集》第 4 卷，人民出版社 2009 年版，第 492 页。
② 《马克思恩格斯文集》第 4 卷，人民出版社 2009 年版，第 492 页。
③ 《马克思恩格斯文集》第 4 卷，人民出版社 2009 年版，第 493 页。

的；而社会环境的恶劣，更使人们有着找到出路的紧迫感。在社会出现集体危机、不同群体都难以幸免的处境中，这一出路还应该能够满足大众的得救需求。这里，"出路"或许是虚幻的，但人们的这种渴求却有着实实在在的现实基础，是来自其社会生活的压力，是人们再也不能承受这种高压时的本能反应。

　　既然现实社会生活中不可能给人们这种出路，那么，则只能出现或提供一种精神解脱的出路。恩格斯认为，当时所能提供给处于绝望中的人们之唯一出路则只能是宗教。对这种现实苦难的审视，使恩格斯承认宗教产生的社会现实性，既然别无出路，那么宗教之途也就必然且必要了。于是，"这样的出路找到了。但不是在现世。在当时的情况下，出路只能是在宗教领域内。于是另一个世界打开了。肉体死后灵魂继续存在，就渐渐成为罗马世界各地公认的信条。死后的灵魂将为其生前的行为受到某种报偿或惩罚这一信念，也越来越为大家所接受"。这看似荒诞不经、迷信愚蠢，却有其必然性。按照基督教的说法，"世界沉沦了，所以基督诞生了！"基督教的应运而生，是草根民众在绝望中的唯一选择，这里，恩格斯非常辩证地看待唯心主义或唯物主义的选择。人们在此时选择基督教，虽然是选择了唯心主义之途，却有其基本存在诉求的某种现实性。相比之下，古代世界曾流行的自发唯物主义在这种现实苦难的高压下却崩塌了、无法立足了，因而已失去其存在的合理性。恩格斯指出："报偿是相当靠不住的；古代世界具有强烈的自发唯物主义，它把人世生活看得比冥土生活宝贵得多；希腊人把死后的永生还看成是一种不幸。于是，基督教出现了。它认真地对待彼岸世界的报偿和惩罚，造出天国和地狱。一条把受苦受难的人从我们苦难的尘世引入永恒的天堂的出路找到了。事实上，也只有靠对彼岸世界获得报偿的希望，斯多亚—斐洛学说的弃世和禁欲才得以提升为能吸引被压迫人民群众的一种新的世界宗教的基本道德原则。"①恩格斯正是根据其历史唯物主义的审视才得出了这一结

---

① 《马克思恩格斯文集》第 4 卷，人民出版社 2009 年版，第 493 页。

论，他在此并没有绝对贬低或批评基督教，而是指出这是当时人们受限于时代背景和社会发展所迫不得已、却唯一可能的选择。

而且，恩格斯还看到，早期基督教并不是只主张人们在天国的得救，从而让人们逃避现实；相反，早期基督教明确要求坚决与"地狱势力"做斗争，在此没有妥协或退却，这是来世希望鼓励现实参与的典型事例。当然，此时卷入宗教运动的人们在一种"狂热"的情感驱动下感到天国与尘世很近，彼岸即将成为此岸，故而会失去理智，一意孤行和冒险蛮干。恩格斯发现，《启示录》中充满了早期教会对基督"我必快来"、启示乃"必要快成的事"的期盼和信奉，这是其斗争性和激进性之源。胜利即将来到，所以任何牺牲都可以在所不惜。况且胜利不是坐等而来的，必须经历血与火的洗礼。恩格斯说："但这种天堂乐园决不是一死之后就向信徒们开放的。我们将看到，以新耶路撒冷为首都的天国，只是经过对地狱势力的激烈斗争才被攻克与打开。可是在最初的基督徒的观念中，这种斗争很快就要到来。"① 既然是"最后的斗争"，所以早期基督徒充满战斗的激情、复仇的意识，而缺乏忍让、忍受的观念，更不要说会逆来顺受、任人宰割。"这里宣讲的是复仇，毫不隐讳的复仇，是应该的、正当的对基督徒迫害者的复仇。"② 在罗马帝国的高压下，当时的犹太人主要采取了反抗的态度，出现了多起犹太人大起义，虽然多被镇压，但他们视死如归、虽败犹荣，这与源自犹太教的早期基督教会极为相似、非常吻合。恩格斯认为，当时的教会观念"几乎全都是纯粹犹太教的观念"，"属于基督教的只有一点，即特别强调基督的王国快要到来，复活了的信徒——主要是殉道者——是光荣的"③。所以说，那种妥协屈从、忍辱负重的思想基本上是基督教后来的发展。恩格斯为此在这里又论及早期基督徒与罗马皇帝尼禄的斗争，认为《启示录》中常提到的神秘数字 666 所喻尼禄实际上表达了基督徒对这位暴君的反抗意识。"在受尼禄第一次严重迫

---

① 《马克思恩格斯文集》第 4 卷，人民出版社 2009 年版，第 493—494 页。
② 《马克思恩格斯文集》第 4 卷，人民出版社 2009 年版，第 495 页。
③ 《马克思恩格斯文集》第 4 卷，人民出版社 2009 年版，第 496 页。

害的基督徒中间流传一种看法，认为他将作为一个反基督者重新回来，认为
他的回来以及必然与之俱来的、残忍地消灭新宗派的更加坚决的企图，将是
一种先兆和前奏，预示基督将重新降临，预示将要对地狱的势力进行一场伟
大的、胜利的决战，预示那殉道者出于信仰就为之欣然赴死的千年王国'很
快'即将来临。"① 很明显，早期基督教会对罗马帝国的压迫是坚决反抗的，
有着与犹太人一样的不屈不挠，从而与后期成为罗马帝国国教的那种官方教
会完全不是一回事。按照恩格斯的界定，早期基督教更像犹太教而没有根本
脱离犹太教，此时还没有具有自我意识的基督教，更没有后来成为基督教教
义核心的那些基本思想。恩格斯说："就我们所知，68 年前后，基督教在其
主要所在地小亚细亚就是这样。神圣的三位一体连影子也没有，相反，只有
晚期犹太教的那个旧的单一而不可分的耶和华，他在犹太教晚期，从犹太民
族的神一跃而为天地间唯一最高的神，他要统治一切民族，他对改宗者许以
恩泽，给不驯者以无情的毁灭。他信守古代的老规矩：宽恕降服者，制服傲
慢者。因此，在末日的审判时高坐在审判席上的也就是这位神，而不是像晚
出的福音书和使徒书信所描写的那样是基督。"② 其他一些主要的信仰教义在
此时同样缺失，早期基督教会"也同样不知有原罪与因信称义之说。这些最
初的战斗的团体的信仰，与后来胜利了的教会的信仰完全不同。除羔羊的赎
罪的牺牲外，最重要的内容就是临近的基督再临和快要到来的千年王国；而
用来树立这种信仰的手段只是：进行积极的宣传，对内外敌人作不屈不挠的
斗争，在异教徒的法庭上昂首承认自己的革命观点，决心随时为将来的胜利
而殉道"③。在恩格斯看来，《启示录》所反映的早期基督教不是后来那种成
熟的、体态完备的、作为罗马国教的基督教，而更多属于犹太教的基本思想
范围和社会氛围，其形象体现为犹太教诸多宗派中一个激进的异端教派，充
满宗教狂热和政治反抗精神。而在早期基督教礼仪中，起初也没有基督教后

---

① 《马克思恩格斯文集》第 4 卷，人民出版社 2009 年版，第 499 页。
② 《马克思恩格斯文集》第 4 卷，人民出版社 2009 年版，第 500 页。
③ 《马克思恩格斯文集》第 4 卷，人民出版社 2009 年版，第 501 页。

来作为其身份表征最为基本的洗礼礼仪，因为"洗礼是在基督徒同犹太人最后分手的时候才出现的"①。洗礼故成为使基督教与犹太教彻底分道扬镳的分水岭。由此可以说，早期基督教代表着被压迫者的宗教，与犹太教贴得比较近，而后来的基督教逐渐嬗变为统治者的宗教，由此才彻底摆脱犹太教的传统影响及社会定位。

恩格斯还谈到了《启示录》的历史意义和文献价值，从其作品的性质来判断早期基督教的定位，并对其最终发展为世界宗教的根本原因及历史后果进行了阐述："我们这里有了这样一篇作品（对其写作时间的判定已经精确到几个月以内），这篇作品给我们描绘出形态最不发展时的基督教，这种形态的基督教对于4世纪时有着完备的教条和神话的国教的关系，大致有如塔西佗时代日耳曼人那种尚未固定的神话对于受基督教和古典古代因素影响而形成的、见于《艾达》的神话的关系。这里是一种世界宗教的幼芽，但这种幼芽却已均等地包含着上千种的发展可能性，这些可能性后来体现为无数的宗派。这部基督教形成时期的最古老的文献对我们之所以特别重要，是因为它以纯净的形式告诉我们，犹太教在亚历山大里亚学派的强烈影响之下，把什么带进了基督教。所有后来的东西，都是西方，希腊罗马附加进去的。只是通过一神论的犹太宗教的媒介作用，后来的希腊庸俗哲学的文明的一神论才能够取得那种唯一使它能吸引群众的宗教形式。但找到了这样一种媒介以后，它也只有在希腊罗马世界里，借助于希腊罗马世界所达到的思想成果而继续发展并且与之相融合，才能成为世界宗教。"②这里，恩格斯突出的还是罗马帝国的社会形态，其次才是希腊罗马的思想影响，这种思想元素在罗马世界生根发芽，才得以形成我们今天所认识的基督教，而此时的基督教已经成为统治者的宗教，不再可能与早期基督教同日而语、同类相并。

---

① 《马克思恩格斯文集》第4卷，人民出版社2009年版，第502页。
② 《马克思恩格斯文集》第4卷，人民出版社2009年版，第503页。

第三节　列宁的宗教观

一、列宁宗教观的形成及其影响

列宁所处的时代是尝试社会主义实践并初步取得社会主义革命成功的时代，对此列宁有很多理论思考和社会实践，而对社会主义建设时期的理论构设则刚刚开始，未能完成。在这些探索中，列宁主张要思路宽阔、知识丰富，为革命实践做好充分理论准备和知识储备，以便真正能为共产主义事业而奋斗。为此，列宁曾反复强调："共产主义是从人类知识的总和中产生出来的，马克思主义就是这方面的典范。"① 新兴的无产阶级文化不是凭空而来，而是人类文化精华的积淀和提炼。"只有确切地了解人类全部发展过程所创造的文化，只有对这种文化加以改造，才能建设无产阶级的文化。"② 同理，共产主义者不只是政治斗争的战士，也是掌握人类知识财富的学者。"只有了解人类创造的一切财富以丰富自己的头脑，才能成为共产主义者。"③ 这样，列宁把共产主义的建设视为具有坚实知识及文化支撑的事业，要求对人类知识财富的吸纳和反思，"因为不把学到的全部知识融会贯通，共产主义就会变成空中楼阁，就会成为一块空招牌"④。根据这一思路，列宁也主张对人类宗教文化进行研究，认为共产主义者也应具备相应的宗教知识。

列宁的一生，主要进行的都是社会主义革命的实践，他因此而成为人类第一个社会主义国家的创建者。为了这一伟大事业，列宁广泛涉猎、著述甚丰，讨论了一些非常关键的理论问题，其中自然也涉及宗教问题。在其宗教

---

① 《列宁专题文集　论无产阶级政党》，人民出版社 2009 年版，第 280 页。
② 《列宁专题文集　论无产阶级政党》，人民出版社 2009 年版，第 281 页。
③ 《列宁专题文集　论无产阶级政党》，人民出版社 2009 年版，第 281—282 页。
④ 《列宁专题文集　论无产阶级政党》，人民出版社 2009 年版，第 282 页。

观上，列宁基本上继承了马克思、恩格斯的重要思想，形成了马克思主义宗教观的延续及发展。当然，列宁思考宗教问题也有其重点，即聚焦于宗教与社会主义的关系、宗教与无产阶级政党的关系，由此而有许多精辟的思想，有不少敏锐的前瞻。

不过，由于列宁所处的时代，阶级斗争异常尖锐、无产阶级与资产阶级的较量达到了白热化程度，而在其晚年虽然布尔什维克夺取了政权、建立了社会主义国家，但其政体还没有真正稳固，还有许多问题需要解决。在这一处境中，列宁对俄罗斯及整个欧洲宗教的审视主要是从阶级斗争的视野来展开，因此对宗教的批评也显得格外地激烈。尽管如此，列宁对宗教的论述仍有很多真知灼见，其前瞻性的思考迄今对我们都有启迪作用，值得我们继续深入探究。

应该说，对于苏联及此后建立的东欧社会主义国家，列宁关于宗教之论有着不小的影响。这些社会主义国家大都借鉴了列宁关于宗教的论述，并由此形成各自的理论体系。究其原因，则在于列宁所探究的，正是社会主义时期的宗教问题，其开始考虑的一个重大问题就是无产阶级政党与宗教的关系以及对待宗教的态度。但我们也不得不看到，因为列宁的早逝，他提出了社会主义与宗教的关系问题，但还没有来得及深入、透彻地思考这一问题；在其社会主义建设实践中也还没有真正有效、稳妥地解决好这一问题。

二、列宁宗教观的主要表述

列宁对宗教的论述，包括《社会主义和宗教》（1905）、《论工人政党对宗教的态度》（1909）、《各阶级和各政党对宗教和教会的态度》（1909）、《致阿·马·高尔基》（1913）、《俄共（布）纲领草案党纲中宗教关系方面的条文》（1919）、《论战斗唯物主义的意义》（1922）等著作，其中前两篇文章是他论述宗教最为关键的文章，有着较为翔实的阐述，故而非常重要。这两篇文章都是列宁在十月革命之前对宗教与社会主义以及与无产阶级政党到底是怎样一种关系的深刻思考，从这个角度来看，列宁的宗教观主要体现在探讨宗教与社会主义及无产阶级政党的关系上。我们今天已有很多人在谈社会主义与宗教、谈无产阶级政党与宗教的关系，但还没有真正读懂、读好这两篇文章，甚至对列宁所提出的一些关键问题有所回避或忽略。其实，列宁在此已经为我们提出了非常严肃和重要的问题，我们的回答及态度则会直接对宗教与无产阶级政党、与社会主义社会的关系产生影响。因此，我们对列宁的提问不仅要延续马克思主义宗教观来跟着说，更要结合中国社会主义实践来接着说。

（一）列宁《社会主义和宗教》中的宗教观

列宁在社会主义国家建立之前，就开始思考其与宗教的关系问题。《社会主义和宗教》一文写于 1905 年 12 月 3 日（16 日），即写于俄国十月革命之前。这篇文章是马克思主义经典作家具体谈论宗教与社会主义关系的开篇之作，有着非凡意义。在其中我们可以察觉到，列宁非常重视这一问题，并根据自己的经验和思考对社会主义国家建立后这一社会形态与宗教的关系进行了前瞻性阐述。

列宁对宗教有着辩证思考，一方面他认为宗教是被压迫群众的信仰现象，由此表达了对劳苦大众的同情；但另一方面他又觉得宗教对于被压迫群众来说是一种精神压迫，故此有着对宗教的尖锐批评。列宁说："宗教是一生为他人干活而又深受穷困和孤独之苦的人民群众所普遍遭受的种种精神压迫之一。被剥削阶级由于没有力量同剥削者进行斗争，必然会产生对死后的幸福生活的憧憬，正如野蛮人由于没有力量同大自然搏斗而产生对上帝、魔鬼、奇迹等的信仰一样。对于辛劳一生贫困一生的人，宗教教导他们在人间要顺从和忍耐，劝他们把希望寄托在天国的恩赐上。对于依靠他人劳动而过活的人，宗教教导他们要在人间行善，廉价地为他们的整个剥削生活辩护，向他们廉价出售进入天国享福的门票。宗教是人民的鸦片。宗教是一种精神上的劣质酒，资本的奴隶饮了这种酒就毁坏了自己做人的形象，不再要求多少过一点人样的生活。"① 列宁在此对宗教既有社会论意义上的揭示，亦有认识论层面的分析。但他这里所论宗教并非泛指，而是专指在有剥削、压迫之社会中的宗教，其重点是对资本主义社会中的宗教加以剖析。列宁对马克思关于宗教是"人民的鸦片"之著名论断有着专门回应，并阐述了他对这一问题的理解，明确提出宗教对人具有麻醉作用。为此，列宁主张拨开宗教的迷雾，让人回到社会真实之中，争取实现人的现实诉求。列宁说："奴隶一旦意识到自己的奴役地位，并且站起来为自身的解放而斗争，他就有一半已经不再是奴隶了。现代的觉悟工人，受到了大工厂工业的教育和城市生活的启发，轻蔑地抛弃了宗教偏见，把天堂生活让给僧侣和资产阶级伪善者去享受，为自己去争取人间的美好生活。现代无产阶级正在站到社会主义方面来。社会主义吸引科学来驱散宗教的迷雾，把工人团结起来为美好的人间生活作真正的斗争，从而使他们摆脱对死后生活的迷信。"② 而列宁为之奋斗的社会主义，则正是为了给人民追求此岸的幸福，带来今世的福祉；但其实现则不能靠梦幻，只能靠斗争来争取，因此关注彼岸得救的宗教思想并不能解决人民的现实问题，其在宗教中幻想般的自我解脱并没有解决真实问题。在资本主义社会中，宗教这种对真实问题的虚伪解决则正在被揭露，因此人们开始向社会主义的理念靠拢，摆脱对宗教的依赖。不过，列宁并没有透彻说明在社会主义社会中宗教与社会主义究竟有什么关系、究竟应该如何去区别。所以说，列宁关于社会主义与宗教之论也留下了不少有待进一步论述的地方。

尽管社会主义尚未建立起来，列宁在此已经较为前瞻性地论及其所关涉的宗教问题。他主要从两个方面论及了社会主义对待宗教的态度问题，一是从社会主义国家的角度来看社会主义者对待宗教的态度，这里所涉及的是政权与宗教的关系，包括政府对宗教的态度和举措；二是从无产阶级政党的角

① 《列宁专题文集　论辩证唯物主义和历史唯物主义》，人民出版社 2009 年版，第219—220 页。

② 《列宁专题文集　论辩证唯物主义和历史唯物主义》，人民出版社 2009 年版，第220 页。

度来看无产阶级先进分子对待宗教的态度，由此则涉及政党与宗教的关系，特别是无产阶级政党对宗教的关系。而若引申开来则有作为革命反抗之政党对待宗教的态度以及作为执政掌权之政党对待宗教的态度。这其中显然有着明显的区别，但可惜列宁对之还没有来得及展开更深入的思考。

从社会主义国家对待宗教的方面来看，列宁认为："应当宣布宗教是私人的事情。这句话通常是用来表示社会主义者对待宗教的态度的。但是，这句话的意义必须正确地说明，以免引起任何误解。就国家而言，我们要求宗教是私人的事情……国家不应当同宗教发生关系，宗教团体不应当同国家政权发生联系。任何人都有充分自由信仰任何宗教，或者不承认任何宗教，就是说，像通常任何一个社会主义者那样做一个无神论者。在公民中间，完全不允许因为宗教信仰而产生权利不一样的现象。在正式文件里应当根本取消关于公民某种信仰的任何记载。"[1] 这显然是政教分离的基本态度，宗教对于国家政权而言是完全私人的事情，不应与政权、政府发生任何关系。显然，列宁的想法比较理想，而且是针对当时俄罗斯正教作为其社会组织形态对于民众的掌控来有感而发。但在社会现实中宗教不可能纯为"私人的事情"，其作为社会存在及社会组织力量也势必会与国家政权发生关系。对于国家政权对宗教的社会管理，列宁在此没能加以认真考虑。基于政教分离的思路和国家与宗教的无关，列宁主张"决不应当把国家的钱补贴给国家教会，决不应当把国家的钱补贴给教会团体和宗教团体"，而"这些团体应当是完全自由的、与政权无关的志同道合的公民联合会"[2]。不过，在现实处境中，一方面国家不可能完全不过问宗教事务，不可能对作为社会基层建构的宗教团体毫不理睬。另一方面，这种"公民联合体"形式的宗教团体从根本来看也不可能享有"完全自由"、不可能绝对"与政权无关"，国家对其必然会有所掌控。列宁此论当时尚无任何社会主义社会的实践可行，其说法是针对俄罗斯

---

① 《列宁专题文集　论辩证唯物主义和历史唯物主义》，人民出版社 2009 年版，第 220 页。
② 《列宁专题文集　论辩证唯物主义和历史唯物主义》，人民出版社 2009 年版，第 220 页。

正教在政教合一情况下对民众的掌控，以及对新生的无产阶级政党的抗衡，由此也使他憧憬社会主义社会中一种全新的政教关系，并将之过于理想化。正是在这种思考中，列宁强调"只有彻底实现这些要求，才能结束以往那种可耻的、可诅咒的现象：教会农奴般地依赖于国家，而俄国公民又农奴般地依赖于国家教会；中世纪的宗教裁判所的法律（这种法律至今还列在我国的刑法和刑事法规中）仍然存在，并且仍然有效，这种法律追究人是否有信仰，摧残人的良心，把官位和俸禄同布施某种国家教会劣质酒联系起来。教会与国家完全分离，这就是社会主义无产阶级向现代国家和现代教会提出的要求"①。列宁目睹了俄罗斯正教与沙俄政权的联合，观察到无产阶级由此所受到的双重压迫，故此设想在新的社会政体中应该实行政教分离。当然，列宁对俄罗斯正教也没有采取一刀切的简单态度，而是对之有所区别，并支持俄罗斯正教群众对沙俄政权的反抗。列宁说："我们社会主义者应当支持这种运动，使僧侣阶层中那些正直和诚实的人士的要求彻底实现，抓住他们关于自由的言论，要求他们坚决割断宗教和警察之间的任何联系。"若仔细琢磨，则不难发现列宁对于宗教界也抱有同情态度，在反对剥削压迫的政治斗争中有着支持宗教界反抗暴政的意向。列宁所希望的是俄罗斯正教与反动统治彻底脱钩、划清界限："如果你们是诚意的，那你们就应当主张教会与国家、学校与教会完全分离，彻底地无条件地宣布宗教是私人的事情。如果你们不接受这些彻底的自由要求，那就说明你们仍旧是宗教裁判传统的俘虏，仍旧依赖于官位和俸禄，说明你们不相信你们的武器的精神力量，你们继续接受国家政权的贿赂。这样，全俄国的觉悟工人就要毫不留情地向你们宣战。"② 实际上，列宁的真实意蕴是要宗教界站在无产阶级一边，不要做剥削阶级的附庸和反动政权的帮凶，应参与推翻剥削阶级的斗争，以免在社会转型巨变中被淘汰。

---

① 《列宁专题文集　论辩证唯物主义和历史唯物主义》，人民出版社 2009 年版，第 220—221 页。
② 《列宁专题文集　论辩证唯物主义和历史唯物主义》，人民出版社 2009 年版，第 221 页。

从无产阶级政党对宗教的方面来看，则涉及思想意识层面，列宁在此则表明："但是就我们自己的党而言，我们无论如何也不能认为宗教是私人的事情。"① 从无产阶级先锋队的要求而言，其在思想认识上则不可与宗教混同，而应该有着更高的见识，故而在意识形态方面与宗教截然不同，两者之间会有对峙和张力，没有调和之余地。列宁说："对于社会主义无产阶级的政党，宗教并不是私人的事情。我们的党是争取工人阶级解放的觉悟的先进战士的联盟。这样的联盟不能够而且也不应当对信仰宗教这种不觉悟、无知和蒙昧的表现置之不理。"② 这里，列宁认为宗教是愚昧无知的产物，代表着落后和不觉悟，因而其对宗教批评的言辞要远远重于马克思和恩格斯以往的表述。不过，列宁仍然冷静地将这种对宗教的斗争放在思想层面，而且仅仅指涉纯粹的思想武器，并不主张扩散或夸大这种斗争。"我们要求教会与国家完全分离，以便用纯粹的思想武器，而且仅仅是思想武器，用我们的书刊、我们的言论来跟宗教迷雾进行斗争。我们建立自己的组织即俄国社会民主工党的目的之一，也正是为了要同一切利用宗教愚弄工人的行为进行这样的斗争。对我们来说，思想斗争不是私人的事情，而是全党的、全体无产阶级的事情。"③ 正是在思想层面上要从无产阶级及其政党的角度来展开对宗教的斗争，而列宁在此所说的宗教则是指存在于有剥削压迫社会中的宗教，特别是专门针对当时俄国的宗教状况，因为他所讲的与宗教的斗争正是要服务于反对这种剥削压迫的政治斗争，与宗教的思想斗争显然与政治斗争还是不同的，列宁并不主张将两者相混，也没有提出两者的交替之用。

尽管有着批评宗教的激烈言辞，但列宁话锋一转，却从另外一种视角论及无产阶级政党对宗教的态度，由此仍显出列宁的思想冷静和政治睿智。列宁说："既然如此，我们为什么不在自己的党纲中宣布我们是无神论者呢？

---

① 《列宁专题文集 论辩证唯物主义和历史唯物主义》，人民出版社 2009 年版，第 220 页。
② 《列宁专题文集 论辩证唯物主义和历史唯物主义》，人民出版社 2009 年版，第 221 页。
③ 《列宁专题文集 论辩证唯物主义和历史唯物主义》，人民出版社 2009 年版，第 221—222 页。

我们为什么不禁止基督教徒和信奉上帝的人加入我们的党呢?"①列宁在此明确表示，其所创立的无产阶级政党没有在党纲中公开宣布自己是无神论者，由此在无产阶级政党事务中也没有把无神论抬到不必要的高度，这种拿捏和所把握的分寸是值得我们认真思考和好好学习的。此外，列宁在此还公开指明，可以允许宗教信仰者加入无产阶级政党，对这一敏感话题明确有着"不禁止"的态度。很明显，列宁这一思想有其当时的历史背景，一句话，力图团结一切可以团结的力量去推翻那个压迫着人民的社会。

即使在与宗教纯粹的思想斗争这一层面上，列宁也有着更全面的思考。列宁说："要答复这个问题，就应当说明资产阶级民主政党和社会民主党在宗教问题的提法上存在非常重要的差别。"一方面，"我们的党纲完全是建立在科学的而且是唯物主义的世界观上的。因此，要说明我们的党纲，就必须同时说明产生宗教迷雾的真正的历史根源和经济根源。我们的宣传也必须包括对无神论的宣传；出版有关的科学书刊（直到现在，这些书刊还遭到农奴制的专制政权的查禁）现在应当成为我们党的工作之一。我们现在必须遵从恩格斯有一次向德国社会主义者提出的建议：翻译和大量发行 18 世纪的法国启蒙著作和无神论著作"②。在从思想认识论上，列宁主张无神论的宣传，包括对历史上无神论著作的翻译出版。但这对于列宁而言，仍然只是一种浅层或表面的解决，并没有触及根本，因为仅从认识、仅从理性或仅靠书本的翻译出版并不可能解决这一问题。其根本解决还得回到社会，还得从其经济基础和社会存在的现实运动中来。而列宁观察并试图解决这一问题之所处的社会则是阶级社会，有着压迫和反抗，即有着阶级斗争。列宁指出："我们无论如何也不应当因此而'从理性出发'，离开阶级斗争去抽象地、唯心地来提宗教问题……如果认为，在一个以无休止的压迫和折磨劳动群众为基础的社会里，可以用纯粹说教的方法消除宗教偏见，那是愚蠢可笑的。如果忘

---

① 《列宁专题文集 论辩证唯物主义和历史唯物主义》，人民出版社 2009 年版，第 222 页。

② 《列宁专题文集 论辩证唯物主义和历史唯物主义》，人民出版社 2009 年版，第 222 页。

记，宗教对人类的压迫只不过是社会内部经济压迫的产物和反映，那就是受了资产阶级观点的束缚。如果无产阶级本身的反对资本主义黑暗势力的斗争没有启发无产阶级，那么任何书本、任何说教都是无济于事的。在我们看来，被压迫阶级为创立人间的天堂而进行的这种真正革命斗争的一致，要比无产者对虚幻的天堂的看法上的一致更为重要。"[1] 这里，列宁回到了马克思主义宗教观的最根本之处，他强调不要纠缠于虚幻的天堂、地狱，有神等肤浅问题上，而应把改造社会、提高经济发展、解放被压迫的民众作为无产阶级的首要任务和当务之急；只有团结所有被压迫民众包括信教群众参加"创立人间的天堂"这一"真正革命斗争"才是最根本的。所以，列宁并没有主张脱离社会现实来抽象地批判宗教、与宗教作斗争，而是要求这一斗争也必须服从无产阶级在现实社会中所应该完成的历史使命。

所以，列宁对无产阶级政党的党纲中涉及无神论、宗教斗争等问题都有着非常明确的说明："因此，我们在我们的党纲中没有宣布而且也不应当宣布我们的无神论。因此，我们没有禁止而且也不应当禁止那些还保存着某些旧偏见残余的无产者靠近我们党。我们永远要宣传科学的世界观，我们必须跟某些'基督教徒'的不彻底性进行斗争。但是这决不是说，应当把宗教问题提到它所不应有的首要地位，决不是说，为了反对那些很快就会失去任何政治意义、很快就会被经济发展进程本身抛到垃圾箱里去的次要的意见或呓语，而分散真正革命斗争的、经济斗争的和政治斗争的力量。"[2] 列宁在此所突出的仍然是包括经济斗争和政治斗争的革命斗争，认为这些斗争才是"真正"需要进行的，而在此则并没有提及对宗教的思想斗争，其策略中的主与次是非常分明的。而列宁特别提醒大家的，却恰恰是资产阶级在"打算煽起宗教仇视，把群众的注意力吸引到这方面来"，指出资产阶级会利用宗教误导群众"不去关心真正重要的和根本的经济问题和政治问题"。所以，列宁

---

① 《列宁专题文集　论辩证唯物主义和历史唯物主义》，人民出版社 2009 年版，第 222 页。
② 《列宁专题文集　论辩证唯物主义和历史唯物主义》，人民出版社 2009 年版，第 223 页。

反复强调，"决不要挑起无关紧要的意见分歧"①。在本文的结尾，列宁总结说："就国家而言，革命的无产阶级力求使宗教成为真正的私人事情。在将来已经肃清中世纪霉菌的政治制度中，无产阶级必将为消灭经济奴役，即消灭宗教对人类愚弄的真正根源而进行广泛的，公开的斗争。"②宗教问题的真正解决、其思想迷雾的最终驱散，归根结底不是靠思想斗争，不是一个纯然认识论领域的问题，而是在消灭了经济奴役的新型政治制度得以建立之后。这一定音之句，是与马克思、恩格斯关于宗教完全消亡的社会经济条件之论相吻合的。

(二) 列宁《论工人政党对宗教的态度》中的宗教观

在写完上述文章还不到 4 年的时间，列宁又于 1909 年 5 月 13 日 (26 日) 撰写了《论工人政党对宗教的态度》一文，这说明列宁对这一问题的高度关注和重视。列宁在构设社会主义蓝图和无产阶级政党的执政地位时，再次涉及宗教观的问题，他为此表示"社会民主党当然应该表明自己对于宗教的态度"③。但仔细读之，列宁的相关表态与马克思、恩格斯的说法还是存有细微差异的。

这里，列宁指出："马克思主义的哲学基础是辩证唯物主义，它完全继承了法国 18 世纪和德国 19 世纪上半叶费尔巴哈的唯物主义历史传统，即绝对无神论的、坚决反对一切宗教的唯物主义的历史传统。"④而实际上，马克思、恩格斯对法国 18 世纪和德国 19 世纪的唯物主义传统尤其是费尔巴哈的唯物论和无神论并非"完全继承"，而是有条件、有选择的"扬弃"，对之有着明显的超越。而在马克思、恩格斯的相关论述中，也没有强调向宗教宣战，反而是公开声明"对宗教的批判已经结束"，其关注已经转向社会批判、

① 《列宁专题文集 论辩证唯物主义和历史唯物主义》，人民出版社 2009 年版，第 223 页。
② 《列宁专题文集 论辩证唯物主义和历史唯物主义》，人民出版社 2009 年版，第 223 页。
③ 《列宁专题文集 论无产阶级政党》，人民出版社 2009 年版，第 171 页。
④ 《列宁专题文集 论无产阶级政党》，人民出版社 2009 年版，第 171 页。

经济批判和政治批判。

列宁在这篇文章中还对马克思关于"宗教是人民的鸦片"之论做了自己的评价和定性。列宁说："宗教是人民的鸦片，——马克思的这一句名言是马克思主义在宗教问题上的全部世界观的基石。马克思主义始终认为现代所有的宗教和教会、各式各样的宗教团体，都是资产阶级反动派用来捍卫剥削制度、麻醉工人阶级的机构。"① 在当时严酷的阶级斗争处境中，列宁的这一解释可以理解，他的阐述重心显然是落在马克思的"宗教是人民的鸦片"这一比喻说法上，并强调马克思的这一名言是马克思主义在宗教问题上的世界观的基石。可见，在当时的历史背景下，结合阶级斗争、阶级压迫的现实，列宁对宗教的功能是持批判态度的。

同样，列宁仍然坚持了其在前篇文章中的基本立场，保持住了其观点的相应平衡。他没再过多强调宗教"鸦片"论，而继续坚持恩格斯的相关观点，对更为偏激之人提出了批评："认为他们大声疾呼向宗教宣战是一种愚蠢的举动，指出这样宣战是提高人们对宗教的兴趣、妨碍宗教真正消亡的最好手段。"按照恩格斯的见解，"只有工人群众的阶级斗争从各方面吸引了最广大的无产阶级群众参加自觉的革命的社会实践，才能真正把被压迫的群众从宗教的压迫下解放出来，因此宣布工人政党的政治任务是同宗教作战，不过是无政府主义的空谈而已"②。很明确，"同宗教作战"不是无产阶级政党的"政治任务"，故也不必把相关的思想斗争上升到政治斗争的高度。列宁在这里同意了恩格斯的想法，并且表态坚决反对那种"把宗教上的分野提到首位"的"资产阶级虚伪的反教权主义运动"；在如何理解宗教消亡的问题上，列宁凸显了恩格斯的告诫，专门指出"恩格斯要求工人政党耐心地去组织和教育无产阶级，使宗教渐渐消亡，而不要冒险地在政治上对宗教作战"③。这种对宗教的基本政治立场在此也是非常清晰的，宗教消亡是一个漫长、渐进的

① 《列宁专题文集　论无产阶级政党》，人民出版社 2009 年版，第 171—172 页。
② 《列宁专题文集　论无产阶级政党》，人民出版社 2009 年版，第 172 页。
③ 《列宁专题文集　论无产阶级政党》，人民出版社 2009 年版，第 172—173 页。

过程，而不是、也不能只靠政治上对宗教的斗争。

列宁在恩格斯的思想中找到了其在有关宗教与国家、宗教与无产阶级政党的关系问题上与自己观点的共鸣，即在国家层面和政党层面应区分其不同。"恩格斯有意地着重声明，社会民主党认为宗教对于国家来说是私人的事情，但是对于社会民主党本身、对于马克思主义、对于工人政党来说决不是私人的事情。"① 在马克思主义宗教观中，有着"彻底的无神论"与强调"宽容宗教"的两维，对于如何平衡这种关系而不至于出现认为马克思主义宗教观有着"动摇论"的误解，列宁以辩证唯物主义来加以解释，指出"马克思主义对待宗教的策略是十分严谨的，是经过马克思和恩格斯周密考虑的；在迂腐或无知的人看来是动摇的表现，其实都是从辩证唯物主义中得出来的直接的和必然的结论。如果认为马克思主义对宗教采取似乎是'温和'的态度是出于所谓'策略上的'考虑，是为了'不要把人吓跑'等等，那就大错特错了。相反，马克思主义在这个问题上的政治路线，也是同它的哲学原理有密切关系的"②。列宁强调，马克思主义宗教观基于马克思主义的哲学原理，其基本方法论之根基就是历史唯物论和辩证唯物论。列宁指出："我们应当同宗教作斗争。这是整个唯物主义的起码原则，因而也是马克思主义的起码原则。但是，马克思主义不是停留在起码原则上的唯物主义。马克思主义更前进了一步。它认为必须善于同宗教作斗争，为此应当用唯物主义观点来说明群众中的信仰和宗教的根源。同宗教作斗争不应该局限于抽象的思想宣传，不能把它归结为这样的宣传；而应该把这一斗争同目的在于消灭产生宗教的社会根源的阶级运动的具体实践联系起来。"③ 马克思、恩格斯把解决宗教问题的根本转到社会经济及政治领域之后，已经没再过多谈论同宗教作斗争的问题。列宁在其所处的时代或因革命的需要而再次强调了对宗教的斗争，尽管如此，列宁所突出的也主要是"善于"同宗教作斗争，即把重点从

---

① 《列宁专题文集　论无产阶级政党》，人民出版社 2009 年版，第 173 页。
② 《列宁专题文集　论无产阶级政党》，人民出版社 2009 年版，第 174 页。
③ 《列宁专题文集　论无产阶级政党》，人民出版社 2009 年版，第 174 页。

思想认知转到清除产生宗教的社会根源上，因此无产阶级的社会革命及政治斗争才是其重中之重，这种首选使关涉宗教的思想斗争必须顾全大局、必须服从无产阶级的政治任务。

列宁还对宗教的存在进行了社会分析和认知分析，对宗教产生的根源加以说明。"为什么宗教在城市无产阶级的落后阶层中，在广大的半无产阶级阶层中，以及在农民群众中能够保持它的影响呢？资产阶级进步派、激进派或资产阶级唯物主义者回答说，这是由于人民的愚昧无知。由此得出结论说：打倒宗教，无神论万岁，传播无神论观点是我们的主要任务。马克思主义者说：这话不对。这是一种肤浅的、资产阶级狭隘的文化主义观点。这种观点不够深刻，不是用唯物主义的观点而是用唯心主义的观点来说明宗教的根源。"[①] 列宁犀利地指出，"打倒宗教""无神论万岁"、把"传播无神论观点"作为主要任务，这些都是"资产阶级进步派、激进派或资产阶级唯物主义者"的观点，而绝不是马克思主义的观点；这些观点已经过时、理应淘汰。那么，马克思主义的观点是如何看待宗教的存在和起源呢？列宁说："在现代资本主义国家里，这种根源主要是社会的根源。劳动群众受到社会的压制，面对时时刻刻给普通劳动人民带来最可怕的灾难、最残酷的折磨的资本主义（比战争、地震等任何非常事件带来的灾难和折磨多一千倍）捉摸不定的力量，他们觉得似乎毫无办法，——这就是目前宗教最深刻的根源。'恐惧创造神'。现代宗教的根源就是对资本的捉摸不定的力量的恐惧，而这种力量确实是捉摸不定的，因为人民群众不能预见到它，它使无产者和小业主在生活中随时随地都可能遭到，而且正在遭到'突如其来的'、'出人意料的'、'偶然发生的'破产和毁灭，使他们变成乞丐，变成穷光蛋，变成娼妓，甚至活活饿死。凡是不愿一直留在预备班的唯物主义者，都应当首先而且特别注意这种根源。只要受资本主义苦役制度压迫、受资本主义的捉摸不定的破坏势力摆布的群众自己还没有学会团结一致地、有组织地、有计划地、自

---

① 《列宁专题文集　论无产阶级政党》，人民出版社 2009 年版，第 174—175 页。

觉地反对宗教的这种根源，反对任何形式的资本统治，那么无论什么启蒙书籍都不能使这些群众不信仰宗教。"① 列宁在这里有着十分明确的社会界定，即其分析是专指"现代资本主义国家"，而没有加以普泛的关联或引申。他就此范围谈到两点：其一是宗教的社会根源在于资本主义的剥削制度及其社会压迫，这种社会根源的专指是极为明确的，即指向资本主义社会及其剥削制度；其二是消除宗教的这些根源要靠摧毁资本主义的剥削制度，这是经济斗争和政治斗争的任务，与宗教斗争并无关系。所以，历史上的启蒙书籍虽然有一定的意义，但其意义只有辅助功能，而不起决定性作用，关键之处仍在社会变革，这才是主要关注之点。列宁在这里所论仍然还不是社会主义社会，所以不能套用列宁的这一结论来分析社会主义社会的宗教。列宁这种对宗教的否定有其对相应社会之否定的逻辑关联，不可人为、主观地将之拆开、分离。在这里，列宁认为"社会民主党宣传无神论，必须服从社会民主党的基本任务：发展被剥削群众反对剥削者的阶级斗争"②，"宣称无神论"是与"反对剥削者的阶级斗争"相关联的，而其所发动的也是"被剥削群众"。

即使在推翻资本主义、建立社会主义的斗争过程中，列宁也认为可以调整宣传无神论与发动群众参加反对剥削制度的阶级斗争之间的关系，要实事求是，具体问题具体分析。列宁说："谁认为在理论上宣传无神论，即破除某些无产阶级群众的宗教信仰，同这些群众阶级斗争的成效、进程和条件之间有一种绝对的、不可逾越的界限，那他就不是辩证地看问题，就是把可以移动的、相对的界限看做绝对的界限。"这里，政治斗争的需要是主要的，思想斗争的需求则是次要的。例如，如果在某地参加经济斗争的罢工运动中的无产阶级既有信教者也有无神论者，那么，"马克思主义者应该首先考虑使罢工运动得到成功，应当坚决反对在这场斗争中把工人分成无神论者和基

---

① 《列宁专题文集　论无产阶级政党》，人民出版社 2009 年版，第 175 页。

② 《列宁专题文集　论无产阶级政党》，人民出版社 2009 年版，第 175 页。

督教徒，应当坚决反对这样的划分。在这种情况下，宣传无神论就是多余的和有害的……因为在现代资本主义社会环境中，阶级斗争能把信基督教的工人吸引到社会民主党和无神论这方面来，而且比枯燥地宣传无神论还要有效一百倍。在这样的时候和这样的环境中，宣传无神论，就只能有利于神父，因为他们恰恰最愿意用信不信上帝这一标准来划分工人，以代替是否参加罢工这一标准"①。所以，在政治斗争的需要面前，在社会需求的关键时刻，如果不恰当地突出"有神""无神"的区分，以"信教"或"不信教"来划界，那么对当时的社会发展、国家建设反而不利、有害，只会起着帮倒忙的作用。可以说，对宗教的斗争必须服从政治斗争的需要，宣称无神论要审时度势，这是列宁在处理宗教与政治关系时的基本立场。

在进一步的分析中，列宁认为批判宗教、主张无神论并非无产阶级政党的专利，历史上曾出现各种宗教批评论和无神论，所以很有必要对之加以甄别和区分。"无政府主义者鼓吹在任何情况下都要对上帝开战，实际上是帮助了神父和资产阶级（正如无政府主义者实际上始终在帮助资产阶级一样）。马克思主义者应当是唯物主义者，即宗教的敌人，但是他们应当是辩证唯物主义者，就是说，他们不应当抽象地对待反宗教斗争问题，他们进行这一斗争不应当立足于抽象的、纯粹理论的、始终不变的宣传，而应当具体地、立足于当前实际上所进行的、对广大群众教育最大最有效的阶级斗争。"②关于马克思主义者是"宗教的敌人"之说，在马克思、恩格斯的理论中并没有找到根据，这应该说仅是列宁自己的观点而已。坚持并强调同宗教的斗争，这是列宁在其宗教观上的发挥，而不是马克思、恩格斯的原本思想。列宁坚持不能"陷入小资产者或自由派知识分子那种庸俗观念和机会主义，不要像他们那样害怕同宗教作斗争，忘记自己的这种任务，容忍对上帝的信仰"③。很明显，列宁在对待宗教的态度上形成了自己的思想和观点，并对苏联的社会

① 《列宁专题文集　论无产阶级政党》，人民出版社 2009 年版，第 176 页。
② 《列宁专题文集　论无产阶级政党》，人民出版社 2009 年版，第 177 页。
③ 《列宁专题文集　论无产阶级政党》，人民出版社 2009 年版，第 177 页。

实践产生了影响。

但在对宗教与社会主义、与无产阶级政党关系的认知上，列宁的思想也有非常超前的地方，这与他以宗教为敌的观点又形成了鲜明的对照和强烈的反差。这从另一方面又说明列宁在探究处理这种关系的正确途径时非常大胆、敢于创新，体现出他对宗教的包容、开放和开明。例如，列宁在这篇文章中又以更大篇幅论及能否让宗教界人士参加无产阶级政党的问题，而且不仅是对于普通宗教信徒，甚至也包括宗教神职人员。列宁以其政治智慧对这种可能性进行了阐述，当然其考虑也比较周全。列宁说："经常有人提出这样的问题：司祭能不能成为社会民主党党员。人们通常根据欧洲各社会民主党的经验对这一问题作无条件的、肯定的回答。"当时欧洲的社会民主党有着吸纳宗教人士入党的情况，列宁对这种经验加以分析，并与俄国的实际情况相比较，由此认为"这种经验并不仅仅是把马克思主义学说应用于工人运动的结果，而且也是由西欧特殊的历史条件决定的；这种条件在俄国并不存在（关于这种条件，我们到下面再谈），所以在这个问题上无条件的肯定的回答在我国是不正确的。不能一成不变地在任何情况下都宣布说司祭不能成为社会民主党党员，但是也不能一成不变地提出相反的规定"①。列宁随之表明了一种开放态度，认为应该根据具体情况来灵活把握，而不必草率做出是与否的规定。但一旦存有这种可能，列宁则明确说出了其肯定的意见："如果有一个司祭愿意到我们这里来共同进行政治工作，真心诚意地完成党的工作，不反对党纲，那我们就可以吸收他加入社会民主党，因为在这样的条件下，我们党纲的精神和基本原则同这个司祭的宗教信念的矛盾，也许只是关系到他一个人的矛盾，只是他个人的矛盾，而一个政治组织要用考试的方法来检验自己成员所持的观点是否同党纲矛盾，那是办不到的。"②这段表述毫无疑问已清楚说明列宁是同意让宗教人士入党的，而且连宗教神职人员（司

---

① 《列宁专题文集　论无产阶级政党》，人民出版社 2009 年版，第 177 页。

② 《列宁专题文集　论无产阶级政党》，人民出版社 2009 年版，第 177—178 页。

祭）也都可以入党，则更不用说对普通信教群众的开放了——当然，此处应始终提请注意的一点在于，列宁当时的这种做法是力图团结一切可以团结的力量来反抗社会压迫。只是在这一特殊的历史前提和背景下，列宁表述了上述观点，切不可忽视这一现实历史条件而将其泛化。但列宁也非常冷静地看到："当然，这种情况即使在欧洲也是极其少有的，在俄国则更是难以想象了。"列宁在此只是认为这种情况颇为罕见，但如果真有这种情况，那么列宁的表态则是支持宗教人士入党的。这里，列宁也提出了允许宗教人士入党的必要条件，即以其维护党纲、执行党的任务为前提，这是对任何党员的基本要求和绝对命令。让宗教人士入党绝不是允许其在党内来宣教，"如果这位司祭加入社会民主党之后，竟在党内积极宣传宗教观点，以此作为他主要的甚至是唯一的工作，那么党当然应该把他开除出自己的队伍"。列宁提出的界限非常清楚，既然政党是政治组织而不是宗教组织，那么其成员的责任和使命就只能是推行党的政治纲领、完成党的政治任务，而传教不是政治组织的本分，与政治使命毫不相干。很显然，列宁的这种表态已将政治信仰与宗教信仰完全区分开来，强调在政治组织信守的是政治信仰，执行的是政治任务，而不允许心有旁骛。不过，对于宗教人士入党后个人信仰的问题，列宁在此也表达了非常开明和包容的态度。"我们不仅应当容许，而且应当特别注意吸收所有信仰上帝的工人加入社会民主党，我们当然反对任何侮辱他们宗教信念的行为"，这也就是明确地表述信教民众入党后仍可保留他们自己的宗教信仰，而无产阶级政党会对之采取尊重其宗教信仰的态度，而不允许侮辱他们的宗教信念。实际上，这段话的意思也就是说，宗教人士入党并不以放弃其宗教信仰为前提，他们可以带着自己的宗教信仰入党，但这只是其个人私下的信仰保留，而绝不可以让其在党内传教；至于对其个人保留的宗教信仰，党内同样应对之表示尊重，而不可加以侮辱。但列宁也强调了让宗教人士入党的更主要方面，"我们吸收他们是要用我们党纲的精神来教育他们，而不是要他们来积极反对党纲。我们容许党内自由发表意见，但是以自由结合原则所容许的一定范围为限，因为我们没有义务同积极宣传被党内多数人摒弃的观点的人携手并进"①。非常清楚，党内不是争论宗教信仰与否的场所，信教群众甚至神职人员都可以入党，而且他们入党后也可以私下继续保留自己的宗教信仰，其他党员也应该尊重他们的宗教信仰；但是，这种党内自由是以"一定范围为限"的，党对此的底线是信教人士入党后不能在党内公开宣扬他们的宗教信仰，无产阶级政党也不允许任何人在党内开展宣教活动，因为无产阶级政党"没有义务同积极宣传被党内多数人摒弃的观点的人携手并进"。列宁在这里对这一问题的主与次、组织与个人、多数与少数等关系都说得非常明确、清楚。有些人担心宗教人士入党后会在党内传教，甚至会争夺党的领导权，这种担忧看来是没有仔细阅读列宁的这些表述，或者说根本没有弄懂列宁的意思。列宁说得非常清楚，宗教人士入党是政治选择而不是宗教实践，因为政党是政治组织而不是宗教团体，党作为政治组织要求所有入党者包括宗教人士必须对党忠诚、维护党纲，党欢迎宗教人士以入党方式来积极参加现实革命使命，履行其政治义务，与此同时党尊重这些宗教人士的个人信仰，但丝毫不会给其在党内宣教留下任何空间，一旦发现有人在党内传教则会将之清除出党。而宗教人士入党后在任何场合都应坚持党的方针、维护党的利益、执行党的任务、遵守党的纪律则是理所当然、不言而喻的。列宁的这种想法对我们今天考虑在民族宗教领域团结进步人士、积极引导宗教界爱党爱国，至少具有启迪、借鉴、思考和研究意义。

　　列宁坚持政治与宗教的区分，虽然两者有着复杂关联，却毕竟是各自不同的领域，不可简单混同。为此，列宁论及"社会主义是我的宗教"这种说法或相关声明，阐明了自己的观点。他认为，"这种声明确实背离了马克思主义（因而也就背离了社会主义），但是这种背离的意义和所谓的比重在不同环境下可能是不相同的。如果一个鼓动员或一个在对工人群众讲话的人，为了说得明白一点，为了给自己的解释开一个头，为了用不开展的群众最熟悉的字眼更具体地说明自己的观点，而说了这样一句话，这是一回事。如果

---

　　① 《列宁专题文集　论无产阶级政党》，人民出版社 2009 年版，第 178 页。

一个著作家开始宣扬'造神说'或造神社会主义……那是另一回事。在前一种情况下，提出申斥就是吹毛求疵，甚至是过分地限制鼓动员的自由，限制他运用'教育手段'来施加影响的自由，而在后一种情况下，党的申斥却是必需而且应该的。'社会主义是宗教'这一论点，对某些人来说，是从宗教转到社会主义的一种方式，而对另一些人来说，则是离开社会主义而转到宗教的一种方式。"①列宁的分析客观、平实，注意到这两种倾向或可能。他不同意将社会主义等同于宗教，也反对用宗教来解释社会主义，但如果有人因其宗教背景等原因以宗教方式或象征理解作为向社会主义转变的过渡，列宁则表达了一种理解和谅解。其实马克思和恩格斯也曾经论及某些宗教如早期基督教与社会主义运动的相似之处，以此来加以比较理解。而对于从社会主义立场滑向宗教的可能趋势，列宁则对之提出警告，并加以批评。列宁强调无产阶级政党的党性原则及其在意识形态、世界观上的基本立场，主张"无产阶级政党要求国家把宗教宣布为私人的事情，但决不认为同人民的鸦片作斗争，同宗教迷信等等作斗争的问题是'私人的事情'"，并且反对"机会主义者把情况歪曲成似乎社会民主党认为宗教是私人的事情"②。当然，列宁清楚知道，反宗教的斗争并不只是俄国社会民主党在开展，而在此之前早有各种形式的反宗教斗争，包括革命资产阶级的反宗教斗争，以及无政府主义者以空谈革命的方式推动的反宗教斗争；但列宁认为俄国资产阶级力量太弱，结果历史上这一反宗教的斗争就落在了俄国工人阶级政党的身上。列宁指出："这些条件分两种：第一，反宗教的斗争是革命资产阶级的历史任务，在西欧，资产阶级民主派在他们自己的革命时代，或者说在他们自己冲击封建制度和中世纪制度的时代已经在相当大的程度上完成了（或着手完成）这个任务。无论在法国或德国都有资产阶级反宗教斗争的传统，这个斗争在社会主义运动以前很久就开始了（百科全书派、费尔巴哈）。在俄国，由

① 《列宁专题文集论无产阶级政党》，人民出版社 2009 年版，第 178—179 页。
② 《列宁专题文集论无产阶级政党》，人民出版社 2009 年版，第 179 页。

于我国资产阶级民主革命的条件，这个任务几乎完全落到了工人阶级的肩上。"①"另一方面，资产阶级反宗教斗争的传统在欧洲已造成了无政府主义对于这一斗争所作的纯粹资产阶级的歪曲，而无政府主义者，正如马克思主义者早已屡次说明的，虽然非常'猛烈地'攻击资产阶级，但是他们还是站在资产阶级世界观的立场上"②，其结果是这些无政府主义者"在反宗教斗争中使革命的空谈达到登峰造极的地步"③，故而丝毫没有解决问题。除此之外，"第二，在西欧，自从民族资产阶级革命结束以后，自从实现了比较完全的信教自由以后，反宗教的民主斗争问题在历史上已被资产阶级民主派反社会主义的斗争排挤到次要的地位，所以资产阶级政府往往故意对教权主义举行假自由主义的'讨伐'，转移群众对社会主义的注意力。德国的文化斗争以及法国资产阶级共和派的反教权主义斗争，都带有这种性质。资产阶级的反教权主义运动，是转移工人群众对社会主义的注意力的手段，——这就是目前西欧社会民主党人对反宗教斗争普遍采取'冷漠'态度的根源。这同样是可以理解的，也是理所当然的，因为社会民主党人的确应该使反宗教斗争服从争取社会主义的斗争，以对抗资产阶级和俾斯麦分子的反教权主义运动"④。列宁虽然直截了当地提出了反宗教的斗争，这在马克思主义经典作家中是比较独特的，但列宁对之也有着非常具体的分析和界定，并没有将之扩大化或变为泛指。马克思早已认识到，其所处的西欧无产阶级革命时期，反宗教的斗争即对宗教的批判实际上早就结束了，所以马克思强调的是无产阶级应直接投入反对剥削制度的斗争，而这种斗争不再具有宗教的色彩，也不再针对宗教，而是政治、社会和法律意义上的斗争。由于列宁所处的俄国与当时西欧的情况显然不同，所以列宁因此才重提反宗教的斗争。列宁在此已经说明："俄国的情况就完全不同了。无产阶级是我国资产阶级民主革命的领袖。无产阶级政党应

①　《列宁专题文集　论无产阶级政党》，人民出版社 2009 年版，第 179 页。
②　《列宁专题文集　论无产阶级政党》，人民出版社 2009 年版，第 179 页。
③　《列宁专题文集　论无产阶级政党》，人民出版社 2009 年版，第 180 页。
④　《列宁专题文集　论无产阶级政党》，人民出版社 2009 年版，第 180 页。

当成为反对一切中世纪制度的斗争的思想领袖，这一斗争还包括反对陈腐的、官方的宗教，反对任何革新宗教、重新建立或用另一种方式建立宗教的尝试等等。因此，如果说当德国社会民主党人把工人政党要求国家宣布宗教为私人的事情的主张偷换成宣布宗教对社会民主党人和社会民主党本身来说也是私人的事情时，恩格斯纠正这种机会主义的方式还比较温和，那么俄国机会主义者仿效德国人的这种歪曲，就应该受到恩格斯严厉一百倍的斥责。"① 列宁正是根据当时俄国的情况而调整了西欧社会民主党的做法，突出了反对宗教甚至反对革新宗教的主张，以适应俄国的国情。对于列宁的这一主张及举措，我们可以进行具体分析，但不应该轻易、轻率地变作通用模式来随意套用。

列宁回到马克思认为"宗教是人民的鸦片"的观点，并肯定俄国社会民主党在俄国杜马讲坛宣称宗教是人民的鸦片这种表态是正确的，他基本上是以此为基点来看待并处理宗教问题。应该承认，列宁的主张被俄共所接受并且加以推行，这在此后苏联的宗教政策中得以显现。列宁主张反宗教斗争的原因，还在于当时"教会和僧侣支持黑帮政府、支持资产阶级反对工人阶级的阶级作用"②，这是列宁不得不做出的回应。但尽管列宁持有对宗教斗争的看法，他也并不主张把无神论的结论发挥得过于详细，对之也有一定的分寸把握其考虑是为了避免出现夸大反宗教斗争意义的危险，从而"会抹杀资产阶级反宗教斗争同社会党人反宗教斗争之间的界限"③。所以，当列宁注意到俄共党团内部讨论涉及宗教、无神论等相关情况时，就曾提醒说："党团争论无神论问题，却没有正确说明宣布宗教为私人的事情这一著名的要求。"④可以说，列宁所论对宗教的斗争和无神论宣传，也是保持在一定范围之内的，而且他更多强调的是，要将这种对宗教的斗争和无神论宣传与俄共领导的无产阶级社会主义革命相联系，如何推进社会主义革命这一大业才是最重

---

① 《列宁专题文集　论无产阶级政党》，人民出版社 2009 年版，第 180 页。
② 《列宁专题文集　论无产阶级政党》，人民出版社 2009 年版，第 181 页。
③ 《列宁专题文集　论无产阶级政党》，人民出版社 2009 年版，第 181 页。
④ 《列宁专题文集　论无产阶级政党》，人民出版社 2009 年版，第 181 页。

要的，其余一切都应附属于这一首要任务。

（三）列宁《各阶级和各政党对宗教和教会的态度》中的宗教观

列宁的这篇文章发表在 1909 年 6 月 4 日（17 日），仍是他在俄国十月革命前关于宗教问题的相关思考，这里主要是针对俄国东正教司祭的教权主义提出批评。

从俄罗斯国家杜马讨论正教院的预算问题，列宁看到了相关俄国司祭"纯粹教权主义的真面目"，而与之相关联，列宁还认为"可以从俄国各政党对待宗教和教会的态度来说明这些政党的性质"[1]。论及俄罗斯正教当时在精神上和经济上对人们的双重奴役，列宁指出："我们看到的是纯粹的教权主义。教会高于国家，正如永恒的和神圣的东西高于暂时的、世俗的东西一样。教会不能原谅国家把教会的财产世俗化。教会要求有主导的和统治的地位。在教会看来，杜马代表不仅是人民代表，而且是'教子'，更确切些说，与其说是人民代表，不如说是'教子'。"[2] 在当时俄国社会，不同的政党或政治派别对俄国正教的教权主义有着不同态度，列宁认为从中即可说明这些政党及派别的政治立场及性质。

从对教权主义的态度，实际上折射出当时俄国社会各阶级和各政党对宗教和教会的态度。根据列宁的观察分析，这里面有着不同的态度，由此反映出不同的政治层面及政治立场。其中俄国的民粹派和自由派是维系教权主义的，他们认为"俄国没有好战的教权主义的基础，没有'教会王公'同世俗权力斗争的基础"[3]，因而代表着俄国社会落后、保守的势力。与这种"教权主义资产阶级"相比较，在当时俄国社会也存在"反教权主义资产阶级"，双方有着明显冲突和激烈交锋。比如，俄国的十月党人和立宪民主党人就"反对极右派、反对教权派和政府，清楚地表明了资产阶级对教会和宗教的

---

① 《列宁全集》第 17 卷，人民出版社 1988 年版，第 402 页。
② 《列宁全集》第 17 卷，人民出版社 1988 年版，第 404 页。
③ 《列宁全集》第 17 卷，人民出版社 1988 年版，第 405 页。

态度"①。不过,这些资产阶级虽然反对教权主义,却仍主张维系其宗教的存在。他们要求恢复教区以巩固正教,甚至强调"为了使宗教这种道德基础能继续存在,能为全体居民所接受,必须让传教者享有一定的权威"。他们认为群众"失去宗教信仰"是"可怕的",希望能以宗教信仰来管束人民群众,因而反对教会和政治的结合,主张抬高教会的地位,宣称"教会的任务是永恒的、固定不变的"。对此,列宁揭露说,"反革命资产阶级的代表想巩固宗教,想加强宗教对群众的影响,他们感到'穿着教袍的官吏'降低了教会的威信,已经不中用了,过时了,甚至给统治阶级带来了危害。十月党人攻击教权主义的极端措施和警察监护,是为了加强宗教对群众的影响,是为了用比较精巧、比较完善的愚民办法来代替某些过于粗暴、过于陈旧、过于腐朽而不能达到目的的办法。警察式的宗教已经不足以愚弄群众了,那就给我们一种更文明、更新式、更灵活、更能在自治教区起作用的宗教吧——这就是资本向专制制度要求的东西。"② 列宁在此指出了封建专制主义与新兴资本主义在利用宗教上的区别,如果说封建主义是赤裸裸地、明目张胆地利用宗教来压迫民众的话,那么资产阶级则表示"你们用这种手段只能使人民完全离开宗教。让我们干得更聪明、更狡猾、更巧妙一些吧";为此,列宁对之进行比较后论述道:"'文明的'资本力求使用宗教麻醉剂来愚弄人民,不过采用的教会欺骗手段,比昔日的普通俄国'神父'所采用过的要精巧些。"③ 除此之外,则还有劳动派的声音,这一派比前两派的政治态度要更积极一些,但其潜力仍还没有得到充分的发挥,所以他们在列宁看来则是"革命的资产阶级民主派的代表",是可以争取团结的力量。他们虽然是"不开展的、不觉悟的、闭塞的、不独立的、分散的,但是在反对地主、神父和专制制度的斗争中,他们却蕴藏着还远没有发挥出来的革命干劲"④。

---

① 《列宁全集》第 17 卷,人民出版社 1988 年版,第 406 页。
② 《列宁全集》第 17 卷,人民出版社 1988 年版,第 407 页。
③ 《列宁全集》第 17 卷,人民出版社 1988 年版,第 408 页。
④ 《列宁全集》第 17 卷,人民出版社 1988 年版,第 409—410 页。

与资产阶级截然不同，无产阶级政党反对教权主义则更为透彻、更加根本。列宁认为，我们"就是要利用各种宣传鼓动手段，包括利用杜马讲坛，向群众解释社会党人的反教权主义同资产阶级的反教权主义的区别"①。在社会民主党看来，教权主义的实质说明教会不只是"穿着教袍的官吏"，"而是穿着教袍的农奴主。维护教会的封建特权，公开捍卫中世纪制度"，这才是其实质②。因此，俄国无产阶级在资本主义的薄弱环节开展革命，在坚决反对资产阶级之际，也仍然有反对封建专制主义的历史任务要完成，这也正是列宁强调要和维系甚至代表农奴制的宗教即东正教会作斗争的重要缘由。所以，列宁提醒俄国无产阶级政党一定要团结农民，并指出"俄国的农民群众只有跟着无产阶级走，才能推翻压抑他们、摧残他们的农奴主——土地占有者、穿着教袍的农奴主、拥护专制制度的农奴主的压迫"③。在对待宗教和教会的态度上，列宁认为，"只有工人政党和工人阶级的代表"，"才把讨论提到了真正的原则高度"，其对"无产阶级对教会和宗教采取什么态度"、对"一切彻底的和有生命力的民主派应该对教会和宗教采取什么态度"的回答是："宗教是人民的鸦片"，"人民的钱一文也不能给这些蒙蔽人民意识、沾满鲜血的人民敌人"④。在这里，列宁还揭示了其坚决反对教会、同宗教作斗争的重要原因，即宗教在当时俄国不仅与资本主义、而且还与封建专制主义牢牢地绑在了一起。

（四）列宁《致阿·马·高尔基》中的宗教观

高尔基是苏联时期的著名作家，列宁在 1913 年 11 月 13 日之后先后给高尔基写了这两封信，其中对高尔基关于宗教的错误观点进行了批评和劝告，由此亦论及他自俄国十月革命之后即社会主义国家苏联建立以后关于宗

---

① 《列宁全集》第 17 卷，人民出版社 1988 年版，第 406 页。
② 《列宁全集》第 17 卷，人民出版社 1988 年版，第 404 页。
③ 《列宁全集》第 17 卷，人民出版社 1988 年版，第 410 页。
④ 《列宁全集》第 17 卷，人民出版社 1988 年版，第 410 页。

教的看法。

在第一封信中，列宁对高尔基的"造神说"提出了批评，指出高尔基要用"造神说"代替"寻神说"的错误："寻神说同造神说、建神说或者创神说等等的差别，丝毫不比黄鬼同蓝鬼的差别大。谈寻神说不是为了反对一切的鬼神，不是为了反对任何思想上的奸尸（信仰任何神都是奸尸，即使是最纯洁的、最理想的、不是寻来而是创造出来的神，也是如此），而是要蓝鬼不要黄鬼，这比根本不谈还要坏一百倍。"①

这里，列宁表明了他反对精致化的有神论的观点，认为这种"精巧的"有神论比粗俗的有神论更难辨别，因而也就更加危险，其危害由此亦更大。列宁比较了西方资本主义国家中的情况，如在所谓"最自由的国家"包括美国、瑞士等，"人们正是特别热心地用这种纯洁的，精神上的、创造出来的神的观念来麻痹人民和工人。这正是因为，任何宗教观念，任何神的观念，甚至任何对神的谄媚，都是民主派资产阶级能特别容忍地（甚至往往是心甘情愿地）予以接受的无法形容的下流货色，——正因为如此，这是最危险的下流货色，是最可恶的'传染病'。群众识破千百万种罪恶、坏事、暴行和肉体的传染病，比识破精巧的、精神上的、用最漂亮的'思想'外衣装扮起来的神的观念要容易得多，因而前者的危害性比后者也就小得多。奸污少女的天主教神父……对于'民主制'的危害，比不穿袈裟的神父、比不相信拙劣宗教的神父，比宣传建神和创神的、有思想修养的、民主主义的神父要小得多。这是因为揭露、谴责和赶走前一种神父是容易的，而赶走后一种神父就不能这样简单，揭穿他们要困难一千倍"②。其实，列宁在这里也暗示，随着有神论水平的提高即"精巧的"有神论的出现，无神论理论及宣传也必须相应地提高其理论水平和宣传能力。

而对于造神说者本身，列宁认为也是一种"自我侮辱"。对此，列宁从

---

① 《列宁全集》第 46 卷，人民出版社 1990 年版，第 361 页。
② 《列宁全集》第 46 卷，人民出版社 1990 年版，第 361 页。

个人及社会这两个角度进行了分析。就个人而言，列宁指出："造神说难道不就是一种最坏的自我侮辱吗?? 一切从事造神的人，甚至只是容许这种做法的人，都是在以最坏的方式侮辱自己，他们所从事的不是'实际活动'，而恰巧是自我直观，自我欣赏，而且，这种人'直观'的是自'我'身上种种被造神说所神化了的最肮脏、最愚蠢、最富有奴才气的特点。"① 若从社会角度来看，"一切造神说都正是愚蠢的小市民和脆弱的庸人的心爱的自我直观，是'悲观疲惫的'庸人和小资产者在幻想中'自我侮辱'的那种心爱的自我直观"②。

　　在第二封信中，列宁认为高尔基关于"神是部落、民族和人类所形成的一些观念的复合，这观念在激发和组织社会感情，以使个人同社会相联系，约束动物性个人主义"的见解"显然是错误的，并且显然是反动的"③。在对高尔基的批评中，列宁阐述了自己对"神"的观念的理解。"像基督教社会主义者（一种最坏的'社会主义'和一种对社会主义最坏的歪曲）一样，您使用的方法（尽管您有极好的意愿）也是重复僧侣们的那套把戏：从神这个观念中撇开历史和生活带来的东西（鬼神，偏见，愚昧和闭塞的神圣化，以及农奴制和君主制的神圣化），并在神的观念中加进善良的小市民的词句(神='在激发和组织社会感情的观念')，以代替历史和生活的现实。"④ 在列宁看来，神的观念实际上是为剥削阶级奴役人民服务的，"在事实上神的观念是帮助他们奴役人民的。您美化了神的观念，也就是美化了他们用来束缚落后的工人和农民的锁链"⑤。

　　列宁认为高尔基对神的观念的理解是一种唯心主义的观点，实际上，"神首先（就历史和生活来说）是由人的麻木的受压抑状态以及外部自然界

① 《列宁全集》第 46 卷，人民出版社 1990 年版，第 362 页。
② 《列宁全集》第 46 卷，人民出版社 1990 年版，第 362 页。
③ 《列宁全集》第 46 卷，人民出版社 1990 年版，第 366 页。
④ 《列宁全集》第 46 卷，人民出版社 1990 年版，第 367 页。
⑤ 《列宁全集》第 46 卷，人民出版社 1990 年版，第 367 页。

和阶级压迫所产生的那些观念的复合，是巩固这种受压抑状态和使阶级斗争瘫痪的那些观念的复合。历史上曾有过这样一个时期，当时尽管神的观念的起源和真实作用是这样的，但是民主派以及无产阶级的斗争都采取了以一种宗教观念反对另一种宗教观念的斗争形式。"虽然由于认识原因和社会原因，无产阶级也曾经利用过这种宗教观念，"但是这样的时期早已过去了"①。而现在再采用这种神的观念则有着阶级立场的问题，"现在无论在欧洲或者在俄国，任何（甚至最精巧的、最善意的）捍卫或庇护神的观念的行为都是庇护反动派的行为"。所以，列宁批评高尔基关于神的"整个定义完全是反动的和资产阶级的"。其"反动"就在于"它为那种'约束'动物本能的僧侣主义—农奴制的观念涂脂抹粉"。列宁由此进而对之阐述道："实际上，约束'动物性个人主义'的不是神的观念，而是原始人群和原始公社。神的观念永远是奴隶制（最坏的、没有出路的奴隶制）的观念，它一贯麻痹和削弱'社会感情'，以死东西偷换活东西。神的观念从来也没有'使个人同社会相联系'，而是一贯用把压迫者奉为神这种信仰来束缚被压迫阶级。"所以说，这种观念受到阶级统治的支持，同样也起着支持阶级统治的作用。而"'人民'关于神和替神行道的概念，完全同'人民'关于沙皇、妖怪、揪妻子头发的'概念'一样，都是'人民的'愚蠢、闭塞、无知"②。列宁这种对神的理解，自然也就决定了他批评神的观念、与宗教斗争的立场。但仔细推敲，列宁的这种神明观念理解与马克思、恩格斯的相应见解并不完全相同。

（五）列宁《俄共（布）纲领草案党纲中宗教关系方面的条文》中的宗教观

这一条文由列宁于 1919 年所写，载于同年 2 月 26 日的《真理报》第 44 号。

---

① 《列宁全集》第 46 卷，人民出版社 1990 年版，第 367—368 页。

② 《列宁全集》第 46 卷，人民出版社 1990 年版，第 368 页。

列宁在此指出："俄共对宗教的政策是不满足于已经颁布了教会同国家分离、学校同教会分离的法令"，因为这种法令是在资产阶级民主制中就已经许诺过的，尽管这在资本主义国家也从来没有真正彻底实行过。为此，列宁为俄共制定了如下关于宗教关系的条文："党力求彻底摧毁剥削阶级和宗教宣传组织之间的联系，使劳动群众真正从宗教偏见中解放出来，为此要组织最广泛的科学教育和反宗教的宣传工作。同时必须注意避免对信教者的感情有丝毫伤害，因为这种伤害只会加剧宗教狂。"① 列宁公开提出了"反宗教"的口号，主张最广泛地积极开展"反宗教的宣传工作"，但同时又提醒要"避免对信教者的感情有丝毫伤害"。

（六）列宁《论战斗唯物主义的意义》中的宗教观

此文是列宁 1922 年 3 月 12 日为《在马克思主义旗帜下》杂志第 3 期所写，当时列宁在科尔津基诺村休养，在这一期间读了许多反宗教的书籍，故而写下本文，并建议在反宗教的宣传中要利用这些著作，但应对之批判性使用，有所舍取。此外，文章对宣传无神论的意义亦有着特别强调。

列宁强调，《在马克思主义旗帜下》"这个杂志应该是一个战斗的无神论的刊物。……这个要办成战斗唯物主义刊物的杂志必须不倦地进行无神论的宣传和斗争，这一点是非常重要的。要密切注意用各种文字出版的一切有关文献，把这方面一切多少有些价值的东西翻译出来，或者至少摘要介绍"。② 列宁指出，宣传介绍无神论思想是马克思主义的传统，其重点特别是要放在 18 世纪战斗的无神论相关理论上，"恩格斯早就嘱咐过现代无产阶级的领导者，要把 18 世纪末战斗的无神论的文献翻译出来，在人民中间广泛传播"③。但这也不是照单接受，而应有所甄别和选择。列宁进而分析说："当然，在 18 世纪革命家的无神论著作中有不少不科学的和幼稚的地方。但是，谁也

---

① 《列宁选集》第 3 卷，人民出版社 1995 年版，第 746 页。
② 《列宁全集》第 43 卷，人民出版社 1987 年版，第 25 页。
③ 《列宁全集》第 43 卷，人民出版社 1987 年版，第 25 页。

不会阻止出版者把这些作品加以删节和附以短跋，指出人类从 18 世纪末以来对宗教的科学批判所取得的进步，指出有关的最新著作等等。一个马克思主义者如果以为，被整个现代社会置于愚昧无知和囿于偏见这种境地的亿万人民群众（特别是农民和手工业者）只有通过纯粹马克思主义的教育这条直路，才能摆脱愚昧状态，那就是最大的而且是最坏的错误。应该向他们提供各种无神论的宣传材料，告诉他们实际生活各个方面的事实，用各种办法接近他们，以引起他们的兴趣，唤醒他们的宗教迷梦，用种种方法从各方面使他们振作起来"① 这里，列宁谈到了宣传无神论的多种形式，意在以群众易于接受的、喜闻乐见的、具有思想艺术水平和更好宣传技巧的形式来宣传无神论，而不可将无神论宣传变为僵化、死板、枯燥、教条般的说教，因为没有实际效用的宣传结果会脱离群众、不被群众所接受，成为不起作用的孤独自表。为此，列宁对 18 世纪无神论的一些宣传方式有所推荐和借鉴："18 世纪老无神论者所写的那些泼辣的、生动的、有才华的政论，机智地公开地抨击了当时盛行的僧侣主义，这些政论在唤醒人们的宗教迷梦方面，往往要比那些文字枯燥无味，几乎完全没有选择适当的事实来加以说明，而仅仅是转述马克思主义的文章要合适千百倍，此类转述充斥我们的出版物，并且常常歪曲（这是无庸讳言的）马克思主义。马克思和恩格斯的所有比较重要的著作我们都有了译本。担心在我国人们不会用马克思和恩格斯的修正意见来补充旧无神论和旧唯物主义，那是没有任何根据的。最重要的事情，也是我们那些貌似马克思主义、实则歪曲马克思主义的共产党员往往忽视的事情，就是要善于唤起最落后的群众自觉地对待宗教问题，自觉地批判宗教。"② 实际上，如何真正能够"善于"唤起民众，这才是我们需要认真思考和真正下功夫的地方。

列宁对所谓"有教养的资产阶级代表人物"对宗教的驳斥也作了适当

---

① 《列宁全集》第 43 卷，人民出版社 1987 年版，第 26 页。
② 《列宁全集》第 43 卷，人民出版社 1987 年版，第 26 页。

点评，认为他们也仍然是"僧侣主义的有学位的奴仆"。列宁在此举了两个例子，一是认为维佩尔的《基督教的起源》"没有反对教会这种政治组织的武器，即偏见和骗局"，二是德雷夫斯的《基督神话》虽然驳斥了宗教偏见和神话，证明没有基督这人，却在书的结尾"主张要有一种宗教，不过，是一种革新的、去芜存精的、巧妙的、能够抵抗'日益汹涌的自然主义潮流'的宗教"，而这实质上是"公开帮助剥削者用更为卑鄙下流的新的宗教偏见来代替陈旧腐朽的宗教偏见"。① 尽管如此，列宁认为"在同流行的宗教蒙昧主义的斗争中"，仍需要通过某种方式、在某种程度上与他们结成相关联盟。

所以，列宁对《在马克思主义旗帜下》这本杂志寄托着很大希望，指出"《在马克思主义旗帜下》杂志要成为战斗唯物主义的刊物，就必须用许多篇幅来进行无神论的宣传。评介有关的著作，纠正我们国家在这方面工作中的大量缺点。特别重要的是要利用那些有许多具体事实和对比来说明现代资产阶级的阶级利益、阶级组织同宗教团体、宗教宣传组织之间的关系的书籍和小册子"②。列宁"希望这个要成为战斗唯物主义刊物的杂志，能为我国读者登载一些评介无神论书籍的文章，说明哪些著作在哪一方面适合哪些读者，并指出我国已出版哪些书籍……还应出版哪些书籍"③。这就是说，宣传无神论需要知识的力量，需要科学的态度，还需要善于说理的方法。为此，列宁主张应紧跟现代自然科学的发展，应有坚实的哲学论据，应运用唯物辩证的方法。如果没有这些准备，那么"它与其说是战斗，不如说是挨揍"④。在新生的社会主义国家，百废待兴，列宁认为对待许多问题包括宗教问题都需要重新审视、认真思考。他感叹"俄国工人阶级有本领夺得政权，但是还没有学会利用这个政权"；但他坚信，"只要愿意学习，就

---

① 《列宁全集》第 43 卷，人民出版社 1987 年版，第 27 页。
② 《列宁全集》第 43 卷，人民出版社 1987 年版，第 27 页。
③ 《列宁全集》第 43 卷，人民出版社 1987 年版，第 28 页。
④ 《列宁全集》第 43 卷，人民出版社 1987 年版，第 30 页。

一定能够学会"①。无产阶级已经夺取了政权，建立起自己的社会主义国家，但如何在这个新的国家制度中做好领导者、执政者，最理想地协调好各种关系，最大限度地促进社会稳定及发展，则仍需要好好学习。对此，列宁有着意味深长的期盼。

---

① 《列宁全集》第 43 卷，人民出版社 1987 年版，第 32 页。

第 二 章

马克思主义经典作家关于宗教的基本观点

　　马克思主义经典作家关于宗教的基本观点构成了马克思主义宗教观的基本理论体系，其中主要为第一章中诸理论著作中的基本表述和基本观点，形成马克思、恩格斯和列宁关于宗教问题的理论阐述和研究方法。宗教现象源远流长，成为人类历史发展中的一种重要精神形态和社会现象，影响人类社会的方方面面，反映出世界文明的精神特色，并对各民族的生存发展起着不可替代的作用。在欧洲文化背景及时代氛围中，马克思、恩格斯在创建马克思主义理论体系时必然涉及宗教问题，故而会有关于宗教的思想论述，由此形成马克思主义的宗教观，这些基本观点也成为马克思主义理论体系的重要构成。此后，列宁在当时俄国处境中创造性地发展了马克思主义，并开始其社会主义的实践，而列宁关于宗教之论则是结合俄国的社会状况和十月革命前后的发展，有的放矢地研究了宗教问题，尤其对社会主义与宗教的关系问题展开了探讨，有着相关论述和前瞻性展望，从而成为马克思主义宗教观的重要构成部分。可以说，马克思、恩格斯、列宁关于宗教问题的相关论述，就是马克思主义经典作家关于宗教的基本观点和理论体系。我们在此大致可从如下八个方面来加以阐述。

第一节　马克思主义经典作家论认识宗教问题的方法

　　对马克思主义经典作家宗教观的准确理解，需要把握其基本精神和基本方法，由此才能加以科学、辩证的运用。马克思、恩格斯面对和考虑宗教问题的时空环境是 19 世纪的西方社会及其宗教现象，而他们所要解决的宗教问题也主要是其所处时代及社会的问题，他们的历史回溯自然是基于欧洲历史传统，而其未来展望也是根据他们当时的社会文化背景来推演。这是我们认识马克思主义经典作家关于宗教基本观点所必须注意到的社会、历史、文化、思想和资料依据。列宁则是在 19 世纪与 20 世纪之交根据其在俄国进行的社会主义早期实践而开始考虑宗教问题，因此其对宗教的审视也是结合了俄国当时的社会状况和十月革命前后俄国的发展，所以在宗教问题上有着非常具体、针对性的研究，并依此而提出了符合俄国国情的宗教观和关涉宗教的理论政策。在此，列宁有着新的发挥和创见，重点考虑了社会主义与宗教的关系问题，从而对马克思主义宗教观既有其继承、总结和概括，也有着他自己的重要补充、理论构设以及与之不完全相同的独立思想阐发。不过，列宁关于宗教的论述是在社会主义社会创立之前和俄国社会主义国家刚刚建立的时代，所以他虽然提出了社会主义与宗教的关系问题，却没能透彻、系统地对之加以全面回答，给我们留下了许多思考的余地和重新审视的可能。因此，从整体来看，我们对马克思主义经典作家宗教观的准确理解和在今天时空处境中的科学实践，则需要我们真正学会并科学掌握马克思主义经典作家认识和解决宗教问题的基本方法。在马克思主义经典作家认识宗教的方法论上，最为基本和关键的方法论原则就是"以唯物史观为基础"和"强调存在决定意识"这两条基准。

一、以唯物史观为基础来认识宗教

唯物史观是马克思主义经典作家认识宗教问题的前提和指南。所以，我们认识和研究宗教问题，以及科学地理解马克思主义宗教观，都要以唯物史观为基础。恩格斯说："唯物史观是以一定历史时期的物质经济生活条件来说明一切历史事件和观念，一切政治、哲学和宗教的。"[①] 以唯物史观作为基准，马克思主义经典作家探究了宗教的本质、起源、演变和发展，而这都是

---

① 《马克思恩格斯文集》第 3 卷，人民出版社 2009 年版，第 320 页。

基于宗教得以存在的"物质经济生活条件",依据的是宗教现象得以呈现的具体"历史时期"和"历史事实"。这样,宗教就被置于整个社会的经济发展和物质状况之中来考虑,即根据具体宗教借以产生和存在的具体历史条件来对之观察和研究。马克思主义经典作家是从"物质经济生活条件"来看作为思想文化形态的宗教,从"经济基础"来分析属于"上层建筑"的宗教这种"意识形态"。在此,马克思主义经典作家注意的基点是社会生产力和生产关系、经济基础和上层建筑中的宗教,依此来剖析宗教的根本属性,找出其依存及定位。从社会存在探讨社会意识、从现实社会寻找宗教奥秘,这是唯物论的研究方法及理论原则。马克思主义经典作家以唯物史观的认知方法来从物质经济基础入手,由此推动其从社会整体来分析宗教现象、处理宗教问题的思路。之所以有不同的宗教及其不同教派,正是在于其不同的"物质经济生活条件",在于它们处于不同的"历史时期"、有着不同的"历史事实",由此可见其不同乃在于其"社会基础"和"社会背景"之不同。基于这一底线、基点,我们则可观察、说明这些宗教或教派在社会、经济、思想、文化、教育、群体、习俗及传承上的不同。可以说,研究宗教不能囿于宗教学、哲学等学科的局限,而应该对多元宗教现象进行社会学、经济学意义上的研究,剖析其"物质经济生活条件"。这是对宗教其他方面分析研究的基础和出发点。同一宗教在不同的"历史时期"、基于其不同的"物质经济生活条件"和其所处之不同的社会背景,则也会有其不同特色和不同反映。宗教有其信仰传统的历史延续,但更会在"新的时期""新的社会条件"及其影响下出现变化,包括其蜕变、落后、孤立和衰弱,也包括其维新、创新、变革和发展。

所以,我们认识和处理宗教问题,必须运用这一唯物史观的科学方法。马克思主义经典作家认为,要"始终站在现实历史的基础上,不是从观念出发来解释实践,而是从物质实践出发来解释各种观念形态"①。以往的唯心主

---

① 《马克思恩格斯文集》第 1 卷,人民出版社 2009 年版,第 544 页。

义者习惯于就宗教现象来抽象地谈现象，脱离这种现象所反映的社会现实和真实，结果只能以观念来解释观念，从精神来说明精神，没能跳出精神、观念的窠臼来说明宗教的真正所属及其本质所在。针对传统唯心主义及旧唯物主义的局限，马克思主义经典作家特别强调，不要抽象地、脱离实际地谈论宗教及其本质，因为"宗教本身既无本质也无王国"，"只有到宗教的每个发展阶段的现成物质世界中去寻找这个本质"①。唯物史观强调研究问题要有具体所依，而对待宗教，则需真正了解宗教在不同的时代、不同的社会中具体的社会反映、现实状况和精神特征。如果我们想要弄清楚某一宗教在相关社会中的真正价值、意义和作用，就必须务实地、唯物地去了解这一宗教在其存在的社会政治制度中的真实处境，由此来分析评价其精神追求、价值判断、道德标准、政治意向和社会功能。对此，马克思主义经典作家的唯物史观就是要在现实真实中调查研究、分析评价，做到客观准确、实事求是。以往的唯心主义认知是在抽象观念中来认识宗教、界定宗教，而旧唯物主义则只是从宗教的抽象观念回到一种抽象的人之认识，而没有真正回归社会现实。这种认知在马克思主义经典作家看来则恰恰是本末倒置的。马克思对之加以纠正，曾形象地以犹太人的宗教与犹太人的社会之关系位置来比喻说道："我们不是到犹太人的宗教里去寻找犹太人的秘密，而是到现实的犹太人里去寻找他的宗教的秘密。""我们不把世俗问题化为神学问题。我们要把神学问题化为世俗问题。"② 这样，马克思就在宗教认知上把以前所颠倒的世界重新颠倒过来，还其本来、正确、真正的面目。所以，我们研究宗教，首先就要找出产生这一现象的现实社会基础，从这一基础出发来观察、分析、解答相关问题。在头脑中的抽象思辨方法不能说明精神现象的根源和本质。此外，对一切前人所留下的相关判断或现成结论，马克思主义经典作家要求人们不可简单接受和机械运用，而要对这些判断和结论加以具体分析、科学甄

---

① 《马克思恩格斯全集》第 3 卷，人民出版社 1960 年版，第 170 页。
② 《马克思恩格斯文集》第 1 卷，人民出版社 2009 年版，第 49、27 页。

别。具体而言，一是以还原法回到其判断或结论所依据的当时之现实条件、历史背景及其物质经济状况，由此评价其是否合理、科学；二是要结合相应的社会发展和新的社会时空处境来看其判断或结论是否还继续有用，以及如何对之调整、改进和革新，使之能科学地、正确地、符合现实需求地用于当下。也就是说，唯物史观不是从观念到观念，而是从现实来揭示观念之反映，判断观念是否真实以及为何异化。归根结底，马克思主义经典作家的唯物史观是要依据事实，反映真实，不能脱离宗教赖以存在的"社会"之"物"，而且要根据历史发展来"唯"此之"物"。任何抽象、空洞、脱离社会现实存在来分析其具体宗教现象，或套用以前判断或结论来不假思索、没有甄别地来评说当今宗教之举，都是违背马克思主义经典作家的唯物史观的。

所以，具体而论，马克思、恩格斯、列宁以唯物史观的方法来对 19 世纪及 20 世纪初欧洲资本主义社会中的宗教情况进行了分析，判断，因而其表述和结论乃有其具体的针对性，其对宗教的批判和反对亦有其时空专指。马克思主义经典作家唯物史观研究方法的精髓及灵魂，就在于具体问题具体分析，其具体结论都有其具体的逻辑前提和事实依据。而且马克思主义经典作家还特别强调一切事物都因时间、地点和条件而变化，若事实前提变了，其结论自然也会有相应的变化，其乃一逻辑整体，不离其事实关联。这种唯物史观的宗教研究方法，旨在告诫我们不要忘记分析研究宗教的历史背景、时代氛围和其具体社会处境，指明马克思主义经典作家对宗教的认识和判断不是凭空而谈，而是基于他们对当时宗教所依存的社会现象、物质条件、思想状况、历史阶段来进行具体分析。在此，马克思主义经典作家的唯物史观与其唯物辩证法是密切结合、有机共构的，其所强调的即这种认识方法不是静止、孤立的，而是发展、变化的，对宗教的认识与其社会历史变迁相关联，故而对宗教的评价也并非一成不变，相反乃在不断调整之中。总之，马克思主义经典作家对宗教问题的认识以唯物史观为基准，这一科学方法突出宗教存在的物质基础、历史背景和时代氛围，告诫人们要随时、及时观察宗教随社会变迁而形成的运动、发展与变化。基于唯物史观的科学方法，我们则能科学地运用马克思主义经典作家关于宗教的基本观点和理论阐述，在今天的社会现实中得以正确的运用。

二、在宗教观上强调存在决定意识

在马克思主义经典作家的视域中，存在是第一性的，意识是第二性的，是存在决定意识，而绝非意识决定存在，意识只是存在的反映，尽管这种意识可能会离存在较远，对存在的反映较为曲折、复杂，并会对其存在起到某种反作用，却不离这一存在之根本。这种存在决定意识的审视，也是马克思主义经典作家认识宗教的基本方法。宗教作为一种社会意识形态不离其社会存在。这里，宗教与其现实存在的关系自然是存在决定意识的关系，宗教是现实社会、现实生活曲折、复杂的反映，宗教源自这一现实社会，由其现实社会决定了其基本存在；但宗教作为对其社会的反映，同时又会反作用于其社会现实，在这一社会中发挥其功能，产生复杂的影响。马克思提出，"这个国家、这个社会产生了宗教"，所强调的是国家、社会决定宗教的生存；也正是这种"社会存在"才决定了"宗教意识"的产生，而不是相反。同理，社会意识有时虽然看似会远离社会存在，其直接关联好像较模糊，但在根本上是不可能脱离其社会存在的。这种存在决定意识的思路是马克思主义思想体系的重要基本点，马克思以此对 19 世纪欧洲资本主义社会的现实存在加以分析，从而得出当时作为社会意识主要表现的宗教是"一种颠倒的世界意识"这一结论，其宗教所反映的是当时社会中资本主义剥削、压迫的现实存在，"因为它们就是颠倒的世界"，故此才催生其宗教这一"颠倒的世界意识"①。马克思主义经典作家以社会存在决定社会意识这种认识宗教的方法论来看待社会与宗教的关系，其逻辑结构及其关联是不容颠倒的。所以，我们必须从根本上弄清楚宗教现象所依存、所反映的现实社会基础，以此来客

---

① 《马克思恩格斯文集》第 1 卷，人民出版社 2009 年版，第 1 页。

观、具体地分析宗教、认识宗教、界说宗教。也只有在这一基础上，我们才谈得上宗教与其生存社会之间的相互影响或宗教对此社会的反作用。

这种对"社会存在"的认识，是我们谈论宗教的底线，如果越过这一底线而奢谈宗教现象及其意义，则已经不是马克思主义的宗教观。任何脱离宗教与其社会关联的说法，都已经离开了马克思主义认识宗教的基本立场，违背了马克思主义研究宗教的正确方法。如果把马克思主义关于宗教之论与其关涉宗教与社会相联系的历史逻辑及社会因果关系相剥离，这种表面上对马克思主义宗教观的引用或引证实际上已经远离了马克思主义，而成为历史唯心主义、社会虚无主义的表述，是对马克思主义宗教观的根本歪曲。马克思主义经典作家在谈论宗教时对欧洲 19 世纪资本主义社会存在及其历史回溯乃不言而喻的，其上下、左右关联非常清楚明确，没有任何含糊之处。所以，我们认识和分析当代社会的宗教问题，理应按照马克思主义"存在决定意识"这一基本方法来进行，准确把握当今社会存在的性质，客观认识宗教对这一社会的反映，而不能不顾社会存在现实、不顾时空变迁事实来机械套用马克思主义经典作家关于宗教的论述。这种"强用"只能是假马克思主义，是对马克思主义社会存在决定社会意识之原则的违背、破坏，由此不顾其逻辑因果关联的所论才会出现谬误。我们研究今天中国的宗教，也必须坚持"存在决定意识"这一基本方法，科学地界说宗教及其与社会存在的关系。

从社会存在来分析其社会意识，需要我们做耐心细致、实事求是的调查研究，对社会意识有准确的判断，而不能随心所欲、全凭空想。鉴于社会存在决定社会意识这一基本道理，那么简单地通过意识形态批判的方式并不能消灭这一意识；同样，以纯粹宗教批判的方式也不可能批倒宗教。"意识的一切形式和产物不是可以通过精神的批判来消灭的……只有通过实际地推翻这一切唯心主义谬论所由产生的现实的社会关系，才能把它们消灭；历史的动力以及宗教、哲学和任何其他理论的动力是革命，而不是批判。"[1] 马克思

① 《马克思恩格斯文集》第 1 卷，人民出版社 2009 年版，第 544 页。

主义经典作家谈论宗教都会紧扣社会、不离历史。这样，对社会意识形态的捕捉就会是一个动态的过程，随社会的发展变迁而起伏变化。在认识宗教问题上，也是同样的道理。宗教不会凭空存在，而有其社会依存和根基，宗教会能动地反映其社会存在，有着如影随形的关联。所以，靠精神的解释并不能透彻说清宗教意识，而只能靠其社会存在的说明。宗教问题的解决也绝非纯粹理论说教就能办到的，而必须靠其社会问题的根本解决。在 19 世纪西方资本主义社会处境中，马克思主义经典作家认为，宗教问题的根本解决不可能靠反宗教的批判，而只能依仗社会革命的实践。因此，只要抓住存在决定意识这一原则，有效运用这一基本方法，就能洞见宗教的本真，把握其生存及发展的客观规律。为此，任何对宗教的论说或评价，都应以存在决定意识这一标准来检验。

第二节　马克思主义经典作家论宗教的本质

关于宗教的本质之分析论述，在中国当前分歧很大、争论颇多。但探究宗教的本质不是靠抽象之谈就能解决的，马克思主义经典作家认为，"宗教本身既无本质也无王国。在宗教中，人们把自己的经验世界变成一种只是在思想中的、想像中的本质，这个本质作为某种异物与人们对立着。这决不是又可以用其他概念，用'自我意识'以及诸如此类的胡言乱语来解释的，而是应该用一向存在的生产和交往的方式来解释的。"宗教没有抽象的存在，只能基于社会而存在，所以宗教的本质"既不在'人的本质'中，也不在上帝的宾词中去寻找这个本质，而只有到宗教的每个发展阶段的现成物质世界中去寻找这个本质"①。由此而论，马克思主义宗教观所强调的，应是到宗教的每个发展阶段的现成物质世界中去寻找宗教的本质。马克思、恩格斯和列宁对宗教的本质都有许多分析和阐述。这是大家都非常关注的。

---

① 《马克思恩格斯全集》第 3 卷，人民出版社 1960 年版，第 170 页。

一、马克思论宗教的本质

根据 19 世纪欧洲资本主义社会中存在的宗教现象，马克思曾从宗教的社会性及人之自我意识即主体与客体两个层面论及宗教的本质。马克思说："宗教是还没有获得自身或已经再度丧失自身的人的自我意识和自我感觉。但是，人不是抽象的蛰居于世界之外的存在物。人就是人的世界，就是国家，社会。这个国家、这个社会产生了宗教，一种颠倒的世界意识，因为它们就是颠倒的世界。宗教是这个世界的总理论，是它的包罗万象的纲要，它的具有通俗形式的逻辑，它的唯灵论的荣誉问题（Point-d'honneur），它的狂热，它的道德约束，它的庄严补充，它借以求得慰藉和辩护的总根据。宗教是人的本质在幻想中的实现，因为人的本质不具有真正的现实性。因此，反宗教的斗争间接地就是反对以宗教为精神抚慰的那个世界的斗争。"[1]"宗教里的苦难既是现实的苦难的表现，又是对这种现实的苦难的抗议。宗教是被压迫生灵的叹息，是无情世界的情感，正像它是无精神活力的制度的精神一样。宗教是人民的鸦片。""废除作为人民的虚幻幸福的宗教，就是要求人民的现实幸福。要求抛弃关于人民处境的幻觉，就是要求抛弃那需要幻觉的处境。因此，对宗教的批判就是对苦难尘世——宗教是它的神圣光环——的批判的胚芽。"[2] 这些论述是马克思对宗教本质最为集中、也最为经典的阐释。其中有着多个层面的意义。

（一）从人的社会存在及社会关系中理解宗教的本质

马克思谈论宗教的本质，涉及其对费尔巴哈关于宗教本质的理解；马克思在此批评了费尔巴哈在这一问题认识上的不足和局限，并且超越了费尔巴哈的宗教本质论。马克思指出："费尔巴哈把宗教的本质归结于人的本质。

---

① 《马克思恩格斯文集》第 1 卷，人民出版社 2009 年版，第 3 页。
② 《马克思恩格斯文集》第 1 卷，人民出版社 2009 年版，第 4 页。

但是，人的本质不是单个人所固有的抽象物，在其现实性上，它是一切社会关系的总和。"① 宗教是社会的产物，因此宗教的本质就应该在一定的社会形式中、在相关社会关系中去找寻。

那么，宗教得以产生、赖以存在的社会是怎样呢、有着什么样的社会关系呢？马克思认为，当时其所论及的社会乃一个"颠倒的世界"。马克思谈宗教是"颠倒的世界意识"所针对的就是宗教得以存在的这一"颠倒的世界"，强调的是"这个国家、这个社会产生了宗教"，其视域所在及其目标所指正是对着产生出这种宗教的"这个国家、这个社会"，即说明其乃一个"颠倒的世界"，这种说法本身已经清楚地指向对其剥削、压迫制度的谴责，对欧洲资本主义社会的批判，而显然不是直接对着宗教。这种社会本质决定了宗教的性质，由此亦使马克思把批判的矛头指向其社会，并且表明在当时的德国"对宗教的批判基本上已经结束"，而且一旦揭穿了"人的自我异化的神圣形象"，那么对"非神圣形象的自我异化"之揭露"就成了为历史服务的哲学的迫切任务"。"于是，对天国的批判变成对尘世的批判，对宗教的批判变成对法的批判，对神学的批判变成对政治的批判。"② 在发现宗教的本质就在宗教产生及生存的社会之后，马克思的批判就已经非常明确地转向社会意义上的批判，即将"对宗教的批判"和"对神学的批判"转为"对法的批判"和"对政治的批判"了。马克思说得已经很清楚，其批判之所指就是针对当时其存在的现实世界那种不公平、颠倒的状况，是社会批判和现实批判的宣言。我们仍回到或持守"对宗教的批判"，那么对马克思主义有关宗教本质之论就会出现明显的偏离和误差。

（二）从对人的自我意识及自我感觉之精神抚慰上看宗教的本质

除了在社会客体层面对宗教本质的理解之外，马克思也从人之主体意义

---

① 《马克思恩格斯文集》第 1 卷，人民出版社 2009 年版，第 501 页。
② 《马克思恩格斯文集》第 1 卷，人民出版社 2009 年版，第 4 页。

上探究了这种宗教反映的本质。在此，马克思则表露了更多对宗教的"同情"。由于 19 世纪欧洲社会的不公及压迫给人们所带来的苦难，马克思并没有太多指责反映人们生存苦难的宗教信仰，而是以一种"同情""理解"的口吻说明宗教就是"还没有获得自身或已经再度丧失自身的人的自我意识和自我感觉"，而这种人的主体感觉则是以一种精神的"麻醉"或"抚慰"来掩盖或忘掉其现实的"痛苦"。所以，马克思认为宗教表达了来自苦难民众的"叹息""情感""精神"以及与之关联的现实"表现"和对现实的"抗议"。因此，马克思希望能"废除作为人民的虚幻幸福的宗教"，其目的是"要求人民的现实幸福"。只有真正获得这种"现实幸福"，才能废除和替代其"虚幻幸福"，也才能彻底抛弃"那需要幻觉的处境"。在这里，马克思才说明"对宗教的批判"之实质是"对苦难尘世……的批判的胚芽"，"是其他一切批判的前提"，其原因就在于宗教正是这一"苦难尘世"的"总理论""包罗万象的纲要""具有通俗形式的逻辑""唯灵论的荣誉问题""道德约束""庄严补充""求得慰藉和辩护的总根据"甚至所表现出的"狂热"。宗教以这种"虚幻幸福"的方式，则给这个"苦难尘世"提供了"精神抚慰"和"神圣光环"。前者是对被压迫者的安慰，而后者则是对其压迫社会的掩饰。

宗教在"苦难尘世"之"颠倒的世界"中所起到的精神抚慰作用，遂被马克思形象地比喻为"宗教是人民的鸦片"。其实马克思的这种表述只是借用了当时欧洲宗教批判运动中较为通行的说法，不仅一些启蒙思想家、哲学家，甚至当时英国教会的一些主教都曾用过这句比喻话语。当时欧洲对"鸦片"的理解主要指一种具有镇定、麻醉、止痛作用的药物，有镇静剂之意。由此可见，马克思在分析宗教的本质时，不仅强调其社会属性，也论及其作为人的主观感受之意义。

（三）从人的本质的异化来认识宗教的本质

马克思在探究宗教的本质时亦论及人的异化即人的本质异化与宗教的关系。这种异化把此岸、今世、人间变为了彼岸、来世和天堂、地狱，所以，马克思曾提出，"彼岸世界的理论即宗教"。由于人的生存处境之异化而带来的人的异化，使这种具有宗教信仰之人"就只得乞灵于奇迹和神秘"，"他们生活在处于现实世界彼岸的世界里"，是"用想象力来代替头脑和心脏"①。这样，宗教就反映出人的异化，在其认知中真实与虚幻显然有着本末之倒置。由于人的本质在现实中被扭曲，不再具有真正的现实性，宗教则使人的本质"在幻想中"得以实现。

实际上，马克思在此所论，一为人之社会的异化，在这种宗教盛行的国度中，"起作用的是异化，而不是人"②。二为人的本质异化即异己，"一个受宗教束缚的人，只有使自己的本质成为异己的幻想的本质，才能把这种本质对象化"③。这种异化的典型体现则是"通过一个中介者"来"以间接的方法承认人"，而作为"中介者"的或是个人之集体化特别是国家化，"国家是人和人的自由之间的中介者"，"人把自己的全部非神性、自己的全部人的自由寄托在它身上"，但这种世俗化意义上的异化在古代国家通过其神化而也成为宗教的异化。或者，这种"中介者"则是以神明来代表，"正像基督是中介者，人把自己的全部神性、自己的全部宗教束缚都加在他身上"④。甚至在宗教国家中，还会出现双重的异化。例如，马克思对基督教国家做了剖析，指出"由于自己固有的意识，正式的基督教国家是个不可实现的应有；这个国家知道只有通过对自身扯谎来肯定自己存在的现实性。……它迫使以圣经为依据的国家陷于神志不清，连国家自己也不再知道自己是幻想还是实在，国家的世俗目的——宗教是这些目的的掩盖物——的卑鄙性，也同它的宗教意识——对这种意识来说，宗教是世界的目的——的真诚性发生了无法解决的冲突"⑤。所以说，在这种对异化的理解中，马克思主义经典作家认为宗教

---

① 《马克思恩格斯全集》第 1 卷，人民出版社 1995 年版，第 163 页。
② 《马克思恩格斯文集》第 1 卷，人民出版社 2009 年版，第 36 页。
③ 《马克思恩格斯文集》第 1 卷，人民出版社 2009 年版，第 54 页。
④ 《马克思恩格斯文集》第 1 卷，人民出版社 2009 年版，第 29 页。
⑤ 《马克思恩格斯文集》第 1 卷，人民出版社 2009 年版，第 36 页。

本质所反映的只是一种"非现实性"，因为"这种本质只是实际需要在观念中的表现"①。

二、恩格斯论宗教的本质

恩格斯对宗教的本质或相关定义有过非常经典的表述，在中国有不少人习惯将恩格斯在《反杜林论》中的这一表述视为马克思主义经典作家对"宗教"的定义："一切宗教都不过是支配着人们日常生活的外部力量在人们头脑中的幻想的反映，在这种反映中，人间的力量采取了超人间的力量的形式。"②在此，恩格斯所强调的是支配人们真实生活的现实力量以宗教的形式而得以虚幻的、幻想的反映。这种现实力量及其现实存在或是人自己的本质，或是人得以生存的现实环境，包括自然与人之社会。恩格斯说："自然界是不依赖任何哲学而存在的；它是我们人类（本身就是自然界的产物）赖以生长的基础；在自然界和人以外不存在任何东西，我们的宗教幻想所创造出来的那些最高存在物只是我们自己的本质的虚幻反映。"③虽然宗教表现为一种"超验性的意识"，但其根源仍然是"从现实的力量中产生的"，这种现实力量在宗教中则得以神化，并经历了从多神到一神的发展，许多神的全部自然属性和社会属性都转移到一个万能的神身上，而这个神本身又只是抽象的人的反映；而通过"神化"这种"适宜的、方便的和普遍适用的形式"，"宗教可以作为人们对支配着他们的异己的自然力量和社会力量的这种关系的直接形式即感情上的形式而继续存在，只要人们还处在这种力量的支配之下"④。这里，恩格斯论及关涉宗教本质之现实内容的三要素，即自然、人和社会，三者乃有机关联，形成其客观、客体之层面；而体现宗教本质的形式，则是人

---

① 《马克思恩格斯文集》第 1 卷，人民出版社 2009 年版，第 55 页。
② 《马克思恩格斯文集》第 9 卷，人民出版社 2009 年版，第 333 页。
③ 《马克思恩格斯文集》第 4 卷，人民出版社 2009 年版，第 275 页。
④ 《马克思恩格斯文集》第 9 卷，人民出版社 2009 年版，第 333—334 页。

之主体、主观对上述客观存在之虚幻、幻想、颠倒的反映，是人之异己和其生存环境即周边自然及社会的异化。

　　在人们所论恩格斯关于宗教的"定义"之表述中，也有着三个要素或者说三个层面。在其核心层面，恩格斯把信仰"支配着人们日常生活的外部力量"作为宗教的独特思想观念，"外部力量"即"现实力量"在此被异化为人们顶礼膜拜的神明；在其中间层面，恩格斯把"幻想的反映""超人间的力量"作为宗教的典型表现形式，此即宗教的活动方式及其特色，不离其"幻想"之特征；而在其外在层面，恩格斯则把"支配着人们日常生活"，作为"人间的力量"之"超人间"化、变为陌生可怕的"外部力量"这一宗教异化的社会原因，其日常生活即人之存在的现实社会，反映出人的社会结构、社会关系及社会实践。应该说，恩格斯在此所论及的"人们日常生活"，实际上就包括了人的社会组织团体等内容。

　　此外，恩格斯也谈到宗教所涉及的人之异化、虚化问题，认为宗教的本质正是人及其社会和自然之真实内容被虚化和异化，因为"宗教按它的本质来说就是抽掉人和大自然的整个内容，把它转给彼岸之神的幻影，然后彼岸之神大发慈悲，又反过来使人和大自然从它的丰富宝库中得到一点东西。只要对彼岸幻影的信仰还很强烈，人用这种迂回的办法至少可以取得一些内容"①。宗教本身并无本质，其本质乃反映了人的本质，"人所固有的本质比臆想出来的各种各样的'神'的本质，要美好得多，高尚得多，因为'神'只是人本身的相当模糊和歪曲了的反映"②。这样，恩格斯在从人的本质之歪曲、异化来揭示宗教的本质时，就已从宗教的虚幻回到了人之社会的现实。这种人的本质在马克思主义经典作家的理解中，就是人的"社会性"，就是人的全部社会关系的总和。谈宗教的本质，也就是谈人之自我及其社会的"异化"，所以说，由此产生的宗教信仰和崇拜实质上就是社会意识、社会行

---

①　《马克思恩格斯全集》第 3 卷，人民出版社 2002 年版，第 517 页。
②　《马克思恩格斯全集》第 3 卷，人民出版社 2002 年版，第 521 页。

为和社会体系本身，只不过采取了"异化"的形式，体现出虚幻的特色。恩格斯的基本观点提醒我们在弄清宗教的本质时，关键在于宗教乃其现实社会、现实生活之"反映"这一反映论，故此要回到其社会现实本身，而不是纠缠于宗教这一虚玄形式。宗教的"本质"不是在"天上"而是在"人间"，不是在"来世"而是在"今世"，不是在"彼岸"而是在"此岸"，不是在"超然"而是为"内在"。这是理解宗教的"本质"最为关键、最为根本之处。

三、列宁论宗教的本质

列宁关于宗教本质最为经典之说，就是他引证马克思关于"宗教是人民的鸦片"这一论述时的说明和解读。列宁说："宗教是人民的鸦片——马克思的这一句名言是马克思主义在宗教问题上的全部世界观的基石。"[1] 列宁显然是特别突出了宗教作为"鸦片"对人民的"麻醉"作用，这种理解在中国理论界曾非常普遍，也非常自然，因此在《列宁全集》中文第一版旧译本中，人们就曾将列宁的论述译为"宗教是麻醉人民的鸦片"，从而易于让人将宗教与"毒品"相联想。不过，1988 年以来的中文第二版新译本已经去掉了"麻醉"二字，在译文表述上似乎有着回到马克思对宗教的理解和解释之倾向。

如果说马克思关于宗教是人民的"鸦片"之说反映了马克思所表达的对宗教之功能的看法，那么列宁的相应之说对宗教的理解则更为批判一些。列宁在《社会主义和宗教》中，就曾以更加具有批判性的口吻论及"宗教是人民的鸦片""宗教是一种精神上的劣质酒"[2]。列宁对宗教本质的分析，同样不离其社会处境，正因为在当时的俄国，宗教与剥削阶级统治者的联系更为密切、对老百姓的麻醉也更加厉害，所以列宁对宗教的批判才更显尖锐。

总之，马克思主义经典作家关于宗教本质的论述，是基于宗教"颠

---

① 《列宁专题文集 论无产阶级政党》，人民出版社 2009 年版，第 171—172 页。
② 《列宁专题文集 论辩证唯物主义和历史唯物主义》，人民出版社 2009 年版，第 220 页。

倒""虚幻"地反映人的"社会本质"这一根本原因。由此而论,马克思主义经典作家是将宗教作为一种"意识形态的形式"来看其本质,将之定位为上层建筑的一部分,而其作为意识形态和上层建筑中的一部分则势必会受到经济关系及经济基础的制约,当然也会对这种相关的经济关系及基础发生一定的影响,并有其反作用。值得我们注意的是,马克思主义经典作家并没有简单地、抽象地、脱离社会实际来论说宗教的本质,而是将这种本质与宗教生存的社会密切结合起来,是结合、综合之论。所以,抽象地、没有社会关联地空论宗教的本质,就离开了马克思主义经典作家的基本立场。在理解马克思主义经典作家论宗教本质上最为关键的,是要找出"宗教的'本质'"即"这一虚构的本质的物质基础",即找出其现实依存和根据;而这一实实在在的基础不是在抽象的"人的本质"中,也不是在"上帝的言词"中存在;恰恰相反,寻找宗教的本质就是要把已经颠倒的关系重新颠倒过来,回到其正确的逻辑关系上来。这就是说,宗教的真正本质只有也只能到宗教的每个发展阶段的现成物质世界中、在其具体的社会存在中去寻找、认识、分析和定论。

第三节　马克思主义经典作家论宗教的根源

关于宗教的起源及原因,西方思想史上有各种不同的说法和理论。马克思主义经典作家对宗教的产生及其得以保持住其存在的根源,也有明确的说法。因此,认识宗教的根源,乃是马克思主义宗教观的一个重要方面。实际上,当马克思主义经典作家在阐述宗教的本质时,就已经涉及宗教存在的根源这一基本问题。马克思主义经典作家对宗教根源的分析,关涉两大层面:一是关于宗教存在的社会根源,这是最为根本的,由此决定宗教的性质及其现实存在的方式及社会作用;二是关于宗教存在的认识论根源,而这种认识则有其继承及延续性,由此体现出宗教的文化特色、思想表述范式及其时空传承。当然,这两种根源在宗教的起源、存在及发展中往往也是分不开的,它们之间有着复杂的相互交织，并形成其交互影响，由此构成宗教社会存在的横截面（空间）与宗教历史认知的纵向性（时间）之共立和同构。

一、宗教存在的社会根源

宗教得以存在最为根本的乃是其社会根源。马克思主义经典作家在分析宗教时所强调的也主要是其存在的社会根源，即特别突出对宗教的"社会分析"和"社会批判"。因此，有不少西方学者也将马克思主义宗教观归为宗教社会学的范围。不过，西方学者所理解的宗教社会学过于狭窄，不能涵括马克思主义经典作家的宗教理解。马克思主义关于宗教起源的理论乃针对"神创"论而主张"人创"论，故其宗教存在论的表述不是宗教的"神学"话语体系，而是关于"人学"、关于"社会学"的基本表述，其所论宗教的根源不是在"天上"而乃在"人间"，因而其理论是社会政治、经济的理论体系，与宗教的教义神学有着本质区别和根本不同。马克思指出，宗教就是人的宗教，是人类社会的产物，"不是宗教创造人，而是人创造宗教"[1]，"宗教本身是没有内容的，它的根源不是在天上，而是在人间"[2]。这就让人在找寻宗教根源时不再仰望天际而是回眸人世，基于其信仰主体来反观其存在的社会，因为人不是单独个体、彼此无关的孤立存在，而体现的则是人的群体性、社团性、共聚性存在。人是其类的聚合体，是其社会、其国家共在的命运共同体存在。宗教反映的主要是其社会政治，其根源也在这社会政治之内。因此，马克思认为，透过宗教对政治的折射反映，就可明白为什么"政治制度到目前为止一直是宗教领域，是人民生活的宗教"[3]。社会关系、社会制度是人才能创立的，宗教则正是将之异化才得以产生。宗教与社会的关系就恰好如影随形那样不可分割。恩格斯说："在目前的资产阶级社会中，人

---

① 《马克思恩格斯全集》第 3 卷，人民出版社 2002 年版，第 40 页。
② 《马克思恩格斯全集》第 27 卷，人民出版社 1971 年版，第 436 页。
③ 《马克思恩格斯全集》第 3 卷，人民出版社 1971 年版，第 42 页。

们就像受某种异己力量的支配一样，受自己所创造的经济关系、自己所生产的生产资料的支配。因此，宗教反映活动的事实基础就继续存在，而且宗教反映本身也同这种基础一起继续存在。"[1] 人的异化在此就反映为人与其社会关系的异化，宗教的异化是以彼岸追求来表达人被掩饰的本真，所以宗教的形式就是以虚幻来表达真实，虽然有着扑朔迷离的虚幻假象，却只能在社会客观存在中发现其根源。剥开其虚幻的外壳，则不难看出宗教的根源在于其所扎根的社会，而宗教的存在也依附于信仰者的社会存在。没有人的社会存在，则难以找出宗教的真实根源。

费尔巴哈最早提出了"人创造了宗教"这一命题，但他没有说清楚人是什么这一重大问题。故此，马克思主义经典作家在对宗教起源之问上，作出了对费尔巴哈上述论点的重要纠正和补充。马克思对此有着透彻的审视和科学的论断："反宗教的批判的根据是：人创造了宗教，而不是宗教创造人。……但是，人不是抽象的蛰居于世界之外的存在物。人就是人的世界，就是国家，社会。"[2] 人的本质不是抽象的展现，而在于其"社会"性，即必须在人的"社会""民族""国家"之存在中才得以发现。人具有自然处境和社会处境，而人与自然的关联及交往也主要是通过人的社会存在形式，所以，马克思主义经典作家强调了宗教的根源就在于人的"社会"，必须通过人的社会处境及人在其中的异化来说明。所谓"人学"在此也主要是"社会学"意义上的蕴涵。从宗教存在的社会根源上，马克思主义经典作家主要是探寻人的"社会"为何会产生出宗教以及怎样产生了宗教，其焦点则是对人之社会出现的异化加以分析，由此揭露并批判了产生宗教的社会。

马克思主义经典作家与费尔巴哈的根本不同，就在于对费尔巴哈抽象"人本"之说的批判以及随后的范式转向。这里，虽然马克思主义经典作家也是从人的"主体"出发而提出问题，但绝非落脚于一抽象主体，而是这一

---

① 《马克思恩格斯文集》第 9 卷，人民出版社 1971 年版，第 334 页。
② 《马克思恩格斯文集》第 1 卷，人民出版社 2009 年版，第 3 页。

主体在社会中的呈现及其处境，因而这种对人的本质之探并非抽象、空洞之论，而是对人的"社会性"加以剖析，有着具体、生动、鲜活的社会内容。这样，宗教得以产生的社会根源就可以非常清晰地映入眼帘。马克思所突出的是人的社会产生了宗教，因为人在社会中处于一种颠倒的、异化的存在。而恩格斯也立足于人的"客体"存在来看自然、社会与人的关系，在这种复杂关系中寻觅宗教的奥秘，摸索出宗教起源与发展的内在规律。在恩格斯关于"人们的日常生活"之表述中，人的社会存在已跃然纸上，基于人们日常生活这一社会平台，恩格斯论及支配社会中人之生存的外部力量，这种包括自然力量和社会力量的支配当然是现实力量的支配，但这种支配却使人的存在及认知出现了异化，由此才促使宗教的产生及发展。宗教是人们在现实力量的压迫下不能真实解决问题的一种幻想的解决，而在社会处境中需要幻想之人既很绝望、又在找寻希望。所以，人的社会异化正是人的社会矛盾以及由此引发的认知矛盾，是社会无解之中的一种精神强解，但其根源却仍在社会。马克思主义经典作家以广阔的社会空间、久远的历史时间来看待人的宗教，将宗教与人的社会历史存在有机关联。那种抽象的"自我意识"不可能自动产生宗教，而必须从人的社会根本存在，从人在这种社会中的生产和交往方式，以及从人对其社会存在的认识，才能对宗教的根源加以说明。由于人的社会地位及处境的不断变化，这种社会也是能动的、发展的，所以宗教探源不能静化其社会处境，而只能动态地从宗教在每个发展阶段赖以生存的现实社会和物质世界中看其变化，论其缘由。

在宗教认知中，外部的、但非常现实的力量却出现了异化，这在人对自然力量和社会力量的理解及描述中都呈现出其异化的理解。此即宗教中的神明观之产生，虽然神明观的表述是虚幻的，人之观念中的神明是不存在的，但人以这种"神明"形式所要说明的外部力量，即作为自然力量和社会力量的"现实力量"却是真实存在的，如果仅以其思想形式上的虚幻、抽象将之与其反映的现实力量相剥离、相隔断、相区分，这种神明观则毫无意义，而说"神不存在"即"无神"也就同样毫无意义、同样空洞无物。人的异化与神之异化一样，不能在天上寻找，而必须回到人间、回归现实，神、道之虚必有肉、身之实，否则谈论宗教异化、争论有神无神也就成为虚化、空谈。既然宗教异化要在人世社会找其根源，那么神明这种异化表述也就同样应在其支配人们社会生活的现实力量中得到说明。这种力量虽是"外部的"，却不是虚幻的，而是以真实存在的自然力量和社会力量所展现的"现实力量"。所以，在探究宗教及其信奉的神明之根源上，马克思主义经典作家反对任何抽象之思或主观之论，认为"只有根据宗教借以产生和取得统治地位的历史条件，去说明它的起源和发展，才能解决问题"[①]。无论在宗教之虚幻、还是在神明之虚无的探究中，马克思主义经典作家所持守的基本原则，都是紧扣其作为思想观念即意识形态所依存的社会条件，把这种精神现象和信仰思维通过揭破其异化形式而将之在社会现实中得以还原并彻底说明。

基于这种社会分析，宗教及其神明崇拜实质是对人之生活所依靠的自然存在的崇拜（这在人类及其宗教的早期尤其如此），以及对人类发展过程中出现的民族、国家这些人之依存的社会建构的崇拜。而且后面这种崇拜形式乃越来越凸显、越来越重要。宗教在此反映出人类社会的结构性因素及功能性作用，其"形式"虽虚，其"内容"却非常之实。例如，在古代社会中，宗教之"神明"及其"神圣"，乃是其社会统一体的象征，反映的是其社会的结合及共在；在"神明"这一"虚幻"的形式中，却表达了其社会共同体之"实在"。如原始宗教中的图腾崇拜是其部落、氏族社会的"神圣化"，古代宗教中的神明崇拜亦是其民族、国家的神圣化。宗教由此以虚幻的"神化"来支配其成员的"社会"，旨在体现或实现其社会共同体的整合及凝聚。宗教即通过其虚幻的"神圣"观念和行为而试图把一切依属这一社会、这一命运共同体的人们团结到一个具有共同的道德、价值、信仰及政治的社团之中。其形式看似很虚，既"抽象"又"虚玄"，所用的虽为宗教的"神圣"符号或其象征，却折射出其现实需求，有着实在的社会内容。其宗教既反映

---

① 《马克思恩格斯文集》第 3 卷，人民出版社 2009 年版，第 592 页。

亦颠倒地"支撑"着这个社会，而一旦这个"社会"出现危机，其宗教则会受到波及。这个"社会"如果遭到毁灭，那么其宗教也就会随之消亡。马克思为此指出："古代国家的宗教随着古代国家的灭亡而消亡，这用不着更多的说明，因为古代国家的'真正宗教'就是崇拜'他们的民族'，他们的'国家'。不是古代宗教的灭亡引起古代国家的毁灭，相反，是古代国家的灭亡才引起了古代宗教的毁灭。"① 其崇拜形式有其虚假性，但其折射的内容却是实在的、真实的。宗教这一社会根源虽未得到正确反映，却丝毫不虚，其所表现出来的群体、民族、社会、国家之"身份认同"和"集体意识"，以及由此对这一社会共同体所具有的"神圣"性和表达出的"忠诚"及"服从"，都是非常实在的社会内容，反映的是其社会存在。

列宁也特别强调宗教的社会根源，他以资本主义社会为例论及社会苦难、社会压迫力量与人的宗教之直接关联，这种社会"恐惧"乃其宗教的直接来源。"在现代资本主义国家里，这种根源主要是社会的根源。劳动群众受到社会的压制，面对时时刻刻给普通劳动人民带来最可怕的灾难、最残酷的折磨的资本主义（比战争、地震等任何非常事件带来的灾难和折磨多一千倍）捉摸不定的力量，他们觉得似乎毫无办法，——这就是目前宗教最深刻的根源。'恐惧创造神'。现代宗教的根源就是对资本的捉摸不定的力量的恐惧，而这种力量确实是捉摸不定的，因为人民群众不能预见到它，它使无产者和小业主在生活中随时随地都可能遭到，而且正在遭到'突如其来的'、'出人意料的'、'偶然发生的'破产和毁灭，使他们变成乞丐，变成穷光蛋，变成娼妓，甚至活活饿死。凡是不愿一直留在预备班的唯物主义者，都应当首先而且特别注意这种根源。"② 对现代资本主义国家中的宗教之源，列宁在此已经讲得非常透彻。这种社会恐惧所造成的宗教现象也使我们对宗教的分析不可脱离其具体社会，而首先需要消除的不是宗教恰恰是这种社会恐惧。

---

① 《马克思恩格斯全集》第 1 卷，人民出版社 1995 年版，第 213 页。
② 《列宁专题文集　论无产阶级政党》，人民出版社 2009 年版，第 175 页。

当然，我们也需要注意到，在一定的"社会转型"时期，人们也可能产生对某种"捉摸不定的力量的恐惧"，也可能因为"无法预料"自己的命运和未来前景而走向宗教，所以对宗教社会根源的分析同样不能僵化、呆板。这或许对我们观察当今中国社会重新活跃的宗教之源提供思路和启迪。不过，当今中国社会的问题与资本主义社会的问题乃本质不同的，而对其所关涉的宗教性质自然应有不同的分析和定位，并且需要重新考察其社会与宗教的关系以及其宗教在社会中的功能与作用。对于现代资本主义社会中的宗教，虽然对具有负面性的宗教应该加以批评，但人们的首要任务是社会改造、社会革命；而对于我们今天中国社会转型中出现的宗教或形成的宗教发展，我们则需要搞好我们的社会改革和社会建设，而不是去直接指责宗教或否定宗教，但同时在这一进程中也特别需要做好对宗教的积极引导。

二、宗教存在的认识根源

宗教存在除了其社会根源这一最主要、最根本之源以外，还需要注意到宗教存在也有其认识论根源。马克思主义经典作家同样也论及宗教的认识论根源，由此而关注到宗教的思维特色及其文化传承等问题。如果说宗教的社会根源主要涉及人之存在的客观处境的话，那么宗教的认识论根源则更多涉及人对其自我主体的观察、认识能力及其特点的认知。而且，这种主体认知除了上述对社会的认识，显然与人对自我和自然的认识相关，这就是我们所论及的宗教自然根源和认识根源。在人对自我及与自然关联的认识上，还会体现出这种认识的连续性和延续性，形成人的认识史传统。

关于宗教原初出现的灵魂观及灵魂不死观这种认识，恩格斯指出："在远古时代，人们还完全不知道自己身体的构造，并且受梦中景象的影响，于是就产生一种观念：他们的思维和感觉不是他们身体的活动，而是一种独特的、寓于这个身体之中而在人死亡时就离开身体的灵魂的活动。从这个时候起，人们不得不思考这种灵魂对外部世界的关系。如果灵魂在人死时离开肉体而继续活着，那就没有理由去设想它本身还会死亡；这样就产生了灵魂不死的观念，这种观念在那个发展阶段出现决不是一种安慰，而是一种不可抗拒的命运，并且往往是一种真正的不幸。"① 灵魂观念的产生，以及灵魂不死和灵魂可以脱离身体这些认识，是宗教意识萌生的第一步。马克思主义经典作家在这种具有原初宗教性质的认识上，看到了人在了解思维对物质的关系上出现了两者相分的认知，即相信体现为精神形态的灵魂可与代表物质形态的肉体相分离，而且精神在与身体分离后还可以独立存在，这就是灵魂不死的核心意义。而对灵魂不死的神秘化和扩大化（从人的灵魂到鬼魂、神灵直至神明）以及对自然力的人格化即"有灵"（物活论、万物有灵论、自然神灵化）化，就是马克思主义经典作家所认为的，人类宗教最初得以产生所依据的认识论根源。这种认识论与人的自然及社会存在相结合，遂有宗教产生及其认知特色。

人对自我的认识往往会与对自然的认识相关联、相结合，但二者在认知层面上则会对立起来，这是马克思主义经典作家在对"自然宗教"的认识论根源观察、分析上所注意到的。马克思和恩格斯认为："自然界起初是作为一种完全异己的、有无限威力的和不可制服的力量与人们对立的，人们同自然界的关系完全像动物同自然界的关系一样，人们就像牲畜一样慑服于自然界，因而，这是对自然界的一种纯粹动物式的意识（自然宗教）。"② 自然界被"人格化"和"神圣化"，这是宗教产生的重要认识论根源之一，它表明人对自然的认识从一开始就出现了异化。对于自然界被"异化"即被"神化"的现象，恩格斯有许多相关论述。他说："最初的宗教表现是反映自然过程、季节更替等等的庆祝活动。一个部落或民族生活于其中的特定自然条件和自然产物，都转变为它的宗教。"③ "单是正确地反映自然界就已经极端困难，这是长期的经验历史的产物。在原始人看来，自然力是某种异己的、神秘的、压倒一切的东西。在所有文明民族所经历的一定阶段上，他们用人格化的方法

---

① 《马克思恩格斯文集》第 4 卷，人民出版社 2009 年版，第 277 页。
② 《马克思恩格斯文集》第 1 卷，人民出版社 2009 年版，第 534 页。
③ 《马克思恩格斯全集》第 47 卷，人民出版社 2004 年版，第 416 页。

来同化自然力。正是这种人格化的欲望，到处创造了许多神；而被用来证明上帝存在的万民一致意见恰恰只证明了这种作为必然过渡阶段的人格化欲望的普遍性，因而也证明了宗教的普遍性。"① 在人原初的客体认知阶段，人与自然是不相区分的，人并无独立于自然的自我意识；只是当人的认识能力逐渐得以提高，人才开始其主体认知，由此将自我与自然相分离，并开始其对"自然"的不解或误解，这就使人有了宗教的需求和认识。在大自然面前，人在自然力量的冲击下显得软弱无能，自然界的博大无限也使人感到自己微不足道。于是，人借助自己对精神（灵魂）的认识而将自然力量神秘化和神圣化，形成对自然存在的绝对及无限感。这种对自然的"神化"就创造出许多自然"神话"，"神话"在此既是初民的原始哲学思考，也是在其"想象力"中对自然的把握和征服。但自然宗教更主要的是自知而软弱的人类对这种绝对、无限的自然所产生的一种"绝对依赖的感情"。这在马克思、恩格斯所处的时代已经被一些宗教学家所论及，亦曾引起他们的兴趣和关注。人面对自然而产生的有限感和软弱感，也折射出人在与自然对比时所造成的精神压力和负担，其宗教就反映出人的自我放弃和外在依赖，而缺乏那种"人定胜天"的气概。所以，恩格斯说："宗教是在最原始的时代从人们关于他们自身的自然和周围的外部自然的错误的、最原始的观念中产生的。"②

当然，在人的认识发展中，这种宗教的认识论根源不只是存在于原始社会，在此后的阶级社会中也得以存在，人们甚至预测在今后阶级消亡后的社会中也可能会依然存在。恩格斯就曾指出，这种宗教中"人格化"神明的现象，其实在所有文明民族的一定发展阶段上都曾出现，这实际上也反映了人类文明的进程及其精神特点之一，留下了其思维特色及文明痕迹。宗教存在的自然根源和认识根源会长期保留下去，甚至在其阶级根源、社会根源消失后仍会存有宗教的认识论意义上的根源。只要人类因其有限存在而留有认

---

① 《马克思恩格斯文集》第 9 卷，人民出版社 2009 年版，第 356 页。
② 《马克思恩格斯文集》第 4 卷，人民出版社 2009 年版，第 309 页。

识上的问题，只要人达不到"人与人之间和人与自然之间极明白而合理的关系"，只要"谋事在人"而"成事"并"不"在人的状况继续保持，宗教的自然根源和认识根源就可能会延续下去。如果人在社会现实存在中的宇宙之问、生命之问以及关涉人本身的自我之问找不到理想、满意和彻底的答案，那么宗教的认识论根源也就可能会依然存在。

第四节　马克思主义经典作家论宗教的发生与发展

马克思主义经典作家认为宗教有其发生与发展的历史过程，而这一过程会伴随着人类社会的发展演变来相应展开。而在人类社会发展的未来，随着条件的成熟，宗教最终也会走向消亡。马克思主义宗教观揭示了宗教的起源，并系统阐述了宗教的发展历程，全面描述了从原始社会的自发宗教到阶级社会的人为宗教这一漫长的演变发展，由此说明宗教发展的曲折与复杂。马克思主义经典作家在此将宗教的发展分为两大阶段，即"自发宗教"与"人为宗教"的区分。按照宗教学的说法，原始社会产生的自发宗教即"原生性宗教"，它是在原始社会自发产生的，并无明显的创教者，但这种自发性多与原始氏族社会相结合，也有许多自然宗教的元素，反映出原始人及其群体出现了关涉其自然与社会的"自我意识"，标志着其从"无意识"而走向了"自我意识"及"自然意识"的发展阶段。而"人为宗教"则指在阶级社会中被"人为"创造出来的宗教，一般会有其创教的"教主"存在或与之关联的说法，这在宗教学中则被视为"创生性宗教"，其社会、民族和阶级背景也得以凸显，但这种"人为宗教"反映出人类的"创造性"，所以其宗教会有文字记载其经典，体现出其民族文化及相关文明的典型特色。

一、宗教的起源与发展

宗教反映人的现实存在，有着曲折、复杂的过程，由此构成宗教起源及发展的历史。恩格斯在其论述中不仅指出宗教是"支配着人们日常生活的外部力量在人们头脑中的幻想的反映"，而且还非常具体地回溯了这一"反映"所走过的历程，形成马克思主义关于宗教的发展演变观。他说："在历史的初期，首先是自然力量获得了这样的反映，而在进一步的发展中，在不同的民族那里又经历了极为不同和极为复杂的人格化。……除自然力量外，不久社会力量也起了作用……它以同样的表面上的自然必然性支配着人。最初仅仅反映自然界的神秘力量的幻想的形象，现在又获得了社会的属性，成为历史力量的代表者。在更进一步的发展阶段上，许多神的全部自然属性和社会属性都转移到一个万能的神身上，而这个神本身又只是抽象的人的反映。这样就产生了一神教。"[①] 首先，"自然力"的人格化走出了宗教异化的第一步，导致了"最初的神"的产生。自然是人最为直接的赖以生存之源，故人对自然的认识也最早、最直接。其次，宗教则有"超自然""超世界"的观念产生，从而使其异化升级。也就是说，随着宗教的发展，原来简单、形象反映自然与自我的这些"神灵"经过"抽象化过程"而有了"超世界的形象"，形成超越、超验观念，并产生出一神教中"唯一神"或"绝对一神"的观念，"自然神""人格神"遂被"抽象神"（如"终极实在"）的观念所取代。

在马克思主义宗教观中，对宗教的发生与发展有着具体说明。在其描述中，马克思主义经典作家持有宗教进化发展的观点，认为人类的宗教有着发展演变的漫长经历，即从古代自发的部落宗教而发展到后来的民族宗教，有些民族宗教又得以跨越民族之界而形成世界宗教。而在其神灵观的发展上则从灵魂不死、物活论、万物有灵论而发展为神灵论，其神明观则经历了多神论、轮换主神论、唯一主神论、一神论以及绝对一神论的发展，并有近现代以来自然神论、泛神论、万有在神论、终极实在论等演变。在人类早期原生性的"自发宗教"中，一般会在"动物崇拜""自然崇拜"尤其是其图腾形式中找出其部落、氏族及民族的"神圣象征符号"或"集体神圣意识"，表

---

① 《马克思恩格斯文集》第9卷，人民出版社2009年版，第333页。

现出原始群体之共在所需要的整合，以及其生存共同体的凝聚。这种"共有的原始宗教，在它产生的时候，并没有欺骗的成分"，但随着原始社会解体，以及阶级的出现和分化，其宗教以"自发"演进为"人为"，故而"在以后的发展中，很快地免不了有僧侣的欺诈"。至于这种在阶级社会中得以创生的"人为宗教"，"虽然充满着虔诚的狂热，但在其创立的时候便少不了欺骗和伪造历史"，相关宗教在此以其"创教神话"及神学思想而形成了其宗教传统，制定出其教义体系，故而有了其文化特色和理论积淀，达至其影响更为广远的文明传承。特别是在"人为宗教"的创立时期，还出现了竞争和冲突。恩格斯说，此间曾有"成千上万的预言家和宣教者提出了无数革新宗教的东西"，而且在不少地区都"曾麇集着这样一些宗教创始人，他们之间进行着一种可以说是达尔文式的精神上的生存斗争"，而在西方文化传统中，古代罗马时代的各种民族宗教遭到淘汰，恪守民族传统的犹太教被边缘化，只有基督教这类超越民族之界的宗教才"在教派的相互斗争中，在同异教世界的斗争中，通过自然选择逐渐形成为世界宗教"①。

在这种百舸争流、大浪淘沙的诸宗教发展过程中，因社会出现重大转型、传统民族国家结构遭到破坏，古代流行的部落宗教和民族宗教大多随其民族社会的基础崩塌而相继消亡。当时幸存的民族宗教只有犹太教，其得以避免消亡的厄运也在于其绝对一神论观念可以有更大的涵括，而其民族因国家覆灭后走向世界也出现其民族结构上的嬗变，从而使之得以保存至今。对于古代宗教的这一分化和重组，恩格斯曾有过极为透彻的分析："古代一切宗教都是自发的部落宗教和后来的民族宗教，它们从各民族的社会条件和政治条件中产生，并和这些条件紧紧连在一起。宗教的这种基础一旦遭到破坏，沿袭的社会形式、传统的政治设施和民族独立一旦遭到毁灭，那么从属于此的宗教自然也就会崩溃。……民族神一旦不能保卫本民族的独立和自

---

① 《马克思恩格斯文集》第 3 卷，人民出版社 2009 年版，第 600 页。

主，就会自取灭亡。"①"每个有亲属关系的民族集团所共有的这些原始的宗教观念，在这些集团分裂以后，便在每个民族那里依各自遇到的生活条件而独特地发展起来……这样在每一个民族中形成的神，都是民族的神……只要这些民族存在，这些神也就继续活在人们的观念中；这些民族没落了，这些神也就随着灭亡。"②对于宗教神明崇拜从多神教发展到唯一主神教和绝对一神教，恩格斯认为，也与相关的社会发展变迁即多民族国家发展为统一的帝国有着直接关系，"没有统一的君主就决不会出现统一的神"③。虽然，当时的宗教作为精神现象在其存在及发展上相对独立，尤其是其宗教文化要素好似能够超越其社会存在而得以延续和传承，从而能在一定程度上保留其宗教的历史文化传统及信仰特色，但这种宗教的独立性及超脱性仅有相对的意义，其发展演变归根结底仍受其社会背景的支配和影响，从根本上则不能摆脱其赖以生存的社会及时代特色。其典型实例就有古罗马帝国万神庙的尝试，罗马统治者将其所征服的民族国家曾崇拜的神明集中在罗马的万神庙加以供奉，以此想使之行使多民族宗教共在的功能；但这些民族的社会基础已遭破坏，所以反映这些社会基础的诸神在与之脱离后也难以在罗马得以独存。

为此，马克思主义经典作家指出："只有根据宗教借以产生和取得统治地位的历史条件，去说明它的起源和发展，才能解决问题。"④据此，马克思主义经典作家们重点对阶级社会中"人为宗教"的发展演变展开过研究，其中特别对世界三大宗教之首的基督教有过专门论述，颇为详细地勾勒了其发生和发展的历史。

马克思主义经典作家在分析基督教的发生和发展时，认为基督教在最初产生时乃被压迫群众的运动，但到后来其阶级地位发生变化，故而发展成为统治阶级服务的宗教。恩格斯对之曾具体分析说："原始基督教的历史与现

① 《马克思恩格斯文集》第 3 卷，人民出版社 2009 年版，第 597 页。
② 《马克思恩格斯文集》第 4 卷，人民出版社 2009 年版，第 309 页。
③ 《马克思恩格斯全集》第 47 卷，人民出版社 2004 年版，第 418 页。
④ 《马克思恩格斯文集》第 3 卷，人民出版社 2009 年版，第 592 页。

代工人运动有些值得注意的共同点。基督教和后者一样，在产生时也是被压迫者的运动：它最初是奴隶和被释奴隶、穷人和无权者、被罗马征服或驱散的人们的宗教。"①"基督教同任何大的革命运动一样，也是群众创造的。"②而且，"最初的基督徒"也"主要来自属于人民最低阶层的'受苦受难的人'"③，来自基层的基督徒曾受到罗马帝国统治者的严厉禁止和残酷镇压。但因基督教以"对彼岸世界获得报偿的希望"而使"弃世和禁欲"成为"能吸引被压迫人民群众的一种新的世界宗教的基本道德原则"④，这种观念逐渐改变了基督徒的涉世态度，以忍辱负重、逆来顺受、以柔克刚之举取得了成效，结果受到罗马统治者的关注和肯定，从而最终被统治阶层所承认和利用。这就是基督教从被迫害的宗教到罗马帝国国教之戏剧性变化。当基督教刚刚创立时，它作为犹太教的异端而被视为罗马帝国的"一个危险的颠覆派"，"它破坏了宗教和国家的一切基础；它干脆不承认皇帝的意志是最高的法律，它没有祖国，是国际性的，它散布在帝国各处，从高卢到亚细亚，并且渗入帝国边界以外的地方。……这个叫做基督徒的颠覆派，在军队中也有许多信徒；整个整个的军团都信奉基督教。当这些军团被派去参加非基督教的国教会的祭典礼仪时，颠覆派士兵们就大胆地在头盔上插上了特别的标志——十字架，以示抗议。连兵营里长官所惯用的惩戒手段也不能奏效。戴克里先皇帝不能再无动于衷地看着他军队中的秩序、服从和纪律败坏下去。他趁着还不太迟的时候采取了坚决措施。他颁布了一道……反基督徒法。颠覆者被禁止举行集会，他们的集会场所被封闭甚至被捣毁了，基督教的标志——十字架等等——一概被禁止……基督徒不得担任公职，甚至不能当上等兵……被禁止在法庭上寻求公道。但是连这项非常法也没有奏效。基督徒轻蔑地把它从墙上扯下来，并且据说他们甚至在尼科美底亚放火烧毁了皇帝当时所在的

---

① 《马克思恩格斯文集》第 4 卷，人民出版社 2009 年版，第 475 页。
② 《马克思恩格斯列宁斯大林论宗教和无神论》，人民出版社 1999 年版，第 62 页。
③ 《马克思恩格斯文集》第 4 卷，人民出版社 2009 年版，第 492 页。
④ 《马克思恩格斯文集》第 4 卷，人民出版社 2009 年版，第 493 页。

宫殿。于是皇帝就在公元 303 年用大规模迫害基督徒来进行报复。这是这类迫害的最后一次。而这次迫害竟起了如此巨大的作用，以致 17 年之后，军队中绝大多数都成了基督徒，而继任的全罗马帝国君主，即教士们所称的君士坦丁大帝，则宣布基督教为国教了"①。这种捣毁基督教的教堂和拆除基督教的标志十字架之举，早在罗马帝国时期采用时就已经显明乃根本无用，反而会扩大基督教的影响和社会对基督徒的同情心。而当基督教成为官方宗教后，"在中世纪，随着封建制度的发展，基督教成为一种同它相适应的、具有相应的封建等级制的宗教"②。此外，基督教的发展演变在西方封建制度向资本主义制度的转型中也有明显体现，"在资产阶级解放斗争的最初阶段"就是以基督教的"色彩"展现出来。恩格斯说："资产阶级反对封建制度的长期斗争，在三次大决战中，达到了顶点。""第一次是德国的所谓宗教改革"，为基督教的直接参与，其中甚至起到了发起和领导作用。"资产阶级的第二次大起义，在加尔文教派中给自己找到了现成的战斗理论。这次起义是在英国发生的。"③ 英国近代资产阶级革命亦称"清教革命"，与基督教的关联乃一目了然。在西方资本主义发展中，这一"清教"所反映的加尔文教派曾为"资本主义精神"的形成提供了"新教伦理"（马克斯·韦伯的理论观点），从而使西方近代资本主义社会发展获得了"潜在的精神力量"。但恩格斯认为，基督教在资本主义社会已是强弩之末，"基督教进入了它的最后阶段。此后，它已不能成为任何进步阶级的意向的意识形态外衣了；它越来越变成统治阶级专有的东西，统治阶级只把它当做使下层阶级就范的统治手段"④。恩格斯的观察是直至 19 世纪，而对此后欧洲资本主义社会的发展及其与基督教的关系如何分析评价则已超出其审视宗教的时空范围。

此后，列宁根据 19、20 世纪之交的俄国国情以及他开展的社会主义革命

---

① 《马克思恩格斯文集》第 4 卷，人民出版社 2009 年版，第 553—554 页。
② 《马克思恩格斯文集》第 4 卷，人民出版社 2009 年版，第 310 页。
③ 《马克思恩格斯文集》第 3 卷，人民出版社 2009 年版，第 511 页。
④ 《马克思恩格斯文集》第 4 卷，人民出版社 2009 年版，第 311 页。

之初步实践，对宗教与社会主义的关系尤其是基督教会在社会主义社会中的发展做出了相应思考与分析，提出了两者关系的一些要点：一是"教会与国家完全分离，这就是社会主义无产阶级向现代国家和现代教会提出的要求"①；二是"不禁止基督教徒和信奉上帝的人加入我们的党"②。这也是当时列宁的统战构想。列宁表示，"如果有一个司祭愿意到我们这里来共同进行政治工作，真心诚意地完成党的工作，不反对党纲，那我们就可以吸收他加入社会民主党……我们不仅应当容许，而且应当特别注意吸收所有信仰上帝的工人加入社会民主党，我们当然反对任何侮辱他们宗教信念的行为，但是我们吸收他们是要用我们党纲的精神来教育他们，而不是要他们来积极反对党纲"③。三是在国家层面上使宗教成为真正的"私人事情"，但无产阶级政党虽不公开向宗教宣战，却并不认为宗教是私人事情，而仍要与宗教作斗争。四是"被压迫阶级为创立人间的天堂而进行的这种真正革命斗争的一致，要比无产者对虚幻的天堂的看法上的一致更为重要"④。对宗教斗争要服从其政治斗争的需求，因而在政治上仍需团结宗教信众。马克思主义经典作家对宗教发展的分析只是达到社会主义社会始创之初级阶段，这也是其实事求是的体现。

二、宗教的未来与消亡

马克思主义经典作家对宗教的未来也有一些预测，他们总体上认为宗教最终会消亡，但强调这是一个漫长且自然的历史过程，其首先需要相关条件得以实现。马克思说："只有当实际日常生活的关系，在人们面前表现为人与人之间和人与自然之间极明白而合理的关系的时候，现实世界的宗教反映才会消失。只有当社会生活过程即物质生产过程的形态，作为自由联合的人

---

① 《列宁专题文集 论辩证唯物主义和历史唯物主义》，人民出版社 2009 年版，第 221 页。
② 《列宁专题文集 论辩证唯物主义和历史唯物主义》，人民出版社 2009 年版，第 222 页。
③ 《列宁专题文集 论无产阶级政党》，人民出版社 2009 年版，第 177—178 页。
④ 《列宁专题文集 论辩证唯物主义和历史唯物主义》，人民出版社 2009 年版，第 222 页。

的产物，处于人的有意识有计划的控制之下的时候，它才会把自己的神秘的纱幕揭掉。但是，这需要有一定的社会物质基础或一系列物质生存条件，而这些条件本身又是长期的、痛苦的发展史的自然产物。"①"宗教本身是没有内容的，它的根源不是在天上，而是在人间，随着以宗教为理论的被歪曲了的现实的消失，宗教也将自行消亡。"②恩格斯也指出，"当社会通过占有和有计划地使用全部生产资料而使自己和一切社会成员摆脱奴役状态的时候（现在，人们正被这些由他们自己所生产的、但作为不可抗拒的异己力量而同自己相对立的生产资料所奴役），当谋事在人，成事也在人的时候，现在还在宗教中反映出来的最后的异己力量才会消失，因而宗教反映本身也就随着消失。理由很简单，因为那时再没有什么东西可以反映了"③。在马克思主义经典作家看来，宗教消亡需其条件，但这些条件目前尚未成熟，而其达成则要经历长期的、痛苦的发展历史；因此，当务之急并非如何尽早减少宗教的影响、促成宗教的早日消亡；相反，需要全力投入社会、经济建设，把应下功夫和工作重点放在努力实现其社会物质条件的成熟上。

　　马克思主义经典作家既然认为宗教的消亡是一个漫长的历史过程，有着不以人们意志为转移的客观原因，因而强调不应当人为地去取消宗教。马克思主义经典作家所看到的可行之途只能是推动人类物质文明和精神文明的发展，真正实现"成事在人"的理想。我们应该顺着马克思主义经典作家的思路继续研究社会主义时期的宗教及其社会作用，促进宗教与社会的适应和协调，推动社会未来的理想发展。

第五节　马克思主义经典作家论宗教的社会作用

　　马克思主义经典作家对宗教的社会作用有着一分为二的评价，认为宗教

---

① 《马克思恩格斯文集》第 5 卷，人民出版社 2009 年版，第 97 页。
② 《马克思恩格斯文集》第 10 卷，人民出版社 2009 年版，第 4 页。
③ 《马克思恩格斯文集》第 9 卷，人民出版社 2009 年版，第 334 页。

在人类历史上对社会发展的影响包括积极、消极这两面，也就是社会学范畴所涉及的宗教在社会上可能发挥的正负两种功能。对宗教社会作用或功能需要辩证地看待，其中故有积极引导、科学对待的空间。马克思主义经典作家从人类发展的历史对宗教正面和负面的社会作用都有过分析评价，由此而提出了宗教社会作用的两重性问题以及社会对宗教的需求及引导的问题。从马克思主义经典作家的分析来看，宗教的社会作用一方面在于由谁来发挥，是被压迫阶级还是压迫阶级；另一方面则在于其处于什么历史阶段的发挥。因而宗教与社会的作用关系是辩证的、充满弹性的，是谁在什么时候发挥宗教的作用也极为关键。一般而言，马克思主义经典作家认为宗教在阶级社会之中，以及在压迫剥削制度下，其消极、负面的作用之可能性要更大一些，对之故而多有否定的意义，而对之加以积极、正面的表述不多，论其肯定的意义也较少。尽管如此，马克思主义经典作家仍然论及宗教的积极作用和正面意义。从整体来看，这种评价与宗教所处的时代及社会状况有着密切的关联，有着与其存在社会的辩证互动。

一、论宗教的积极社会作用

马克思主义经典作家对宗教的积极社会作用有过如下评价：

首先，宗教归根结底是人的现象，其基本内容也以人为本源，反映出"人类本质的永恒本性"。马克思主义经典作家透过宗教而对人的本性有着深刻的体悟、透彻的说明。恩格斯说："只是由于一切宗教的内容起源于人，它们才在某些地方还可求得人的尊敬；只有意识到，即使是最疯狂的迷信，其实也包含有人类本质的永恒规定性，尽管具有的形式已经是歪曲了的和走了样的；只有意识到这一点，才能使宗教的历史，特别是中世纪宗教的历史，不致被全盘否定，被永远忘记。"[①] 这里有着对宗教的人本主义认知和人

---

① 《马克思恩格斯全集》第 3 卷，人民出版社 2002 年版，第 520—521 页。

道主义说明。宗教从根本上关涉人的本性与命运，马克思主义经典作家故而不把宗教作为纯"神学"来看待，而是将之作为"人学"来剖析，这种非神圣化、去神话化其中就包含有对"人类本质的永恒规定性"的看重和强调。马克思主义经典作家基于社会的思考和研究，也形成了对宗教的"社会人类学"探讨。我们今天倡导"以人为本"，理当探究宗教对"人"的关注，以及对宗教的"人学"解释。所以，马克思主义经典作家从根本上审视宗教，认为其对"人类本质"的反映有其积极的社会意义和正面的社会作用。

其次，宗教对社会共同体的维系和团结也具有积极作用。例如，马克思主义经典作家曾谈到宗教能给相关社会提供核心价值，从而对之起到"内部统一"的凝聚作用。恩格斯说："中世纪的世界观本质上是神学的世界观。事实上不存在内部统一的欧洲世界，为反对共同的外部敌人——萨拉森人而通过基督教联合起来了。由一群在经常变化的相互关系中发展起来的民族组成的西欧世界，则是通过天主教联合起来的。这种神学上的联合不只是观念上的。它不仅实际体现在这种联合的君主制中心即教皇身上，而且首先体现在按封建和等级制原则组织起来的教会中。教会在每个国家大约占有三分之一的土地，它在封建组织内部拥有巨大的权势。拥有封建领地的教会是各国之间的真正的联系；封建的教会组织利用宗教把世俗的封建国家制度神圣化；而且，僧侣又是唯一的受过教育的阶段。"[1] 当时欧洲的价值体系是基督教的信仰价值体系，而教会人士则为当时社会中的文化人、思想家，即社会精英。正因为如此，基督教帮助欧洲顺利完成了从古代社会到中世纪封建社会的过渡，其中基督教的文化形态起到至关重要的作用，维系了欧洲的文化稳定，在此基础上进而带来欧洲的文化转型及更新。在人类历史上，宗教给相关社会尤其是欧亚的中世纪社会提供了一种"统一"的理念，从而发挥了"统一"的作用。在古罗马帝国时期的欧洲，其大一统的思想观念在基督教成为帝国国教后开始酝酿，随之在中世纪大一统的进程中，所谓"欧洲的统

---

[1]　《马克思恩格斯全集》第21卷，人民出版社1965年版，第545页。

一"或"欧洲文化的统一"的思想才通过基督教文化氛围得以形成。欧洲中世纪所达到的社会统一主要是天主教社会文化的统一，其教阶体制及教会组织网络形成了欧洲社会建构的统一，其相对统一的世界观则是基于基督教的"神学世界观"，"教会信条自然成了任何思想的出发点和基础。法学、自然科学、哲学，这一切都由其内容是否符合教会的教义来决定"①。虽然欧洲的近代转型打破了中世纪"万流归宗"的宗教一统状态，但这种"统一"的理念却仍为今天欧洲寻求的主要内容，并体现在其政治、经济乃至文化上所寻求的"统一""共同体"建构上；而欧盟的发展和扩张，在民众的潜意识中也可归为基督教所提供的精神寄托、心理积淀和历史文化传统。同样，伊斯兰教的"认主归一"思想，也曾为阿拉伯国家的统一、伊斯兰世界的发展提供过精神支撑和信仰力量。而佛教在东方亦起过相同作用，提供过东方文化一致性上的"佛光普照"。宗教以其信仰观念、价值体系、意识形态和民族精神，为其共生社会的存在准备了精神资源，也为其持续发展提供了潜在动力。相关民族、社会和国家的向心力和凝聚力，多为其宗教所提供。宗教信仰为之带来其依存的希望，保证了这一社会的相对平静和稳定，促成其积极发展或不断扩展。所以说，宗教的"和谐""和平"及"平稳"，对社会的和睦、团结及稳定显然能起积极作用。

再次，宗教在历史上曾为被压迫者服务，为其社会变革或反抗运动提供了旗帜和象征。这在早期基督教的历史上就非常典型，恩格斯说："被奴役、受压迫、沦为赤贫的人们的出路在哪里？他们怎样才能得救？所有这些彼此利益各不相同甚至互相冲突的不同的人群的共同出路在哪里？可是为了使所有这些人都卷入一个统一的伟大革命运动，必须找到这样一条出路。""这样的出路找到了，但不是在现世。在当时的情况下，出路只能是在宗教领域内。"② 在当时的社会处境中，基督教的社会作用虽然只有相对积极的意义，

---

① 《马克思恩格斯全集》第 21 卷，人民出版社 1965 年版，第 545 页。
② 《马克思恩格斯文集》第 4 卷，人民出版社 2009 年版，第 493 页。

却是现实的、务实的和唯一可行的。在欧洲中世纪发展中，社会变革和基层起义亦多以宗教为外衣和武器。恩格斯说："中世纪把意识形态的其他一切形式——哲学、政治、法学，都合并到神学中，使它们成为神学中的科目。因此，当时任何社会运动和政治运动都不得不采取神学的形式；对于完全由宗教培育起来的群众感情说来，要掀起巨大的风暴，就必须让群众的切身利益披上宗教的外衣出现。"①"反封建的革命反对派活跃于整个中世纪。随着时代条件的不同，他们或者是以神秘主义的形式出现，或者是以公开的异教的形式出现，或者是以武装起义的形式出现。"② 从历史唯物主义的审视来看，其宗教色彩是必然的。马克思在论及中国的太平天国革命时也指出："运动一开始就带着宗教色彩。"③ 这些被压迫者的反抗斗争及革命运动在当时的历史条件下需要宗教的外衣，而且也只能"在宗教的标志下进行"，其目的和意义只有"隐蔽在宗教外衣之下"才可能唤起民众，得以推进。这些运动中有宗教的参与或能利用宗教的"标志"和"外衣"，已经说明某种程度上就反抗当时的社会这一点而言，也许具有推动社会进步的作用。但其积极也只能是相对而言的，对其局限性也应深刻认识。

最后，宗教在历史上的社会转型时期曾起积极作用，如欧洲资产阶级上升阶段曾以宗教作为其反对封建国王和贵族的旗帜，并以此推翻了封建统治，完成了向资本主义社会的过渡。恩格斯说："按封建制度的尺度剪裁的天主教世界观不能再满足这个新的阶级及其生产和交换的条件了。但是，这个新的阶级仍然长期受到万能的神学的束缚。十三世纪至十七世纪发生的一切宗教改革运动，以及在宗教幌子下进行的与此有关的斗争，从他们的理论方面来看，都只是市民阶级、城市平民以及同他们一起参加暴动的农民使旧的神学世界观适应于改变了的经济条件和新阶级的生活方式的反复尝

---

① 《马克思恩格斯文集》第 4 卷，人民出版社 2009 年版，第 310 页。
② 《马克思恩格斯文集》第 2 卷，人民出版社 2009 年版，第 236 页。
③ 《马克思恩格斯全集》第 15 卷，人民出版社 1963 年版，第 545 页。

试。"①"除德国人路德外，还出现了法国人加尔文，他以真正法国式的尖锐性突出了宗教改革的资产阶级性质，使教会共和化和民主化。当路德的宗教改革在德国已经蜕化并把德国引向灭亡的时候，加尔文的宗教改革却成了日内瓦、荷兰和苏格兰共和党人的旗帜，使荷兰摆脱了西班牙和德意志帝国的统治，并为英国发生的资产阶级革命的第二幕提供了意识形态的外衣。在这里，加尔文教派显示出它是当时资产阶级利益的真正的宗教外衣。"②宗教在欧洲社会发展史上曾发挥了重要作用，对其社会进步起到了推动的作用。其对社会所起的反作用促进了社会发展，故应得到肯定。但马克思主义经典作家也指出，资产阶级在掌握政权后曾利用宗教来维持其反动统治，从而使其社会作用走向反面，由相对积极变为绝对消极。这些统治者靠宗教的影响"来操纵他的天然下属的灵魂，使他们服从由上帝安置在他们头上的那些主人的命令"，甚至用宗教来达到其"镇压'下层等级'、镇压全国广大的生产者大众"之"目的"③。由此，宗教的社会作用就成为负面的、消极的。在看待宗教的积极社会作用时，马克思主义经典作家有着历史辩证法的反省和分析，从而比较客观、中肯。根据这一思路，我们在观察、分析当代宗教的社会作用时，也应该有现实辩证法的借鉴和运用。

二、论宗教的消极社会作用

在阶级社会中，马克思主义经典作家对宗教的消极社会作用谈得比较多，大致涉及如下方面：

第一，宗教在阶级社会中起过"精神压迫"作用。马克思主义经典作家认为宗教对苦难中的人们所起的主要是消极作用，其精神抚慰的特点就是"麻醉"人的意志，使人变得麻木。马克思曾说"宗教是人民的鸦片"，而列

---

① 《马克思恩格斯全集》第 21 卷，人民出版社 1965 年版，第 545—546 页。
② 《马克思恩格斯文集》第 4 卷，人民出版社 2009 年版，第 311 页。
③ 《马克思恩格斯文集》第 3 卷，人民出版社 2009 年版，第 513 页。

宁则更加突出强调马克思的这一论断，并进而说明"宗教是一生为他人干活而又深受穷困和孤独之苦的人民群众所普遍遭受的种种精神压迫之一。被剥削阶级由于没有力量同剥削者进行斗争，必然会产生对死后的幸福生活的憧憬，正如野蛮人由于没有力量同大自然搏斗而产生对上帝、魔鬼、奇迹等的信仰一样。对于辛劳一生贫困一生的人，宗教教导他们在人间要顺从和忍耐，劝他们把希望寄托在天国的恩赐上。对于依靠他人劳动而过活的人，宗教教导他们要在人间行善，廉价地为他们的整个剥削生活辩护，向他们廉价出售进入天国享福的门票。宗教是人民的鸦片。宗教是一种精神上的劣质酒，资本的奴隶饮了这种酒就毁坏了自己做人的形象，不再要求多少过一点人样的生活"[①]。列宁在此对宗教社会作用所列举的关键词均为负面的，如"鸦片""精神上的劣质酒"等。列宁还认为宗教为压迫阶级提供了"牧师的职能"；"牧师的使命是安慰被压迫者，给他们描绘一幅在保存阶级统治的条件下减少苦难和牺牲的前景……从而使他们放弃革命行动，打消他们的革命热情，破坏他们的革命决心"。[②] 显然，这种对"牧师职能"的剖析也是较为负面和侧重批判的。而对于在消灭阶级区别、废除剥削压迫制度之后，社会主义社会中宗教是否还存在以及它如果存在又会发挥何种作用等问题，马克思主义经典作家则基本上没有专门论及，故还需要我们来实事求是地探究和客观真实地评说。

　　第二，宗教曾把世俗的封建国家制度神圣化，为之套上可起保护作用的灵光圈。马克思主义经典作家批评了基督教在欧洲中世纪维护封建制度的情况，如恩格斯指出"封建的教会组织利用宗教把世俗的封建国家制度神圣化"[③]，而"僧侣是中世纪封建主义意识形态的代表"[④]。宗教为封建社会提供

[①] 《列宁专题文集　论辩证唯物主义和历史唯物主义》，人民出版社 2009 年版，第 219—220 页。

[②] 《列宁全集》第 26 卷，人民出版社 1988 年版，第 248 页。

[③] 《马克思恩格斯全集》第 21 卷，人民出版社 1965 年版，第 545 页。

[④] 《马克思恩格斯文集》第 2 卷，人民出版社 2009 年版，第 225 页。

了"神圣光环","给封建制度绕上一圈神圣的灵光"。它把被压迫民众的不幸和苦难说成是"上帝的意旨",对封建剥削制度进行粉饰,为社会压迫和统治辩护,起了维护这一不公正社会稳定的"安全阀"作用。

第三,宗教为资产阶级维持其剥削统治发挥了作用,成为其压制和"影响群众的精神手段"。恩格斯以基督教为例而谈到宗教社会作用的复杂变化,指出宗教在资产阶级革命前后所发挥的社会作用是截然不同的:宗教成为资产阶级利益的代表者,在资产阶级作为当时的进步阶级发起推翻封建制度的革命时,宗教曾被作为其"战胜国王和贵族的旗帜",故有其历史进步作用;但一旦资产阶级掌权,其从进步走向反动,宗教则又变为其使被压迫民众"驯服顺从"的工具,发生社会功能的嬗变;而资产阶级"现在比以往任何时候都更需要精神手段去控制人民,影响群众的首要的精神手段依然是宗教"①。列宁后来也指出:"俄国资产阶级为了反革命的目的,需要复活宗教,唤起对宗教的需求,制造宗教,向人民灌输宗教或用新的方法在人民中间巩固宗教。"②宗教在此成为资产阶级利用的工具,因此马克思主义经典作家对宗教在资本主义制度中的社会作用有着深刻的揭露和无情的批判,基本上对之持否定评价。

第四,宗教曾为殖民主义扩张和帝国主义侵略的帮凶,既掩盖其掠夺、剥削的事实,又实施了文化殖民及文化侵略的政策。马克思曾对基督教参与英国殖民扩张和对外侵略加以特别批评,指出"即使在真正的殖民地,原始积累的基督教性质也是无可否认的。……英国议会曾宣布,用警犬捕杀和剥头盖皮是'上帝和自然赋予它的手段'"③。宗教在这种"血与火"的暴行中充当了不光彩的角色。恩格斯也揭露批判了近代俄国对波兰的殖民扩张,指出其"信教自由——这就是为了消灭波兰所需要的字眼"④。"所有这一切都是在

① 《马克思恩格斯文集》第3卷,人民出版社2009年版,第520页。
② 《列宁全集》第19卷,人民出版社1989年版,第89页。
③ 《马克思恩格斯文集》第5卷,人民出版社2009年版,第863页。
④ 《马克思恩格斯全集》第21卷,人民出版社2003年版,第230页。

信教自由的名义下进行的"①。而近代中国也曾饱受这种殖民奴役之苦，列宁在论及西方列强对中国的蚕食和掠夺时曾愤怒地指出："那些利用传教伪善地掩盖掠夺政策的人，中国人难道能不痛恨他们吗?"② 宗教特别是基督教在近代对外传教中因与西方殖民主义扩张和帝国主义侵略的关联留下了非常负面的影响。

第五，宗教与科学的对抗影响了科学的发展，在历史上曾对科学进步形成阻碍。马克思主义经典作家大多认为宗教在历史上因其保守、故步自封而曾阻止并打压科学，不允许科学的超前思维，尤其是反对科学创新超越其固有的宗教认知及其信仰所规定之界。过去的宗教只是用神学来解释科学，一切都必须皈依教义神学所理解或允许的范围，因而妨碍了科学的发展。在宗教与科学的关系问题上，也是马克思主义经典作家对宗教批评较多之处。恩格斯指出，在中世纪欧洲，"科学只是教会的恭顺的婢女，不得超越宗教信仰所规定的界限，因此根本就不是科学"③。这样，在自然科学领域，"基督教的中世纪什么也没留下"④。相反，中世纪教会特别是其宗教裁判所曾以异端之名处罚科学家，压制其研究创新，给科学发展带来很大的阻力和伤害。人们在此亦会回忆起中世纪天主教对哥白尼、伽利略、布鲁诺等科学家的迫害。而在宗教改革时期，新教同样也没有放弃这种对科学家的打压以及对科学发展的阻碍，甚至"新教徒在迫害自由的自然研究方面超过了天主教徒"⑤。列宁也指出："任何一条科学规律（决不只是价值规律），在中世纪人们都是从宗教和伦理的意义上去理解的。对于自然科学的规律，宗教法规学者也是这样解释的。"⑥ 不过，宗教也并非全然是对科学的打压或阻挠，宗教与科学也曾有合作关系。历史上宗教在面对科学发展已被确认的新成果

---

① 《马克思恩格斯全集》第 21 卷，人民出版社 2003 年版，第 231 页。
② 《列宁全集》第 4 卷，人民出版社 1984 年版，第 320 页。
③ 《马克思恩格斯文集》第 3 卷，人民出版社 2009 年版，第 510 页。
④ 《马克思恩格斯文集》第 9 卷，人民出版社 2009 年版，第 411 页。
⑤ 《马克思恩格斯文集》第 9 卷，人民出版社 2009 年版，第 410 页。
⑥ 《列宁全集》第 25 卷，人民出版社 1988 年版，第 37 页。

时也在不断调适二者的关系；所以，对宗教与科学的关系，还需要更深入的研究。

第六节　马克思主义经典作家论宗教与民族的关系

宗教与民族有着复杂的关系，马克思主义经典作家对之高度重视。虽然民族问题不同于宗教问题，却也离不开宗教问题，对这两大问题的处理是有关联性的。因此马克思主义经典作家是从历史唯物主义的立场出发来探究这一关系的，把两者置于整个社会历史背景中来考虑，并将之与整个无产阶级的革命斗争和社会主义建设的任务密切相结合。

一、对宗教与民族关系的基本认识

马克思主义经典作家对宗教与民族关系问题进行了历史考察，其范围从人类古代民族直到现今民族的发展。关于民族，相关表达包括"种族""民族""族群"等。其中"种族"属于人之种类，为生物学和人种学范畴，如黄、白、黑、红、棕人种之分；"民族"属历史学和社会学范畴，指人类社会共同体形式之一；而"族群"则指融散于现代社会之中具有种族、民族、宗教、语言、习俗等特征的群体，多以使用共同语言来界定。"民族"具有广义和狭义之分：广义指自然、历史形成的不同社会发展阶段的各种人群共同体，如原始人群、氏族、部落，原始民族、古代民族、近代民族、现代民族；中文"民族"一词源自南朝宋齐时期道士顾欢的《夷夏论》："今诸华士女，民族弗革，而露首偏踞，滥用夷礼"，指族别之分；中国古代有"类聚百族，群分万形"之说，把中华民族称为"东夷""南蛮""西戎""北狄"和"中原华夏"的"五方之民"；狭义则指国家、地区层面的民族，亦有民族国家之称，这一涵括如中华民族、俄罗斯民族、法兰西民族、阿拉伯民族等。在现代世界，通常一个国家中有多个民族，一个民族分布在多个国家。

当代世界约由 190 多个民族国家所构成，而广义上的民族约有 2000—5000 多个；全世界约有 5000 多个这样的族群，曾使用约 6000 多种语言，但其中约 1000 种语言几乎已消失。

在考察古代宗教与民族发展的关系时，马克思主义经典作家认为两者之间有着共同的命运关联。原始氏族的社会结构、文化体系和精神生活在氏族宗教中就得以集中体现。这时的宗教至少有如下三个方面的蕴涵：一是体现其精神文化传承，即"传说是远古的历史，神话是远古的哲学"所表达的意蕴。二是反映氏族集体信仰，其氏族之神即"图腾"崇拜在想象中实质上就代表着其氏族本身，是其"社会统一体"被"神圣化"的象征，而其"图腾"标志则发展为其氏族、民族的象征符号，如中国的"龙"、德国的"鹰"、印度的"牛"等。三是代表血缘关系崇拜，如祖先崇拜的本质就是对本族传承、延续的祈求。所以说，古代宗教展示出古代民族之魂，具有全民族信仰的特征，并逐渐发展为古代民族的国家宗教，形成其政教合一的社会结构。恩格斯为此指出："古代一切宗教都是自发的部落宗教和后来的民族宗教。"① 政教合一的社会结构乃这一时期的典型特征，在文化上其民族与宗教也是不分的。"这样在每一个民族中形成的神，都是民族的神"，相关宗教就"在每个民族那里依各自遇到的生活条件而独特地发展起来"②。而这种民族与宗教的命运共同体也使古代民族国家的毁灭同时带来了其宗教的消亡，这已被历史所充分证实。马克思说："古代国家的宗教随着古代国家的灭亡而消亡，这用不着更多的说明，因为古代人的'真正宗教'就是崇拜'他们的民族'、他们的'国家'。"③ 宗教与民族的密切关系迄今在许多地区和民族中都得以继续留存，给人一种宗教与民族不相分离的感觉。其实，宗教也并不完全等同于民族，两者属不同范畴，彼此之间的区别也是显而易见的。对于这种既交织又区别的关系，马克思主义经典作家坚持具体分析，主张使之回到其生存

---

① 《马克思恩格斯文集》第 3 卷，人民出版社 2009 年版，第 597 页。
② 《马克思恩格斯文集》第 4 卷，人民出版社 2009 年版，第 309 页。
③ 《马克思恩格斯全集》第 1 卷，人民出版社 1995 年版，第 213 页。

的社会经济结构之中去探究、阐述。马克思主义经典作家从其社会存在决定论的思考上强调宗教或民族各自都会与其存在的社会有着直接关联，其生存处境和发展状况从根本上也受其社会经济的影响。这是宗教、民族的共同所依，基于这一根本才能透彻说明、科学解决宗教、民族问题。

马克思曾对其熟悉的犹太人和犹太教问题加以专题探讨。针对鲍威尔认为犹太人和基督徒之间最顽强的对立形式是宗教的对立，要消除二者之间的这种对立，则须废除宗教的说法，马克思回应说："只要犹太人和基督徒把他们互相对立的宗教只看做人的精神的不同发展阶段，看做历史撕去的不同的蛇皮，把人本身只看做蜕皮的蛇，只要这样，他们的关系就不再是宗教的关系，而只是批判的、科学的关系。"① 马克思反驳了鲍威尔的见解，认为这种民族问题是与社会政治连在一起的，德国的犹太人在具有人所公认的基督教性质这一国家中，首先遇到的问题并非民族或宗教问题，而是其还没有得到政治解放的问题。"因此，我们不像鲍威尔那样对犹太人说，你们不从犹太教彻底解放出来，就不能在政治上得到解放。相反，我们对他们说，因为你们不用完全地、毫无异议地放弃犹太教就可以在政治上得到解放，所以政治解放本身并不就是人的解放。如果你们犹太人本身还没作为人得到解放便想在政治上得到解放，那么这种不彻底性和矛盾就不仅仅在于你们，而且在于政治解放的本质和范畴。"② 关注这一问题的焦点不应该是宗教或民族，而只能是在政治领域。这里，马克思主义经典作家的基本思路仍然是从社会存在这一根本来观察并解决民族、宗教问题。马克思于此明确提出，要回到世俗社会来审视民族、宗教问题，用其世俗桎梏来说明其宗教桎梏，也只有消灭了这种世俗桎梏，才能根本克服宗教的狭隘性。"在我们看来，宗教已经不是世俗局限性的原因，而只是它的现象。因此，我们用自由公民的世俗束缚来说明他们的宗教束缚。我们并不宣称：他们必须消除他们的宗教局限

---

① 《马克思恩格斯文集》第 1 卷，人民出版社 2009 年版，第 23 页。
② 《马克思恩格斯文集》第 1 卷，人民出版社 2009 年版，第 38 页。

性，才能消除他们的世俗限制。我们宣称：他们一旦消除了世俗限制，就能消除他们的宗教局限性。我们不把世俗问题化为神学问题，我们要把神学问题化为世俗问题。"① 犹太人问题看似与民族（犹太人）和宗教（犹太教）问题相关，但实际上仍是其所存在的社会问题，与整个社会的解放构成一体。这种废除对犹太人的民族歧视与压迫、争取与其他民族相同权利的努力，必须与其存在社会的整体革新和民众解放结合在一起。不可能脱离社会而单独解决民族问题，其根本解决的出路仍然是与社会经济问题、社会政治关系问题的解决相结合，将之视为这一解放伟业的内在构成来推动，因为首先要全力争取整个社会的解放，只有全社会都获得解放，才可能使存在于此的相关民族实现其真正解放。所以，其关注和努力都应投向社会，进行消灭阶级剥削和阶级压迫的社会革命；一旦实现全人类的解放，民族、宗教所依存的社会发生根本变化，以此为根基的民族、宗教问题才可能得到彻底解决。

通过对犹太民族及其宗教关联的研究，马克思的思想给我们提供了妥善解决民族、宗教问题的一些重要信息。其一，民族与宗教问题的解决，必须回到其存在的社会，基于其社会的经济基础和由此构成的社会形态和社会关系来思考。为此，没有必要人为地凸显民族或宗教问题，更不能脱离其社会实际存在而另外找寻解决民族、宗教问题之途。其二，在现实社会存在中，关注民族及其宗教传统旨在各民族在这同一社会中的平等，以相互尊重来促进各民族的团结，坚决反对民族压迫和民族歧视。其三，民族反抗、民族斗争要从社会阶级斗争、无产阶级的解放这一角度来审视，对之必须加以阶级分析、社会分析；但与此同时，也不能把民族问题完全简单地等同于阶级斗争问题，其中的分寸一定要把握好。其四，民族解放、自由要从整个社会的解放、人类自由平等发展这一大局来体悟，当前的首要任务是推动社会解放，并将之视为一项长期的任务来促进，因而对其中的民族、宗教问题要科学对待，其处理办法也不能操之过急、不可简单草率。总之，对民族、宗教

---

① 《马克思恩格斯文集》第 1 卷，人民出版社 2009 年版，第 27 页。

问题及其关系的审视必须还原于其社会，回到其社会基点来考虑、处理。

二、论处理宗教与民族关系的基本策略

宗教与民族关系的处理非常复杂，有其对如何在无产阶级革命斗争和社会主义建设中正确处理宗教与民族关系问题，马克思主义经典作家对此主要提出了一些基本思路，但当时并无太多可供借鉴的实践经验。因此，其基本策略则是将宗教与民族的关系与其社会关系相关联。如果没有这种关联而想单纯解决民族问题，则很容易会出偏差。马克思主义经典作家曾论及民族的基本特征，谈到如何划分民族，以及民族自治、自决，民族联邦等问题。但这些构想的具体运用，仍必须密切联系实际，强调实事求是。不适当地突出民族区别，或人为地、强制性地加快民族融合，都会适得其反，加剧社会矛盾和民族冲突。同样，民族中的宗教信仰问题也必须谨慎对待，既不可以抬高、扶植其宗教而使某一民族特殊化，也不能贬损、打压相关民族的宗教信仰，导致其在思想共构、文化认同上的异化或偏离。马克思主义经典作家在论述宗教与民族问题时不离其基本原则和基本框架，这就是始终把民族、宗教问题作为社会总问题的一部分来看待，始终将其置于社会发展与社会革命的大框架中来解读，而不是将之剥离开来，强求其单方面的解决。同样，马克思主义经典作家强调宗教信仰是个人的私事，与民族问题并非绝对等同，二者的辩证关系要稳妥地处理好，民族问题会以宗教为名来显现，但其实质仍为社会问题，二者的交织关系也会经历社会及历史的演变。基于这种理解，那么在现代社会中就不应该将民族社团与宗教团体不加区分地完全相等同。其实，宗教团体的非政治性乃是其主要特征，其宗教观念也主要是认识层面的问题；而民族社区及其社团的社会性则更为明显一些，其社会建构更为直接地与其社会存在相连接。不过，当某一民族以某种宗教作为自己的身份标识或政治旗帜时，宗教可能成为其政治符号，其教义也可能被解读为政治理论，由此则可能使民族、宗教问题都更加复杂。恩格斯针对欧洲的情

况，在关涉民族国家的建立问题上深刻地指出："无产阶级只能采取单一而不可分的共和国的形式。"① 所以，我们把建立包含民族区域自治的单一制的共和国国家作为我们的基本国策。而在无产阶级所建立的这种新社会中，宗教信仰则只是个人的私事，宗教团体也不应再去掌握政治特权；也正是在这一意义上，恩格斯才强调："教会和国家完全分离。国家无例外地把一切宗教团体视为私人的团体。停止用国家资金对宗教团体提供任何资助，排除宗教团体对公立学校的一切影响。"②

列宁也是顺着这一思路主张使宗教问题私人化："应当宣布宗教是私人的事情。这句话通常是用来表示社会主义者对待宗教的态度的。……就国家而言，我们要求宗教是私人的事情"；"决不应当把国家的钱补贴给国家教会，决不应当把国家的钱补贴给教会团体和宗教团体，这些团体应当是完全自由的、与政权无关的志同道合的公民联合会。……教会与国家完全分离，这就是社会主义无产阶级向现代国家和现代教会提出的要求"。"任何人都有充分自由信仰任何宗教，或者不承认任何宗教，就是说，像通常任何一个社会主义者那样做一个无神论者。在公民中间，完全不允许因为宗教信仰而产生权利不一样的现象。"③ 由此可见，在社会政治层面上，无产阶级国家对宗教和民族的态度还是有所区分的；在处理宗教与民族问题时，就应在看到其关联的同时，也要辩证地分开宗教与民族问题的不同之处。在此，马克思主义经典作家注意到在审视宗教与民族问题时，必须学会识别其社会属性上的不同和在政治关系上的差异。

在宗教层面，马克思主义经典作家主张政教分离，反对宗教在国家政治生活中享有特权；这里政治乃为主的，宗教不可作为政治势力进入公共领域，因而他们不赞成把宗教信仰上的分歧夸大，反对把宗教问题提到不应有

① 《马克思恩格斯文集》第 4 卷，人民出版社 2009 年版，第 415 页。
② 《马克思恩格斯文集》第 4 卷，人民出版社 2009 年版，第 417 页。
③ 《列宁专题文集　论辩证唯物主义和历史唯物主义》，人民出版社 2009 年版，第 220—221 页。

的首要地位。恩格斯说："关于宗教问题，我们认为是完全次要的问题，这个问题在任何时候都不应该成为同一党派内的人们互相争执的理由。"① 在民族层面，马克思主义经典作家认为在处理民族问题时则不要扩大或激化其宗教问题，不要由于宗教因素的掺入而变得复杂化，民族利益主要是突出被压迫民族的共同利益，其宗教诉求也不应该影响大家共有的政治任务和共同使命。列宁认为："被压迫阶级为创立人间的天堂而进行的这种真正革命斗争的一致，要比无产者对虚幻的天堂的看法上的一致更为重要。"② 他强调不要"把宗教问题提到它所不应有的首要地位"，以致"分散真正革命斗争的、经济斗争的和政治斗争的力量"③。宗教问题和民族问题以及两者的关系问题，其处理和解决都不是首要层面的，应该基于社会主义革命和建设这一基本任务的执行和完成来透彻、全面、稳妥地思考和处理。认识和解决宗教与民族关系问题，要注意到其特殊性，但不要过于突出其独特地位，而应与认识和解决其社会现实问题相结合，因为宗教与民族问题之根都在其社会。同理，我们要注意到民族关系中宗教问题的特殊性和敏感性，但不应凸显其宗教意义或将民族问题宗教化，而也必须回到其赖以生存发展的社会层面；社会建设、社会发展才是硬道理，才是最根本的，我们要从对其社会结构及社会现实的分析中找到正确认识民族宗教问题的途径和答案，并以社会关系的协调、社会问题的解决来理顺宗教与民族的关系，真正解决其出现的相关问题。所以，对其社会经济结构和政治体制的审视才是最根本的，应在此基础上看到宗教与民族问题的关联和区别，对之持稳妥、谨慎的态度。

第七节　马克思主义经典作家论宗教与文化的关系

宗教与文化的关系是现代社会关注宗教的一个焦点，在中国学术界也一

---

① 《马克思恩格斯全集》第 47 卷，人民出版社 2004 年版，第 489 页。
② 《列宁专题文集　论辩证唯物主义和历史唯物主义》，人民出版社 2009 年版，第 222 页。
③ 《列宁专题文集　论辩证唯物主义和历史唯物主义》，人民出版社 2009 年版，第 223 页。

直是一个颇受关注的问题。人类的早期文化常以祭、礼为特点，本身就有着深厚的宗教蕴涵。西文"文化"表述的词源就有耕作、教化、敬拜之意，涉及物质和精神两大层面。马克思主义经典作家因侧重社会经济政治方面而没有把论述宗教与文化的关系问题作为重点，仅有相对零散的论述；但马克思、恩格斯等人在晚年因文化人类学的出现及其研究成果的问世也开始关注宗教与文化问题，提出其基本构设和理论思考。

一、从人类文化形态来看宗教

马克思主义经典作家在注意到宗教与文化及文明的关系问题时，开始对人类文化形态及其不同类型感兴趣。那么，人类文化形态与宗教有什么联系，这是马克思和恩格斯多有思考的。在研究人类文化形态上，马克思主义经典作家探索了宗教文化意识及文化形态的问题，有着文化哲学意义上的探究。

马克思主义经典作家对此问题的研究重点是经济基础，以此构成其政治经济学和政治哲学的思考。但这些研究均与文化有关，以文化为平台而使其视域得以扩大。文化以其普泛性的表述而涉及物质、制度、活动、思想等方面，是人类群体物质和精神构建的综合反映。而在人类文化的发展中，宗教起着重要作用，尤其是在人类文化的初创时期占有重要位置。恩格斯在界定宗教时曾说："一切宗教都不过是支配着人们日常生活的外部力量在人们头脑中的幻想的反映，在这种反映中，人间的力量采取了超人间的力量的形式。"[①] 宗教中"幻想的反映"这种本质特性，说明了人在"日常生活"的物质活动之外还有重要的精神活动，这就使人类文化中既有务实、具体的创建，也有想象、梦幻的因素；文化在物质层面的突飞猛进，不仅带来其制度、建构层面的稳固和巩固，而且也有精神层面的比翼双飞。物质文化的发展需要创造力，而精神文化的突破则依赖于想象力。在物质文化难以突破的

---

① 《马克思恩格斯文集》第 9 卷，人民出版社 2009 年版，第 333 页。

领域，宗教从一开始就试图超越自我的这种局限，但这种超越只能借助于想象力，只能是"幻想的反映"、梦呓的语言，由此而形成其超人间、超自然的审视。特别是在人类的早期，其有限意识对自然、对社会的反映只能是模糊的，难有确切性。所以，宗教理解乃是借助于想象，以"神话"来表述，其对外在整体的认识因而既模糊又虚幻。基于这种特性，人们把这种靠神化来把握世界的宗教视为幻想性、虚幻性、象征性、寓意性的神秘文化。宗教作为这种神秘文化，构成人类整体发展史上的童年时期就得以萌生的一种文化形态，虽有其种种稚嫩，但其丰富的想象力却为之提供了生命的动力，使之以古老而"年轻"的姿态存活至今、影响至今。

马克思曾指出人类掌握世界有四种不同的方式："具体总体作为思想总体、作为思想具体，事实上是思维的、理解的产物；但是，决不是处于直观和表象之外或驾于其上而思维着的、自我产生着的概念的产物，而是把直观和表象加工成概念这一过程的产物。整体，当它在头脑中作为思想整体而出现时，是思维着的头脑的产物，这个头脑用它所专有的方式掌握世界，而这种方式是不同于对于世界的艺术精神的。"[1] 人类对其外在世界的认知或把握乃一种"整体"性的把握，这种"整体"的不确切性、无限可能性，使有限的人类之把握只能是模糊的、相对的，但也使之有着把握世界的多种可能及方式，由此亦构成人类文化形态的多样性和多层次性。而宗教的把握则是人类文化形态的中的重要一类。

马克思在上述见解中已经触及人类把握外在世界之精神活动的四种不同方式：理论精神方式、艺术精神方式、宗教精神方式和实践精神方式。其中所论及的宗教精神方式曾被人视为马克思对宗教的本真理解，说出了宗教最为根本的真谛。这至少说明马克思主义经典作家在论宗教时注意到宗教作为人类思想文化形态这一重要定位。从人类文明史、宗教史来看，这种宗教精神方式的把握在整个人类文化发展中占有很大比重，有着重要地位。人类志

---

[1] 《马克思恩格斯文集》第 8 卷，人民出版社 2009 年版，第 25 页。

在掌握世界整体，其思维特征乃为整体思维，但由于人类认识发展不可能彻底克服其有限性，因而在其认知发展阶段即"永在途中"的整体把握只能是一种模糊把握、象征把握或神秘把握，此即宗教把握的本质属性。因此，宗教精神方式的把握曾经非常活跃，迄今仍然有其市场。所以，马克思将这种宗教精神方式视为人类四大精神活动方式之一，其作为人们熟知的文化形态不仅有其独立活动空间，而且与理论精神方式、艺术精神方式和实践精神方式也有着密切关联和交互影响。马克思主义经典作家以这种方式承认了宗教的文化性，提醒人们不可忽略宗教这种文化形态。

二、从人类文明发展来看宗教

一部人类文明发展史，其中许多内容都是宗教文化的展现，或至少与宗教文化有着不可分割的联系。马克思主义经典作家认为，宗教与文化的关联，从人类文明发展的历史上就可以得到很好的说明。宗教立于所有文明民族发展的初始阶段，曾经用其独特的想象力而"用人格化的方法来同化自然力"、将自然乃至人类自我"神化"。所以说，在很长的历史发展时期，宗教的发展是与人类文明的发展相重叠的。这种宗教的普遍影响乃人类文明历史的一大特色。

在分析具体宗教与人类文明的关联时，恩格斯以基督教为例对之有过如下说明："对于一种征服罗马世界帝国、统治文明人类的绝大多数达 1800 年之久的宗教，简单地说它是骗子凑集而成的无稽之谈，是不能解决问题的。只有根据宗教借以产生和取得统治地位的历史条件，去说明它的起源和发展，才能解决问题。对基督教更是这样。"① 这段论述触及基督教与人类文明发展的关联，恩格斯称基督教为"统治文明人类的绝大多数达 1800 年之久的宗教"，可见基督教对人类文明影响的时空之广远。基督教诞生在东

---

① 《马克思恩格斯文集》第 3 卷，人民出版社 2009 年版，第 592 页。

方，承继了希伯来、巴比伦、埃及、波斯、希腊等古代文明的元素，确立在罗马帝国，将希伯来文明与希腊文明有机结合；崛起于欧洲中世纪，成为西方文明的象征和代表；扩展在近、现代转型之际，随之发展为世界第一大宗教，对世界许多地区的文明发展有着重要影响。所以，从人类文明历史的发展演变来审视、评价基督教，是客观、科学认识基督教不可缺少的环节。

宗教与文化的关联，涉及许多方面。首先，宗教是文化，即人类社会存在的一种灵性文化，反映了人类的精神现象学；其次，宗教只是文化表现形态的一种，文化有着更多范围的涵括；再次，文化通过宗教文化、民族文化等得到丰富的展现；最后，宗教与文化的本质关系通过宗教反映出相关文化特色、文化涵括宗教而得以体现。在宗教的发展过程中，会扬弃其原初的文化特色，既有淘汰、改造，也有一定程度上的保留和弘扬。而且，马克思主义经典作家还注意到相关宗教与相关地域、民族文化的特别结合及密切关系。例如，按其发展轨迹，人们会说基督教主要代表西方文化，与欧美文化发展演进有着独特关系；而伊斯兰教则反映出东方文化特色，尤其是阿拉伯文化最集中、最典型的表述。恩格斯说："伊斯兰这种宗教适合于东方人，特别适合于阿拉伯人。"① 在其最初阶段，伊斯兰教与东方文化关系密切、与众不同，"由于保持着它的特殊东方仪式，它的传播范围就局限在东方"及其周边地区，"在这些地方它能够成为主要的宗教，而在西方却不能"②。虽然在当代"全球化"的发展中，伊斯兰教也大量流入西方社会，但仍非西方主流宗教。而许多宗教也经历了东西方文化的交流，出现了前所未有的互渗和重组，形成了"门外青山如屋里，东家流水入西邻"的局面。所以，马克思主义经典作家主张结合人类文明史来研究宗教，从文化史的角度来观察、评价宗教的发展及其文化使命的履行。

---

① 《马克思恩格斯文集》第 4 卷，人民出版社 2009 年版，第 476 页注 1。
② 《马克思恩格斯文集》第 3 卷，人民出版社 2009 年版，第 599 页。

三、从民族文化精神来看宗教

马克思主义经典作家在研究古代宗教时已经论及宗教与民族文化精神的关系问题。其实，这种关系不仅在古代，而在人类随后的发展中亦得以传承、延续。在许多情况下，宗教都被理解为民族文化之魂，代表着相关民族的精神表述或文化象征。由此可见，宗教与民族社团生存及民族文化精神有密切关联，甚至有着唇亡齿寒的依存关系。在这种研究中，马克思主义经典作家也开始有着社会人类学和文化人类学的关注和评价。

从对民族问题的探讨，马克思主义经典作家接触到当时人类学的学科发展及其最新成果。马克思晚期曾结合古代社会史和文化人类学的研究来探讨宗教问题，对民族文化精神中所体现的宗教意趣有相应思考。民族文化精神最初的表述多为一种宗教形态的表述，特别是在人类早期形成原初社会及相关氏族或民族的进程中，宗教往往会成为相关民族文化精神的代表或象征。这种以宗教形式反映的民族文化精神是其民族生存和发展的重要因素和内在动力，并会在其民族成员中形成其民族文化符号、打下思想烙印。这样，宗教就会在相关民族精神家园的守护中因与其民族文化的紧密联系而成为其标志、象征，代表其文化符号和表征。恩格斯指出，"古代一切宗教都是自发的部落宗教和后来的民族宗教，它们从各民族的社会条件和政治条件中产生，并和这些条件紧紧连在一起"[1]，"大部分是每个有亲属关系的民族集团所共有的这些原始的宗教观念，在这些集团分裂以后，便在每个民族那里依各自遇到的生活条件而独特地发展起来……这样在每一个民族中形成的神，都是民族的神"[2]。恩格斯在此说明了民族宗教与民族存在的文化关联及命运共在，作为相关民族文化精神载体的宗教会成为其民族之魂，并与其民族共存亡。这在古代社会最为典型。而且，这种民族宗教的熏染随着时间的推移

---

[1] 《马克思恩格斯文集》第3卷，人民出版社2009年版，第597页。
[2] 《马克思恩格斯文集》第4卷，人民出版社2009年版，第309页。

还会作为文化积淀而形成其民族的心理内蕴及其民族性格，在外则体现为其民族风俗、习惯，从而共构其民族文化传统。对于民族文化中的这种宗教色彩或表征，我们应该要有历史的审视和说明。当然，在现代民族的发展中，其情况也发生了很大的变化。当古代社会解体后，这种宗教与民族的关联就出现了分化或嬗变。古代民族的消亡与其宗教的消失只是一种现象。此外还有多种复杂发展，如古代民族本身或融入其他民族共构一个新的民族，将其宗教等民族文化元素也带入其内加以重构，或本身如犹太民族那样在失去国家、离开家园之后以其民族宗教为精神支撑和精神家园来顽强存活，其间在离散、迁徙和流浪中经历了其民族的变迁和宗教的发展。另外，宗教原来所表达的相应民族文化精神也会出现变化，即这种宗教有可能超越其原初民族之限而得以扩展，从而获得其历史延续，如基督教、犹太教、佛教等世界性宗教就是这种发展的典型事例。在此，宗教的文化价值既保留了一定的原初民族文化精神元素，又在不断以开放之势来自我超越、自我扩大。这样，宗教作为人类精神文化遗产也会超越时空阻隔和其原来民族、阶级的局限，使之得以长久存在。马克思主义经典作家主要注意到宗教与古代民族文化精神的关联，而对宗教的文化发展亦有所展望和预测。

四、从人类思想文化来看宗教

宗教的政治属性和意识形态属性是基于对宗教社会存在、阶级依属的分析，这是马克思主义宗教观所坚持的基本立场。此外，马克思主义经典作家也认为还应该对宗教有文化审视，即将宗教视为人类文化形态中的一部分，并由此指出宗教和其整体文化形态一样都受其社会存在及经济基础的制约、被其所决定。如果人们能以文化存在形式的理解来看待社会上的宗教现象，那么则可更多地发现宗教与人类思想文化的密切交织和有机关联。

马克思主义经典作家突出并强调了宗教的社会存在和经济状况之根本，指出宗教是其社会存在的反映。而对于这种反映形式，马克思主义经典作家也从人类思想、思维发展的意义上进行了探讨，通过分析宗教与人类思想文化的关系，马克思主义宗教观中的这种社会反映论则更有其文化厚重。在论及宗教的认识根源时，马克思主义经典作家已经展示，宗教除了其社会性这一根本特征之外，也具有自然性、心理性、精神性特征，并且指出宗教观念的产生与发展也从认知上、情感上反映出人的抽象思维能力的进化发展。马克思主义经典作家否定宗教中的神灵观念，指出其乃人对压迫其生存的外部力量的幻想反映，也认为它是人对其存在共同体、理想社会存在的颠倒想象，并认为这种彼岸、超人间的幻境或幻影并不真正存在。但对宗教中这种神灵观念的嬗变、演化，马克思主义经典作家则从人的思想文化认知层面进行了客观分析，认为人的这种思想活动、认知进步、理论发展则是真实存在的，并指出它实质上说明了人在认识上所表现出的抽象、概括、归纳和整合的思想能力，反映出人的思维发展。对这种宗教思想、信仰思维从一个重要侧面展示人类思想文化发展、演进过程的现象，马克思主义经典作家乃高度重视，而没有轻易否定。

在人的认识层面，马克思主义经典作家认为宗教观念虽然是一种"折射""投影"的"异化"或"颠倒"的形式，实际上也反映出人对自我的认知，即对人的认识不断抽象化发展加以了相应表达。恩格斯在论及古代宗教观念时曾说，古代氏族社会"有共同的宗教观念（神话）和崇拜仪式"，"他们的神话迄今还远没有得到考证性的研究；他们已经给自己的宗教观念——各种精灵——赋予人的形象"[①]，这里，恩格斯指明宗教及其神明都与人相关，"其实神不过是通过人在自己的不发达意识这个混沌物质 [Hyle] 中对人的反映而创造出来的"，所以说"神"乃"人的自我意识"，是"对人的反映"，"由于一切宗教的内容起源于人，它们才在某些地方还可求得人的尊敬"[②]。通过宗教这种异化、颠倒的形式，实际之人被虚幻化，而想象中的虚幻之神却有

---

① 《马克思恩格斯文集》第 4 卷，人民出版社 2009 年版，第 106 页。
② 《马克思恩格斯全集》第 3 卷，人民出版社 2002 年版，第 519—520 页。

着实在的人类学内容，也就是说，神"只是人本身的相当模糊和歪曲了的反映"①。从对人的不死灵魂的想象到神人同形同性的勾勒，人即以神灵的形象而开始了对自我的抽象认知。这样，宗教观念已在用一种"无意识"的形式反映出人类思想文化史上对自我"主体"的认识，这一进程要远远早于苏格拉底"认识你自己"之哲学"主体"认知的历史。

在对外在世界的整体认识上，马克思主义经典作家指出宗教观念以一种模糊、神秘的方式反映出人对外在自然的抽象认知和整体把握。恩格斯说："通过自然力的人格化，产生了最初的神。随着各种宗教的进一步发展，这些神越来越具有了超世界的形象。直到最后，通过智力发展中自然发生的抽象化过程——几乎可以说是蒸馏过程，在人们的头脑中，从或多或少有限的和互相限制的许多神中产生了一神教的唯一的神的观念。"② 这种发展过程说明人以宗教认识的方式而从其局部认识逐渐升华到对整体的认识，在其对外在世界的认识中，"最初的宗教表现是反映自然过程、季节更替等等的庆祝活动。一个部落或民族生活于其中的特定自然条件和自然产物，都转变为它的宗教"，"自然……始终是宗教的隐蔽的背景。那些表明神与人不同的特性，就是自然的特性"，也就是说，宗教"采取了超人间的力量的形式"来体认、概括"自然"这种对人而言的外部存在和"外部力量"，以找寻人所没有的特性，"这就是万能性，永恒性，普遍性等等"③。此即达到了一种对世界（宇宙）的整体性审视。雅斯贝尔斯在谈到"轴心时代"人类文明之宗教真正兴起之际的特点时，也指出了宗教的这种思维就在于"人"通过反思"意识到整体的存在、自我和自我的限度"。人以其有限存在却通过宗教这种想象性思维而模糊、神秘地认识到世界之整体存在，这样，宗教观念就曲折地反映出了人类思想文化史上人对外在"客体"（整个宇宙）之认知的抽象概括及整合能力。这种认识虽然是幻想的、唯心的，却仍有其认识论、认识

---

① 《马克思恩格斯全集》第 3 卷，人民出版社 2002 年版，第 521 页。
② 《马克思恩格斯文集》第 4 卷，人民出版社 2009 年版，第 277—278 页。
③ 《马克思恩格斯全集》第 47 卷，人民出版社 2004 年版，第 416 页。

史上的意义和价值。

在人的认识之综合、共构性上，马克思主义经典作家强调宗教观念反映出人对客体与主体、自然与社会的综合认识能力，这种系统性整合、共构使人的认知得到飞跃，达到了一定的文化升华。特别是在分析"一神教"之"绝对一神论"的产生时，马克思主义经典作家既注意到其反映的社会整合、一统，也意识到其表达的思想认知之整合、升华，因而证实了宗教认识具有这种整体思维和综合归纳的认知特点。虽然宗教认识是通过抽象、幻想而达到的，但其认知基础仍不离其社会存在，保持了其对社会（颠倒的）反映。恩格斯为此指出，"没有统一的君主就决不会出现统一的神"，这个"统一之神"有着自然和社会之双重表达，其在自然意义上是要表明它"支配着形形色色的自然现象，联合着各种互相对抗的自然力"，而在社会意义上则是要说明其对政治一统的反映，因为"这个专制君主在表面上或实际上联合着利益冲突、彼此敌对的个人"[1]。马克思主义经典作家对当时比较神话学理论的超越和突破，就是克服其认为"神"只反映自然力量的片面性，而指出"神的形象"既有"自然"反映也有"社会"反映这"两重性"，并在以其合二为一之"抽象的人的反映"上形成了共构与整合。恩格斯说："最初仅仅反映自然界的神秘力量的幻想的形象，现在又获得了社会的属性，成为历史力量的代表者。在更进一步的发展阶段上，许多神的全部自然属性和社会属性都转移到一个万能的神身上，而这个神本身又只是抽象的人的反映。这样就产生了一神教。"[2] 正是在这一意义上，恩格斯强调："人就是宗教的最终目标，人的神化是宗教的最终目的。"[3] 恩格斯还针对费尔巴哈认为"基督教的神只是人的虚幻的反映、映象"这种较为空洞之论而加以更为具体的分析，说明"这个神本身是长期的抽象过程的产物，是以前的许多部落神和民族神集中起来的精华。与此相应，被反映为这个神的人也不是一个现实的人，而同样

---

① 《马克思恩格斯全集》第 47 卷，人民出版社 2004 年版，第 418 页。
② 《马克思恩格斯文集》第 9 卷，人民出版社 2009 年版，第 333 页。
③ 《马克思恩格斯全集》第 47 卷，人民出版社 2004 年版，第 417 页。

是许多现实的人的精华，是抽象的人，因而本身又是一个思想上的形象"①。显然，马克思主义经典作家在此并不是简单地停留在"有神""无神"之争，更没有轻易地全盘否认宗教中的"造神"运动，而是以一种文化审视的眼光、思想发展的态度来看待宗教观念的发展，既以历史之实又以辩证之维来揭示宗教与人类思想文化形成、演进之间的双向互动，说明两者相互依存的复杂关系。这种唯物、辩证的对"神"之审视和评说，是值得我们好好思考和认真学习的。

在人的认识得以系统归纳而上升到理论层面的思考上，马克思主义经典作家也认为宗教观念的系统化、体系化本身反映其对人类思想文化体系的构建起到了促成作用。这里，马克思主义经典作家并不是简单地对宗教教义、宗教神学加以批判和否定，而是从宗教观念的教义化、神学化上揭示出人类思想文化的形成和发展过程，肯定其乃相关文化因素、思想经验不断凝聚、积累、提炼的结果，从而有了这种整合、体系化的呈现。宗教教义和神学虽然是以虚幻的形式来表达，而究其内核则不难发现其蕴含着非常实际的历史文化内容，甚至在某种程度上也代表着相关文化和文明发展的水平以及其思想、思维所达到的高度。马克思主义经典作家指明了"神学的实质……就是调和和掩盖绝对对立的两极"，并注意到其"调和"两极对立的思维能力及认知方式，因而承认其"具有科学外貌"的文化形态。恩格斯曾说："当基督教想自命是科学时，它的形式就是神学。"②而且，马克思主义经典作家特别是恩格斯还专门研究了基督教在形成时对东西方文化因素的吸纳及整合，认为它乃古代地中海世界各种思想文化融汇、整合与共构的结晶和代表。恩格斯对此曾总结说："新的世界宗教，即基督教，已经从普遍化了的东方神学、特别是犹太神学同庸俗化了的希腊哲学、特别是斯多亚派哲学的混合中悄悄地产生了。"③由此可见，马克思主义经典作家对世界宗教所具有的整合

① 《马克思恩格斯文集》第4卷，人民出版社2009年版，第290页。
② 《马克思恩格斯全集》第2卷，人民出版社2005年版，第535页。
③ 《马克思恩格斯文集》第4卷，人民出版社2009年版，第309—310页。

能力有着客观的认识，并揭示文明性宗教在其形成过程中所经历的对相关人类文化思想的梳理、吸纳，由此而达到了其理论化和系统化。

总之，马克思主义经典作家并没有忽视宗教的文化意义，而且还开始探寻宗教与人类早期文明的具体关联，对宗教展开了文化层面的审视。马克思主义经典作家认为，既然宗教反映出"人类本质的永恒本性"，那么就应该注意到这种"本性"就包括人的"社会性"和"文化性"，故而强调既要研究人的社会历史，也要重视人的文化历史。马克思主义经典作家承认人类历史文化运动也会"带有宗教的色彩"，从而主张将宗教与文化结合起来一并研究。对于宗教与文化的关系，以及宗教是否为文化、宗教代表什么文化等问题时，不能抽象、简单地加以否定回答，不能仅仅采取"嘲笑和攻击"的方式，而必须结合其社会处境、时代背景以及其反映的文化发展阶段来"从科学方面来克服它，也就是说从历史上来说明它"①。宗教文化研究的基础即历史研究，因此宗教史的研究也必须与人类文明史、社会文化史的研究密切结合。

第八节　马克思主义经典作家论宗教与政治的关系

宗教作为人类社会长期存在的现象与政治有着复杂关系，宗教的社会存在和历史发展几乎没有离开过政治，马克思主义经典作家对宗教与政治关系的考量也是其宗教研究的重中之重。除了对宗教的社会政治、经济之说明外，马克思主义经典作家还特别重视政教关系问题，对之有过许多阐述。其中列宁关于资本主义与宗教、社会主义与宗教以及无产阶级政党与宗教的关系，有着更多的思考和说明。综合来看，马克思主义经典作家所论及的政教关系，大致包括宗教与政治、宗教与政权、宗教与政党这三个方面。

---

① 《马克思恩格斯全集》第18卷，人民出版社1964年版，第654页。

一、论宗教与政治的关系

本来，宗教与政治应该分属于两个不同的范畴，彼此之间不具替代性，也不应该相互混淆。但在现实社会中，这种政教界限并不是很清晰，两者的交织也异常复杂。为此，马克思主义经典作家也特别关注宗教的政治层面，故此也多有分析、探究。所以，弄清楚宗教与政治的关系及关联，是了解马克思主义宗教观的一个重要方面。

从政治学的理解来看，所谓政治是指"上层建筑领域中各种权力主体维护自身利益的特定行为以及由此结成的特定关系"①。政治是经济的集中体现，是社会的主要表现，是人类群体存在形式发展到一定时期后的产物，由此成为最重要的社会现象。政治的根本特点是其集体性、社团性、组织性，即在这种群体建构中用公共的强制力来对社会人群及其事务进行治理，所以政治乃与权力相结合，影响其公众权利的实施和维系，因而也就反映出这种因社会经济关系变化而形成的社会张力和阶级或阶层对抗。政治显示了由于社会生产方式、产品分配形式、经济制度结构等导致的不同经济利益、社会利益之间的对峙、博弈或联合，表现出相关利益集团为各自利益所展开的有组织的权力斗争和社会运动。而在阶级社会中，政治集中表现为阶级斗争，并会采用战争等暴力行为，故有"政治是不流血的战争，战争是流血的政治"之说。所以，马克思主义经典作家指出："一切阶级斗争都是政治斗争。"②政治是人类事务最重要、也最复杂的因素，包括参与各阶级之间的斗争，参加社会利益的分配，以及参与相关的国家事务等，其具体活动如创建某一思想指导的社会政党，建立相关制度的国家政体，为其国家规定发展方向，确定其社会参与的活动形式、任务和内容等。马克思主义经典作家亦构设了在阶级消亡之后的社会政治，认为此时的政治则主要表现为调整人民内部的关

---

① 《中国大百科全书·政治学》，中国大百科全书出版社 1992 年版，第 481 页。
② 《马克思恩格斯文集》第 2 卷，人民出版社 2009 年版，第 40 页。

系、管理相关社会的公共事务、维护社会共在的公平及和谐等。所以说，政治集中体现为人类社会的群体行为，其中起主导作用的是代表相关社会群体的政党、集团和势力在处理公共事务、内外关系上的政策、举措及活动。政治行为和政治活动则有其政治理念或政治信仰的指导、引领。这些就构成了人类社会的政治文化。

从其社会存在形式看，宗教与政治显然区别很大、范围各异，人们的政治态度与其宗教信仰之间并不存有必然联系，政治行为与宗教活动也各有其不同领域。所以，从其基本意义而言，宗教信仰的不同或宗教认知的对立并不必然导致其相关人群在政治上的不同或对立。宗教对立与政治斗争是互不相同的。然而，宗教在现实社会生活中却仍与政治发生了密切关联，这时我们必须面对（而不能否认的）就是政教之间的相互作用和影响。究其原因，马克思主义经典作家在此揭示出其社会存在层面的根本关联，宗教归根结底受其社会现实存在的影响，而其社会的经济、政治状况则势必反映到其宗教信仰之中，这样就使人的社会政治态度与宗教信仰之间发生了联系，而作为私人事务性质的宗教则可能成为某一利益群体的信仰表述。在具体社会存在中，宗教信仰不再可能是纯为独立的、孤立的，而很有可能成为某种社会政治要求的载体或代言，从而会以社会政治力量的方式面世。为此，亦有人认为宗教绝非"纯粹私人的事务"。宗教和政治一样也是群体存在，有其组织或社团形式。现实社会中的宗教组织如果致力于某种政治意向的追求，则会变为宗教政党，在社会上发挥其政治作用。于是，原本分属不同范畴的宗教与政治，在现实社会存在中却联系起来，构成所谓"政教关系"。为此，马克思主义经典作家根据其现实社会的考察来对宗教与政治的复杂关系加以剖析，指出其有如下一些相互关联。

首先，马克思主义经典作家认为宗教在社会中会服务于相关政治利益，从而被某种政治目的所用。马克思主义经典作家在论及宗教的社会作用时主要是看到宗教与政治的关联，由此指出宗教在人类历史上被用于政治、服务于政治这一基本事实。宗教的这种政治之用有其两重性，社会对立的双方都会利用宗教来为其政治目的服务。在阶级社会中，主要是统治阶级会利用宗教，使宗教为其社会及思想统治服务，其结果是宗教遂成为阶级压迫、剥削的社会工具。在此，宗教主要以"君权神授"来为统治阶级服务，让社会统治神圣化，即以社会现状乃"天意"来给其社会套上一层"神圣外衣"，使之有着躲避社会批判的"神圣光环"。马克思在评价基督教的这种政治意义时曾经指出："基督徒生活在政治制度各不相同的国家里：有的在共和政体的国家，有的在君主专制的国家，有的在君主立宪的国家。基督教并不能判定制度的好坏，因为它不懂得它们之间的差别，它像宗教应该教导人们那样教导说：你们要服从执掌权柄者，因为任何权柄都出于神。"宗教之神在此就成为社会统治、国家权柄的保护伞，社会制度的好坏已是次要的，只要其权力来自神明则得以证明其合法、合理性。马克思对这种"君权神授"的基督教观念批评说，人们"就不应该根据基督教，而应该根据国家的本性、国家本身的实质，也就是说，不是根据基督教社会的本质，而是根据人类社会的本质来判定各种国家制度的合理性"①。同样，恩格斯也批评了基督教在封建社会中的政治作用："封建的教会组织利用宗教把世俗的封建国家制度神圣化"②，"它给封建制度绕上一圈神圣的灵光。它按照封建的方式建立了自己的教阶制……它本身就是最有势力的封建领主"③。这种宗教观念对人们思想的束缚有效地维护了统治者的利益，对其统治政权的巩固起到很大作用。就是在宗教改革中，这种服从神治的思想模式也没能加以根本改变。恩格斯在批评路德宗教改革中的妥协及其给德国农民战争带来的厄运时曾对路德的信仰概括说："神授君权，唯命是从，甚至农奴制度都由圣经认可了。"④这样，宗教的神统观念对世俗统治政治的保护阻碍了社会进步的历史发展。

① 《马克思恩格斯全集》第 1 卷，人民出版社 1995 年版，第 225—226 页。
② 《马克思恩格斯全集》第 21 卷，人民出版社 1965 年版，第 545 页。
③ 《马克思恩格斯文集》第 3 卷，人民出版社 2009 年版，第 509 页。
④ 《马克思恩格斯文集》第 2 卷，人民出版社 2009 年版，第 244 页。

　　不过，马克思主义经典作家同样指出被统治阶级也会利用宗教来捍卫、争取自己的利益，这样，宗教在反抗压迫、剥削和统治的政治斗争中成为其"外衣""旗帜"，也就是说，被压迫阶级由此也会找到其现实利益与宗教信仰之间的"神圣"纽带。上述维系剥削、压迫统治的基督教，在此却成为被压迫者、被统治者进行反抗的精神支柱和思想武器。恩格斯指出："原始基督教的历史与现代工人运动有些值得注意的共同点。基督教和后者一样，在产生时也是被压迫者的运动：它最初是奴隶和被释奴隶、穷人和无权者、被罗马征服或驱散的人们的宗教。"[①] 宗教在这种政治作用上显然也有两重性，被作为剥削、压迫统治工具的基督教在此也可以成为反抗其剥削、压迫统治的工具，所以说宗教这一工具关键在被谁所用、为谁所掌握。在这种政治利用中，宗教及其作用本身也会出现裂变，如当基督教在封建社会嬗变为维护其封建统治的工具后，被统治者的反抗就会表现为对这一教会本身的攻击，要摘除其维护封建统治的"灵光圈"，而其宗教改革运动也会以回到早期教会、恢复其淳朴的原初基督教本来面目为口号。恩格斯说："显然，在这种情况下，一切针对封建制度发出的全面攻击必然首先就是对教会的攻击，而一切革命的、社会和政治的理论大体上必然同时就是神学异端。为了有可能触犯当时的社会关系，就必须抹掉笼罩在这些关系上的灵光圈。"[②] 所以，宗教的政治之用充满了弹性，有着众多可能性。当然，究其实质，这种以宗教为"旗号"的改革仍指涉社会改革，体现为直接的政治行动。"德国还在宗教改革时代就有自己的社会改革家。在路德开始宣布教会改革、鼓动人民起来反对教会权力以后不久，德国南部和中部的农民掀起了总起义，反对他们的世俗的主。路德经常表述，他的目的是在教义和实践中都恢复原始基督教；农民也持完全相同的立场，因此，他们要求不仅在教会教规中，而且在社会实践中，都恢复原始基督教。他们认为，他们身处的邪恶的和受奴

---

① 《马克思恩格斯文集》第 4 卷，人民出版社 2009 年版，第 475 页。
② 《马克思恩格斯文集》第 2 卷，人民出版社 2009 年版，第 235—236 页。

役的状况是和圣经的教义不一致的。……这种状况同最早的基督徒的公社以及圣经上阐述的基督的教义截然对立。"① 在其现实运用中，甚至会出现直接将其宗教信仰与其现实社会追求相结合、相等同的趋势，如在德国农民战争中"闵采尔的政治理论是同他的革命的宗教观紧密相连的；正如他的神学远远超出了当时流行的看法一样，他的政治理论也远远超出了当时的社会政治条件。正如他的宗教哲学接近无神论一样，他的政治纲领也接近共产主义。……闵采尔的纲领，与其说是当时平民要求的总汇，不如说是对当时平民中刚刚开始发展的无产阶级因素的解放条件的天才预见。这个纲领要求立即在人间建立天国，建立早已预言的千年王国；其途径是恢复教会的本来面目，并废除同这种似乎是原始基督教会而实际上是崭新的教会相冲突的一切机构。闵采尔所理解的天国不是别的，只不过是这样一种社会状态，在那里不再有阶级差别，不再有私有财产，不再有对社会成员而言是独立的和异己的国家政权"②。这里，宗教界限已经被跨越而直接进入了政治领域。由此观之，宗教与政治的界限在现实社会中也只是相对而言。

马克思主义经典作家认为，宗教与政治之所以相关联，其根本原因还是为了人类生存最基础的物质利益和条件。其关系故也只能从现实物质基础来说明，看到其反映的物质利益追求，揭示其所希望表达的物质条件和人类生存状况的根本改观。恩格斯说："16 世纪的所谓宗教战争首先也是为着十分实际的物质的阶级利益而进行的。这些战争同后来英国和法国的国内冲突完全一样，都是阶级斗争。如果说这些阶级斗争当时是在宗教的标志下进行的，如果说各阶级的利益、需要和要求都还隐蔽在宗教外衣之下，那么，这并没有改变事情的实质，而且也不难用时代条件来加以解释。"③ 宗教与政治的关系归根结底仍是反映人的社会存在及其经济关系，既然如此，这种关系在现实社会中也就应该回到政治本身，宗教一旦卷入政治、变成政治的代

---

① 《马克思恩格斯全集》第 3 卷，人民出版社 2002 年版，第 485 页。
② 《马克思恩格斯文集》第 2 卷，人民出版社 2009 年版，第 248 页。
③ 《马克思恩格斯文集》第 2 卷，人民出版社 2009 年版，第 235 页。

理，那么对其处理的办法同样也只能是在政治领域，采取政治的手段。马克思因而将这种关系加以政治性还原，指出其问题的根本解决乃在于"必须推翻使人成为被侮辱、被奴役、被遗弃和被蔑视的东西的一切关系"①；政治在这里则已经成为首因和根本，"在我们看来，政治解放对宗教的关系问题已经成了政治解放对人的解放的关系问题"②。

其次，马克思主义经典作家强调宗教与社会主义、共产主义在世界观即意识形态领域是根本不同的。恩格斯指出："基督教和工人的社会主义都宣传将来会从奴役和贫困中得救；基督教是在死后的彼岸生活中，在天国里寻求这种得救，而社会主义则是在现世里，在社会改造中寻求。"③"天国"与"人间"的解脱、"务虚"或"务实"的解放，遂形成宗教与政治之间的鲜明对照。因此，"即使圣经里有若干段落会有利于注解共产主义，但是圣经教义的整个精神是同共产主义、同一切合乎理性的措施截然对立的"④。列宁也明确表示："我们社会民主党人对基督教学说采取否定的态度。"⑤列宁因此反对"把科学社会主义同宗教结合起来"⑥。这里，马克思主义经典作家表明了宗教观念与社会主义、共产主义观念政治对立的态度，不过，根据马克思主义经典作家上述态度的上下文背景，其所指则主要是针对在剥削制度中存在的宗教而言；而在社会主义制度中宗教观念与社会主义核心价值体系的关系，马克思主义经典作家则尚未涉及，是其留给后人的课题。

最后，马克思主义经典作家主张实行宗教信仰自由政策，坚持各种宗教在法律面前应该一律平等。马克思、恩格斯指出："人权并不是使人摆脱宗

---

① 《马克思恩格斯文集》第 1 卷，人民出版社 2009 年版，第 11 页。
② 《马克思恩格斯文集》第 1 卷，人民出版社 2009 年版，第 27 页。
③ 《马克思恩格斯文集》第 4 卷，人民出版社 2009 年版，第 475 页。
④ 《马克思恩格斯全集》第 3 卷，人民出版社 2002 年版，第 483 页。
⑤ 《列宁全集》第 15 卷，人民出版社 1988 年版，第 15 页。
⑥ 《列宁全集》第 45 卷，人民出版社 1990 年版，第 198 页。

教，而是使人有信仰宗教的自由。"① 马克思还说："每一个人都应当有可能满足自己的宗教需要，就像满足自己的肉体需要一样。"② 列宁也同意这一基本立场，他说："社会民主党人要求每个人都有充分的、完全自由地随便信仰哪种宗教的权利。……而且应该有传布任何一种宗教和改信宗教的完全自由。哪一个官吏都根本无权过问任何人信什么教，因为这是个信仰问题，谁也不能干涉。不应该有'占统治地位的'宗教或教会。一切宗教，一切教会，在法律面前应该一律平等。"③"任何人都有充分自由信仰任何宗教，或者不承认任何宗教，就是说，像通常任何一个社会主义者那样做一个无神论者。在公民中间，完全不允许因为宗教信仰而产生权利不一样的现象。"④ 当然，需要着重指出的是，对这种宗教信仰之自由的论述，始终只是附属于或只是被"人之解放"这一主题所根本决定的。换言之，任何抛开反抗社会压迫、进行社会变革（即在当时的马克思主义经典作家所处的）的时代背景，来谈所谓的信仰自由，都是片面和错误的。

马克思主义经典作家关于宗教与政治之关系的论述，是以根本的社会物质需求、经济利益为立足点的。宗教与政治的结合或冲突，不应从宗教层面来分析、判断，而应该回到社会政治层面来观察、思考。在政教关系上，政治才是更为根本的，政治考量也更加重要。所以，处理好政教关系应多"讲政治"。马克思要求人们"更多地在批判政治状况当中来批判宗教，而不是在宗教当中来批判政治状况"⑤，所以要结合政治状况而分析宗教，看到宗教对政治的依属，而不要把宗教问题上纲上线到政治问题，故意夸大宗教的政治作用。当然，这种政教关系的错综复杂，还需要我们结合其具体的社会存在来做出政治判断，对之加以正确的政治选择。

---

① 《马克思恩格斯文集》第 1 卷，人民出版社 2009 年版，第 312 页。
② 《马克思恩格斯文集》第 3 卷，人民出版社 2009 年版，第 448 页。
③ 《列宁全集》第 7 卷，人民出版社 1986 年版，第 150 页。
④ 《列宁专题文集 论辩证唯物主义和历史唯物主义》，人民出版社 2009 年版，第 220 页。
⑤ 《马克思恩格斯文集》第 10 卷，人民出版社 2009 年版，第 3—4 页。

二、论宗教与政权的关系

马克思主义经典作家对宗教与政权的关系也有很多思考，触及宗教与国家、宗教与政府等具体问题。国家是阶级产生以后形成的一种政治组织，是相关民族、相关群体的命运共同体，它会以其政治权力核心来发挥作用，进行国家治理。政权即指国家中的这种政治权力，为该国家公共权力的代表，其构成包括行使行政职权的政府和整个国家的立法、司法、执法机构，以及国家武装力量等。国家政府就是其国家政权发挥治理作用的机构，不同的国家政权组织形式就构成了不同的社会政体。宗教与政权的关系即宗教与国家的关系，包括宗教组织在相关国家中的社会地位，其与国家政权的结合、依附、凌驾、掌控或分离等关系。在人类历史上，这种关系一般表现为"政教合一""政教协约"和"政教分离"这三种模式，其中"政教合一"的关系在古代世界较为普遍，"政教分离"则为现代世界多数国家所推崇或奉行，而"政教协约"则只是相关国家在从"政教合一"走向"政教分离"之间的一种过渡形式，在人类历史发展中相对而言则较为少见。

马克思主义经典作家对"政教合一"的政教关系有过分析、研究。这种"政教合一"实质是指"政权和神权合而为一的政治制度。其基本特点是：国家元首和宗教领袖同为一人，政权和教权由一人执掌；国家法律以宗教教义为依据，宗教教义是处理一切民间事务的准则，民众受狂热和专一的宗教感情所支配"①。不过，除了这种"政教合一"的典型形式外，在一些国家或地区的"政教合一"状况也发生了嬗变，出现了国家元首与宗教领袖并非一人的现象，以及在某些以"国教"为象征的国度中国家元首兼宗教领袖只具有象征意义而无政治实权等现象。总体来看，"政教合一"在人类古代世界乃普遍现象，而在人类世界由中古到近代发展的时期也较为典型，这较为集中地出现在许多信奉伊斯兰教的阿拉伯国家和波斯文化传统国家中，以及在

---

① 《中国大百科全书·政治学》，中国大百科全书出版社1992年版，第481页。

信奉基督教的西方国家中，而在东方世界特别是亚洲一些受佛教影响的国度中也很常见。按照马克思主义经典作家的理解，古代社会的"政教合一"体现为民族国家与民族宗教密切结合的关系。恩格斯说："古代一切宗教都是自发的部落宗教和后来的民族宗教，它们从各民族的社会条件和政治条件中产生，并和这些条件紧紧连在一起。宗教的这种基础一旦遭到破坏，沿袭的社会形式、传统的政治设施和民族独立一旦遭到毁灭，那么从属于此的宗教自然也就会崩溃。……民族神一旦不能保卫本民族的独立和自主，就会自取灭亡。"① 如前所述，这种政教关系展示了"民族神"与"民族国家"的直接关联。"这样在每一个民族中形成的神，都是民族的神，这些神的王国不越出它们所守护的民族领域，在这个界线以外，就无可争辩地由别的神统治了。只要这些民族存在，这些神也就继续活在人们的观念中；这些民族没落了，这些神也就随着灭亡。"② 显然，马克思主义经典作家在此发现了古代宗教"政教合一"的奥秘就在于这种民族性表征，由此才有"民族宗教"与"民族国家"的合一或统一，也就是从古代民族"世俗的现实的基础"上看到其宗教与其民族政治的关联。这些古代民族宗教的实质，就是以其独有的宗教形式来崇拜自己的"民族国家"、维系自己赖以生存的"民族社会"。这样，宗教与民族就拴在了一起，两者同命运、共荣辱。所以说，古代民族国家的"真正宗教"在其实际内容上并不虚幻，而是实实在在地对其民族及民族国家的崇拜和忠贞，其信奉的"神明"故而也有实在的民族、历史蕴涵，并非虚无缥缈之空论。"不是古代宗教的灭亡引起古代国家的毁灭，相反，是古代国家的灭亡引起了古代宗教的毁灭。"③ 一旦民族社会的基础崩塌，其宗教神明亦随之消失；其反映的对象不在，这种反映本身则无影无踪。而随着多民族统一国家的建立，其"政教合一"则是其国家政治权力"统一"的象征。其国家中"统一的君主"是与其宗教中"统一的神"互动并呼应的。所

---

① 《马克思恩格斯文集》第 3 卷，人民出版社 2009 年版，第 597 页。
② 《马克思恩格斯文集》第 4 卷，人民出版社 2009 年版，第 309 页。
③ 《马克思恩格斯全集》第 1 卷，人民出版社 1995 年版，第 213 页。

以恩格斯说："没有统一的君主就决不会出现统一的神，至于神的统一性只不过是统一的东方专制君主的反映，那个神支配着形形色色的自然现象，联合着各种互相对抗的自然力，而这个专制君主在表面上或实际上联合着利益冲突、彼此敌对的个人。"① 这样，马克思主义经典作家对"政教合一"中的宗教与国家政权的关系就说得非常透彻了。

"政教协约"在历史上并不多见，只是近代政教合一走向现代政教分离过程中的产物，也间接反映出一些国家社会世俗化的演变。这种以制定"协约"、通过相互妥协的方式来商定政教关系的现象主要发生在法国大革命之后拿破仑与天主教罗马教皇签订的协约，以及近现代发展中意大利与梵蒂冈先后签订的政教协约。对此，马克思主义经典作家除对法国大革命的相关关注外基本没有论及。

"政教分离"是马克思主义经典作家谈得较多的议题。这种"政教分离"是目前大多数现代国家处理政教关系的基本方式，有一定的普遍性。为此，在对社会主义国家政教关系的构设中，马克思主义经典作家前瞻性地描述了这种关系，而且主要是强调应当实行"政教分离"政策，使政治归政治、宗教归宗教，并希望宗教真正成为私人的事情。例如，马克思、恩格斯曾提出："彻底实行政教分离。各教派牧师的薪金一律由各个自愿组织起来的宗教团体支付。"② 恩格斯还说："教会和国家完全分离。国家无例外地把一切宗教团体视为私人的团体。停止用国家资金对宗教团体提供任何资助，排除宗教团体对公立学校的一切影响。"③ 列宁也反复说过："应当宣布宗教是私人的事情。这句话通常是用来表示社会主义者对待宗教的态度的。……就国家而言，我们要求宗教是私人的事情"；"决不应当把国家的钱补贴给国家教会，决不应当把国家的钱补贴给教会团体和宗教团体……教会与国家完全分

---

① 《马克思恩格斯全集》第 47 卷，人民出版社 2004 年版，第 418 页。
② 《马克思恩格斯全集》第 5 卷，人民出版社 1958 年版，第 4 页。
③ 《马克思恩格斯文集》第 4 卷，人民出版社 2009 年版，第 417 页。

离，这就是社会主义无产阶级向现代国家和现代教会提出的要求"①。但这些表述只是马克思主义经典作家当时非常超前的预设，他们是从资本主义消亡后的理想社会来谈论，而对社会主义国家的实际宗教状况无法获得真正的了解，甚至创建了第一个社会主义国家的列宁也因为其早逝而还没来得及深入研究社会主义国家的宗教关系问题，对其早先的预论也还没能通过社会主义的实践来加以检验。

马克思主义经典作家把"政教分离"视为马克思主义在看待宗教与政权关系上的基本观点，而且认为这种"政教分离"在社会主义社会尤为重要。列宁特别强调宗教由此能成为纯粹"私人的事情"，而宗教团体同样也"应当是完全自由的、与政权无关的志同道合的公民联合会"②。将宗教视为"与政权无关的""公民联合会"，这是列宁对社会主义社会中"宗教团体"的基本定位，故而也被中国当代一些学者所提倡和鼓励。从理想意义上来看，宗教的非政治实体化、非政权化应当是宗教正常发展的有效之途，应该促进宗教的私人化和向社会服务化方向发展。这些表述的确是马克思主义经典作家在处理社会主义国家中宗教与政权关系上的重要原则，也是马克思主义宗教观对宗教社团在社会主义国家中存在方式的基本定位。不过，马克思主义经典作家的这些表述对社会主义社会国家政权与宗教的关系也只能是一种预设。

三、论宗教与政党的关系

马克思主义经典作家对宗教与政党的关系也极为关注，但其所论则主要是无产阶级政党与宗教的关系问题。在现代社会中，宗教与政党的关系一方面在于宗教信徒会以私人身份参加相关政党，在表达其政治选择的同时亦

---

① 《列宁专题文集　论辩证唯物主义和历史唯物主义》，人民出版社 2009 年版，第 220—221 页。

② 《列宁专题文集　论辩证唯物主义和历史唯物主义》，人民出版社 2009 年版，第 220 页。

可能会形成对该党的影响；另一方面则是相关宗教组织在社会政治中也会表现为支持或反对某些政党，甚至会出现宗教与政党结合而产生宗教政党的现象。

这类宗教政党在西方社会较为普遍，多为资产阶级宗教政党，如西欧社会中的各种基督教民主党。在当代阿拉伯世界，也涌现出一些伊斯兰教政党，如伊斯兰共和党、真主党、穆斯林兄弟会、伊斯兰革命阵线等。此外，在苏联解体后，当今俄罗斯及一些东欧国家也出现了各种宗教政党。这些宗教政党都对相关国家的政治局势和社会发展产生了相应影响，从而在政教关系中引人注目。

马克思主义经典作家对资本主义国家的宗教政党有所观察，但没有将之作为需要探究的重要问题。他们对无产阶级政党与宗教的关系则有着相关思考，其中谈论较多的则是列宁，他论述的重点在于阐述国家与无产阶级政党在和宗教的关系上各不相同，认为国家可以将宗教作为私人事情来对待，但无产阶级政党则不能将宗教视为私人的事情。列宁说："就国家而言，我们要求宗教是私人的事情，但是就我们自己的党而言，我们无论如何也不能认为宗教是私人的事情。"① 列宁所论涉及很多方面，包括无产阶级政党对宗教的态度、与宗教的斗争以及宗教信徒能否加入无产阶级政党等问题。列宁认为，"对于社会主义无产阶级的政党，宗教并不是私人的事情。我们的党是争取工人阶级解放的觉悟的先进战士的联盟。这样的联盟不能够而且也不应当对信仰宗教这种不觉悟、无知和蒙昧的表现置之不理。我们要求教会与国家完全分离，以便用纯粹的思想武器，而且仅仅是思想武器，用我们的书刊、我们的言论来跟宗教迷雾进行斗争。……对我们来说，思想斗争不是私人的事情，而是全党的、全体无产阶级的事情"②。这里，列宁强调了无产阶级政党与宗教的本质不同，主张从其政党的思想觉悟层面应与宗教作斗争，

---

① 《列宁专题文集 论辩证唯物主义和历史唯物主义》，人民出版社 2009 年版，第 220 页。

② 《列宁专题文集 论辩证唯物主义和历史唯物主义》，人民出版社 2009 年版，第 221—222 页。

328 | 马克思主义经典作家关于宗教的基本观点研究

但这种斗争只能运用"纯粹的思想武器"而不应将其范围随意扩大。然而在对待信教人士上，列宁却认为也可以吸纳宗教信仰者加入无产阶级政党，当然这种允许是以使他们获得党纲精神的教育为旨归，但不能让其在党内宣传宗教观点。列宁指出，"不禁止基督教徒和信仰上帝的人加入我们的党"①，"如果有一个司祭愿意到我们这里来共同进行政治工作，真心诚意地完成党的工作，不反对党纲，那我们就可以吸收他加入社会民主党，因为在这样的条件下，我们党纲的精神和基本原则同这个司祭的宗教信念的矛盾，也许只是关系到他一个人的矛盾，只是他个人的矛盾，而一个政治组织要用考试的方法来检验自己成员所持的观点是否同党纲矛盾，那是办不到的。……如果这位司祭加入社会民主党之后，竟在党内积极宣传宗教观点，以此作为他主要的甚至是唯一的工作，那么党当然应该把他开除出自己的队伍。我们不仅应当容许，而且应当特别注意吸收所有信仰上帝的工人加入社会民主党，我们当然反对任何侮辱他们宗教信念的行为，但是我们吸收他们是要用我们党纲的精神来教育他们，而不是要他们来积极反对党纲"②。列宁在论及无产阶级政党与宗教关系时思想开阔，尽管他觉得这种情况可能很"难以想象"，却仍出于团结一切可以团结之力量这一现实考量表示可以让宗教信仰者甚至宗教教职人员（司祭）加入无产阶级政党。对宗教人士入党，列宁谈到两个基本原则：一是在他们入党后还允许他们继续保留自己的宗教信仰，而且其他党员还应该尊重他们的宗教信仰，"反对任何侮辱他们宗教信念的行为"，但决不允许他们在党内宣教；二是他们入党后必须严格遵守党纲的规定，严禁他们反对党纲。不过，对这种表述的理论意义和实践可能性，迄今仍还缺乏深入的讨论或严密的逻辑论证。

在思想精神层面，马克思主义经典作家认为，无产阶级政党按照自己信守的政治理念，则不能信仰宗教，而必须与宗教划清界限。虽然恩格斯等人

---

① 《列宁专题文集　论辩证唯物主义和历史唯物主义》，人民出版社 2009 年版，第 222 页。
② 《列宁专题文集　论无产阶级政党》，人民出版社 2009 年版，第 177—178 页。

曾经将早期基督教与早期工人运动做过比较，但在对宗教的整体认识意义上，则坚持不可等同宗教与社会主义、共产主义，认为它们之间不可混淆。马克思、恩格斯曾批评泛谈"基督教就是共产主义"之说，他们在反驳基督教牧师克利盖调和共产主义与基督教时指出："克利盖是在共产主义的幌子下宣传陈旧的德国宗教哲学的幻想，而这种幻想是和共产主义截然相反的。信念，即对'共性的圣灵'的信念，这正是共产主义为求本身实现时最不需要的东西。"① 正因为马克思、恩格斯是从基督教信仰走出来而树立起共产主义理想的，所以也坚决反对这种混同可能导致的回到基督教的思想观念。当时西方基督教界曾经试图与共产主义对话，拉近两者的距离，他们曾宣称在"共产主义斗争的目的"中至少有一些观念与其宗教观念相似，提出了"使爱的宗教成为真理"，其"最神圣的要求就是完全把个人融在相爱者的社会中"，以及"这种爱的热情的流露，舍己为人的决心，对共同体的神圣的渴望……就是共产主义者最隐蔽的宗教"② 等说法，但马克思主义经典作家认为在阶级社会中面对阶级压迫的存在而空谈这种抽象之爱毫无意义，基督教站在为统治阶级服务的立场，却不区分阶级差异、无视阶级斗争的存在而奢谈什么"全人类""人道""人类"和"无产阶级"就代表"人类"等"空洞的字眼"，"只会使一切实际问题变成虚幻的词句"③，这势必混淆视听，妨碍无产阶级革命和阶级斗争的进行，实际上则帮了统治阶级的忙。所以，马克思主义经典作家否定了"基督教就是共产主义"这一公式，恩格斯在分析"圣经里有若干段落会有利于注解共产主义"时还特别强调"圣经教义的整个精神"是与"共产主义""截然对立"的④。列宁此后也明确表示："我不能也不想同那些鼓吹把科学社会主义同宗教结合起来的人交谈。"⑤ 当时无产阶级政

---

①　《马克思恩格斯全集》第 4 卷，人民出版社 1958 年版，第 14 页。

②　《马克思恩格斯全集》第 4 卷，人民出版社 1958 年版，第 14—15 页。

③　《马克思恩格斯全集》第 4 卷，人民出版社 1958 年版，第 17 页。

④　《马克思恩格斯文集》第 3 卷，人民出版社 2009 年版，第 448 页。

⑤　《列宁全集》第 45 卷，人民出版社 1990 年版，第 199 页。

党承担着推翻一个旧世界的伟大使命，反对任何调和、妥协，所以对来自维系统治阶级利益的宗教对话采取了批判的态度。

　　但在无产阶级夺取政权后，无产阶级政党作为执政党在社会主义条件下如何处理与宗教的关系，则是一个仍然值得深入探讨的新课题。马克思主义经典作家所讲，主要还是在无产阶级夺取政权之前无产阶级政党与宗教的关系。这里涉及"宗教信仰自由"与"同宗教斗争"之间的度如何把握的问题。马克思主义经典作家坚持，无产阶级政党对于"信仰自由"问题得从宗教与国家、宗教与政党这两个方面来思考，各自处理方式是不同的。在国家层面，宗教对于国家而言可以作为"私人的事情"而获得其"信仰自由"；但在无产阶级政党层面，这种宗教"信仰自由"对其成员则只是相对的，在党内并无这种绝对自由，而且对宗教会持一种排拒之态。马克思说："资产阶级的'信仰自由'不过是容忍各种各样的宗教信仰自由而已，工人党则力求把信仰从宗教的妖术中解放出来。"① 列宁也认为："我们甚至承认耶稣会教徒有自由传道的权利，可是我们反对……耶稣会教徒同无产者结社。"② 这里，马克思主义经典作家说得很明确，宗教当时是站在资产阶级一边的，无产阶级政党不仅与宗教有着思想观念上的分歧，而且更有阶级对立上的根本不同。为此，虽然无产阶级政党在国家关系上承认宗教信仰自由，肯定人们有信奉任何宗教的权利及选择，但这并不表示无产阶级政党本身会拥护这些宗教，恰恰相反，无产阶级政党仍会坚持同宗教世界观作斗争。其与宗教有神论的根本区别，就在于无产阶级政党是坚持无神论立场的政党。而当时强调、坚持无神论，就是想将广大群众从为剥削阶级服务的宗教那边拉过来，这是与其反对剥削阶级的政治斗争直接关联的。尽管如此，在马克思主义经典作家看来，无神论宣传仍应该服从党的基本任务，为此要高度重视宗教问题，并对宗教展开系统、深入的研究，但不要将宗教问题本身提到其不应有

---

　　① 《马克思恩格斯文集》第 3 卷，人民出版社 2009 年版，第 448 页。

　　② 《列宁全集》第 7 卷，人民出版社 1986 年版，第 219 页。

的首要地位，更不要将斗争的重心放在宗教上——这是就批判那种以为进行了宗教批判就能实现人之解放的观点而言的。恩格斯说："迫害是巩固不良信念的最好手段！有一点是毫无疑义的：在我们的时代唯一能替神帮点忙的事情，就是把无神论宣布为强制性的信条，并以禁止一切宗教来超越俾斯麦的文化斗争中的反教会法令。"① 列宁继承了恩格斯的思想并进而表示，"向宗教宣战是一种愚蠢的举动，指出这样宣战是提高人们对宗教的兴趣、妨碍宗教真正消亡的最好手段"②。"我们应当同宗教作斗争。这是整个唯物主义的起码原则，因而也是马克思主义的起码原则。但是，马克思主义不是停留在起码原则上的唯物主义。马克思主义更前进了一步，它认为必须善于同宗教作斗争，为此应当用唯物主义观点来说明群众中的信仰和宗教的根源。同宗教作斗争不应该局限于抽象的思想宣传，不能把它归结为这样的宣传；而应该把这一斗争同目的在于消灭产生宗教的社会根源的阶级运动的具体实践联系起来。"③ 列宁明确表示同宗教斗争的目的是服务于"消灭产生宗教的社会根源的阶级运动"，即与阶级斗争的"具体实践"相联系。这是马克思主义经典作家要求同宗教作斗争的社会基础和历史前提。"无产阶级专政应当把剥削阶级（地主和资本家）和助长群众愚昧的宗教宣传的组织之间的联系彻底摧毁。无产阶级专政应当坚持不懈地使劳动群众真正从宗教偏见中解放出来，为此就要进行宣传和提高群众的觉悟，同时注意避免对信教者的感情有丝毫伤害，避免加剧宗教狂。"④"同宗教偏见作斗争，必须特别慎重；在这场斗争中伤害宗教感情，会带来许多害处。应当通过宣传、通过教育来进行斗争。斗争过激会引起群众的愤恨；这样进行斗争会加深群众因宗教信仰而造成的分裂，而我们的力量在于团结。"⑤"我们的宣传也必须包括对无神论

① 《马克思恩格斯文集》第 3 卷，人民出版社 2009 年版，第 362 页。
② 《列宁专题文集　论无产阶级政党》，人民出版社 2009 年版，第 172 页。
③ 《列宁专题文集　论无产阶级政党》，人民出版社 2009 年版，第 174 页。
④ 《列宁专题文集　论无产阶级政党》，人民出版社 2009 年版，第 195 页。
⑤ 《列宁全集》第 35 卷，人民出版社 1985 年版，第 181 页。

的宣传；出版有关的科学书刊……现在应当成为我们党的工作之一。"①这里，马克思主义经典作家谈无产阶级政党同宗教作斗争也有两条底线，一是这种斗争是无产阶级反对剥削阶级之阶级斗争的需要，是要打破剥削阶级与宗教组织的联系和对宗教蒙蔽群众的利用；二是同宗教作斗争和无神论之宣传"必须特别慎重"，要避免伤害宗教感情，要使这种斗争和宣称服从并服务于无产阶级政党推翻剥削制度这一基本任务。马克思主义经典作家于此讲得非常理智、很有分寸，而且与其社会、时代的处境关联。所以说，马克思主义经典作家在此所担心的就是"把宗教问题提到它所不应有的首要地位"，以致"分散真正革命斗争的、经济斗争的和政治斗争的力量"②。在其看来，政治任务是首要的、首选的，对宗教的态度、对宗教的策略都应服从这种政治任务的需要。在当代中国，显然与马克思主义经典作家所坚持与之斗争的那种宗教与剥削阶级的关系类型不同，其所言"同宗教作斗争"的时代环境也已经改变，无产阶级政党执政后的政治任务也与以往明显不同，因此，我们对宗教的态度及策略是继续"简单套用"马克思主义经典作家在其社会时代处境之所言，还是按照中国共产党今天的政治任务及历史使命来重新审视呢？这是值得我们深思熟虑的重大理论问题和现实实践问题。

综上所述，宗教与政党的关系在整个政教关系中有其独特之处，其面对的任务也与众不同，值得我们冷静思考。在马克思主义经典作家当时的视域中，无产阶级政党与宗教显然有着本质的区别，两者之间因为有着阶级依属的不同、与统治阶级关系的不同、政治立场的不同，从而凸显其思想意识和世界观的不同及斗争。但马克思主义经典作家仍然强调，这种思想斗争必须服从无产阶级政党的基本任务和社会主义、共产主义事业的大局，绝不可因小失大。在政教关系问题上，政治是主要的、决定性的，政治因素会影响宗教，而宗教问题的彻底解决也在于政治问题的根本解决。马克思说："政治

---

① 《列宁专题文集　论辩证唯物主义和历史唯物主义》，人民出版社 2009 年版，第 222 页。
② 《列宁专题文集　论辩证唯物主义和历史唯物主义》，人民出版社 2009 年版，第 222 页。

国家的彼岸存在无非是要肯定这些特殊领域自身的异化。政治制度到目前为止一直是宗教领域，是人民生活的宗教，是同人民生活现实性的尘世存在相对立的人民生活普遍性的天国。"① 这种社会、政治领域的异化是马克思主义经典作家审视宗教的时空背景，所以他们当时已经意识到消除这种异化需离开宗教领域而回返政治领域、社会领域，应把重点和精力放在解决社会经济、政治问题上。

---

① 《马克思恩格斯全集》第 3 卷，人民出版社 2002 年版，第 42 页。

第三章

中外学者关于马克思主义经典作家对宗教的论述的主要争论

马克思主义经典作家关于宗教的论述引起了普遍关注和系统研究。无论是社会主义国家还是西方资本主义社会，都曾对马克思主义宗教观展开了讨论和研究。在列宁之后，苏联和东欧社会主义国家理论界对马克思主义宗教观开展过学习和研讨，以宣称无神论为重点，并对中国当代理论界和学术界产生过影响。西方社会对马克思主义宗教观的关注最初是宗教社会学领域内的讨论，人们把马克思主义的宗教理论视为宗教社会学的一大学派。但随着当代西方马克思主义的兴起，亦出现西方马克思主义宗教观的相关理论学说，引起人们的普遍关注。西方宗教理论界尤其是基督教神学界自20世纪60年代开始与马克思主义、社会主义重新对话，也有对马克思主义宗教观的各种回应，并在拉美天主教内部形成"解放神学"等受马克思主义理论影响的现代思潮。这些对马克思主义宗教观的探讨，也促发了在相关主题上的意见分歧和学术争论，其商榷或交锋迄今仍在延续。这些研讨或争论，自然也深化了对马克思主义经典作家有关宗教之论的理解。

第一节　关于"宗教是人民的鸦片"的争论

一、1949 年至 1978 年中国学者的相关讨论

在这一时期，中国理论界和学术界对宗教的理解基本上受苏联时期有关宗教的论述之影响。1956 年，唐尧在《哲学研究》第 5 期发表了《马克思列宁主义与宗教问题》一文，分析了宗教的起源、宗教的本质以及中国共产党对待宗教的基本态度和策略等问题。唐尧在文中指出，马克思主义经典作

家并没有将宗教作为永恒现象来看待，也没将宗教视为人类的天性，因为宗教在人类早期并不存在，只是原始社会中在一定历史条件下的产物；而对宗教的正确解释，则应从意识之外、从人的物质生活条件来说明。质言之，是因为社会生产水平的低下和社会关系的局限而导致了宗教的产生。按照马克思对"宗教是人民的鸦片"的阐述，唐尧认为宗教的本质就是对社会现实生活歪曲、幻想的反映，故此宗教和鸦片的功能一样，都是以暂时的欢愉和抚慰而对人的身心造成了更大的伤害，导致人的精神损失；宗教散布了各种关于"天堂幸福的谎话"，但这并不能给人们带来真正的幸福，而只能"削弱人们为争取美好生活的斗争意志"，反而让人在现实生活中更加痛苦。在唐尧看来，马克思主义与宗教有着根本对立，在思想意识上不可调和，而必须与之进行坚决斗争；不过，这种斗争也应该讲究策略，不能独立、单独来论同宗教的斗争，而必须将之视为整个无产阶级革命事业的一部分；这样，在实际操作中对待宗教则不能采取行政手段和强迫命令的方法，不可简单粗暴，而仍然要实行宗教信仰自由政策，对信教群众采取说服教育的方式、仅仅通过展开思想斗争来使之逐渐摆脱宗教的影响；因此，无神论的宣传也只有与革命斗争的实践相结合才能真正发挥其有效作用。很显然，唐尧对宗教的理解，基本上是继承了列宁的说法，是对列宁的宗教观展开了解说。

　　新中国成立以来，关于宗教理解有几次重大讨论或争论。最早的一次发生在 20 世纪 60 年代，当时中国学术界主要围绕"宗教"与"迷信"、如何理解"宗教是人民的鸦片"等关键问题展开了一场大讨论。牙含章于 1959 至 1964 年之间在一些报刊发表了几篇系列文章，对相关问题提出了他的观点和论证。对此，游骧、刘俊望于 1963 年在《新建设》第 9 期发表《马克思列宁主义宗教观的几个问题》一文，又于 1964 年在《红旗》杂志发表《正确认识和处理宗教问题》的论文，这些文章对牙含章的观点做出回应，阐述了他们对马克思主义宗教观的解释。在他们看来，恩格斯在《反杜林论》中关于"一切宗教都不过是支配着人们日常生活的外部力量在人们头脑中的幻想的反映，在这种反映中，人间的力量采取了超人间的力量的形式"这段论述就是马克思主义经典作家关于宗教的定义，而马克思关于"宗教是人民的鸦片"这一论断则是对宗教本质的界定。在他们看来，宗教作为"幻想的反映"显然是一种"意识形态"的表现，它虽属于"精神世界"的问题，其起源却在其社会根源，这种社会性才是最重要的，因此必须从人的社会物质条件中去寻找宗教的真正根源；而在阶级社会中，社会力量的压迫乃是宗教存在与发展的主要根源。他们认为，宗教的这种根源决定了宗教自始至终都具有"鸦片"的性质，因此对社会主义也只能起消极作用；所以，在社会主义社会执政的无产阶级政党必须加强思想教育，逐步削弱宗教的影响，促成其尽早消亡。

针对上述观点，牙含章于 1964 年在《文汇报》发表《有关宗教几个理论问题的理解》一文，随后又将他此前发表的相关论文汇集成书，于 1964 年署名《无神论和宗教问题》出版，从而引起了中国理论界的进一步注意和更广泛的讨论。牙含章认为马克思所言"宗教是人民的鸦片"不是泛指，而是专指，"不是说的一般宗教，更不是讲原始社会的宗教，而是论述当时德国无产阶级面临的革命任务"，"具体说是指当时德国的宗教而言"。这就注意到了马克思所言宗教的时空背景问题，分析了马克思这一定论的上下文关联。牙含章引起人们极大兴趣之论，则是他有关"宗教"与"迷信"之关系及区分的说法。针对"宗教和迷信是一回事，世界上的一切迷信都是宗教"的观点，他提出了"宗教是迷信，但并不是一切迷信都是宗教"的论点[1]，即认为宗教要更为精致一些，从思维形式的层面而言要高于许多低俗的迷信。牙含章的这些阐述，在理论界进一步引起了关于究竟什么是"马克思列宁主义宗教观"的激烈讨论。1965 年，梁浩、杨真在《新建设》11—12 期发表《宗教从来就是人民的鸦片》一文，认为"宗教一贯是人民的鸦片，一切宗教都是人民的鸦片，宗教在哪里存在，它就在哪里麻醉人民，宗教在没有消亡之前它的鸦片烟作用就永远不会改变"。该文借此也批评了牙含章在"美

---

① 牙含章：《无神论和宗教问题》，上海人民出版社 1979 年版，第 133 页。

化"宗教，从而背离了马克思主义宗教观。这一讨论的基本倾向是将马克思主义宗教观归结为"宗教是人民的鸦片"这一论断，以此强调宗教在本质上是反动的、落后的，从而形成了当时对宗教批判的看法。

二、1978 年以来中国学术界的理解与争论

自 1978 年中国进入改革开放的发展以来，关于马克思所言"宗教是人民的鸦片"这一论断，仍然是当代中国学术界讨论最多、争论也最为激烈的焦点。针对"宗教是否为鸦片"，中国学者在 20 世纪 80 年代展开了一场大讨论，成为继 20 世纪 60 年代那场争论之后的第二次大争论，而争论的核心问题就是如何理解马克思关于"宗教是人民的鸦片"这一表述。这一时期的代表性论文按照其发表的时间顺序包括谦学的《从宗教与鸦片谈起》（1980），张继安的《学习马克思关于宗教的几个基本理论问题》（1982），吕大吉的《试论宗教在历史上的作用》（1982）和《马克思主义宗教观的形成和发展》（1985），徐如雷的《宗教是社会主义社会的上层建筑》（1985），赵复三的《究竟怎样认识宗教的本质》（1986），宗尧的《试析马克思青年时期对宗教的认识发展——兼谈对"宗教是鸦片"的理解》（1986），江平的《认真学习马克思主义宗教理论和党的宗教政策》（1986），俞朝卿的《再论宗教的本质和社会作用》（1987），吕大吉的《关于宗教本质问题的思考》（1987）等。

对于如何理解"宗教是人民的鸦片"这一论断，在这场争论中形成两大观点，一种观点认为"宗教是人民的鸦片"之表述是马克思主义关于宗教本质的定性之说，另一种观点则认为这种说法只是马克思的比喻之说，不能作为其对宗教的定性之论，更不能将之拿到当代中国来简单套用。

持前一种观点的一些学者坚持认为，"宗教是人民的鸦片"这一说法乃马克思"概括了宗教的本质，说明了宗教的社会作用"，指出"宗教就如同人们吸食了鸦片以后所产生的幻想一样，人们妄图在这些幻想中得到暂时的

安慰"①。尽管如此，这些学者也承认"精神鸦片"在本质上不可与"物质鸦片"简单等同，应具体分析在现实社会中宗教的"镇痛"和"麻醉"作用；解决宗教问题的根本在于解决宗教之所以产生的社会问题，如果这些社会问题仍然存在，作为其反映的宗教当然也会继续存在。还有学者认为，虽然不能把马克思主义宗教观仅仅归结为"宗教是人民的鸦片"，但这一论断已被列宁视为马克思主义在宗教问题上"全部世界观的基石"，因此不能动摇。吕大吉当时则指出，马克思的这一论断实际上包括三方面内容：一为宗教是人们在"颠倒的世界"所需要的安慰，也为其辩护提供了普遍根据；二为宗教只能给人民以"幻想的幸福"，因而只是给人们精神锁链以"虚幻的花朵"来掩饰；三为宗教指人们在现实苦难中的"表现"和"抗议"，这种"抗议"在形式上看似有积极作用，但实质上并无积极意义，因为它无助于抗议者的真正解放，其"抗议"所起的作用仍是作为"精神鸦片"而麻醉人民。不过，在这次争论后，吕大吉等人也认为对马克思主义理论不仅要跟着说，更要继续接着说，从而提出不少创新的观点及见解。

持后一种观点的一些学者则认为，马克思这一论断并不是对宗教的定义，也不是对宗教本质的断言，马克思在此更没有对宗教加以简单否定和批评。从马克思整个行文语气来看，其对信教群众的同情和理解则跃然纸上，马克思分析了产生宗教的根源，而且指明其根源本身在社会，指出宗教反映了人类经济、政治和社会现实，因此对宗教的批判"已经结束"，马克思这种表述的实质是"社会批判"及其相关的政治、经济、法律批判。至于"鸦片"这种表述，在马克思之前欧洲就已有许多学者、包括宗教人士用鸦片来比喻宗教，并非马克思的发明，如基督教布道家克伦玛，思想家海涅、黑格尔、费尔巴哈等人都用过类似表达。"可见，'宗教是人民的鸦片'这句话的发明权，归到海涅或费尔巴哈名下，或许更恰当些。无论海涅或费尔巴哈都把宗教描述为从外面'滴入受难人民的苦杯'，'向他施用鸦片'"，"在马克思写

---

① 张继安：《学习马克思关于宗教的几个基本理论问题》，《世界宗教研究》1982 年第 4 期。

下这句话的时候，鸦片是一种贵重的止痛药，穷人用不起，穷人有苦痛就转向宗教，以求解脱。"也就是说，马克思借用"鸦片"来论宗教，只是顺便借用了当时已经流行的比喻，主要是对鸦片镇痛治病功能的承认。但这种"鸦片"之说则不能不顾其应用的时空背景而直接用到中国，因为"这同后来视鸦片为毒品有一个时代的差距。而十九世纪中叶以来的中国人，经历的第一次奇耻大辱就是鸦片战争，痛恨鸦片，视之为西方殖民主义用以毁灭中华民族的毒剂，这种认识和由此引起的强烈感情反应是很自然的"①。此外在当代中国，其社会基础、社会制度都发生了根本变化，"如果把宗教的本质简单地说成是'鸦片'，就会认定它对人们只有'麻醉作用'，从而闭眼不看它在历史上起了各种不同的作用的复杂情况，也不看今日我国各民族绝大多数宗教徒，在中国共产党领导下，和广大人民一道建设社会主义的事实"②。基于上述考虑，这些学者认为在中国社会主义时期已不能再强调"宗教是人民的鸦片"，因为如果继续承认这一"鸦片"论，那么按照马克思这一论述的内在逻辑，则实际上把我们的社会主义社会也等同于和旧社会一样的"颠倒的世界"，并对我们的现存制度和我们的人民也推出负面的评价。在当代中国国情中不能再用"鸦片"比喻来界定宗教至少有两种原因，一是要看到中国社会制度的变化，二是要看到中国人在经历了"鸦片战争"后用"鸦片"来形容宗教在人们心理上的承受能力。

　2001 年 12 月 16 日，潘岳在《深圳特区报》发表《马克思主义宗教观必须与时俱进》一文，表达他对"鸦片论"的理解，认为把马克思主义宗教观归纳为"鸦片论"，源自列宁将"宗教是人民的鸦片"视为"马克思主义在宗教问题上全部世界观上的基石"这一思想，并感到这种见解对人们认识宗教是一种"不幸"，因为列宁的解释结果把马克思关于"人民对宗教的需要"的表述变为对"统治阶级利用宗教麻醉人民"的批判了，从列宁开始强

① 赵复三:《究竟怎样认识宗教的本质》,《中国社会科学》1986 年第 3 期。
② 赵复三:《究竟怎样认识宗教的本质》,《中国社会科学》1986 年第 3 期。

调必须与宗教作斗争，这是后来社会主义国家包括中国制定宗教政策的基本依据。潘岳的见解当时在宗教界和媒体有一定影响。但也有人批评潘岳的观点过于偏激，尤其是他认为列宁把"宗教是人民的鸦片"作为马克思主义在宗教问题上全部世界观上的"基石"是一种"不幸"之表述过于轻率。在这种争论中，人们对马克思的说法及列宁的理解显然有着较大的分歧。

在全国宗教工作会议上，江泽民同志于 2001 年 12 月 10 日对马克思这一论断解释说："在阶级社会中，宗教对人类的压迫是社会内部经济压迫的产物和反映，劳动群众受到这种压迫又无法解脱，就往往到宗教中去寻找精神寄托；剥削阶级也利用宗教作为控制群众的重要精神手段，削弱劳动群众的反抗意志，分散劳动群众的反抗力量。马克思说'宗教是被压迫生灵的叹息'、'宗教是人民的鸦片'，就是从这个意思上来讲的。"① 江泽民同志在这里点明了马克思的论述是针对"阶级社会中"的宗教现象。对于社会主义的中国，阶级是否继续存在，宗教在今天中国的存在和发展应如何解释，仍是人们探究的热点。

关于列宁的上述"基石"论，中国学者对马克思的"宗教是人民的鸦片"之说及其在马克思主义宗教观中的定位展开了更深入的讨论。2004 年，陈荣富在《马克思主义与现实》第 6 期发表了《对"宗教是人民的鸦片"的再认识》一文，也认为这是马克思对"阶级社会宗教的社会政治功能的比喻性描述"，是专指而不是泛论，因此不可随意扩大。陈荣富随后又发表论著，认为马克思在《〈黑格尔法哲学批判〉导言》中所表达的宗教观是受青年黑格尔派思想影响的论说，其行文和风格也明显有着青年黑格尔派的痕迹，并不能将之视为成熟时期的马克思主义宗教观，故而不可看作是马克思主义宗教观的"奠基之作"。但吕大吉认为马克思在这一《导言》中"阐发的宗教理论……在马克思主义宗教学说体系中具有奠基性的地位"②。牛苏林也坚持

---

① 《江泽民文选》第三卷，人民出版社 2006 年版，第 380 页。

② 吕大吉：《西方宗教学说史》，中国社会科学出版社 1994 年版，第 550 页。

马克思的《导言》乃"第一次全面阐发了马克思主义关于宗教问题的基本理论"，是"马克思主义宗教学的奠基之作"①。但此后牛苏林等人也调整了自己的见解。回顾自 20 世纪 60 年代以来围绕这一主题所展开的争论，在近 50 年的理论探讨中，随着时代的变化和中国社会的发展，不少学者也在不断调整自己的观点、改变自己的看法。因此，对马克思的上述论断，虽然争论在继续，但新的认识也不断涌现。

关于马克思"宗教是人民的鸦片"之说，争论的分歧包括如下三个方面：一是马克思当时的表述是已经成熟了的马克思主义宗教观，还是仍受青年黑格尔派影响的见解；二是马克思这一论述是专指有着剥削、压迫的阶级社会，还是泛指一切社会；三是如何在中国当今处境中理解中国现存宗教和运用马克思的这一论述对当代中国宗教存在加以说明。对于这些问题，迄今分歧依然存在，争论还在继续。

第二节　关于"宗教"定义的争论

在很长一段时间内，不少中国学者都把"宗教是人民的鸦片"视为马克思主义经典作家对"宗教"所下的定义，认为这是对宗教本质的最基本界说。但这种状况在中国进入改革开放以来发生了变化，目前有不少人已经认为马克思对宗教的这一表述只是对宗教"社会政治功能"的一种"比喻性描述"。因此，关于马克思主义经典作家关于宗教定义的界说，中国学术界也出现了争论。

宗教定义应基于"信仰宗教的人"这一主体，还是基于其信仰对象这一客体，或基于主体与客体的关系来界定宗教，中国学术界对之有着不同看法。有人从信仰主体之个人体验来理解马克思主义对宗教的界定，认为宗教是人的信仰，即人的情感、认知等主体感觉，因此将马克思所言"宗教是

---

①　牛苏林：《马克思恩格斯的宗教理解》，河南人民出版社 2002 年版，第 134—135 页。

还没有获得自身或已经再度丧失自身的人的自我意识和自我感觉"① 作为马克思主义经典作家关于宗教的定义来理解，强调宗教是主体之人的"信"与"仰"、思与行，是其信奉者的"自我意识"和"自我感觉"。但这是一种异化的意识和感觉，因为信仰主体或是"还没有获得自身"，或是"已经再度丧失自身"。不过，也有学者认为，宗教信仰者的主体心理感受和体验虽然对其宗教生活非常重要，但这还不是对宗教的科学定义，也不是对其本质的确定；人的自我意识和自我感觉可以有多种表达方式，并不为宗教所独有，故而不具有典型性，因为其他意识形态方式同样也可以表达这种意识和感觉。宗教定义则应抓住宗教所独有的特征，突出其最核心、与众不同之点。有的学者甚至认为马克思的这一表述仍是其早期思想的表达，其行文及术语的运用也还有着青年黑格尔派的影响，如鲍威尔就曾论及"自我意识"这种具有主体性的哲学观点。所以，了解信仰者主体方面的内在、抓住其所思所感虽然重要，却不是给宗教下定义的要点。

于是，从客体层面的思考在给宗教下定义上就涌现出许多见解。不少中国学者注意从宗教信仰的客体对象及主客体关系上来探究宗教的本质蕴涵，即从"人"敬"神"、"人"与"神"的关联及关系意义上来理解宗教的本质，试对宗教下一定义。多数学者认为恩格斯在《反杜林论》中的下述名言比较适合作为马克思主义关于宗教的定义："一切宗教都不过是支配着人们日常生活的外部力量在人们头脑中的幻想的反映，在这种反映中，人间的力量采取了超人间的力量的形式。"② 应当说，恩格斯的这段表述包含了宗教内蕴的三大要素：其一是产生宗教之主体，这就是感到不能支配自己命运的人；其二是宗教所反映的对象，即支配人们生存的异己力量，但这一力量并非虚的，而乃实实在在的"外部力量"，只是被人理解为异己力量；其三则是这种反映的特征是幻想的、虚幻的，这是宗教对真实反映的典型特征，即将真

① 《马克思恩格斯文集》第 1 卷，人民出版社 2009 年版，第 3 页。
② 《马克思恩格斯文集》第 9 卷，人民出版社 2009 年版，第 333 页。

实异化为虚幻又认为这种幻想之存在支配、主宰着人们的命运。这样，对恩格斯的这段名言则可作如下分析：第一，信仰"支配着人们日常生活的外部力量"，这是作为人之宗教的独特思想观念，即有一信仰对象，此即宗教中的神明观；第二，"幻想的反映""超人间的力量"，这是宗教最为典型的认知方式和思维特征，是宗教之所以为宗教的独特表现形式，宗教即一种"幻想"的反映，相信"超人间的力量"存在并由之决定人的命运；第三，"支配着人们日常生活"则被作为"人间力量超人间化"、变为陌生可怕的"外部力量"这一宗教异化的社会原因，在此，恩格斯描述了这种异化是怎样发生的，即"人间力量超人间化"、现实存在的力量成为"陌生可怕"的外部力量。但也有学者认为恩格斯的这段话如果作为马克思主义经典作家关于宗教的定义则不够全面，如吕大吉指出："恩格斯的这个论断在揭示宗教观念的本质上是很科学的，不足之处只在于它没有涉及宗教还是一个包含诸多因素的社会现象和社会体系，因而它不能作为关于宗教的完整定义。"① 在恩格斯这段话的启迪下，吕大吉给宗教下了一个定义，增加了对宗教理解的社会层面："宗教是把支配人们日常生活的外部力量幻想地反映为超人间、超自然的力量的一种社会意识，以及因此而对之表示信仰和崇拜的行为，是综合这种意识和行为并使之规范化的社会体系。"② 根据恩格斯的表述，吕大吉在此将宗教分为三个层面来理解：一是宗教乃一种社会意识，其中亦可再细分为宗教思想和宗教情感；二是宗教乃一种社会行为，是其崇拜活动的体现；三是宗教乃一种社会体系，有着宗教的建构、组织、制度和秩序。总体来看，大多中国学者认为有关宗教的界定应当重视马克思主义经典作家的论述，应当对其展开细致的分析。

但也有中国学者不采用马克思、恩格斯的上述论说而另辟蹊径，在马克思主义经典作家的其他著述中寻找其对宗教的理解及界定。如陈荣富、牛

① 吕大吉：《关于宗教本质问题的思考》，《中国社会科学》1987 年第 5 期。
② 吕大吉：《关于宗教本质问题的思考》，《中国社会科学》1987 年第 5 期。

苏林等人认为，马克思在 1857 至 1858 年撰写的《经济学手稿》中所言"整体，当它在头脑中作为思想整体而出现时，是思维着的头脑的产物，这个头脑用它所专有的方式掌握世界，而这种方式是不同于对于世界的艺术精神的、宗教精神的、实践精神的掌握的"乃提出了对宗教的新命题，故此可把宗教作如下定义："宗教是人类掌握世界的一种方式"，而"所谓'掌握世界'就是认识世界和改造世界，马克思把宗教精神的方式同理论的、艺术精神的和实践精神的方式并列为掌握世界的方式，这是马克思对宗教认识的一次巨大的进步。此前，马克思主要是从宗教在阶级社会的负面政治功能的角度去论述宗教、把宗教主要视为一种政治意识形态的，而对宗教的认识功能和社会文化功能几乎没有论述……因此，这里的论述虽然只有寥寥几句，但在马克思主义宗教观的形成和发展史上却具有重大意义，它表明，马克思已经把宗教视为一种复杂的社会文化现象了"①。很显然，这是中国学者尝试从社会文化功能和认识思维功能上来理解宗教、界定宗教。不过，也有人指出这种表述虽然重要，却显然不是马克思主义经典作家关于宗教的正式定义之论。

综合国内外的研究，吕大吉认为在回应马克思主义经典作家关于宗教的本质及其定义上，大致包括三种意见。第一种意见是以"神明"为中心来规定宗教的本质，即宗教就是对神的信仰，信神乃宗教本质；第二种意见是"把信仰主体的个人体验作为宗教的基础和本质"，即宗教心理论、主体论的表述；第三种意见是"以宗教的社会功能来规定宗教的本质"，这是宗教社会学和宗教社会功能学派对宗教的理解。吕大吉认为这三种意见虽都有一些道理，却也有明显缺陷和不足，因此，理解宗教仍需基于其存在的社会，但这种社会理解不能仅仅局限于宗教的社会功能，还有包括宗教的社会存在及其社会反映。②

---

① 陈荣富：《马克思主义宗教观研究》，四川人民出版社 2008 年版，第 491—492 页。
② 参见吕大吉：《宗教学通论》，中国社会科学出版社 1989 年版，第 46—59 页。

第三节　关于"异化"的争论

关于"异化"问题，也是人们在探究马克思主义宗教观时讨论得较多的一个话题。这里涉及人的异化、人的社会之异化等问题，可以追溯到马克思关于商品拜物教所触及的"物化"或"物性化"的理解。马克思在《1844年经济学哲学手稿》中论及"异化"特别是宗教异化问题，指出"人同自身以及同自然界的任何自我异化，都表现在他使自身、使自然界跟另一些与他不同的人所发生的关系上。因此，宗教的自我异化也必然表现在世俗人对僧侣或者世俗人对耶稣基督——因为这里涉及精神世界——等等的关系上。在实践的、现实的世界中，自我异化只有通过对他人的实践的、现实的关系才能表现出来。异化借以实现的手段本身就是实践的"[1]。宗教作为异化的产物，曲折地反映出社会现实性以一种假象而得到"外化的实现"。马克思在此也指出，宗教异化基于人在社会存在中的异化，特别是其经济状况的异化，但宗教的异化又有其不同之处，因为宗教的异化本身是产生在人的意识领域，而经济的异化则直接带来人的现实生活的异化。为此，马克思在《资本论》中进而具体分析了经济的异化，即商品拜物教和货币拜物教的产生，由此揭露出了资本主义社会剥削的秘密。

虽然马克思早就写下了《1844年经济学哲学手稿》，但这部著作迟至1932年才得以公开出版。为此，人们对马克思的宗教异化理论知之甚微、语焉不详，有着种种猜测。受到马克思《资本论》关于商品拜物教等说法的影响，早期西方马克思主义的代表人物卢卡奇在其1923年出版的代表作《历史和阶级意识——马克思主义辩证法研究》中也提出了"异化"问题。卢卡奇通过对商品拜物教、货币拜物教即资本拜物教的分析，而提出了他关于异化的"物化"理论，指出"人自己的活动，自己的劳动成为某种可观的、独

---

① 《马克思恩格斯文集》第 1 卷，人民出版社 2009 年版，第 165 页。

立于人的东西，成为凭借某种与人相异化的自发活动而支配人的东西"①。在资本主义商品生产过程中出现的"物化"正是人的经济异化，它使人失去了主体性，人的生产活动及其结构和产品变为一种独立存在并且实施了对人的支配和压制，在这种物化中人遂成了物的奴隶。这里，"人的活动变得跟他自身相疏离，变成为服从于社会的自然规律的非人的客观性的商品，变成为恰恰与任何消费商品一样的，必须按照独立于人的自己的活动方式进行活动的商品"②。当人创造的产品获得了虚幻的对象性，那么人与人之间的关系也就会呈现一种物的特性，并给人一种"虚幻的客观性"，这种通过物化而带来的经济异化与人的本质或外在力量被神化而带来的宗教异化有着惊人的相似之处。资本主义生产及其商品化被视为一种"事实"，而资产阶级理论则企图保持这种"事实"的"永恒性"，但卢卡奇认为，这种"事实"并非抽象事实，而有着历史关联，只有将之置于整个历史的发展过程之中，才能真正理解和认识这种资本主义社会的事实，"才能使我们看到它们不过是一些假象，这些假象虽然被某些人看作是必然的，但它们终究是假象"③。卢卡奇在此是借助于"历史辩证法"来克服异化，认为历史可以让人回到人本主义而祛魅，把被物化所埋葬的人唤醒，恢复人性，重新创造出"创造者的主体"。卢卡奇指出："只有当已经打破了'事实'的理论前提时，只有当把一切现象看作为一个过程时，才能认识到，我们所习惯称之为'事实'的东西是由过程组成的。只有到那时，人们才会理解，事实只不过是一直是被打断的、被人为的孤立化和固定化的整个过程的部分和环节。这也说明，为什么未经物性化的任何痕迹所沾染的、并且类似过程的本质具有全部纯洁性的过

① ［匈］卢卡奇：《历史和阶级意识——马克思主义辩证法研究》，王伟光、张峰译，华夏出版社 1989 年版，第 86 页。

② ［匈］卢卡奇：《历史和阶级意识——马克思主义辩证法研究》，王伟光、张峰译，华夏出版社 1989 年版，第 86 页。

③ ［匈］卢卡奇：《历史和阶级意识——马克思主义辩证法研究》，王伟光、张峰译，华夏出版社 1989 年版，第 15 页。

程，应当是真正的、较高级的现实。"① 虽然卢卡奇以历史整体性来解除物化的构想与马克思主义经典作家的理论并不相同，但其对异化的透彻洞观和对资本主义制度的犀利批判，也使其《历史和阶级意识——马克思主义辩证法研究》这部著作被称为"西方马克思主义的圣经"。既然马克思从人的异化、人的社会的异化谈到了宗教的产生与发展，那么学术界势必会注意到社会异化及其与宗教的关联。在此，西方学者与中国学者有着不同的侧重。西方学者更多关注的是人的异化，从而提出一种"人道主义"的化解异化之途。如法国学者加罗蒂以其《人的远景》一书来回应马克思主义，德国学者霍克海默亦认为宗教本来就是人类精神对超越的追求，所以克服异化则应回返人的解放。而布洛赫则以其"希望哲学"之希望原理来破除异化，强调马克思主义宗教观中的人道主义思想。由此，在其理论界曾出现过关于人道主义与异化问题的大讨论。而中国学者则更强调社会的异化，更多关注社会改造问题。既然宗教的异化是由社会的异化所导致，即这种社会异化的反映，那就应该靠祛除社会的异化来解决宗教异化问题。

第四节　关于"无神论"的争论

马克思主义经典作家的无神论立场这是毋庸置疑的，但这种无神论的表述并非抽象的，而是与马克思主义宗教观的发展密切关联。因此，在相关问题上，中外学者也就有着不同的看法，并由此引起争论。概括而言，比较集中的争议反映在如下一些方面：其一，马克思、恩格斯早年有无宗教信仰，以及其信仰和思想的转变问题；其二，无神论与宗教是否有调和或对话的可能；其三，马克思主义经典作家对待无神论及无神论宣传的问题。

---

① ［匈］卢卡奇：《历史和阶级意识——马克思主义辩证法研究》，王伟光、张峰译，华夏出版社 1989 年版，第 198 页。

一、关于马克思、恩格斯是否曾有宗教信仰的问题

关于马克思和恩格斯，在其思想成熟时期无疑是坚定的无神论者，但在马克思、恩格斯的青少年时期，他们是否有曾经信仰过宗教的痕迹，这一问题则有着明显争论。有人认为，马克思和恩格斯始终是无神论者，他们在思想发展过程中并没有经历任何从"有神论"向"无神论"的转变。而其家庭的宗教背景对马克思和恩格斯的影响也并不太大，尤其是马克思家庭的宗教信仰氛围不是很浓，对马克思似乎不起任何作用。但也有人对这种断言加以反驳，根据历史事实和马克思、恩格斯本人的早期记载，说明这两位革命导师早年曾都是基督教徒，而且还有相关的信仰记载留了下来。因此，不能以马克思、恩格斯"自始至终"都是坚定的无神论者这种说法来把马克思主义经典作家"神化"。事实上，革命导师的思想发展变化是很正常的，这也符合历史唯物主义的观察、分析。马克思的父亲迫于生计而转宗基督新教路德宗，这一家庭影响对于马克思是很明显的，也导致马克思很小就受洗入教，并在很长时间有着"基督徒"的名分。而马克思的母亲则因持守其父坚持的犹太教而没有马上转宗，但其家庭的宗教影响乃不言而喻。至于马克思主义理论体系是否受到过宗教影响，对此也有着尖锐争论。一些人认为马克思主义是对以前所有理论的超越，因而丝毫没有宗教的影响，且与宗教格格不入。而马克思主义的思想来源也主要是受近代欧洲世俗思潮的影响，其三大组成部分之三大来源即德国古典哲学、英国政治经济学和空想社会主义，以及法国大革命的实践等都是没有宗教色彩的。但也有学者指出，马克思主义理论体系及其表述中仍然潜隐着宗教影响及其表达，如宣称自己不是基督徒的著名哲学家罗素就曾将马克思主义的核心观念与马克思家庭的犹太教、基督教传统有如下对比：

犹太人对于过去和未来历史的理解方式，在任何时期都会强烈地投合一般被压迫者与不幸者。圣奥古斯丁把这种方式应用于基督教，马克思则将其应用于社会主义。为了从心理上来理解马克思，我们应该运用下列的辞典：

　　亚威＝辩证唯物主义

　　救世主＝马克思

　　选民＝无产阶级

　　教会＝共产党

　　耶稣再临＝革命

　　地域＝对资本家的处罚

　　基督作王一千年＝共产主义联邦

　　左边的词汇意味着右边词汇的感情内容。正是这种夙为基督教或犹太教人士所熟悉的感情内容使得马克思的末世论有了信仰的价值。①

　　尽管罗素的说法比较牵强，但我们不能就绝对地说马克思、恩格斯在青年时期没受任何宗教的影响。列宁就曾断言，只有用人类创造的全部知识财富来丰富自己的头脑，才可能成为真正的共产主义者。但也有西方的学者宣称马克思只是一位"相对的"无神论者，其反对的上帝乃专指而非在其根本意义上，即马克思只反对 19 世纪正统路德宗教会所宣扬的那个上帝，而不是整个基督教信仰本真中所真正尊奉的上帝。在这种关于马克思本人有神、无神之身份的体认中，遂涉及第二个问题，即无神论与宗教的关系问题。

二、关于无神论与宗教的关系问题

　　不少人认为，无神论是与宗教截然对立的，二者之间毫无调和之地；而且，无神论是唯物主义，宗教则是唯心主义，其本质不会改变。马克思主义是无神论理论，从而也与宗教唯心论格格不入、完全对立；马克思主义政党也是无神论性质的政党，所以与宗教毫无关系，其无神论的使命则是批评宗

---

　　① ［英］罗素：《西方哲学史》（上卷），何兆武、李约瑟译，商务印书馆 1976 年版，第 447—448 页。

教、反对其唯心论、有神论。而宗教与有神论本身则是有机关联、不可分离的。这些观点尤其在当代中国得到坚持，因而似乎根本不存在与有神论对话的问题。

不过，在当代世界的对话氛围中，问题又看似不那么简单。有学者认为，无神论、有神论、宗教都是历史的范畴，其内涵也会随着历史的发展而发生演变。如最初的无神论并非绝对无神论，它反对多神崇拜，但没有触及整体一神、绝对一神的问题，当时曾把坚持绝对一神观念的基督教也视为无神论。而东方的佛教，也有人将之视为"无神"的宗教。只是在理论抽象化的过程中，无神论才有了反对一切神灵观念的绝对无神论蕴涵。但宗教及其有神观念也不是那样简单，宗教并非就只有"有神"的表达而别无选择，而基督教也不一定非用"宗教"的形式不可，如德国神学家朋霍费尔就曾对宗教有过尖锐批评，主张对基督教加以"非宗教的解释"。而西方马克思主义者如布洛赫等人则认为"有神""无神"本来并非宗教与马克思主义之间的根本障碍，他甚至主张无神论与基督教可以公开、坦诚对话，认为在基督教中本来就有着无神论的因素。所谓宗教中的"上帝"也不过是从希望、乌托邦的意义上来抽象理解的，如果真把上帝作为一种特殊的存在，那实际上就只是迷信的表现而已。其实，在原始基督教最早表达的弥赛亚王国中，其信仰中本来是没有"上帝"这一前提预设的，所以，没有必要把无神论视为宗教乌托邦的天然敌人，它实际上是弥赛亚信仰的先决条件。这就是说，没有无神论，就没有弥赛亚信仰。布洛赫为此宣称："只有一个无神论者才能做一个好的基督徒，当然，也只有一个基督徒才能做一个好的无神论者。"① 由此而言，有神论并不必然与基督教有着内在关联、也并非就那么密不可分。同理，无神论在基督教中也可以有其存在地位，并非只有剑拔弩张、势不两立的选择。这种无神论的审视可以帮助基督教剔除其迷信因素、纯化其信仰。对此，马霍维克则反而论之，认为宗教中的"上帝"观念也要更新，不

① Ernst Bloch, *Atheismus im Christentum,* Suhrkamp, Frankfurt 1977, p.13.

再是以往那种幼稚、肤浅的理解，他为此指出："在这些神学家看来，上帝已不再是那种老套的机械之神类型的超人，已不必总要充当那廉价的代用品，这在科学—理性的意义上已经说不过去了。这些新神学家那儿的此一上帝已不再需要去唤起那种具有否定性的激情，而是恰恰相反，这一'上帝'甚至可以帮助源自无神论的人们深化其重要问题，即关于其自我反映和自我实现的问题。"① 马霍维克还发表了许多"对立""统一"的著作，如《无神论与基督教》《马克思主义与辩证神学》《无神论者的耶稣》等，主张以一种两极相通的"悖论"辩证法来实现这一对话。不过，这种比较和对话也只是一种理想主义的追求，马克思主义哲学的基本观点之一就是"反对一切天上的和地上的神"，就是"坚定而不妥协地否认任何一种神圣存在"。而宗教界的大多数人也认为很难与马克思主义的无神论思想观念相调和，如天主教教宗约翰保罗二世在其于 1991 年 5 月 1 日发表的《百年》通谕中，就公开宣称"寻觅一条能将马克思主义与基督宗教相调和的道路……是一件不可能办到的事"②。

三、关于无神论理解和无神论宣传的问题

无神论是马克思主义宗教观的重要构成，但对无神论的理解、无神论在马克思主义体系中的位置以及无神论宣传问题则也有不同理解，存在众多分歧。有的学者认为，无神论就代表着马克思主义宗教观，甚至马克思主义的基本原理就是无神论，因此应坚持无神论立场，大力宣传无神论思想。但也有学者认为，无神论虽然是马克思主义宗教观的应有之义，但并不能完全等同于马克思主义宗教观，因为这一宗教观有着更多、更广阔的蕴涵，不可能被无神论所完全涵盖。而马克思主义的基本原理也应该是历史唯物主义和辩

① Milan Machovec, Was erwartet ein Atheist von der Theologie, Horst Pöhlman, *Gottes Denker*, *Rowohlt Verlag*, Reinbek bei Hamburg, 1984, p.9.
② 参见卡里耶:《重读天主教社会训导》，（台北）光启出版社 1992 年版，第 185 页。

证唯物主义，因为无神论有着多种内涵，并不完全与马克思主义的基本原理相等同。例如，既有唯物主义的无神论，同样也有唯心主义的无神论，无神论并不与唯物论天然等同；而无神论从其历史发展演变来看也经历了其早期的朴素无神论或原始无神论，欧洲启蒙运动和法国大革命时期的战斗无神论、马克思主义的科学无神论以及近现代以来虚无主义的无神论和存在主义的无神论等思潮。所以，无神论也并非"绝对真理"、天然正确，对之同样要具体问题具体分析，实事求是。

关于无神论的理解，有学者引用马克思在《1844 年经济学哲学手稿》中的话说，"无神论是对神的否定，并且正是通过这种否定而设定人的存在"，并将之作为马克思主义对无神论的基本理解。但仔细阅读原文，并将上述引语加以上下文的关联，则会发现马克思的原意并非如此，甚至蕴含有与之恰恰相反的意思。马克思在此是如此说的："共产主义是径直从无神论开始的，而无神论最初还根本不是共产主义；那种无神论主要还是一个抽象。——因此，无神论的博爱最初还只是哲学的、抽象的博爱，而共产主义的博爱则径直是现实的和直接追求实效的。"① 这里既谈了无神论与共产主义的关联，也指出了两者之间的区别，并表达了其对这种无神论的保留态度。马克思进而阐述说："但是，因为对社会主义的人来说，整个所谓世界历史不外是人通过人的劳动而诞生的过程，是自然界对人来说的生成过程，所以关于他通过自身而诞生、关于他的形成过程，他有直观的、无可辩驳的证明。因为人和自然界的实在性，即人对人来说作为自然界的存在以及自然界对人来说作为人的存在，已经成为实际的、可以通过感觉直观的，所以关于某种异己的存在物、关于凌驾于自然界和人之上的存在物的问题，即包含着对自然界的和人的非实在性的承认的问题，实际上已经成为不可能的了。无神论，作为对这种非实在性的否定，已不再有任何意义，因为无神论是对神的否定，并且正是通过这种否定而设定人的存在；但是，社会主义作为社会

---

① 《马克思恩格斯文集》第 1 卷，人民出版社 2009 年版，第 186—187 页。

主义已经不再需要这样的中介；它是从把人和自然界看做本质这种理论上和实践上的感性意识开始的。社会主义是人的不再以宗教的扬弃为中介的积极的自我意识，正像现实生活是人的不再以私有财产的扬弃即共产主义为中介的积极的现实一样。"① 显然，把上述从句单独引出来作为马克思主义对无神论的理解及肯定是不稳妥的，观看其全文就会发现马克思在此要表达的是另外的意思，所以这种单独引用马克思此处的从句来说明无神论之举颇值商榷。其实马克思所强调的是社会主义实践已经有了唯物史观的指导，故而已不再需要无神论这样的理论中介。马克思在这里对无神论、共产主义、宗教以及它们与实践时代关系说得非常清楚："正像无神论作为神的扬弃就是理论的人道主义的生成，而共产主义作为私有财产的扬弃就是要求归还真正人的生命即人的财产，就是实践的人道主义的生成一样；或者说，无神论是以扬弃宗教作为自己的中介的人道主义，共产主义则是以扬弃私有财产作为自己的中介的人道主义。只有通过对这种中介的扬弃——但这种中介是一个必要的前提——积极地从自身开始的即积极的人道主义才能产生。"正是在革命的社会实践层面上，马克思才表达了其对无神论的肯定，因此，对无神论的理解一定要注意其理论与实践的有机结合。

为了促成革命实践在社会上的成功，马克思主义经典作家认为应对无神论的身份保持低调，因为当时的德国社会包括俾斯麦政府的"反宗教"法案使人"当个无神论者"并不困难，因此马克思主义经典作家并不自称为无神论者，马克思在论及无神论宣传的方法时还特别强调要提高理论层次，应站在哲学的高度来看问题，并说"如果真要谈论哲学，那么最好少炫耀'无神论'招牌（这看起来就像有些小孩向一切愿意听他们讲话的人保证自己不怕鬼怪一样），而多向人民宣传哲学的内容"②。因此，无神论宣传必须有理有节，把握好分寸，如果反宗教的举措和无神论宣传搞得过度则会适得其反。

---

① 《马克思恩格斯文集》第 1 卷，人民出版社 2009 年版，第 196—197 页。

② 《马克思恩格斯文集》第 10 卷，人民出版社 2009 年版，第 4 页。

恩格斯说："在我们的时代哇一能替神帮点忙的事情，就是把无神论宣布为强制性的信仰象征，并以禁止一切宗教来超越俾斯麦的文化斗争中的反教会法令。"① 此外，马克思主义经典作家还认为，无神论是与有神论、宗教相对应的，如果脱离后者，前者则毫无意义可言。这种矛盾的对立统一，形成其相辅相成的复杂关系。恩格斯指出："至于无神论只是表示一种否定，这一点我们自己早在 40 年前驳斥哲学家们的时候就已经说过了，但是我们补充说，无神论单只是作为对宗教的否定，它始终要涉及宗教，没有宗教，它本身也不存在，因此它本身还是一种宗教。"② 此后列宁虽然强调了向宗教的斗争和无神论的宣传，把这种思想斗争提到"是全党的、全体无产阶级的事情"的高度，却也为之规定了一些底线：其一，只能用"纯粹的思想武器"来开展斗争；其二，"用我们的书刊、我们的言论"来展开这一斗争；其三，"不在自己的党纲中宣布我们是无神论者"；其四，"不禁止基督教徒和信奉上帝的人加入我们的党"③；其五，"应该使反宗教斗争服从争取社会主义的斗争"④。只有与这些思考有机结合，无神论的宣传才与无产阶级政党的政治任务相吻合，其作用也才可能真正起效。在马克思主义经典作家关于无神论的思考中，有着通盘而周全的衡量，而绝没有简单行事的鲁莽。

第五节　关于信教人士"入党"的争论

尽管列宁表达了应该允许信教人士甚至神职人员（司祭）入党的意向，要求守住让他们遵守党纲、尊重其宗教信仰、不许在党内传教这些底线，这一问题在理论讨论中仍非常谨慎。在列宁的表述中，实际上留下了一些理论

---

① 《马克思恩格斯选集》第 3 卷，人民出版社 1995 年版，第 247 页。
② 《马克思恩格斯选集》第 4 卷，人民出版社 1995 年版，第 665 页。
③ 《列宁专题文集　论辩证唯物主义和历史唯物主义》，人民出版社 2009 年版，第 221—222 页。
④ 《列宁专题文集　论无产阶级政党》，人民出版社 2009 年版，第 180 页。

探索的空间，比如，如果信教人士入党后仍然保持住其宗教信仰，那么这就反过来说是允许党员信教。但是，当代中国在理论和实践上对这一问题的认识及实施却仍然存在模糊之处，相关争论也异常尖锐。中国共产党的文件和相关理论文章明确宣称，共产党员不能信教，必须与宗教在思想意识上划清界限。而一些文章也明确表示反对信教人士入党，担心党的组织会被宗教所掌控。对于允许党员信教或宗教界优秀人士入党的问题，有些文章也提出了批评意见。不过在中国宗教工作实践中，却出现了一些很难符合这些原则的现象。例如，过去曾经有共产党员进入宗教团体担任要职，甚至成为宗教领袖，而现在在宗教社团中公开担任宗教身份重要职务的党员也是常态；这可以用列宁的上述理论说得过去，而按照我们目前的规定则显然矛盾；此外，在几乎全民信教的少数民族地区，党员也会参加具有全民性质的宗教节庆等活动，这可以用"随顺"来做理论解释，但其文化习俗与宗教的关联却已经是很难分开或分解了，所以这些党员是否信教的界限仍然也是模糊不清的。其实，对于这一问题，中国共产党还是有所考虑和灵活掌握的。在新中国成立初期，周恩来就曾指出，"有些政策要结合少数民族地区的特点加以贯彻，不能拿一个政策来解决所有的问题。如维吾尔族人，觉得共产党好，有的要求加入共产党，但他的宗教信仰一时又不愿放弃，我们便可以允许他加入，在政治上鼓励他进步，在思想上帮助他改造，否则会影响他前进。照顾少数民族地区的特点，并不是失掉立场，对少数民族，首先要在政治上使他们求得解放，然后在经济上和文化上再帮助他们发展，稳步前进"[1]。当然，这种做法后来得到调整，在 1982 年中共中央《关于我国社会主义时期宗教问题的基本观点和基本政策》的文件中则已明确规定："共产党员不得信仰宗教，不得参加宗教活动，长期坚持不改的要劝其退党。"但这一文件也同时指出："在那些基本上是全民信教的少数民族当中，这项规定的执行，需要按照实际情况，采取适当步骤，不宜简单从事。""必须看到，这类少数民族

---

① 《周恩来统一战线文选》，人民出版社 1984 年版，第 164 页。

中的共产党员，还有相当一部分人虽然忠实执行党的路线，积极为党工作，服从党的纪律，但还不能完全摆脱宗教影响。对这一部分同志，各级党组织不应当简单地加以抛弃，而应当在充分发挥他们的政治积极性的同时，进行耐心、细致的思想工作，帮助他们逐步树立辩证唯物主义和历史唯物主义的世界观，逐步摆脱宗教思想的束缚。"[①] 由此可见，对这一问题的处理既有严格的原则性，也有相应的灵活性。但其实践操作中的原则与灵活之对应，并不意味着在理论上就已经彻底解决了这一问题。对这一重大理论问题和实践问题，还需仔细研读列宁的相关思想论述，结合中国实际加以谨慎、认真的对待。

从国际发展来看，情况则更为复杂。在以社会主义为名亮相或以共产党身份执政的国家中，许多政党都已经允许其党员信教，如古巴共产党于1991 年第四次代表大会上修改党章，允许符合条件的宗教人士入党，并允许他们入党后继续保持其宗教信仰、参加宗教活动；越南共产党也已经允许其党员保持个人的宗教信仰，而老挝共产党亦允许其党员信奉南传上座部佛教。苏联解体后，重组的俄罗斯共产党也调整了其与宗教的关系，采取了允许党员信教的策略。"俄共主席久加洛夫在 2013 年公开承认，该党约有 1/3 的党员信仰宗教。这意味着，在俄共 15.8 万党员中，约有 5.2 万是信教者。"[②] 久加洛夫认为俄罗斯共产党是科学无神论的政党，而不是战斗无神论的政党，故此应该恢复其共产党员的信仰自由，他还引证了列宁允许宗教信仰者加入社会民主党的上述话语，为信教者加入俄共敞开了大门。在处理俄罗斯的宗教与政党关系上，久加洛夫在重新审视俄罗斯的局势后对东正教有着较高的评价，他说，"近年来，俄罗斯东正教在我国社会中重新成为民族团结的主要维护者之一，自古以来被人民视为神圣的事物以及千百年传统的保卫者、东正教精神和基督教爱国主义的永恒价值的捍卫者和传播者。许多世纪

---

① 引自中央党校民族宗教理论室编：《新时期民族宗教工作宣传手册》，宗教文化出版社1998 年版，第 340—341 页。

② 参见梁溪人：《久加洛夫论俄共对待东正教的立场》，《国外理论动态》2015 年第 1 期。

以来，东正教是我们民族、社会和国家存在的精神支柱。俄罗斯人民之所以具有许多美好的思想品德，例如慈悲和勇敢、忍耐和坚强、善良和友爱，都应该归功于东正教。基督教的高尚宗教道德理想代代相传，形成并加强了我们的民族自觉，决定了它具有聚合性的强国特性"①。为此，他赞同国家与东正教会结盟，呼吁俄罗斯东正教加入俄共发起的"国家爱国主义运动"。不过，久加洛夫也按照列宁的思路对信教者入党提出了要求："强调信教者入党必须遵守党的科学唯物主义纲领，不得在党内进行任何宗教宣传活动，不得从宗教立场或唯心主义立场批评马克思列宁主义理论。"②但久加洛夫的上述思想表达也受到了批评，如萨普雷金批评"久加洛夫的社会主义是'打着马克思主义幌子的右倾机会主义'，其经济基础是私有制，其精神基础是东正教，其政治基础是以私有主和教会人员为代表的精英集团"。"久加洛夫的所谓'信仰自由'实际上意味着用宗教精神来影响俄共党员，使他们从社会主义倒退到宗教。"而叶·利加乔夫等人也指责久加洛夫"背离了共产主义意识形态，宣扬宗教信仰，推行机会主义路线，导致党蜕化变质"。而在俄罗斯东正教会方面，既有人赞成久加洛夫的想法"体现了与时俱进的精神"，也有人坚决反对，认为"共产主义与基督教在理论和实践上是不相容的"③。这些争论充分说明了宗教与政党尤其是与无产阶级政党之关系的复杂性，对此，除了有必要在理论上将之说透、厘清之外，也还要注意在实践中如何最大化地团结群众、最有利于共产党当下之首要任务的顺利完成。

---

① 转引自《国外理论动态》2015 年第 1 期，第 111 页。
② 转引自《国外理论动态》2015 年第 1 期，第 113 页。
③ 转引自《国外理论动态》2015 年第 1 期，第 114—115 页。

第四章

对马克思主义宗教观的"四个分清"研究

　　研究马克思主义经典作家关于宗教的基本观点，也必须做好"四个分清"，即分清哪些是必须长期坚持的马克思主义基本原理，哪些是需要结合新的实际丰富和发展的马克思主义理论判断，哪些是必须破除的对马克思主义的教条式理解，哪些是必须澄清的附加在马克思主义名下的错误观点这四个问题。在对这"四个分清"的探究过程，也是我们的理论认知不断深化的发展进步。

第一节　必须长期坚持的马克思主义宗教观基本原理

　　综合来看，必须长期坚持的马克思主义宗教观基本原理包括如下一些方面。

一、强调宗教是一种社会意识形态

　　马克思主义的历史唯物主义研究方法在分析宗教时非常强调宗教赖以存在的"物质经济生活条件"以及宗教对之所做出的曲折反映，由此展示出宗教作为社会上层建筑的特点。这就是说，宗教是一种社会意识形态，它依存于其社会基础及历史背景。这种对宗教作为一种社会意识形态的理解突出了宗教存在的两大基本特点：其一，"宗教"这种社会"意识形态"及其在社会"上层建筑"中的定位，必须基于宗教赖以生存的"经济基础"来说明；其二，宗教是历史发展中的产物，因此也必须以历史唯物主义的发展观来探究宗教在历史中的源起、发展和演变之过程，不能脱离历史来抽象地谈论宗教。宗教作为社会意识形态本身既无"本质"亦无"王国"，不能用纯粹的"概念"或"意识"来解释，只能基于其社会经济基础来说明，即用"一向存在的生产和交往的方式"来解释，回到其"物质基础"。宗教这种社会意识形态是对其社会物质存在的反映，因此其本质"既不在'人的本质'中，也不在上帝的宾词中去寻找这个本质，而只有到宗教的每个发展阶段的现成物质世界中去寻找这个本质"[①]。而宗教存在的历史性则需从社会发展的"历史时期"来分析，宗教作为历史现象是动态的发展演变过程，绝非静止、不变的，宗教的存在及发展依赖于其社会历史条件，其特点也与宗教所处的时代背景相联系。宗教作为"社会意识形态"当然是其"社会"发展变迁的动态反映，是其社会处境的生动写照。所以，宗教不是抽象的意识，而是由其所存在的社会形成的意识，反射出其社会的精神面貌、思想特征，有其历史的烙印。将宗教的存在及性质与其所反映的社会状况、经济基础及其历史处境、时代发展相联系，由此来说明宗教这一反映具体社会实存的社会意识形态，这是马克思主义宗教观的基本原理之一，我们必须对之加以长期坚持。

二、看清宗教是对社会存在的歪曲反映

既然社会存在决定社会意识、社会意识是社会存在的反映，那么就应该从现实社会存在中去寻找宗教存在的秘密、揭示其发生、发展的原因。宗教作为一种社会意识，自然是一定社会存在的产物或反映，因此，宗教的象征及其表达是反映及描述其社会存在的符号体系，而宗教的精神实际上也曲折地反射出其社会存在所体现出的文化精神。不过，宗教这种社会意识对其社会反映的典型特点，就是宗教乃其社会存在"幻想的""颠倒的""歪曲的"反映，而并非直接的、实在的、真实准确的反映。宗教对社会的反射是一种折射，映出的是其社会的倒影。一方面，宗教是对人的"本质"的反映，但这种人的"本质"并非抽象的，而正是人的"社会性"的反映；另一方面，宗

---

① 《马克思恩格斯全集》第 3 卷，人民出版社 1960 年版，第 170 页。

教的这种"反映"实际上是曲折的、复杂的反映，其对人的社会存在有着"异化"性质的反映，把其真实面目颠倒了、虚幻化了。但这种"颠倒"和"歪曲"却有着其现实依据和来源，因为其反映的社会存在关系、社会经济结构本身已被扭曲、被颠倒。这种宗教得以存在的现实社会关系的颠倒，影响到在这一社会中生存之人的现实生活及其精神诉求。而在宗教中所展示的对社会存在的反映，也并非单向性的、消极的，其反作用同样会对社会现实产生复杂影响。所以，我们不能孤立地、抽象地谈论宗教这种对现实社会的歪曲反映，而应该回到其存在的社会，从其社会结构、社会历史和社会现实来剖析、界定宗教。马克思主义经典作家关于宗教是对其社会的歪曲反映之论，是基于宗教对马克思主义经典作家们当时所处的现实社会的反映，其资本主义社会剥削压迫制度下的社会关系本身的颠倒，决定了其宗教反映的歪曲和颠倒。所以，要消除宗教的颠倒反映，则首先要把被颠倒的社会及其社会关系重新颠倒过来；没有了社会的扭曲，才能在很大程度上消除宗教反映的歪曲。

三、认识宗教只是以"幻想的反映"来追求"虚幻幸福"

宗教作为"一种颠倒的世界意识"，其对世界的反映是"幻想的反映"，正如马克思主义经典作家所言，宗教是"支配着人们日常生活的外部力量在人们头脑中的幻想的反映"①。这就说明宗教并不是追求人们现实的幸福，并不指望在人的真实存在中实现人的本质，而只是旨在"人的本质在幻想中的实现"。因此，这种"幻想的反映"使宗教所表达的只能是"人民的虚幻幸福"。所谓"虚幻幸福"实际上是对无法获得现实幸福的一种绝望的表示，因而只能渴望有"虚幻的太阳"来围绕人旋转、使人感到某种梦幻般的光照和心理层面的温暖②。马克思主义宗教观在论述这种不切实际的追求时既有对宗教

---

① 《马克思恩格斯文集》第 9 卷，人民出版社 2009 年版，第 333 页。
② 《马克思恩格斯文集》第 1 卷，人民出版社 2009 年版，第 4 页。

的批判，也表达了对宗教的同情。但其宗教批判的重点并非宗教本身，而是由此所引发的社会批判和政治批判，因为"反宗教的斗争间接地就是反对以宗教为精神抚慰的那个世界的斗争"，"对宗教的批判就是对苦难尘世——宗教是它的神圣光环——的批判的胚芽"。于是，在德国"对宗教的批判基本上已经结束"，其根本转向则是"对天国的批判变成对尘世的批判，对宗教的批判变成对法的批判，对神学的批判变成对政治的批判"[①]。宗教批判只是指向这种尘世批判、法的批判和政治批判的导引。而马克思主义经典作家对宗教的同情则在于肯定当时宗教的人性关怀及其人文价值，马克思把宗教描述为"被压迫生灵的叹息""无情世界的情感"，而且"既是现实的苦难的表现，又是对这种现实的苦难的抗议"[②]。马克思并没有因为宗教追求的是"虚幻幸福"而过多地指责宗教，而是力争找出一条正确道路，强调"废除作为人民的虚幻幸福的宗教，就是要求人民的现实幸福。要求抛弃关于人民处境的幻觉，就是要求抛弃那需要幻觉的处境"[③]。其现实感和入世性是非常明显的。不过，要想人民能够获得这种"现实幸福"，真正"抛弃那需要幻觉的处境"，首先就必须推翻资本主义等一切剥削制度，而且还需经过漫长的努力奋斗而使人类社会制度真正达到健全和完美。所以，我们的精力应集中于共产主义社会的建设，在这种现实努力中一步一步地接近我们的目标，并最终能够实现人类这一最高理想。我们需要的是为了现实幸福的实干，而不是空洞地去指责、批判宗教的"幻想"或"虚幻"。

四、厘清宗教存在的自然根源、社会根源和认识根源

马克思主义经典作家除了从社会存在来看宗教的起源之外，也从人的"主体"存在以及人与其外部世界之"主客体"关系上来探究，梳理出宗教

---

① 《马克思恩格斯文集》第 1 卷，人民出版社 2009 年版，第 3—4 页。
② 《马克思恩格斯文集》第 1 卷，人民出版社 2009 年版，第 4 页。
③ 《马克思恩格斯全集》第 1 卷，人民出版社 1995 年版，第 4 页。

的自然根源、社会根源和认识根源。在其自然根源上，马克思主义经典作家认为，人作为自然一员而势必受自然环境的影响，为自然规律所约束，不仅不能随心所欲，而且还感受到各种外部压力。人在自然存在中首先是感受到"支配着人们日常生活的""自然力量"的压迫，由此使初始之宗教在"最原始的时代"，"从人们关于他们自身的自然和周围的外部自然的错误的、最原始的观念中"[①] 产生了。由此，人类早期宗教会凸显其自然本质，以自然崇拜和自然宗教来表达。

在其社会根源上，马克思主义经典作家则指出人的"社会性"，宗教在其中既反映出社会力量的压迫，又代表着其社会群体的存在，即让宗教与其民族、社团、国家等生存及命运共同体的"身份认同"相关联。这种命运共同体的群体意识使个人的依属感、责任感在宗教中以"神圣化"其社会统一体来显示，其对"神圣社会"的"社会感"及"忠诚感"使个人与群体紧紧绑在一起，这成为古代社会中的宗教之典型表征。在阶级社会中，其社会根源主要是不合理的社会制度，人们受到支配其日常生活的"社会力量"的压迫，会产生对社会发展这种"捉摸不定的力量"的"恐惧"，即人剥削人、人压迫人、人吃人的社会制度本身所造成的社会苦难和悲剧。人对这种社会压迫力量会产生更大的"恐惧"，对其"社会命运"感到"无法预料"，此即宗教的社会根源。

在其认识根源上，马克思主义经典作家认为，宗教存在之状，在一定程度上反映出人的"认识"能力及其认知视域。人的好奇心和求知欲，使之虽对"自然"和"自我"不解，却要设法求解。人以其时空局部存在，却想把握并界说永恒整体，并超越其生老病死之限，因而会以"神化"来解说和超脱，由此而出现宗教的认识根源，或称其心理根源和精神根源。宗教中的神话、神秘、神奇、神圣以及神明，说明其现实关系中的非人性、不合理、不明白。因此，马克思主义经典作家强调："只有当实际日常生活的关系，在

---

① 《马克思恩格斯文集》第 4 卷，人民出版社 2009 年版，第 309 页。

人们面前表现为人与人之间和人与自然之间极明白而合理的关系的时候，现实世界的宗教反映才会消失。"①"当谋事在人，成事也在人的时候，现在还在宗教中反映出来的最后的异己力量才会消失，因而宗教反映本身也就随着消失。"② 一旦人类能够真正把握世界，宗教的认识根源就会消失，但这是一个漫长而痛苦的过程，需要人类长久的努力。

五、指出宗教的消亡是一个长期的历史过程

马克思主义经典作家从对宗教社会根源和认识根源的分析，得出宗教最终将会消亡的结论。但这种"消亡"是一个长期而自然的发展过程，与全人类的物质、精神双解放相关联，故此"需要有一定的社会物质基础或一系列物质生存条件，而这些条件本身又是长期的、痛苦的发展史的自然产物"③。宗教的消亡在短时期内不可能达到，也不可能靠行政手段来人为地去"消灭"宗教。所以，为宗教消亡创造条件不是在宗教本身，而应该致力于其"社会物质基础"的建设、促进相关"物质生存条件"的改善，以使其不合理、不人道社会现实根本改观。"随着以宗教为理论的被歪曲了的现实的消失，宗教也将自行消亡。"④ 首先，宗教的消亡要有待于阶级的消亡，要消除剥削和压迫，实现社会正义；其次，宗教的消亡有待于人类社会生产力和科学技术的高度发达，使人真正有能力把握世界；最后，宗教的消亡还需要人们思想道德素质和科学文化素质达到相应的高度。因此，消除阶级社会中的剥削、压迫只是这些条件中的一部分，由于各种原因的共聚，宗教在推翻了剥削制度的社会主义社会中也仍然会长期存在。所以，江泽民同志指出："宗教作为一种社会现象，具有漫长的历史，在社会主义社会也将长期存在。宗教走

① 《马克思恩格斯文集》第 5 卷，人民出版社 2009 年版，第 97 页。
② 《马克思恩格斯文集》第 9 卷，人民出版社 2009 年版，第 334 页。
③ 《马克思恩格斯文集》第 5 卷，人民出版社 2009 年版，第 97 页。
④ 《马克思恩格斯文集》第 10 卷，人民出版社 2009 年版，第 4 页。

向最终消亡也必然是一个漫长的历史过程，可能比阶级和国家的消亡还要久远。"① 为此，我们必须要有宗教仍会长期存在的思想准备，而集中精力促进人类物质文明和精神文明的发展，只有宗教得以存在的社会根源和认识根源彻底消失，宗教才可能"自行"消亡。

六、辩证看待宗教社会作用的两重性

关于宗教的社会作用，人们有不同看法和评价。对此，马克思主义经典作家坚持辩证看待宗教的社会作用，对之保持着两重性的评价。也就是说，宗教在历史上对社会发展既起过积极作用，也有着消极作用，这取决于宗教存在的历史条件，以及运用宗教的社会阶级或相关阶层的目的和手段，由此可以构成宗教在社会中正或负的不同功能，使之具有"双刃剑"的作用。

马克思主义经典作家认为宗教可以起积极作用，而且在历史上也曾起过积极作用。其大致可包括如下方面：其一，宗教的内容反映出"人类本质的永恒本性"，其以人为本源之处可以得到相应尊重。恩格斯说："只是由于一切宗教的内容起源于人，它们才在某些地方还可求得人的尊敬；只有意识到，即使是最疯狂的迷信，其实也包含有人类本质的永恒规定性，尽管具有的形式已经是歪曲了的和走了样的；只有意识到这一点，才能使宗教的历史，特别是中世纪宗教的历史，不致被全盘否定，被永远忘记。"② 其二，宗教在相关社会中起到过"内部统一"的凝聚作用，有利于其命运共同体的维系。恩格斯说："事实上不存在内部统一的欧洲世界，为反对共同的外部敌人——萨拉秦人而通过基督教联合起来了。由一群在经常变化的相互关系中发展起来的民族组成的西欧世界，则是通过天主教联合起来的。"③ 宗教中"统一"的理念，曾在相关社会中发挥了使其"统一"的作用。其三，宗教

---

① 《江泽民论有中国特色社会主义〈专题摘编〉》，中央文献出版社 2002 年版，第 371 页。

② 《马克思恩格斯全集》第 3 卷，人民出版社 2002 年版，第 520—521 页。

③ 《马克思恩格斯全集》第 21 卷，人民出版社 1965 年版，第 545 页。

在历史上曾为社会变革或反抗运动起到旗帜、武器和外衣的作用。恩格斯指出：在欧洲中世纪，"当时任何社会运动和政治运动都不得不采取神学的形式；对于完全由宗教培育起来的群众感情说来，要掀起巨大的风暴，就必须让群众的切身利益披上宗教的外衣出现。"①"反封建的革命反对派活跃于整个中世纪。随着时代条件的不同，他们或者是以神秘主义的形式出现，或者是以公开的异教的形式出现，或者是以武装起义的形式出现。"② 显然，宗教对于阶级压迫不只是采取消极或非暴力的反抗，也曾有过积极、主动甚至采取暴力手段的反抗，它被作为被压迫阶级反抗和革命的旗帜或外衣而发挥积极作用，对之产生过积极的理论指导或舆论影响。其四，宗教曾作为反对封建国王和贵族的旗帜而促进了欧洲的近代社会转型和历史发展。恩格斯说："十三世纪至十七世纪发生的一切宗教改革运动，以及在宗教幌子下进行的与此有关的斗争，从它们的理论方面来看，都只是市民阶级、城市平民以及同他们一起参加暴动的农民使旧的神学世界观适应于改变了的经济条件和新阶级的生活方式的反复尝试。"③ 欧洲宗教改革具有"资产阶级性质"，而"加尔文的宗教改革"实际"却成了日内瓦、荷兰和苏格兰共和党人的旗帜，使荷兰摆脱了西班牙和德意志帝国的统治，并为英国发生的资产阶级革命的第二幕提供了意识形态的外衣。在这里，加尔文教派显示出它是当时资产阶级利益的真正的宗教外衣"④。应当说，马克思主义经典作家看到了宗教在近代资产阶级革命中所发挥的作用。

　　但在阶级社会中，马克思主义经典作家则认为宗教主要还是起了消极的社会作用。这也包括如下方面：其一，宗教对苦难民众起着"麻醉"作用，其能够提供的只是消极的精神抚慰而已。所以，列宁强调"宗教是人民的鸦

① 《马克思恩格斯文集》第 4 卷，人民出版社 2009 年版，第 310 页。
② 《马克思恩格斯文集》第 2 卷，人民出版社 2009 年版，第 236 页。
③ 《马克思恩格斯全集》第 21 卷，人民出版社 1965 年版，第 545—546 页。
④ 《马克思恩格斯文集》第 4 卷，人民出版社 2009 年版，第 311 页。

片。宗教是一种精神上的劣质酒"。① 其二,宗教曾将封建国家制度神圣化,维护其剥削统治。恩格斯指出,"封建的教会组织利用宗教把世俗的封建国家制度神圣化"②,而"僧侣是中世纪封建主义意识形态的代表"③。其三,宗教在资产阶级发展后期起过消极作用,成为维持其反动统治的工具,被当作"影响群众的精神手段"。其四,宗教曾参与殖民主义扩张和帝国主义侵略,特别是起到过文化侵略的消极作用。恩格斯在论述近代俄国对波兰的殖民扩张时也指出,"信教自由——这就是为了消灭波兰所需要的字眼"。"所有这一切都是在信教自由的名义下进行的。"④列宁也批评说:"那些利用传教伪善地掩盖掠夺政策的人,中国人难道能不痛恨他们吗?"⑤ 其五,宗教在历史上曾经影响科学的发展,阻碍过科学进步,迫害过坚持真理的科学家。恩格斯说,在欧洲中世纪时,"科学只是教会的恭顺的婢女,不得超越宗教信仰所规定的界限,因此根本就不是科学"⑥。而宗教改革时期"新教徒在迫害自由的自然研究方面超过了天主教徒"⑦。列宁也指出:"任何一条科学规律(决不只是价值规律),在中世纪人们都是从宗教和伦理的意义上去理解的。对于自然科学的规律,宗教法规学者也是这样解释的。"⑧

　　根据马克思主义经典作家的分析,宗教在阶级社会中和压迫剥削制度下所起的主要作用是消极、负面和否定的,要大于其积极、正面和肯定的作用。马克思主义经典作家在此也指出了宗教的社会作用会随着社会的发展、历史的演变而变化,也会因宗教本身在阶级、社会定位上的变动而改变,所起作用乃是明显不同的。至于宗教在消除了剥削、压迫的制度下,在社会主

---

① 《列宁专题文集　论辩证唯物主义和历史唯物主义》,人民出版社 2009 年版,第 220 页。
② 《马克思恩格斯全集》第 21 卷,人民出版社 1965 年版,第 545 页。
③ 《马克思恩格斯文集》第 2 卷,人民出版社 2009 年版,第 225 页。
④ 《马克思恩格斯全集》第 21 卷,人民出版社 2003 年版,第 230—231 页。
⑤ 《列宁全集》第 4 卷,人民出版社 1984 年版,第 320 页。
⑥ 《马克思恩格斯文集》第 3 卷,人民出版社 2009 年版,第 510 页。
⑦ 《马克思恩格斯文集》第 9 卷,人民出版社 2009 年版,第 410 页。
⑧ 《列宁全集》第 25 卷,人民出版社 1988 年版,第 37 页。

义社会中，究竟会起到什么样的作用，马克思主义经典作家并没有明示，对此故有广泛的讨论和激烈的争论。这种宗教社会作用的两重性和社会功能的双向性会如何发生，一则要看宗教本身的选择，即看其是积极适应社会还是消极对抗社会；二则要看社会对宗教是否积极引导，使宗教能有更多可能及更多条件发挥积极作用。因此，对宗教的社会作用，必须辩证地看待，科学地评价，积极地引导。

七、关注宗教与民族的联系和区别

一方面，马克思主义经典作家认为，古代宗教与民族有着一定的历史关联。"古代一切宗教都是自发的部落宗教和后来的民族宗教，它们从各民族的社会条件和政治条件中产生，并和这些条件紧紧连在一起。"[①] 两者曾经共构为一个命运共同体，从而形成民族与宗教一体的文化特色，也会以某种宗教信仰来代表其民族文化精神，"一些宗教仪式被认为特别神圣，因而获得了全民族的意义"[②]。在这种共在处境中，宗教从这些民族所依存的自然处境中产生，并会作为其"神化"的象征。"一个部落或民族生活于其中的特定自然条件和自然产物，都转变为它的宗教。"[③] 宗教还会从其原初所体现的自然物质意义发展出体现其社会政治意义，成为其"民族宗教"，从而"在每一个民族中形成的神，都是民族的神"[④]。"只要这些民族存在，这些神也就继续活在人们的观念中；这些民族没落了，这些神也就随着灭亡。"[⑤] 古代民族宗教反映其民族的存在，因而也不能脱离其民族之基础，"宗教的这种基础一旦遭到破坏，沿袭的社会形式、传统的政治设施和民族独立一旦遭到毁

---

① 《马克思恩格斯文集》第 3 卷，人民出版社 2009 年版，第 597 页。
② 《马克思恩格斯全集》第 45 卷，人民出版社 1985 年版，第 501 页。
③ 《马克思恩格斯全集》第 47 卷，人民出版社 2004 年版，第 416 页。
④ 《马克思恩格斯文集》第 4 卷，人民出版社 2009 年版，第 309 页。
⑤ 《马克思恩格斯文集》第 4 卷，人民出版社 2009 年版，第 309 页。

灭，那么从属于此的宗教自然也就会崩溃。""民族神一旦不能保卫本民族的独立和自主，就会自取灭亡。"①

但另一方面，马克思主义经典作家又指出，宗教并不完全等同于民族，两者之间有着明显区别：在民族与宗教的发展中，宗教会扬弃其"民族神"观念，成为多民族共构的世界宗教。而同一个民族也会在不同的历史时期选择信奉不同的宗教，形成其民族历史上宗教信仰的变化和改教现象。两者的这种区别也需根据其具体的社会经济、政治条件和历史处境、民族发展来分析、判断。因此，我们要以相关民族的社会存在来说明其宗教，正如马克思所言："我们不是到犹太人的宗教里去寻找犹太人的秘密，而是到现实的犹太人里去寻找他的宗教的秘密。"② 在目前社会处境中，认真区分民族问题与宗教问题，具有重要的现实意义。

八、坚持国家和无产阶级政党在对待宗教问题上的不同处理原则

马克思主义经典作家将宗教对于国家的关系以及宗教对于无产阶级政党的关系进行了明确的区分，其基本处理原则是坚持宗教对国家来说是私人的事情，而对无产阶级政党就不是私人的事情。

这里，政教关系涉及社会法律和意识形态两大层面，在社会、法律层面，宗教享受着法律保护的信仰自由，它以法律面前的平等权利而获得其社会存在，参与其社会活动。但宗教的社会活动本身仍必须在法律允许的范围内来开展，宗教社会团体组织应该遵守社会规则及秩序，要"依法""守法"。而在意识形态层面，宗教则与政治有着更为复杂的交织，宗教思想观念势必会与各种政治思潮、精神理想形成交往或交锋的关系，其思想斗争亦很难免。

从宗教与国家的关系来看，马克思主义经典作家坚持宗教对国家来说是

---

① 《马克思恩格斯文集》第 3 卷，人民出版社 2009 年版，第 597 页。
② 《马克思恩格斯文集》第 1 卷，人民出版社 2009 年版，第 49 页。

私人的事情，主张实行"政教分离"，尊重宗教信仰自由，由此而使宗教能够真正成为私人的事情。为此，"教会和国家完全分离。国家无例外地把一切宗教团体视为私人的团体。"① 因而就不应该用"国家资金"来"对宗教团体提供任何补助"，宗教团体在社会主义国家"应当是完全自由的、与政权无关的志同道合的公民联合会"，"教会与国家完全分离，这就是社会主义无产阶级向现代国家和现代教会提出的要求"②。马克思主义经典作家这种前瞻性的预设和要求，尚需认真研究、客观分析，以使他们的论述能得到其在实践中的真正检验。

从宗教与无产阶级政党的关系来看，马克思主义经典作家则坚持无产阶级政党的成员不能信仰宗教，不可将宗教与社会主义、共产主义相等同。对于无产阶级政党而言，则"不能认为宗教是私人的事情"，而必须在思想领域坚定立场、坚持原则、对宗教开展思想斗争。不过，马克思主义经典作家尤其是列宁也在要求共产党员不能信仰宗教的同时，强调要团结广大信教群众，并认为当政治需要的时候，在特殊条件下甚至可以吸纳宗教信仰者及宗教神职人员加入无产阶级政党。但这种"加入"也给人们带来思想理解和工作实践中的一些困惑及困难，使其具有特殊的复杂性和敏感性。人们对如何理解和坚持列宁的这一思想仍未达成共识。在列宁看来，在让信教者入党后还要使其进而获得无产阶级政党党纲精神的教育，在此体现团结与教育的共构，这样可使他们逐渐摆脱宗教的影响；但列宁同时又说，吸纳信教者入党后仍可保留他们的宗教信仰，并让其他党内人士尊重他们的宗教信仰，这显然为两个不同之维。此外，马克思主义经典作家还指出无产阶级政党"必须善于同宗教作斗争"③，其中即包括"必须注意避免对信教者的感情有丝毫伤

---

① 《马克思恩格斯文集》第 4 卷，人民出版社 2009 年版，第 417 页。

② 《列宁专题文集　论辩证唯物主义和历史唯物主义》，人民出版社 2009 年版，第 220—221 页。

③ 《列宁专题文集　论无产阶级政党》，人民出版社 2009 年版，第 174 页。

害"①。因此，这种"善于斗争"则主要是以正面宣传唯物主义世界观、无神论和科学思想来体现。在给这种斗争定位时，马克思主义经典作家还强调必须使这种斗争服从党的基本任务，将之视为革命斗争中"完全次要"的问题，不要"把宗教问题提到它所不应有的首要地位"②。在马克思主义经典作家关于无产阶级政党与宗教关系的论述中，有很多重大理论及实践问题值得我们在对之坚持中加以辩证理解、科学运用。

第二节　需要结合新的实际丰富和发展的马克思主义宗教观理论判断

研究马克思主义经典作家关于宗教的基本观点，还需要结合新的实际丰富和发展马克思主义宗教观的相关理论判断，尤其是要对"那些过去不够重视而今天看来特别具有理论和现实意义的基本观点"有新的发掘和突破。

一、深化对宗教问题性质的认识

应该承认，马克思主义经典作家在 19 世纪与 20 世纪之交所论述的宗教观，其基本社会背景是欧洲的资本主义社会，因而在某些具体界定或结论上是结合当时世情的"专指"，并非可以跨越时空随意套用的"泛指"，我们所应把握的是马克思主义经典作家的思想精髓和科学方法。在 20 世纪特别是进入 21 世纪之后的中国，我们必须对之继续发展，获得创新和突破。

在当代中国社会主义革命和建设实践中，中国共产党更为强调宗教问题的基本性质乃反映了群众思想信仰问题而非政治问题，宗教工作的本质是群众工作。故此，宗教问题主要属于人民内部的不同思想观念和信仰认识问题，已经不再具有阶级对抗性，我们应该结合中国国情而更多关注宗教的

---

① 《列宁全集》第 36 卷，人民出版社 1985 年版，第 108 页。
② 《列宁专题文集　论辩证唯物主义和历史唯物主义》，人民出版社 2009 年版，第 223 页。

"真正的社会的、文化的、政治的意义和内容"。在关注国际阶级斗争的同时，在中国和谐社会的构建中则应专注马克思主义经典作家关于宗教的本质是对神灵（超人间力量）的幻想、笃信和崇拜这一基本思想。所以，自新中国成立以来，毛泽东曾指出宗教属于"人民内部的思想问题"，是"精神世界的问题"①"思想性质的问题"②。周恩来也强调："我们只把宗教信仰肯定为人民的思想信仰问题，而不涉及政治问题。"③这样，中国共产党在社会主义社会中对宗教问题的看法及其处理方法与马克思主义经典作家对19世纪前后欧洲宗教的认识和对策还是有区别的，体现出一种与时俱进的开拓精神。中国共产党对今天中国宗教问题的性质有了新的理解，将之看作人民群众的思想性质问题和精神世界的表述，而不是从"剥削统治阶级利用宗教来麻痹人们"这一点来评价宗教，认为今天中国宗教的性质属于人民内部的思想性质问题，因此必须从正确认识和处理人民内部矛盾的视野来对待宗教，冷静处理好宗教问题。这样，从关心、爱护人民群众的角度来看待宗教，就能有效防止宗教问题的矛盾转化或恶化。

二、凸显对宗教文化意义的思考

马克思主义经典作家对宗教与文化的关系有一定思考和研究，如马克思就曾撰写过《论宗教和艺术》一文。但当时对宗教的关注主要在社会政治层面，因此对宗教的文化意义还没有来得及进行深入探究。

中国共产党在马克思主义宗教观上的一大发展，就是更多地从文化关联来审视和评价宗教，指出宗教包含着重要的文化因素及内容。毛泽东非常注意宗教的文化蕴涵及其意义，曾经指出："文化包括学校、报纸、电影等等，

---

① 《毛泽东文集》第7卷，人民出版社1999年版，第232页。
② 《毛泽东文集》第7卷，人民出版社1999年版，第209页。
③ 《周恩来统一战线文选》，人民出版社1984年版，第383页。

宗教也在内。"① 毛泽东还主张吸收外来优秀文化，认为"我们这个民族，从来就是接受外国的先进经验和优秀文化的"。"我们的唐三藏法师，万里长征去取经，比较后代学外国困难得多。"②

自中国改革开放以来，中国共产党更加突出宗教的文化价值和意义，中国理论界对宗教的认识也从宗教只是"鸦片"的看法发展到宗教是"文化"的认识，由此逐渐形成了"宗教是文化"的观点，发展出具有中国特色的"宗教文化论"。江泽民指出："我国宗教在其产生和发展的过程中，与我国文化的发展相互交融，吸取了我国建筑、绘画、雕塑、音乐、文学、哲学、医学当中的不少优秀成分。"③ 从文化交流、文化发展来看宗教，丰富了对宗教的全面了解，而且还可发掘其蕴藏的人文精神。习近平就从文化交流、文明进步的视角对佛教等世界宗教做过如下评价："佛教产生于古代印度，但传入中国后，经过长期演化，佛教同中国儒家文化和道家文化融合发展，最终形成了具有中国特色的佛教文化，给中国人的宗教信仰、哲学观念、文学艺术、礼仪习俗等留下了深刻影响。……中国人根据中华文化发展了佛教思想，形成了独特的佛教理论，而且使佛教从中国传播到了日本、韩国、东南亚等地。""2000多年来，佛教、伊斯兰教、基督教等先后传入中国，中国音乐、绘画、文学等也不断吸纳外来文明的优长。"④ 这样，中国共产党不仅继承了马克思主义宗教观，而且还有新的开拓，以凸显宗教文化意义、证实宗教在"文明对话"中的积极作用而充实了马克思主义宗教观的文化底蕴。

三、客观评估宗教价值

尽管马克思主义经典作家根据其所处的资本主义背景和对阶级社会的分

① 《建国以来毛泽东文稿》第3册，中央文献出版社1989年版，第583页。
② 《毛泽东文集》第6卷，人民出版社1999年版，第264页。
③ 《江泽民文选》第3卷，人民出版社2006年版，第388—389页。
④ 《习近平谈治国理政》，外文出版社2014年版，第260—261页。

析而对宗教多持批评态度，认为宗教这种"人的自我异化的神圣形象"只是社会之"颠倒的反映"，却仍承认宗教价值反映了"人类本质的永恒规定性"，有其合理内核，故而不应"被全盘否定，被永远忘记"①。

以此为基础，中国共产党在社会主义发展阶段开始对宗教价值有更客观的审视和更积极的评价。例如，毛泽东曾肯定宗教精神领袖耶稣、释迦牟尼和孔子等人在历史中发挥过积极作用，认为他们和马克思、孙中山一样都有创新精神。在评价基督教在中国的作用时，周恩来亦承认，"自五四运动以来，基督教里面有进步分子，在中国革命的过程中，他们是同情中国革命的"②。"在文化上，帝国主义有许多侵略机构，如学校、医院及教堂等"，"这些文化机构有坏的一面，但还有好的一面，例如协和医院，我们的人生了病还去那里就医。"③ 邓小平也在赞誉鉴真像回中国时对宗教有相应肯定，"日本文化界和佛教界人士，把国宝鉴真像郑重地送来中国供故乡人民瞻仰。这是一件具有深远意义的盛事。它必将鼓舞人们发扬鉴真及其日本弟子荣睿、普照的献身精神，为中日两国人民世代友好事业作不懈努力"④。除了对宗教著名人士有客观评价之外，这些领导人对宗教道德价值等亦有着客观评价。周恩来曾坦言："宗教在教义上有某些积极作用，对民族关系也可以起推动作用。"⑤ 江泽民也说过对宗教文化"可以研究和发掘其中的精华……宗教道德中的弃恶扬善等内容，对鼓励广大信教群众追求良好的道德要求有积极作用"⑥。因此，中国共产党认为完全可以"利用宗教教义，宗教教规和宗教道德中的某些积极因素为社会主义服务"⑦。

---

① 《马克思恩格斯全集》第 3 卷，人民出版社 2002 年版，第 520—521 页。
② 《周恩来统一战线文选》，人民出版社 1984 年版，第 181 页。
③ 《周恩来选集》（上卷），人民出版社 1980 年版，第 324 页。
④ 《新时期宗教工作文献选编》，宗教文化出版社 1995 年版，第 22 页。
⑤ 《周恩来统一战线文选》，人民出版社 1984 年版，第 308 页。
⑥ 《江泽民文选》第 3 卷，人民出版社 2006 年版，第 389 页。
⑦ 《新时期宗教工作文献选编》，宗教文化出版社 1995 年版，第 255 页。

四、正确把握宗教的社会功能

根据马克思主义经典作家对宗教社会作用两重性的认识，中国共产党既正视并尽量减少宗教社会作用中的消极性，又努力鼓励并促进宗教社会作用中积极因素的发挥。与此同时，中国共产党也强调要把握好"调动宗教中的积极因素"的分寸，肯定其积极因素却不夸大，争取对之辩证看待。

江泽民同志承认，宗教既有消极的一面，也有积极的一面，因此要鼓励和支持宗教界发挥宗教中的积极因素为社会稳定、和谐服务。在当前中国，应辩证对待宗教的社会功能，尽量促成宗教正面、积极因素的发展，减少其负面、消极因素的风险。在此，不可消极对待宗教，而应有所作为，对之加以积极引导。

这种积极引导建基于对社会的冷静观察，因为"在人类历史上，由宗教引起的矛盾和冲突、打着'宗教'旗号进行的侵略和战争多得很"[1]。而"在当今世界上，宗教更是为各派政治和社会力量所加紧利用。一些国家和地区矛盾激烈、冲突不断，往往与民族问题、宗教问题卷在一起。当狭隘民族主义与宗教极端主义相结合时，就有可能产生很大破坏力"[2]。对这种不利影响，我们应主动应对、有效防范，特别要注意"敌对势力一直把利用宗教进行政治渗透作为他们对我国推行和平演变战略的一个重要手段"[3]。因此，我们应防止这种分化、异化的企图可能造成宗教在中国的离心力，避免宗教信仰者成为我们的对立面。

要把握好宗教的社会功能，还需我们自己练好内功，做好我们的宗教工作，使宗教能与我们的社会积极适应。我们可以积极引导宗教发挥其社会服务功能，做好社会慈善、社会援助工作的作用。

---

① 《江泽民文选》第 3 卷，人民出版社 2006 年版，第 377—378 页。
② 《江泽民文选》第 3 卷，人民出版社 2006 年版，第 376 页。
③ 《新时期宗教工作文献选编》，宗教文化出版社 1995 年版，第 211 页。

五、推动宗教领域的统一战线工作

"统一战线"的理论和实践是中国共产党取得革命胜利的"三大法宝"之一，在今天社会主义建设中仍应继续坚持。尤其在宗教领域，中国共产党积极推动"统一战线"工作，取得了重要成果。可以说，在宗教领域推动统一战线工作，是中国共产党丰富和发展马克思主义宗教观的重要创新和有力举措。中国共产党主张与宗教界人士"政治上团结合作、信仰上相互尊重"，在社会主义革命和建设中与宗教界建立了良好、和谐的合作关系。毛泽东早就认为"共产党员可以和某些唯心论者甚至宗教徒建立在政治行动上的反帝反封建的统一战线"[①]。周恩来也指出："我们认为，唯物论者同唯心论者，在政治上可以合作，可以共存，应该相互尊重。"[②] 中国共产党把宗教界人士作为社会积极力量来引导和对待，使之在维护民族团结、社会稳定上发挥了重要作用，取得了不少成就。在当前世界全球化发展、中国改革开放进入新阶段的新形势下，中国共产党重申与宗教界人士开展统一战线工作的重要性和必要性，再次强调"巩固和发展党同宗教界的爱国统一战线"[③]。江泽民同志说："我们处理同宗教界朋友之间的关系的原则是政治上团结合作，思想信仰上互相尊重。这一点是永远不会变的。"[④] 新时代中国共产党的统一战线理论和实践，是马克思主义宗教观"中国化"的开拓性贡献。

六、深化对宗教存在长期性的认识

马克思主义经典作家已经指明宗教的消亡是一个长期的发展过程，而其得以消亡的前提则是人类社会有了"人与人之间和人与自然之间极明白而合

---

① 《毛泽东选集》第 2 卷，人民出版社 1991 年版，第 707 页。

② 《周恩来统一战线文选》，人民出版社 1984 年版，第 184 页。

③ 《江泽民文选》第 3 卷，人民出版社 2006 年版，第 396 页。

④ 《新时期宗教工作文献选编》，宗教文化出版社 1995 年版，第 210 页。

理的关系"、社会生活过程已经"处于人的有意识有计划的控制之下的时候"①
以及"当社会通过占有和有计划地使用全部生产资料而使自己和一切社会成员
摆脱奴役状态的时候""当谋事在人，成事也在人的时候"②。基于这些论述，中
国共产党对于宗教存在的"长期性"问题提出了自己的思考和评估。在新中国
成立初期，周恩来曾说："就是进入了社会主义社会，也还有信教的。"③ 而且，
"信仰宗教的人，不仅现在社会主义的国家里有，就是将来进入共产主义社会，
是不是就完全没有了？现在还不能说得那么死"④。毛泽东亦明确指出："宗教
的消灭，只有在人类消灭了阶级并大大发展了控制自然和社会的能力的时候，
才有可能。"⑤ 这需要人类在自然和社会两大领域都获得真正的、充分的自由。
因此，"只要人民还相信宗教，宗教就不应当也不可能人为地去加以取消或破
坏"⑥。周恩来为此还对宗教界人士说："宗教界的朋友们不必担心宗教能不能存
在。按照唯物论的观点，当社会还没有发展到使宗教赖以存在的条件完全消
失的时候，宗教是会存在的。"⑦ 宗教消亡除了其得以长期存在的社会根源不复
存在之外，还需要彻底解决人的认识问题，理顺人的精神性关联。周恩来说：
"只要人们还有一些不能从思想上解释和解决的问题，就难以避免会有宗教信
仰现象。有的信仰具有宗教形式。有的信仰没有宗教形式。"⑧ 社会存在问题和
思想认识问题的根本解决，是宗教得以消亡的基本前提。

在深化对宗教存在长期性的认识上，中国共产党有许多精辟的论述，指
出"宗教是人类社会发展一定阶段的历史现象，有它发生、发展和消亡的过程。
宗教信仰，宗教感情，以及同这种信仰和感情相适应的宗教仪式和宗教组织，

---

① 《马克思恩格斯文集》第5卷，人民出版社2009年，第97页。
② 《马克思恩格斯文集》第9卷，人民出版社2009年版，第334页。
③ 《周恩来统一战线文选》，人民出版社1984年版，第201页。
④ 《周恩来统一战线文选》，人民出版社1984年版，第383页。
⑤ 《建国以来毛泽东文稿》第3册，中央文献出版社1989年版，第539—540页。
⑥ 《毛泽东西藏工作文选》，中央文献出版社、中国藏学出版社2001年版，第93—94页。
⑦ 《周恩来统一战线文选》，人民出版社1984年版，第384页。
⑧ 《周恩来统一战线文选》，人民出版社1984年版，第384页。

都是社会的历史的产物。……在社会主义社会中，随着剥削制度和剥削阶级的消灭，宗教存在的阶级根源已经基本消失。但是，由于人们意识的发展总是落后于社会存在，旧社会遗留下来的旧思想、旧习惯不可能在短期内彻底消除；由于社会生产力的极大提高，物质财富的极大丰富，高度的社会主义民主的建立，以及教育、文化、科学、技术的高度发达，还需要长久的奋斗过程；由于某些严重的天灾人祸所带来的种种困苦，还不可能在短期内彻底摆脱；由于还存在着一定范围的阶级斗争和复杂的国际环境，因而宗教在社会主义社会一部分人中的影响，也就不可避免地还会长期存在。在人类历史上，宗教终究是要消亡的，但是只有经过社会主义、共产主义的长期发展，在一切客观条件具备的时候，才会自然消亡。对于社会主义条件下宗教问题的长期性，全党同志务必要有足够的清醒的认识。那种认为随着社会主义制度的建立和经济文化的一定程度的发展，宗教就会很快消亡的想法，是不现实的。那种认为依靠行政命令或其他强制手段，可以一举消灭宗教的想法和做法，更是背离马克思主义关于宗教问题的基本观点的，是完全错误和非常有害的"[1]。江泽民同志曾在 2000 年底全国统战工作会议上对"宗教存在的长期性"亦有非常精辟的阐述："宗教作为一种社会现象，具有漫长的历史，在社会主义社会也将长期存在。宗教走向最终消亡也必然是一个漫长的历史过程，可能比阶级和国家的消亡还要久远。"[2] 江泽民认为认识宗教"最根本的是宗教存在的长期性"。中国共产党把宗教存在的长期性作为具有"根本性"的问题来重视，由此消除了对宗教认知的"短视"和草率直推宗教消亡的急躁。

七、积极引导宗教与社会主义社会相适应

马克思主义经典作家虽然考虑到尊重宗教信仰自由、以党纲教育愿意入

---

① 《新时期宗教工作文献选编》，宗教文化出版社 1995 年版，第 54—55 页。
② 《江泽民论有中国特色社会主义（专题摘编）》，中央文献出版社 2002 年版，第 371 页。

党的信教人士等问题，却没有明确意识到在社会主义条件下可以积极引导宗教与其社会相适应的思想。结合新的社会实际，中国共产党在对宗教与社会主义社会关系之认真探究的基础上，提出了"积极引导宗教与社会主义社会相适应"的"宗教适应观"。这一"相适应"观念体现了与宗教在"存异"上相互尊重、在"求同"上积极引导的精神。毛泽东在新中国成立初期就已指出，"一部分唯心主义者，他们可以赞成社会主义的政治制度和经济制度，但是不赞成马克思主义的世界观。宗教界的爱国人士也是这样"①。为此，则可从"调动一切积极因素"这一考虑来找到能够与宗教共在的底线，进而积极引导宗教"进行社会主义革命，建设社会主义国家"。周恩来说："不管是无神论者，还是有神论者，不管是唯物论者，还是唯心论者，大家一样地能够拥护社会主义制度。"②这样就可以在建设社会主义事业上与宗教界达成"一个协议，一种默契"③，并以这种"积极引导"来进而展开对信教群众的教育工作。

对于如何积极引导宗教与社会主义社会相适应，中国共产党在长期实践中摸索出了日臻成熟的思想理论。邓小平同志在 1980 年与十世班禅谈话时指出："对于宗教，不能用行政命令的办法；但宗教方面也不能搞狂热，否则同社会主义，同人民的利益相违背。"④1990 年 7 月 14 日《中共中央关于加强统一战线工作的通知》则首次明确提出"要引导爱国宗教团体和人士把爱教和爱国结合起来，把宗教活动纳入宪法和法律的范围，同社会主义制度相适应"⑤。不久，1991 年 2 月 5 日《中共中央、国务院关于进一步做好宗教工作若干问题的通知》又进而指明："动员全党、各级政府和社会各方面进一步重视、关心和做好宗教工作，使宗教同社会主义社会相适应。"⑥

---

① 《毛泽东选集》第 5 卷，人民出版社 1977 年版，第 405 页。

② 《周恩来统一战线文选》，人民出版社 1984 年版，第 383—384 页。

③ 《周恩来统一战线文选》，人民出版社 1984 年版，第 181—182 页。

④ 《邓小平年谱》（1975—1997）上，中央文献出版社 2004 年版，第 669 页。

⑤ 《新时期宗教工作文献选编》，宗教文化出版社 1995 年版，第 178 页。

⑥ 《新时期宗教工作文献选编》，家教文化出版社 1995 年版，第 220 页。

1991 年 1 月 30 日，江泽民同志在《保持党的宗教政策的稳定性和连续性》中提出了正确处理宗教问题、做好宗教工作的双向互动。"一方面，从我们党和政府来说，要坚定不移地贯彻执行尊重和保护公民宗教信仰自由的权利、保护正常的宗教活动、保护宗教界的合法权益这样一些长期不变的基本政策；另一方面，从宗教界来说，要坚定不移地拥护中国共产党的领导，拥护社会主义，坚持独立自主自办教会的原则，坚持在宪法、法律、法规和政策规定的范围内开展宗教活动。"[①]1993 年 11 月 7 日，江泽民同志在《高度重视民族工作和宗教工作》的报告中发表了中国共产党在解决好中国当代宗教问题上著名的"三句话"："在宗教问题上我也想强调三句话：一是全面、正确地贯彻执行党的宗教政策，二是依法加强对宗教事务的管理，三是积极引导宗教与社会主义社会相适应。"[②]此时，对宗教加以"积极引导"的思想基本形成。2001 年 12 月 10 日，江泽民同志于《在全国宗教工作会议上的讲话》中进而在上述"三句话"后加上了"坚持独立自主自办的原则"，并在 2002 年 11 月 8 日发表的中共十六大报告中形成了"全面贯彻党的宗教信仰自由政策，依法管理宗教事务，积极引导宗教与社会主义社会相适应，坚持独立自主自办的原则"[③] 这"四句话"。

这种对宗教"积极引导"的思想，使宗教对社会主义社会的适应落在了实处。江泽民指出："这种适应，并不要求宗教信徒放弃有神论的思想和宗教信仰，而是要求他们在政治上热爱祖国，拥护社会主义制度，拥护共产党的领导；同时，改革不适应社会主义的宗教制度和宗教教条，利用宗教教义、宗教教规和宗教道德中的某些积极因素为社会主义服务。"[④]值得注意的是，这里明确提出在宗教教义、宗教教规和宗教道德中也存在有"积极因

---

① 《新时期宗教工作文献选编》，家教文化出版社 1995 年版，第 210 页。
② 《新时期宗教工作文献选编》，家教文化出版社 1995 年版，第 253 页。
③ 江泽民：《全面建设小康社会，开创中国特色社会主义事业新局面——在中国共产党第十六次全国代表大会上的报告》，人民出版社 2002 年版，第 33 页。
④ 《新时期宗教工作文献选编》，宗教文化出版社 1995 年版，第 254—255 页。

素",从而使宗教不仅可以适应社会主义社会,也有适应社会主义思想的可能。这种适应在社会层面包括"宗教界人士和信教群众要遵守国家的法律、法规和方针政策","宗教活动要服从和服务于国家的最高利益和民族的整体利益";在思想层面则指要"努力对宗教教义作出符合社会进步要求的阐释"①,"宗教界人士要努力挖掘和发扬宗教中的积极因素,为祖国统一、民族团结和社会发展多作贡献"②。

中国共产党第十七次全国代表大会正式确立了党的宗教工作基本方针:"全面贯彻党的宗教信仰自由政策,依法管理宗教事务,坚持独立自主自办的原则,积极引导宗教与社会主义社会相适应。"胡锦涛同志在党的十七大所做的报告首次系统论及"全面贯彻党的宗教工作基本方针",明确指出"全面贯彻党的宗教工作基本方针,发挥宗教界人士和信教群众在促进经济社会发展中的积极作用",并将宗教关系作为新时期的五大关系之一,说明"促进政党关系、民族关系、宗教关系、阶层关系、海内外同胞关系的和谐,对于增进团结、凝聚力量具有不可替代的作用"。

在中共中央政治局 2007 年 12 月 18 日以"当代世界宗教和加强我国宗教工作"为内容的第二次集体学习上,胡锦涛同志指出:"正确认识和处理宗教问题,切实做好宗教工作,关系党和国家工作全局,关系社会和谐稳定,关系全面建设小康社会进程,关系中国特色社会主义事业发展。我们要从这样的战略高度,充分认识做好新形势下宗教工作的重要性。""在新的历史条件下,我们要坚持马克思主义的立场、观点、方法,全面认识宗教在社会主义社会将长期存在的客观现实,全面认识宗教问题同政治、经济、文化、民族等方面因素相交织的复杂状况,全面认识宗教因素在人民内部矛盾中的特殊地位,努力探索和掌握宗教自身的规律,不断提高宗教工作水平。"③ 在此,胡锦涛同志特别强调,全面贯彻党的宗教工作基本方针,发挥

---

① 《江泽民论有中国特色社会主义(专题摘编)》,中央文献出版社 2002 年版,第 376 页。
② 《江泽民论有中国特色社会主义(专题摘编)》,中央文献出版社 2002 年版,第 371 页。
③ 《人民日报》2007 年 12 月 20 日。

宗教界人士和信教群众在促进经济社会发展中的积极作用，这是对做好新形势下宗教工作的"根本要求"；而做好信教群众工作则是宗教工作的"根本任务"。这两个"根本"已经非常透彻地说明了我国当前宗教工作的任务和特点，为我们指明了努力的方向。

与积极引导宗教与社会主义社会相适应的"党的宗教工作基本方针"密切关联的，则是中国共产党提出要发挥宗教在促进经济社会发展与社会和谐方面的积极作用，由此使"积极引导宗教与社会主义社会相和谐、与构建社会主义和谐社会相适应"落到实处。其重大理论突破，就是从以往多从"消极"方面来看宗教转向"更多地从积极方面来看待宗教"。胡锦涛同志指出："在我国社会政治生活领域，要正确认识和处理政党关系、民族关系、宗教关系、阶层关系、海内外同胞关系。将宗教关系列入五大关系之一、将信教群众作为可以主动发挥作用的一方，更多地从积极方面来看待宗教，肯定宗教在促进社会和谐方面有积极作用，这是一个最新的根本的飞跃。表明我们共产党人虽不信仰宗教，但更加全面地认识宗教的社会作用，具有充分的自信，能带领信教群众积极为构建和谐社会作贡献。"[1] 通过这种积极引导，既可以"使信教群众在全面建设小康社会的宏伟目标下最大限度地团结起来"[2]，也可以"积极弘扬宗教教义中扬善抑恶、平等宽容、扶贫济困等与社会主义社会道德要求贴近的积极内容"[3]。中国共产党在这里再次明确指出在"宗教教义"中也有"积极内容"，从而为在思想理论层面对宗教的积极引导提供了可能。这是中国共产党在中国特色的社会主义宗教理论建设上的积极开拓和独特创见，理应继续坚持和发展。虽然仍有人质疑这种"积极引导"和对宗教"积极作用"的承认，但这涉及中国特色马克思主义宗教观的与时

① 胡锦涛：《不断巩固和壮大统一战线，共同建设中国特色社会主义》，《人民日报》2006年7月13日。

② 胡锦涛：《不断巩固和壮大统一战线，共同建设中国特色社会主义》，《人民日报》2006年7月13日。

③ 《胡锦涛接受第十一世班禅的拜见》，《人民日报·海外版》2005年2月4日。

俱进，关涉对宗教是拉还是推的战略选择，对我国社会今后的稳定及发展极为重要、非常关键。

中国共产党第十八次全国代表大会从"巩固和发展最广泛的爱国统一战线"方面阐述了与宗教的和谐对中国社会主义建设发展的重要。胡锦涛同志在党的十八大报告中指出："统一战线是凝聚各方面力量，促进政党关系、民族关系、宗教关系、阶层关系、海内外同胞关系的和谐，夺取中国特色社会主义新胜利的重要法宝。"党的十八大重申了"全面贯彻党的宗教工作基本方针，发挥宗教界人士和信教群众在促进经济社会发展中的积极作用"[①]这一指导思想。习近平指出："党的十八大是在我国进入全面建成小康社会决定性阶段召开的一次十分重要的大会，是一次高举旗帜、继往开来、团结奋进的大会，对凝聚党心军心民心、推动党和国家事业发展具有十分重大的意义。"党的十八大以来，积极引导宗教与社会主义社会相适应的基本方针得到了多次强调和坚定不移的执行。

习近平总书记在 2015 年 5 月召开的中央统战工作会议重要讲话中，提出民族、宗教工作是全局性工作，指出宗教工作的本质是群众工作，重申了要全面贯彻党的宗教信仰自由政策，依法管理宗教事务，坚持独立自主自办原则，积极引导宗教与社会主义社会相适应这一党的宗教工作的基本方针。习近平总书记还特别强调要积极引导宗教与社会主义社会相适应，就应该做好四个"必须"，这就是必须坚持中国化方向，必须提高宗教工作法治化水平，必须辩证看待宗教的社会作用，必须重视发挥宗教界人士作用，引导宗教努力为促进经济发展、社会和谐、文化繁荣、民族团结、祖国统一服务。以习近平同志为核心的党中央关于宗教工作的中心思想就是要我们积极引导宗教，并在这种积极引导中做好上述"四个必须"，以能努力完成"促进经济发展、社会和谐、文化繁荣、民族团结、祖国统一"这"五大任务"。这

---

① 胡锦涛：《坚定不移沿着中国特色社会主义道路前进，为全面建成小康社会而奋斗——在中国共产党第十八次全国代表大会上的报告》，人民出版社 2012 年版，第 29、30 页。

是党中央对待宗教的真正态度，是中国共产党对马克思主义宗教观的重大理论贡献。

第三节 必须破除的对马克思主义宗教观的教条式理解

在对马克思主义经典作家关于宗教的基本观点的理解上，仍然有许多分歧和争议，人们的认识还在不断拓展和深化。但一般而论，必须破除的对马克思主义宗教观的教条式理解大致包括如下一些方面。

一、必须破除把宗教简单等同于"腐朽观念"的教条式理解

由于宗教与阶级社会的关联，宗教也常被简单地视为落后文化、封建残余、腐朽观念。但在今天对传统文化的重新审视和评价中，弘扬优秀传统文化势必也触及宗教文化。对过去的宗教也有必要一分为二，客观对待。马克思主义经典作家在谈到宗教时就已用历史唯物主义和辩证唯物主义的观点对之加以客观梳理，看到宗教在历史上起过的进步作用和具有的积极意义，而没有单纯、抽象地对宗教全盘否定。对于宗教的批评，是旨在可以促使其变革、进步、发展，使之通过自我扬弃而达到能与时俱进的升华。因此，对待宗教不可作为一种"腐朽观念"而彻底抛弃，却应以一种对传统文化"扬弃"的态度来吸其精华、去其糟粕。所以，我们对待宗教文化，要防止出现"历史虚无主义""文化虚无主义"的错误态度，破除把宗教简单等同于腐朽传统观念的教条式理解。

二、必须破除以阶级斗争来对待与宗教作斗争的教条式理解

以阶级斗争来看待与宗教作斗争，将宗教斗争等同于阶级斗争，不是马克思主义经典作家关于宗教的观点。列宁在《论工人政党对宗教的态度》中

曾从无产阶级政党的战斗性、先进性这一角度说过"我们应当同宗教作斗争",并由此认为"这是整个唯物主义的起码原则,因而也是马克思主义的起码原则"①。但马克思主义经典作家在这里所论及的"同宗教作斗争"主要是思想斗争,而不能将之教条式地理解为政治斗争或阶级斗争。对此,马克思主义经典作家本来已有非常清楚的区分。

其实,列宁在上述论说后还有更重要的补充,指出"马克思主义不是停留在起码原则上的唯物主义。马克思主义更前进了一步。它认为必须善于同宗教作斗争,为此应当用唯物主义观点来说明群众中的信仰和宗教的根源。同宗教作斗争不应该局限于抽象的思想宣传,不能把它归结为这样的宣传;而应该把这一斗争同目的在于消灭产生宗教的社会根源的阶级运动的具体实践联系起来"②。在这里,列宁所言同宗教的斗争是与在资本主义社会中反对整个剥削奴役制度、反对阶级压迫社会的斗争相联系的,是与马克思关于"反宗教的斗争间接地也就是反对以宗教为精神慰藉的那个世界的斗争"的思想完全一致的。

而在社会主义社会中,宗教的社会存在和宗教本身都已发生了巨大变化,与宗教的关系当然也不再是"阶级斗争"的关系。因此,仍然以"阶级斗争"为纲的观点来看待、反对宗教,在当代中国是我们必须破除的对马克思主义宗教观的教条式理解。

三、必须破除对宗教"消亡"问题的教条式理解

宗教消亡是一个自然的过程,还是要人为地直接促成宗教的消亡,在这一问题的理解上存有盲区。在理解马克思主义经典作家的宗教观上,人们过去对宗教的长期存在认识不足,以为可以靠批判宗教而促使宗教的尽早消

---

① 《列宁专题文集 论无产阶级政党》,人民出版社 2009 年版,第 174 页。
② 《列宁专题文集 论无产阶级政党》,人民出版社 2009 年版,第 174 页。

亡。马克思主义经典作家认为宗教会逐渐自行消亡，指出"随着以宗教为理论的被歪曲了的现实的消失，宗教也将自行消灭"①。但对之教条式理解只注意到宗教这种"被歪曲了的"理论之消亡，而没有意识到马克思主义经典作家所强调的是一种具体"现实"的消亡，其与宗教的关联在于它是"以宗教为理论的被歪曲了的现实"。在此，马克思主义经典作家关注的是这种"现实"的消亡，而不是直接论及宗教的消亡。只有这种现实消亡了，歪曲反映这一现实的宗教才会自行消亡。而且，既然马克思主义经典作家意识到宗教的消亡是一个漫长的过程，那么其关注的重点则是达到这种消亡的"必要条件"，即现实的根本改变，只有努力使其条件成熟，让宗教所歪曲反映的现实归于消亡，才可能谈得上宗教本身作为这种反映的消亡，因为已经没有了它所要反映的对象。马克思主义经典作家丝毫没有提到靠人为干涉来促成宗教尽早消亡，更没有说要通过任何社会政治手段或行政举措来促使宗教消亡。

第四节　必须澄清的附加在马克思主义宗教观名下的错误观点

在对马克思主义经典作家关于宗教的基本观点的认识和理解中，曾出现过偏差和失误。总结历史的经验教训，其中有如下一些附加在马克思主义宗教观名下的错误观点必须加以澄清。

一、必须澄清认为宗教会永远存在的错误观点

在理解马克思主义经典作家关于"宗教存在的长期性"之基本观点时，也有从一个极端走向另一个极端的现象发生，即认为宗教会永远存在，认为宗教具有永恒性。显然，这是附加在马克思主义宗教观名下的错误观点，因

---

① 《马克思恩格斯全集》第47卷，人民出版社2004年版，第43页。

为马克思主义经典作家所说的宗教还会长期存在并不等于宗教就会永远存在，宗教的这种"长期性"并不代表其具有"永恒性"。根据历史唯物主义的观点，宗教是人类历史进程中的产物，有其产生、发展、演变、消亡的过程。虽然这一过程会非常漫长，却会在人类历史的长河中最终完成。宗教的消亡是必然的，宗教是人类的精神现象，其诞生和消亡与人及其生存的地球终究会消亡是一个道理。事物的生生灭灭是宇宙发展的规律，而宗教当然也不例外。所以，宗教不会永远存在，没有所谓"永恒的"宗教。宗教神学中的"上帝永恒"和宗教的"永恒"只是其信奉者头脑中的虚幻观念。如果因为马克思主义经典作家提到了"宗教存在的长期性"而就觉得宗教乃一种永恒现象，则会走入认知歧途，这是必须加以澄清的附加在马克思主义宗教观名下的错误观点。

二、必须澄清过分夸大宗教积极作用的错误观点

我们开始重视并论及宗教的积极作用，这是符合马克思主义经典作家关于宗教的基本观点的，因为马克思主义经典作家对阶级社会中宗教社会作用所具有的两重性已经有过非常清醒、冷静的分析，而且指出在压迫剥削制度下宗教的消极作用要明显大于其积极作用。而在社会主义社会中，为了积极引导宗教与社会主义社会相适应，中国共产党立足于"调动一切积极因素"，对宗教也有比较积极的评价，强调注意引导宗教发挥其积极作用，并有效防范其消极作用，使党的宗教工作方针政策得到很好的落实和执行。但在这种情况下，也会出现过分夸大宗教积极作用而不提或回避宗教消极作用的倾向。其实，按照唯物辩证法的分析，事物都是一分为二的，宗教也不例外。就是社会主义中国社会中的宗教亦有其两重性，我们在承认其有积极作用时不可绝对化，不能将这种积极作用无限扩大。因为在复杂的国内外形势和现实处境中，宗教并不会独立存在于其信仰的"真空""净土"之中而不染尘埃，它不可能避免来自社会各种因素的影响。宗教的积极作用只是也只能相对而

言，而宗教作为人类历史文化传统则既有精华也存糟粕，需要我们仔细分辨和甄别。我们在积极引导宗教与社会主义社会相适应时当然要保持清醒的头脑，对宗教同样要持有批判的态度，防止宗教出现狂热和极端现象。因此，积极引导宗教并不等于就要过分夸大宗教的积极作用，也并非只谈宗教的积极作用，对此必须辩证地对待。

三、必须澄清认为经济因素是宗教唯一决定性因素的错误观点

马克思主义经典作家是根据宗教得以存在的"物质经济生活条件"来说明宗教，突出了经济基础及经济的意义。但在认识马克思主义经典作家宗教观的这一基本原理时，也出现了只强调"经济因素"并将其作为"唯一决定性的因素"的错误。这种"唯独经济论"认为宗教只能用经济因素来界说，其他任何因素则可以不再考虑。这种错误导致了把宗教与经济简单关联的趋向，仅以经济之维来审视宗教，甚至走向"用宗教搭台、让经济唱戏"的错误道路，结果使经济意义被扭曲、宗教信仰被歪曲。

抓住"经济因素"极为重要，但如果"只"有或"仅"有经济因素，则会失之毫厘、谬以千里。恩格斯指出："根据唯物史观，历史过程中的决定性因素归根到底是现实生活的生产和再生产。无论马克思或我都从来没有肯定过比这更多的东西。如果有人在这里加以歪曲，说经济因素是唯一决定性的因素，那末他就是把这个命题变成毫无内容的、抽象的、荒诞无稽的空话。经济状况是基础，但是对历史斗争的进程发生影响并且在许多情况下主要是决定着这一斗争的形式的，还有上层建筑的各种因素"，其中就包括"政治的、法律的和哲学的理论，宗教的观点以及它们向教义体系的进一步发展"①。认识宗教本质，当然要抓住经济因素这一重要因素，但经济因素并非唯一决定性因素，而许多其他因素也应加以考虑。此外，"物质存在方式虽

---

① 《马克思恩格斯文集》第 10 卷，人民出版社 2009 年版，第 591 页。

然是始因，但是这并不排斥思想领域也反过来对物质存在方式起作用"。这种宗教因素有时也会对经济因素发生巨大反作用，必须辩证看待其双向互动和交叉影响。

马克思主义经典作家认为，"政治、法、哲学、宗教、文学、艺术等等的发展是以经济发展为基础的。但是，它们又都互相作用并对经济基础发生作用。这并不是说，只有经济状况才是原因，才是积极的，其余一切都不过是消极的结果。而是说，这是在归根到底不断为自己开辟道路的经济必然性的基础上的相互作用"①。重视相互作用，看到经济因素之外还有各种复杂的因素在起作用，由此则可形成辩证思维、整体思维的正确方法。而以唯一的经济因素决定论来审视宗教，这也是我们应该澄清的附加在马克思主义宗教观名下的错误观点。

四、必须澄清宗教问题可以完全忽视思想斗争的错误观点

虽然马克思主义经典作家不同意对宗教进行政治斗争或社会排斥，这并不意味着与宗教就完全没有斗争，也不是说连思想斗争也要完全忘掉。列宁明确指出，无产阶级政党并不认为宗教是"私人的事情"，因此应该对宗教展开"思想斗争"，而且这种"思想斗争不是私人的事情，而是全党的、全体无产阶级的事情"②。在政治思想层面，宗教与无产阶级政党有着本质不同，宗教信仰不能等同或替代政治信仰。对于宗教有神论、唯心论，坚持唯物论和无神论的无产阶级政党当然会展开批评，与之发生交锋和斗争。这种思想斗争仍是必要的，不可忽视或放弃。在思想领域，无产阶级政党必须同宗教作斗争，而且不能忽视这种思想斗争。所以，我们对完全忽视同宗教作思想斗争、完全放弃对宗教的批评这种错误观点，也必须加以澄清。

---

① 《马克思恩格斯文集》第10卷，人民出版社2009年版，第668页。
② 《列宁专题文集 论辩证唯物主义和历史唯物主义》，人民出版社2009年版，第222页。

　　总之，我们对待马克思主义经典作家关于宗教的基本观点要认真学习、透彻理解、联系实际、与时俱进。坚持马克思主义宗教观主要是坚持辩证唯物主义和历史唯物主义的立场、观点和方法，以此来客观、真实、科学地研究问题、分析形势，在"中国化"处境中使之得以理论联系实际、实事求是；在"全球化"背景中使之得以不断开拓进取、发展创新。

后　记

习近平总书记在 2015 年 2 月底会见第四届全国文明城市、文明村镇、文明单位等有关人士时提出了"人民有信仰，民族有希望，国家有力量"这一意义明确、振奋人心的主张，使我们重新关注并思考信仰问题。对于信仰与共产党的关系问题，党的十八大已经非常清楚地指出："对马克思主义的信仰，对社会主义和共产主义的信念，是共产党人的政治灵魂，是共产党人经受住任何考验的精神支柱。"信仰涉及许多层面，其中政治信仰即包括我们对马克思主义的信仰，而宗教信仰也是我们必须关注的一个重要方面。我们在宗教研究领域坚持马克思主义，就必须认真学习和坚持马克思主义的宗教观。在过去十多年里，对于马克思主义宗教观的探讨，是自己长期宗教研究中的重要构成，由此得以推出这一研究成果。

马克思、恩格斯主要基于 19 世纪中叶欧洲宗教与社会关联的现状来切入宗教问题，由此展开其对世界宗教历史的回溯和对人类宗教未来发展及其命运的预测。其创建的马克思主义理论体系，有着丰富的宗教现状调研资料和宗教理论思考等蕴涵。其观点、方法、思想、体系与整个马克思主义理论结构和思想特色是相吻合的，由此亦发展出马克思主义宗教观的基本内容和相关原则，并使其成为马克思主义理论体系的重要组成部分。而列宁则在 19 世纪与 20 世纪之交根据其社会主义的早期实践来运用、推广马克思主义，对马克思主义的理论体系包括其宗教观有着创造性的继承和发扬。列宁关于宗教问题的思考重点是结合其时代的俄国社会状况和十月革命前后的宗教影响来深入探讨宗教问题，并且非常具体和具有前瞻性地专门对社会主义社会的宗教问题及其与社会的复杂关联进行了深刻论述，对未来社会主义社会中的宗教及其与社会主义社会的互动有着深远的展望、极富天才般的想象以及

相当准确的预见。列宁关于社会主义与宗教的论述即其社会主义宗教观，是
对马克思主义宗教观的全新补充和独特阐发。这样，马克思、恩格斯、列宁
关于宗教问题的全面论述就形成了马克思主义经典作家关于宗教的基本观点
和理论体系。当然，这一科学且开放的马克思主义宗教观体系，在社会主义
中国的实践中得到不断补充和完善，从而也体现出当代中国社会马克思主义
者的理论贡献和思想创新。

　　这里所展开的马克思主义经典作家关于宗教的基本观点研究，即对马
克思主义宗教观的研究，是基于原典，采取实事求是的研究立场，在版本
的选择上亦有着与时俱进的特色。当今世界，金融危机的爆发反映出西方
资本主义社会的危机，其实，自进入 20 世纪以来，人们一直在观察、研究
着资本主义现象；而在反思资本主义社会的性质和预测其未来走向上，人
们也开始重新深入研究马克思主义，并且以回到原点、研读原著、关注马
克思主义思想产生的社会背景及时代处境的态度来重新整理、出版、翻译、
解读马克思主义经典作家的著作。例如，我们今天对马克思主义宗教观的
科学理解，必须注意其理论及结论的整体关联，认真考虑马克思主义经典
作家们以什么样的前提而推出什么样的结论这一基本事实。对马克思主义
宗教观的理解理应做到系统全面，而不能断章取义，将其结论与前提分割。
因此，重新研读马克思主义宗教观，一定要防止歪曲或误导。对马克思、
恩格斯的著作应该整体性阅读、整体性理解，抓住其理论全貌和核心精神。
以严肃、认真的态度来研讨马克思主义宗教观，这应该代表我们研究者的
学术责任和学术良心。

　　在结合中国实际时，我们应该抓住马克思主义宗教观的活的灵魂，以
及其基本理论方法和认知规律。马克思主义对宗教的研究离不开其社会，
其对宗教的评价或批评，都与这些宗教的社会存在、社会背景紧密关联。
而且，我们应该注意到其批判意识的主次和轻重，不要将马克思主义宗教
观的内在逻辑和辩证关系颠倒、混淆。尤其值得注意的是，马克思主义宗
教观之宗教批评或批判的社会政治指向及其社会、政治批判实质，其宗教

批判的根本所指是产生这种宗教的社会，其批判的重点和目标是社会批判、政治批判、法的批判，这是与马克思主义经典作家生活的那个时代及具体社会直接关联的。对马克思主义而言，即使在马克思所生活的德国，传统意义上的宗教批判也已经结束，其重点已转向对当时的政治、经济和社会批判。

马克思主义宗教观的"中国化"是我们当前学习、探究马克思主义理论的重要内容之一，我们应该在这种具有创新意义的探索中与时俱进。中国共产党的统一战线理论、群众路线观点和民族宗教政策，以及党的宗教工作的基本方针等，实际上就是马克思主义宗教观"中国化"的重要体现和实质进展。我们正经历史无前例的重大历史转型，从马克思主义宗教观经典表述的推翻剥削压迫阶级的斗争时代，已经转入了今天中国经济社会建设、"和谐社会"构建的全新时代。中国共产党也从 1949 年之前负有的推翻一个旧世界之历史使命转为建设一个新世界之时代重任。这种时代巨变，也使我们更要注意马克思主义宗教观表述中前因后果的逻辑关联及历史关联。在社会"前提"已变的情况下，仍然僵化地持守以往基于这个前提的某些"结论"，显然不是辩证唯物主义和历史唯物主义的基本态度。教条主义的理解会得出与事实颠倒、相反的结论，从而实质上脱离了马克思主义。

在社会"变化"中重新摸索、探究社会宗教现象，要求我们小心翼翼，更要求我们以马克思主义的思想精髓、科学方法来大胆创新，闯出新的路来，完成创新理论，即构建我们中国社会主义的宗教理论。我们已处于由中国共产党执政的人民政府的新时期，执政党的首要任务就是维护人民利益、保障社会稳定，而宗教信仰者属于我们的基本人民群众群体，我们应该努力使宗教成为保持社会稳定的重要因素，防范敌对势力利用宗教极端思想误导群众、搞乱社会。为此，我们理应想尽一切办法来维稳防乱，从执政党的角度、从巩固政权的视域、从为最广大人民群众谋利益、谋幸福的立场出发来看待宗教、评价宗教、研究宗教、制定和执行我们的宗教政策。在今天的形势下，我们要把绝大多数宗教信仰者拉过来成为我们的可靠朋友，而尽量避免使宗教成为我们的对立面，宗教工作的效果理应是维护社会稳定、维系安定团结、和谐共融的大好局面。

2015 年 5 月 18—20 日，中央统战工作会议在北京召开，习近平总书记在会议的重要讲话中提出民族、宗教工作是全局性工作，指出宗教工作的本质是群众工作，重申要全面贯彻党的宗教信仰自由政策，依法管理宗教事务，坚持独立自主自办原则，积极引导宗教与社会主义社会相适应这一党的宗教工作基本方针，并且强调积极引导宗教与社会主义社会相适应就应该做好四个"必须"，即必须坚持中国化方向，必须提高宗教工作法治化水平，必须辩证看待宗教的社会作用，必须重视发挥宗教界人士作用，由此而引导宗教努力为促进经济发展、社会和谐、文化繁荣、民族团结、祖国统一服务。我们今天研究马克思主义宗教观的目的应该是更好地积极引导宗教与我们的社会主义社会相适应，使宗教为我们当代经济社会发展做出有益贡献。如何在新形势下紧跟党中央的战略部署，实现我们今天的社会和谐和社会主义建设的新成就，乃是我们今天研究马克思主义宗教观的意义之所在。

在当代世界的社会发展变迁中，中国共产党根据中国现实国情继承和发挥了马克思主义的宗教观，由此发展出具有中国特色的马克思主义宗教观及其理论体系。所以说，中国共产党在改革开放的新时代关于宗教的理论学说，当然是对马克思主义宗教观的新补充、新思考、新发展、新创建。本研究故而也引用了毛泽东、周恩来、邓小平、江泽民、胡锦涛、习近平等中国共产党领导人的相关著作及文献，包括中央文献出版社出版的、反映中共中央各个时期发展及其特色的《重要文献选编》等。此外，本研究也参考并吸收了当代中国理论界、学术界关于马克思主义宗教观研究的新进展、新发现、新开拓和新成果，阅读并应用了这一领域的许多研究成果。

此外，在由作者自己主持"马克思主义经典作家论宗教"课题时，曾邀请本单位的一些同事参加课题或相关写作，撰写了该课题中的部分章节或内容。这些内容包括唐晓峰对马克思主义宗教观相关论述的系统编集和对恩格斯的专门研究，龚学增撰写的马克思主义宗教观在中国的研究，金泽撰写的宗教与社会，黄奎撰写的宗教与文化，曾传辉、张晓梅等撰写的西方马克思主义宗教观等部分。这些成果已作为集体项目成果的形式上交课题主管部门，其中有些内容尚未公开出版，有些研究内容则在自己主编的相关著作中得以发表。在撰写本著作时，自己对上述学者的研究成果也有参考、学习、借鉴，故此需要特别说明和致谢。

还需要特别指出的是，本研究所涉及的基本内容已于 2013 年在《文化名家暨"四个一批"人才作品文库》中以《马克思主义宗教观探究》之书名出版，但因其基本内容是自己参加由中共中央编译局组织的马克思主义经典著作基本观点研究课题组的研究成果，故此按照课题组的要求必须在这里重新结集出版。由于时间紧迫、自己工作任务繁重，不可能在短时间内再完成一部全新的研究著作，只能是在上述研究基础上的改写和增减，因而本研究对自己上述《马克思主义宗教观探究》一书多有参考和借鉴，在一定程度上乃其"再版"或"改版"，是上述著作的修订本。这是在此必须要加以说明的。不过，本书中也补充了原来未加专门阐述的马克思、恩格斯联合所著《神圣家族》和恩格斯所著《英国状况》（评托马斯·卡莱尔的《过去和现在》），以及列宁所著《各阶级和各政党对宗教和教会的态度》《致阿·马·高尔基》《俄共（布）纲领草案党纲中宗教关系方面的条文》《论战斗唯物主义的意义》等内容。虽然自己在此书的体例上、选材上、内容上和文字表述上都有些调整和修改，争取能够尽量推出一些新的研究心得，却仍难免会有相似或重复之处，特别是在文体、构思逻辑上还不得不仍然保持顺着马克思主义经典作家行文思路来展开阐述的既定路径，按照课题规定的框架结构来进行写作。马克思主义宗教观的研究在当代中国方兴未艾，我们当然应该继续努力、不断发展，以便能够在走向未来的进程中对之常有新的认识、新的贡献。

2015 年 8 月 30 日于北京

总　策　划：辛广伟
项目统筹：崔继新
责任编辑：曹　歌　刘江波
封面设计：肖　辉　王欢欢
版式设计：王春峥

图书在版编目（CIP）数据

马克思主义经典作家关于宗教的基本观点研究 / 卓新平　主编 . —
　北京：人民出版社，2017.12
（马克思主义经典著作基本观点研究丛书 / 俞可平等　主编）
ISBN 978 - 7 - 01 - 017222 - 4

I. ①马…　II. ①卓…　III. ①马克思主义 – 宗教学 – 研究
　IV. ① A811.63

中国版本图书馆 CIP 数据核字（2016）第 319531 号

马克思主义经典作家关于宗教的基本观点研究

MAKESI ZHUYI JINGDIAN ZUOJIA GUANYU ZONGJIAO DE JIBEN GUANDIAN YANJIU

卓新平　主编

人民出版社 出版发行
（100706　北京市东城区隆福寺街 99 号）

北京汇林印务有限公司印刷　新华书店经销

2017 年 12 月第 1 版　2017 年 12 月北京第 1 次印刷
开本：710 毫米 ×1000 毫米 1/16　印张：25.5
字数：363 千字

ISBN 978 - 7 - 01 - 017222 - 4　定价：56.00 元

邮购地址 100706　北京市东城区隆福寺街 99 号
人民东方图书销售中心　电话：（010）65250042　65289539